Para administrar a organização pública

Cole Blease Graham Jr.
Steven W. Hays

Para administrar a organização pública

(Managing the Public Organization)

Tradução:
BRITTA LEMOS DE FREITAS

Revisão Técnica:
CARLOS ALBERTO GUIMARÃES
Consultor e auditor financeiro de empresas

Jorge Zahar Editor
Rio de Janeiro

A Luther Gulick
pelas contribuições que fez
à teoria e prática da
administração pública

Título original: *Managing the Public Organization*

Editoração eletrônica: TopTextos Edições Gráficas Ltda.

Impressão: Tavares e Tristão Ltda.

ISBN: 0-87187-745-7 (ed. orig.)
ISBN: 85-7110-294-5 (JZE, RJ)

CIP-Brasil. Catalogação-na-fonte
Sindicato Nacional dos Editores de Livros, RJ.

Graham, Cole Blease
G769p Para administrar a organização pública / Cole Blease Graham Jr., Steven W. Hays; tradução, Britta Lemos de Freitas; revisão técnica, Carlos Alberto Guimarães. — Rio de Janeiro: Jorge Zahar Ed., 1994.

Tradução de: Managing the public organization.
ISBN 85-7110-294-5

Administração pública — Estados Unidos. I. Hays, Steven W. III. Título.

CDD — 353
94-0879 CDU — 35(73)

Sumário

Tabelas e Figuras

Tabelas

Figuras

Prefácio
à Segunda Edição Americana

Esta segunda edição de *Para administrar a organização pública* tem a mesma diretriz básica da primeira: articular tão concisamente quanto possível as várias atividades que abrangem a administração pública. O livro explora e integra teorias e descobertas de pesquisas, passadas e atuais, que descrevem o trabalho do administrador público e faz o levantamento da literatura sobre gerenciamento que se considera relevante ao estudo da administração pública.

De forma geral, o livro está organizado em torno de uma das mais antigas, embora mais mal compreendidas, estruturas de administração pública, o POSDCORB de Luther Gulick, sigla para Planejamento, Organização, Recrutamento de Pessoal, Direção, Coordenação, Relatório e Orçamento.* O POSDCORB apareceu numa época em que o campo da administração pública estava dominado pela suposição de que os assuntos administrativos poderiam ser rigorosamente separados da política. Quando a natureza inerentemente política da administração pública veio a ser reconhecida por estudiosos e defendida por profissionais, o POSDCORB foi associado injustamente a uma visão ingênua de administração pública. É freqüentemente usado hoje em dia como referência em código para a administração pública "ortodoxa" que alguns acreditam não ser mais aplicável à "verdadeira política mundial" com que se defrontam práticos administradores públicos ou cultos funcionários eleitos.

Sem tentar defender ou promover o POSDCORB como a única abordagem digna de crédito para o estudo da organização pública, somos atraídos por sua objetividade, clareza, conveniência e exeqüibilidade. Achamos que o POSDCORB concretiza a longa tradição de pesquisa administrativa que enfatiza as funções gerenciais comuns a todos os executivos organizacionais. Essas responsabilidades

* Em inglês, Planning, Organizing, Staffing, Directing, Coordinating, Reporting, Budgeting. (N.T.)

gerenciais genéricas são mais ou menos as mesmas para o administrador num cenário de empresa privada ou num cenário governamental. O administrador do setor público deve contrabalançar responsabilidade e ação com as orientações políticas e os valores do serviço público, da mesma forma que o administrador de uma empresa privada precisa vincular-se à política da companhia e à linha de base.

Como outras abordagens, teóricas e aplicadas, o POSDCORB basicamente postula que atividades definidas precisam acontecer de forma a se alcançar qualquer objetivo numa organização complexa. O objetivo tem de ser claramente identificado e os desvios do caminho pretendido devem ser corrigidos ou acomodados. No processo de perseguir objetivos, devem-se adquirir recursos, equilibrar orçamentos, contratar e treinar funcionários, motivar subordinados e medir e avaliar resultados. O POSDCORB e suas aplicações hoje representam a contribuição dos administradores para a sociedade enquanto que simultaneamente respondem e influenciam demandas políticas.

A ênfase do POSDCORB nas funções gerenciais é uma técnica imensamente útil pela qual o pensamento e a prática administrativos contemporâneos podem ser descritos e explicados. Através de uma análise de funções gerenciais básicas, emerge uma estrutura para organizar e apresentar o que se conhece sobre o campo da administração pública contemporânea.

Além disso, damo-nos conta de que o POSDCORB é particularmente relevante hoje em dia em função do renovado interesse da sociedade em economia, eficiência e controle de despesas governamentais. Quanto mais eficazes se tornarem os administradores públicos na execução das suas funções administrativas, mais perto do cumprimento de seus objetivos básicos chegarão suas agências. Assim, uma boa administração é tão importante para o interesse público como o é uma boa liderança política. Ao invés de constituírem dois conceitos distintos, ambas formam em bloco uno ligado pela necessidade prática.

A segunda edição começa com uma exposição da estrutura de Gulick e das recentes tentativas de redefini-la. Outros capítulos são dedicados a planejamento (Capítulo 2), Organização (Capítulo 3), Recrutamento de Funcionários (Capítulo 4), Liderança e Coordenação (Capítulo 5, sobre Liderança) e Exposição e Orçamento (Capítulo 6). Respondendo a revisões das opiniões e da estrutura de Gulick, tratamos a avaliação como um novo e importante tópico de administração pública (Capítulo 7).

A segunda edição considera novos artigos de jornal, livros recentes e novos fatos e condições de interesse para profissionais e estudantes de cada um desses domínios administrativos estabelecidos. Há discussões atualizadas de áreas importantes e dinâmicas, como a motivação do funcionário, as características e tendências da força de trabalho, o orçamento público e os sistemas de informação do público. O resumo (Capítulo 8) foi completamente reorganizado e ampliado para incorporar as sugestões mais recentes de Gulick sobre temas contemporâneos, em torno dos quais se podem continuamente relacionar descobertas oriundas de pesquisas e desenvolvimentos na área das políticas públicas.

Para possibilitar a comunicação com leitores e estudantes de muitas categorias profissionais, não limitamos nossa análise a uma posição, tipo ou organização específica, nem a uma abordagem de liderança política. Não constitui surpresa termos incorporado muitas teorias e técnicas de pesquisadores que ensinam e praticam fora da comunidade de gerenciamento público. As técnicas administrativas que surgem da comunidade comercial, por exemplo, são diretamente transferíveis para as agências públicas, assim como o são as teorias do comportamento humano e organizacional que emergem da psicologia, da sociologia e de outras disciplinas. Nenhum campo ou disciplina isolada domina a ciência da administração. Uma abordagem interdisciplinar para seu estudo é imperativa se se tem a esperança de tornar as discursões relevantes e significativas.

Nosso objetivo é encorajar os leitores a fazer uma interpretação das funções gerenciais baseada no amplo corpo da pesquisa atual em administração pública e que seja capaz de mudar com novas experiências e novo conhecimento oriundo de pesquisas. Ficamos animados com nossas descobertas. Cremos que os leitores ficarão da mesma forma excitados com os contrastes intelectuais nas abordagens analíticas de problemas da administração pública, com a gama de asssuntos que confrontam os estudantes de administração pública e com as mudanças dinâmicas nesse campo.

1

Funções Gerenciais e Administração Pública

Os americanos idolatram os administradores bem-sucedidos. Somos ensinados desde a mais tenra infância que ter espírito empreendedor é uma virtude e que o comportamento que não se dirige verdadeiramente para um propósito é um vício. Admiramos crescimento, eficiência e produtividade e nos sentimos desconfortáveis com pessoas (e, em alguns casos, culturas) que carecem de uma estrutura de valores comparável. Os administradores que conseguem grandes feitos são rapidamente transformados em heróis populares, enquanto reservamos nossos epítetos mais mordazes para os fracassos gerenciais. (Nenhum pai ou mãe seria tão pouco gentil a ponto de chamar uma criança de Edsel.)*

Embora essa orientação tenha ocasionalmente sofrido decaídas momentâneas, geralmente em resposta a alguma crise ou catástrofe maior (a Grande Depressão ou os excessos da economia de *laissez-faire* no final do século XIX e início do século XX), ela nunca desapareceu por completo da consciência coletiva americana. No entanto, em tempos recentes o número de americanos denominados "Administradores heróis" diminuiu. Um país que já se considerou tempos atrás o modelo gerencial para o mundo tem tido sua confiança abalada. O declínio na produtividade dos trabalhadores, enormes desequilíbrios comerciais e a ameaça de reestruturação econômica levaram a uma aparente perda de confiança em nossa infra-estrutura administrativa.

Embora esse problema afete tanto o setor público quanto o privado, os administradores governamentais têm sido, há algum tempo, alvos especiais de críticas. A maior parte dos americanos não pode nem mesmo lembrar-se de um período em que a administração pública fosse percebida, de modo geral, como eficiente e competente, como o foi durante e após a Segunda Guerra Mundial.

* Nome próprio masculino formado de palavras do inglês arcaico, significando "rico" e "vestíbulo, saguão". (N.T.)

O público tornou-se crescentemente desencantado com o governo. Essa mudança de atitude tem sido atribuída a vários fatores, ou seja: (a) aumentos excessivos no tamanho e no nível de intromissão do governo; (b) a incapacidade dos administradores públicos de resolverem os problemas a eles confiados, ao lado de uma ampliação das expectativas do público; e (c) várias crises de confiança que abalaram a crença do público nos funcionários eleitos ou nomeados. O desencanto geral do público com o governo é compartilhado também pelo mundo dos negócios. Muitos empresários contemporâneos relutam em fazer contato com o governo, pois percebem que este lhes paga com atraso e apresenta exigências burocráticas excessivas e outros impedimentos a uma relação bem-sucedida (MacManus, 1991).

Entre 1949 e 1976, as despesas públicas como proporção do Produto Nacional Bruto cresceram de 23 para 34,2% e o número de funcionários do setor público aumentou de 6 milhões para 15 milhões (Lynch, 1977:6). Além dos sempre impopulares aumentos de impostos, esse crescimento do tamanho do governo resultou na intrusão de altos funcionários em áreas de atividades que tradicionalmente tinham estado fora dos seus limites. A legendária crença do público na liberdade e no individualismo foi tomada de assalto por regulamentos governamentais cobrindo todos os itens, do conteúdo da manteiga de amendoim (a Food and Drug Administration exige que seja 90% de amendoim) à segurança dos banheiros (a Occupational Health and Safety Administration tem uma norma que expressa a preferência por assentos sanitários em forma de U). Mas, apesar do seu crescimento maciço, o governo fez pouco progresso na solução dos problemas do país. Enormes somas eram gastas em educação, saúde e bem-estar, mas ainda assim havia muita ignorância, doença e pobreza.

Depois, dos anos 60 aos anos 90, uma série de desastres de relações públicas maculou ainda mais a deteriorada imagem do governo. As revelações a respeito de atividades ilegais e imorais em algumas agências públicas tornaram-se quase manchetes permanentes no noticiário vespertino. Revelou-se, por exemplo, que o FBI se envolvera em arrombamentos e escutas telefônicas ilícitas, que a CIA planejara assassinatos e outras formas de interferência política nos assuntos internos de nações estrangeiras e que o exército americano administrara secretamente LSD a alguns de seus próprios homens, na tentativa de determinar os efeitos da droga (Woll, 1977:5). Mais recentemente, soube-se que instalações do governo estão entre os piores poluidores, atirando descuidadamente produtos químicos perigosos em áreas públicas, e que muitos membros do Congresso cometeram difamações. Acontecimentos como esses — junto com os resíduos do Vietnã, Watergate, o desastre do *Challenger* e outras crises capazes de minar a confiança — levaram alguns cidadãos a questionar tanto a eficiência como a legitimidade da atividade governamental. De acordo com recentes levantamentos de opinião, nem mesmo a vitória militar no Golfo Pérsico teve uma influência positiva duradoura sobre a atitude do público em relação ao governo.

Como era de esperar, os administradores públicos tiveram de arcar com a parte que lhes coube nas explosões antigoverno. Ataques sarcásticos a administradores públicos de todos os níveis estão agora tão em moda que se tornaram lugares-comuns. Administradores governamentais são tipicamente retratados como intrometidos, irresponsáveis e ineptos, enquanto a burocracia é pintada como uma besta irracional que devora impostos e vomita regulamentos impertinentes. Os candidatos à Presidência da República, desde 1976, têm criticado a má administração burocrática dos problemas nacionais até o ponto de mesmo políticos eleitos serem atingidos pelo desgosto do público com o governo. O fenômeno da campanha de Ross Perot reflete como é profunda a insatisfação do público com os políticos atuais e realça o grau em que a administração pública é uma profissão na mira da crítica agressiva.

Entre toda a retórica sobre o que se percebe como falhas do governo, umas poucas vozes têm-se erguido em defesa dos administradores públicos. Os que defendem essa posição no tribunal da opinião pública afirmam que o desempenho dos administradores públicos se compara favoravelmente com o das suas contrapartes do setor privado. Pesquisadores começaram recentemente a fornecer suporte empírico para essa afirmação, e um número crescente de dados tanto empíricos quanto anedóticos tende a confirmar a asserção de que o governo é muito mais eficiente e responsável do que de modo geral se acredita (ver Goodsell, 1985; Bowsher, 1992).

O efeito dessas descobertas é acentuado pela observação geral de que, enquanto as funções básicas dos administradores públicos e privados são praticamente idênticas, os dirigentes das organizações públicas são obrigados a lutar com um número de limitações que não são encontradas na atividade comercial e na indústria. Espera-se dos administradores públicos, por exemplo, que lidem com metas ambíguas e contraditórias, expectativas absurdamente irreais por parte dos "proprietários" (o público) e controle inadequado sobre seus próprios recursos administrativos. Essas diferenças levaram Allison (1983) a dar a um artigo importante o título "Administração pública e administração privada: serão elas fundamentalmente semelhantes em todos os sentidos *desimportantes*?" (grifo nosso). Os administradores públicos, prossegue o argumento, têm sido julgados e condenados por crimes que não cometeram. Considerando-se o contexto em que labutam, afirma Allison, os administradores do governo até que desempenham suas funções com bastante competência.

Esta segunda edição fundamenta-se em um dos temas básicos dos principais defensores da administração pública: o fato de os executivos do governo desempenharem essencialmente as mesmas funções que os administradores privados, mas num ambiente institucional muito mais exigente. Enquanto grande parte do livro se dedica a exposições sobre as similaridades nas funções gerenciais entre os dois setores, toma-se cuidado para apontar os problemas e obstáculos peculiares que complicam a prática da administração pública. O livro não pretende, contudo, ser polêmico. Nossa meta não é convencer, mas informar. Ao descrever as funções e problemas dos administradores públicos, esperamos oferecer aos nossos leitores uma melhor compreensão do papel que estes desempenham no mundo gerencial, de modo a que os leitores possam estar em melhor posição para julgar por si mesmos se os administradores públicos merecem ser os heróis dos Estados Unidos ou seus bodes expiatórios.

O PAPEL DA ADMINISTRAÇÃO PÚBLICA NO GOVERNO

Parece que uma das crenças mais comuns de muitos americanos contemporâneos é a de que os impostos são desnecessariamente altos. Essa percepção é reforçada por pronunciamentos presidenciais e se tornou um tópico favorito tanto de apresentadores quanto de entrevistados conservadores em *talk shows*. Muitos cidadãos acreditam que a maioria das pessoas não recebe benefícios equivalentes pelos impostos que paga. Por ser a opinião pública tão veemente nesse sentido e os políticos tão prontos a explorar a questão, estes últimos caem freqüentemente na armadilha da sua própria retórica. Repetidos impasses orçamentários no Congresso e nas legislaturas estaduais apontam para o fato de que os políticos são imobilizados por uma percepção do público que eles próprios ajudaram a criar.

O fato dessa visão falha da realidade ser tão difundida fala com eloqüência do nível de mal-entendido que infecciona atualmente a administração pública nos Estados Unidos. Implícitas nessa posição estão as crenças de que a maior parte das despesas governamentais se destina a programas de previdência social e de que as outras atividades públicas são quase irrelevantes para os cidadãos que não recebem benefícios diretos desses programas. Parece necessário contradizer essa visão, fornecendo uma descrição exata e, portanto, uma justificativa do papel da administração pública no governo.

OS PARÂMETROS DA ADMINISTRAÇÃO PÚBLICA

Em 1990 o total de empregos civis nos governos estaduais, municipais e federal chegou a 17,3 milhões, ou perto de 20% de toda a força de trabalho. Os governos municipais respondiam por 58% (10,1 milhões) desses empregados, os governos estaduais, por 24% (4,1 milhões) e o governo federal, por 18% (3,1 milhões). Além disso, de 1 a 2 milhões de trabalhadores adicionais foram empregados por indústrias que dependem quase totalmente de fundos do governo, como as de defesa e de construção de estradas. A folha de pagamentos anual do governo chegou a mais de 320 bilhões de dólares, enquanto as despesas públicas totais passaram de 1,6 trilhões (U.S. Department of Commerce, 1990: 300, 310, 324).

Uma das maneiras de entender essa estatística é determinar o que todas essas pessoas estão fazendo com o seu tempo e como estão gastando o nosso dinheiro. A Tabela 1-1 mostra uma análise pormenorizada do número de funcionários públicos por tipo de atividade em que estão engajados. Mais de 7 milhões dos 17 milhões de funcionários públicos estão engajados em atividades educacionais, seja como professores ou pessoal de apoio.

Tabela 1-1 Emprego Público por Nível de Governo e Função, 1988

Função	Número de Empregados (milhares) Federal	Estadual	Municipal	Total
Defesa nacional*	1.099	—	—	1.099
Serviços postais	807	—	—	807
Pesquisa e tecnologia espacial	23	—	—	23
Educação	15	1.804	5.584	7.403
(Professores)	—	(553)	(3.600)	(4.153)
Estradas	4	251	302	557
Saúde e hospitais	265	691	708	1.664
Previdência social	14	194	239	447
Proteção policial	73	82	636	791
Proteção contra incêndios	—	—	335	335
Saneamento e canalização	—	1	225	226
Parques e recreação	24	37	237	298
Recursos naturais	243	158	38	439
Administração financeira	134	133	200	467
Outras administrações governamentais	28	46	314	388
Judicial e legal	36	99	174	309
Todas as outras	326	619	1.082	2.027
Total	3.091	4.115	10.074	17.280

* Excluindo membros das Forças Armadas.

Fonte: U.S. Department of Commerce, Bureau of the Census, *Statistical Abstract of the United States: 1990* (Washington, D.C.: Government Printing Office, 1990), 300.

Outro grande grupo de trabalhadores, cerca de 1,7 milhão, trabalha em hospitais públicos ou está envolvido de outra forma em oferecer ao público serviços ligados à saúde. Os funcionários civis do Departamento de Defesa constituem o terceiro maior grupo de trabalhadores, 1 milhão, deixando aproximadamente 7,3 milhões de empregados civis para prestar todos os outros serviços variados que o governo oferece.

Os padrões dos gastos nos orçamentos públicos confirmam que educação e defesa são duas das principais atividades do governo (Tabelas 1-2 e 1-3). Educação é o maior item nos gastos dos governos estaduais e municipais, absorvendo quase 30% dos seus orçamentos, enquanto a defesa consome perto de 26% do orçamento federal. Com o colapso da União Soviética, esse nível das despesas com defesa certamente declinará. Esse suposto "dividendo da paz" já foi indevidamente proclamado como um alívio ao aumento de impostos, mas agora parece que se destina a ser corroído por obrigações e dívidas existentes. Uma grande proporção do dinheiro público destina-se também a várias formas de assistência governamental, inclusive a Seguridade Social (28% dos fundos federais) e os serviços sociais (mais que 3% do orçamento federal e acima de 10% dos orçamentos estaduais e municipais). Uma das categorias de despesas que crescem com mais rapidez tanto no governo estadual quanto no federal são os juros sobre a dívida pública.

Para não chegarmos à conclusão de que o governo é pouco mais que uma série de escolas e casas para idosos, bem defendidas, ainda que pesadamente endividadas, consideremos por um momento os importantes serviços governamentais não tão conspícuos, como educação, defesa e benefícios sociais. Qualquer um que tenha visitado alguma vez um país estrangeiro em que o setor público seja incipientemente desenvolvido e mantido deverá estar especialmente ciente da impressionante quantidade de serviços que o governo dos Estados Unidos silenciosamente administra. Entre as condições que predominam em muitas nações subdesenvolvidas encontram-se: serviços de utilidade pública não-confiáveis ou inexistentes (resultando em luzes que tremulam ou se apagam de repente, água impossível de se beber e condições de trânsito que fazem com que a Amtrak* pareça ser o epítome da eficiência), praticantes não-licenciados e não-regularizados de todas as profissões imagináveis (do motorista de táxi que o pega no aeroporto até o médico que cuida dos ferimentos que se possa vir a sofrer num acidente de trânsito); níveis agudos de poluição (devidos ao não-tratamento dos esgotos, à não-regulamentação das descargas industriais e à inadequação dos sistemas de remoção de lixo); condições de vida e trabalho inseguras ou insalubres (exemplificadas pela ausência de códigos de construção, padrões de zoneamento e programas de inspeção para remédios, gêneros alimentícios, restaurantes, atividades comerciais e outras conveniências públicas) e sistemas de controle social e econômico que não merecem confiança (proteção inadequada contra incêndios, ausência de programas governamentais de seguro para proteger a poupança e os rendimentos, e métodos insatisfatórios de manter a estabilidade monetária). Os americanos, ao contrário, cresceram acostumados a ter a proteção do seu governo em relação a essas e muitas outras ocorrências desse tipo. De fato, parte substancial da decantada qualidade de vida dos Estados Unidos pode ser atribuída tanto à proteção dos regulamentos e serviços do governo como à abrangência do sistema econômico. E porque a maior parte desses serviços é prestada com eficiência e discrição, muitos americanos nem mesmo se dão conta do papel que a administração pública desempenha nas suas vidas cotidianas.

Administração Pública e Gerenciamento Público

Até agora usamos os termos "administração pública" e "gerenciamento público" de forma permutável. Há, entretanto, uma distinção importante entre eles. Especificamente, gerenciamento público é um aspecto da administração pública.

* Empresa pública subsidiada pelo governo, criada pelo Congresso em 1970 para operar um sistema ferroviário interurbano para passageiros através de contratos com estradas de ferro existentes. (N.T.)

Tabela 1-2 Despesas Orçadas dos Governos Estaduais e Municipais, por Função, 1988

Função	Porcentagem das Despesas
Educação	29,3
(Elementar e secundária)	(20,3)
(Superior)	(7,8)
Estradas	6,8
Previdência social	10,4
Saúde	2,2
Hospitais	5,2
Proteção policial	3,2
Proteção contra incêndios	1,4
Recursos naturais	1,3
Saneamento e canalização	2,8
Habitação e renovação urbana	1,5
Parques e recreação	1,4
Administração financeira	1,7
Controle geral	2,2
Juros sobre a dívida	5,4
Serviços de utilidade (água, eletricidade, trânsito)	8,9
Seguro	6,6
(Seguro-desemprego)	(2,0)
(Programas de aposentadoria)	(3,8)
Outros	9,7
Total*	100.0

* Total de Despesas = US$ 773 bilhões.
Fonte: U.S. Department of Commerce, Bureau of the Census, *Statistical Abstract of the United States: 1990* (Washington, D.C.: Government Printing Office, 1990), 278.

No uso comum, administração pública é uma expressão genérica que indica todo o conjunto de atividades envolvidas no estabelecimento e na implementação de políticas públicas. É percebida pela maioria dos acadêmicos, se não pela maior parte dos praticantes, como a parte da política que se concentra na burocracia e em suas relações com os ramos executivo, legislativo e judiciário do governo. Preocupa-se com questões tão amplas como eqüidade, representação, justiça, eficiência do governo e controle da discricionariedade administrativa. Os estudantes de administração pública examinam as várias instituições do governo na tentativa de determinar como essas ou outras questões são tratadas na nossa sociedade. Assim, o papel que a administração pública desempenha ao estabelecer, implementar e alterar políticas e programas públicos é assunto de capital importância.

Tabela 1-3 Despesas Orçadas do Governo Federal, por Função, 1989

Função	Porcentagem das Despesas
Defesa nacional	25,4
Seguridade social e assistência médica	27,1
Seguridade de rendimentos*	11,7
Saúde	4,2
Benefícios e serviços de veteranos	2,5
Educação, treinamento e assistência ao emprego	3,1
Habitação	1,7
Transporte	2,4
Recursos naturais e meio ambiente	1,4
Energia	0,3
Desenvolvimento regional e da comunidade	0,5
Agricultura	1,8
Juros sobre a dívida	14,1
Assuntos internacionais	0,9
Ciência, espaço e tecnologia	1,1
Administração governamental	1,0
Administração da justiça	0,8
Total	100.0

* Inclui seguro-desemprego, seguro de trabalhadores e programas de aposentadoria e pensões.
Nota: Despesas totais = US$ 1,137 bilhões.
Fonte: U.S. Department of Commerce, Bureau of the Census, *Statistical Abstract of the United States: 1990* (Washington, D.C.: Government Printing Office, 1990), 310-11.

O gerenciamento público, ao contrário, concentra-se mais sucintamente nas atividades administrativas que ocorrem *dentro* das agências governamentais. Em vez de enfatizar as considerações políticas que permeiam o processo de formulação de políticas públicas e impregnam as relações externas das organizações governamentais, o gerenciamento público ocupa-se principalmente da implementação de políticas públicas. Enquanto os administradores públicos lidam continuamente com problemas e relacionamentos políticos, as políticas públicas são mais ou menos consideradas como dadas e a atenção se fixa nos *métodos* pelos quais os funcionários civis cumprem suas tarefas. Assim, os estudantes de administração pública preocupam-se com a eficiência, a responsabilidade, a conquista de metas e dúzias de outras questões gerenciais e técnicas.

Essa abordagem do estudo da administração pública tanto tem vantagens como desvantagens. A principal vantagem, na nossa opinião, é que uma análise do aspecto gerencial (o como) da administração pública pode ser útil na identificação de caminhos pelos quais os serviços públicos possam ser prestados com mais eficiência. Dada a extrema pressão no sentido de economia e eficiência que confronta atualmente os funcionários públicos, a ênfase nesses aspectos práticos da administração pública é necessária e inevitável. Ademais, um benefício potencial secundário pode advir para os administradores públicos da comparação das práticas administrativas nos setores público e privado. Se as atividades dos administradores dos dois setores mostrarem ser substancialmente as mesmas (a afirmamos que são), então os administradores públicos podem vir a compartilhar o respeito atribuído aos executivos das empresas.

Uma desvantagem potencial dessa abordagem é que importantes questões filosóficas podem ser obscurecidas ou negligenciadas quando se examina a administração pública a partir de uma perspectiva estritamente aplicada. Embora não desejemos reduzir a relevância dessa possibilidade, acreditamos que os benefícios que poderiam ser obtidos de uma prestação mais eficiente dos serviços públicos valham esse risco. Entre os principais temas do trabalho de Frederick C. Mosher estão o papel central que o serviço público desempenha no sucesso da nação e a necessidade que tem a administração pública de *trabalhar* e ser responsável (Stephenson e Plant, 1991). Toma-se aqui como dado de crença que, se o gerenciamento público for executado de maneira efetiva e eficiente, haverá maior progresso na busca das metas básicas a que aspiram os principais programas e políticas públicos.

Mas o grande quadro não deve ser ignorado numa discussão sobre as técnicas do gerenciamento público. As práticas do gerenciamento público não podem ser adequadamente compreendidas e apreciadas sem estarem colocadas num contexto político e econômico. Por essa razão, um exame dos fatores ambientais que influenciam as atividades gerenciais internas é um componente central da nossa exposição. Afirmamos, portanto, que uma análise cuidadosa das práticas gerenciais dentro das agências públicas muito nos pode ensinar *tanto* sobre o gerenciamento *quanto* sobre a administração pública.

O Dilema da Competência/Responsabilidade

Antes da emergência dos sistemas formais de mérito, a vida dos administradores públicos era (pelo menos teoricamente) muito mais simples do que hoje em dia. Como o emprego público dependia tanto da política, todos que estavam ligados à administração pública agiam de acordo com as regras dos políticos. Quando eleitos, estes limpavam a casa, afastando a maior parte daqueles que tinham sido nomeados pelos predecessores e substituindo-os pelos seus próprios partidários. Através desse sistema de "patrocínio" ou "empreguismo", os funcionários eleitos construíam e mantinham a máquina do partido, alimentavam a lealdade a este, recompensavam a dedicação ao serviço, subornavam a oposição e mantinham o governo funcionando.

Embora o sistema de patrocínio tenha representado um passo importante (talvez crucial) na maturação das instituições políticas dos Estados Unidos — desempenhando, por exemplo, um papel instrumental no desenvolvimento dos partidos políticos durante o século XIX —, ele trazia consigo certas desvantagens que virtualmente o levaram à extinção. A maioria dos políticos não se preocupava muito com a capacidade dos indivíduos nomeados e muitos nem pareciam prestar muita atenção à honestidade destes. Essa situação tornou-se especialmente problemática na medida em que a sociedade se tornava mais complexa e a indústria crescia. Burocratas corruptos e ineptos constituíam uma inconveniência diante da industrialização, mas se tornaram um problema sério quando inibiram o crescimento dos negócios. Serviços postais não-confiáveis, programas reguladores ineficientes (mais notadamente os que afetavam a estabilidade da moeda) e a necessidade de pagar suborno para conseguir a execução de qualquer atividade de negócios do governo levaram a uma ampla e generalizada exigência de reformas. Os interesses empresariais, os advogados, os ricos e a classe média urbana defendiam a criação de um serviço civil profissional, selecionado com base no mérito e não em ligações políticas. Quando isso se tornou realidade, no final da década de 1880, foi proclamado como um passo importante na modernização dos Estados Unidos. Hoje em dia, quando são tão comuns os ataques do setor privado à burocracia, é interessante notar que os interesses comerciais e industriais foram amplamente responsáveis pela adoção inicial dos sistemas de mérito pelo governo.

Como está implícito no nome, os sistemas de mérito estão fundamentados na crença de que os funcionários públicos devem ser selecionados com base na competência e não na afiliação política. A partir dessa crença fundamental, desenvolveu-se a idéia de que as atividades do governo deveriam ser conduzidas por um grupo de servidores civis especializados, profissionais e neutros, cujo relacionamento com os políticos seria o de servidores e senhores. Em outras palavras, surgiu uma nova concepção de administração pública, na qual os funcionários públicos eram vistos como instrumentos passivos e neutros com os quais os políticos construiriam suas visões dos Estados Unidos. Conhecida como a "dicotomia política-administração", foi essa a percepção popular da administração pública nas primeiras décadas depois da introdução dos sistemas de mérito em 1883 (Wilson, 1887).

Na medida em que avançava a compreensão da administração pública do início a meados do seculo XX, os cientistas políticos chegaram à conclusão de que há freqüentemente uma tensão entre os valores políticos e o *know-how* profissional (Riggs, 1991). Enquanto os políticos podem desejar que uma dada agência siga uma certa orientação, o treinamento e a experiência de especialistas neutros podem bem apontar numa direção diferente. Num certo sentido, o poder real está nas mãos da burocracia permanente (Heclo, 1977). Se os servidores civis discordarem das metas dos políticos em matéria de políticas públicas, podem usar seu *know-how* para convencê-los a mudar a política; podem ignorar as ordens dos políticos e simplesmente não implementá-la, talvez na esperança de que se façam mudanças quando houver novas eleições; ou podem subverter a política, interpretando-a de acordo com sua própria preferência. Cada um desses cursos de ação levanta questões sobre a receptividade dos funcionários públicos em relação aos representantes eleitos. Enquanto o sistema de patrocínio oferecia a responsabilidade sem uma correspondente medida de competência, o sistema de mérito reverteu a situação, fornecendo a competência, mas não a responsabilidade. Para muitos observadores, a "arrogância do saber especializado", acoplada aos amplos privilégios oferecidos à maioria dos administradores públicos (ver Rosenbloom, 1984), criou um estilo governamental em que as políticas públicas são forjadas no cadinho da burocracia e aquecidas pelas forças conflitantes da responsabilidade e da competência. Embora alguns estudiosos tradicionais tenham argumentado que se exagerou o grau de oposição entre esses valores (Willoughby, 1936: 219), a apreciação da tensão subjacente entre eles é pré-requisito para a compreensão do ambiente singular da administração pública.

Como está implícito na exposição precedente, o ofício do administrador público não está tão bem definido como poderia parecer. Além de terem de desbravar seu caminho através do traiçoeiro campo minado da opinião pública, os executivos públicos são impelidos e arrastados pelas pressões conflitantes da política, do profissionalismo e do conhecimento especializado. Mas há ainda outras forças com as quais os servidores civis têm de lutar, incluindo as seguintes:

A legislação relativa à sua agência e quaisquer estatutos relevantes referentes à missão desta

Processos judiciais que interpretam o alcance da autoridade e da responsabilidade da agência

A influência de outras agências com missões complementares ou antagônicas às suas próprias

O senso de lealdade do próprio gerente para com sua agência, que pode muito bem entrar em conflito com uma perspectiva profissional ou política

A posição dos vários grupos de interesse que sustentam a agência, mas também lhe fazem exigências

Os impedimentos estruturais e procedimentais que se colocam aos administradores públicos na luta contínua por fazê-los responsáveis perante a vontade popular — incluindo, por exemplo, níveis de orçamento impostos externamente, tetos para o pessoal, práticas de recrutamento, estruturas organizacionais e padrões pelos quais se julga seu desempenho

FUNÇÕES E TIPOS DE ADMINISTRADORES PÚBLICOS

Apesar da atual tendência a se pensar nos burocratas do setor público como uma classe distinta de cidadãos, os papéis que eles desempenham não são muito diferentes daqueles desempenhados pelos seus correlativos do setor privado. Praticamente todo cargo ou categoria ocupacional existente numa empresa privada tem equivalente no setor público. Os governos empregam contadores, advogados, químicos, médicos, zeladores, secretários, engenheiros, professores, motoristas de caminhão e milhares de outros funcionários técnicos, profissionais e de prestação de serviços. No entanto é também verdade que os governos provêm as principais possibilidades de emprego (em alguns casos, as únicas) para pessoas de muitas categorias ocupacionais, como controladores de tráfego aéreo, penalogistas, policiais, assistentes sociais, militares de carreira e engenheiros rodoviários.

Os indivíduos que supervisionam as atividades dos funcionários públicos são chamados genericamente de administradores públicos. Destes, alguns são eleitos e outros, nomeados. Os administradores públicos eleitos incluem membros do ramo executivo do governo: presidente, governadores e prefeitos. Os legisladores também são freqüentemente considerados administradores públicos, especialmente se sua jurisdição não tiver poderes firmemente definidos para um executivo distinto, como ocorre em governos municipais que usam a administração por delegação ou o "prefeito com poderes limitados". Sob a forma da delegação, cada membro desta desempenha um papel dual. Individualmente, cada membro serve como chefe de um dos departamentos administrativos da jurisdição. Coletivamente, a delegação constitui o corpo responsável por estabelecer os regulamentos. No sistema do "prefeito com poder limitado" os membros do conselho, eleitos, exercem tanto poderes legislativos como executivos. O prefeito é dito limitado, devido à falta de poderes administrativos. Esses poderes são exercidos pelos delegados eleitos e seus nomeados.

Os administradores públicos nomeados são na maioria das vezes servidores civis, como chefes de escritório, diretores de repartição, administradores municipais e seus chefes de departamentos e supervisores de todos os níveis. Embora muitos administradores públicos obtenham suas posições através de nomeações de patrocínio (isto é, pelo patrocínio de políticos eleitos, que pode ou não ser seguido de aprovação legislativa), a maior parte deles chega aos seus cargos através de procedimentos competitivos. De modo geral, os administradores públicos de nível mais alto (por exemplo, os secretários dos principais departamentos federais e os chefes das repartições estaduais) são nomeados por políticos, enquanto a maioria do seu pessoal subordinado administrativo é nomeada pelo sistema do serviço civil. Constitui contínua confusão para o público o fato de tanto os nomeados por políticos quanto os selecionados através de procedimentos "neutros" estarem incluídos sob a designação de "nomeados". (Ver Capítulo 4.)

Nosso enfoque é sobre todos os administradores públicos nomeados, independentemente de como conseguiram suas posições. Tomamos, no entanto, a decisão consciente de excluir de nossa exposição os funcionários públicos eleitos. Como salientamos, os funcionários públicos eleitos de fato administram às vezes; suas decisões gerenciais, com efeito, são freqüentemente importantes e recebem ampla divulgação. Mas os funcionários públicos eleitos se envolvem na administração interna das organizações públicas por sua conta e risco. A questão pode ser ilustrada pela decisão do presidente Jimmy Carter de intervir no processo de decisão da Occupational Safety and Health Administration (OSHA) referente aos padrões do pó de algodão. Em vez de permitir à OSHA decidir a questão e portanto agüentar a encrenca resultante, o próprio Carter tornou-se o alvo direto de toda a crítica que acabou sobrevindo (Eads e Fix, 1984: 58-59). Esse fenômeno é parcialmente explicado pela observação de Neustadt de que os executivos eleitos em posição importante exercem a autoridade basicamente através da persuasão (1964: 42-63). Suas posições são mais apropriadas para exercerem a liderança política geral, forjando o caminho, do que para especificarem detalhes de programas reguladores. Geralmente são os administradores nomeados que lidam com os problemas do dia-a-dia, tomando todas as pequenas decisões que contribuem para as atividades do governo (Chase e Reveal, 1983: 13-16), e é para eles que se dirige nosso interesse básico.

A Figura 1-1 retrata a hierarquia dos funcionários na maioria das jurisdições públicas. No governo federal, a autoridade central consiste no presidente e, em função de seu crítico papel em termos orçamentários e de formulação de políticas públicas, no Congresso. O nível seguinte, o dos executivos políticos, é constituído por funcionários nomeados que ocupam posições como as de secretários e secretários assistentes de departamentos e chefes de repartições importantes. Essas posições são classificadas como "políticas" porque os funcionários só ocupam o cargo durante o tempo do superior eleito ou "à vontade do executivo principal" (significando que podem ser dispensados pelo executivo a seu bel-prazer). Os atuais presidentes fazem geralmente cerca de 2 mil nomeações políticas, das quais mais ou menos 500 têm papéis importantes do ponto de vista de políticas públicas (Hilsman, 1985: 138-149).

Os administradores executivos ocupam o nível imediatamente abaixo dos nomeados políticos. Vêm principalmente das fileiras dos funcionários públicos de carreira. No antigo sistema do serviço civil, as posições desse nível eram conhecidas coletivamente como "superníveis", em referência ao fato de estarem localizadas nos três níveis superiores da classificação do sistema de pessoal federal — GS 16 a GS 18. Agora, devido à grande reestruturação dos cargos superiores do serviço civil ocorrida em 1979, são chamados de executivos sêniores. Há aproximadamente 5 mil postos desse tipo no governo federal. A maior parte dos executivos sêniores é nomeada pelo sistema de mérito, embora as mudanças adotadas em 1979 permitam ao presidente preencher 10% desses postos com nomeados políticos.

Administradores e supervisores intermediários, os dois níveis seguintes na pirâmide, consistem em funcionários selecionados através de procedimentos competitivos ou de mérito. Esse grande grupo de pessoas, que compreende centenas de milhares, é responsável pela maior parte do trabalho de rotina do governo. Essas pessoas executam qualquer tipo imaginável de função administrativa, da supervisão do trabalho de porteiros à assistência a nomeados políticos na formulação de políticas públicas para apresentação ao Congresso.

Tem sido mais difícil para os governos estaduais e municipais depositar o poder político num só executivo. Essa situação levou à criação de fato de um "executivo plural", no qual há vários centros formais de poder governante e nenhum departamento único parece deter o poder de supervisão. As legislaturas

Figura 1-1 Uma Pirâmide Organizacional Generalizada do Governo

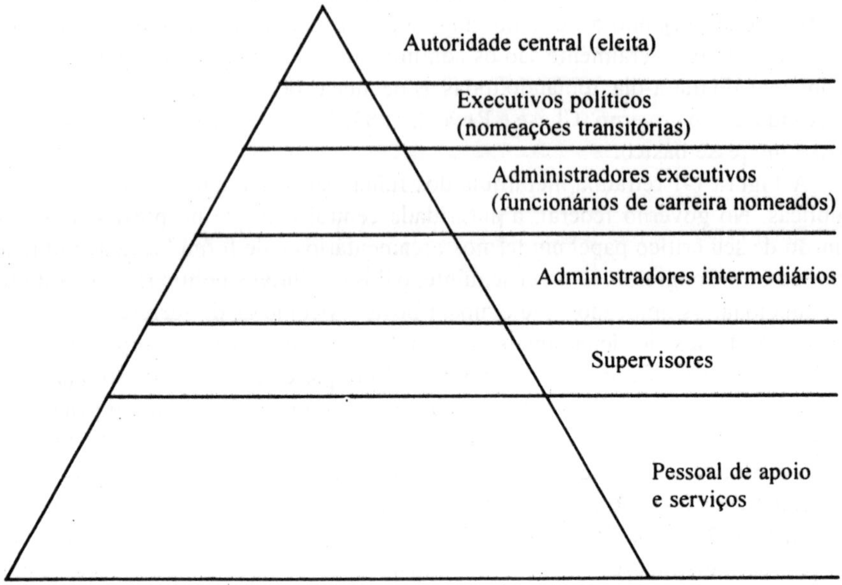

estaduais e municipais — assembléias gerais, conselhos municipais, juntas ou comissões administrativas e correlatos — não têm sido tão maleáveis em relação a seus governadores, prefeitos e executivos como o tem sido o Congresso em relação ao presidente. Ao contrário, muitos desses corpos legislativos não-federais têm sido exageradamente relutantes em conferir aos dirigentes executivos das suas jurisdições o âmbito de poder e autoridade que é um pressuposto em relação à presidência. Assim, o poder político no governo estadual e municipal muitas vezes é mais difuso do que o nível federal. O executivo plural é um resultado desse caráter difuso (Kaufman, 1969). Como se mostra na Figura 1-2, o executivo plural não está caracteristicamente organizado de forma hierárquica.

Enquanto a Constituição dos Estados Unidos e os estatutos que a complementam provêm o governo federal de uma estrutura hierárquica, não há freqüentemente uma exigência comparável para os governos estaduais e locais. Na ausência de uma compulsão legal desse tipo e dado o fato de as tradições e condições locais variarem tão amplamente entre os estados e regiões, existem enormes variações nas suas formas de governo. Alguns estados concederam aos seus governadores poderes mais amplos do que os atribuídos ao presidente (por exemplo, vetos específicos), enquanto outros algemam seus executivos com dúzias de limitações

Figura 1-2 O Executivo Plural

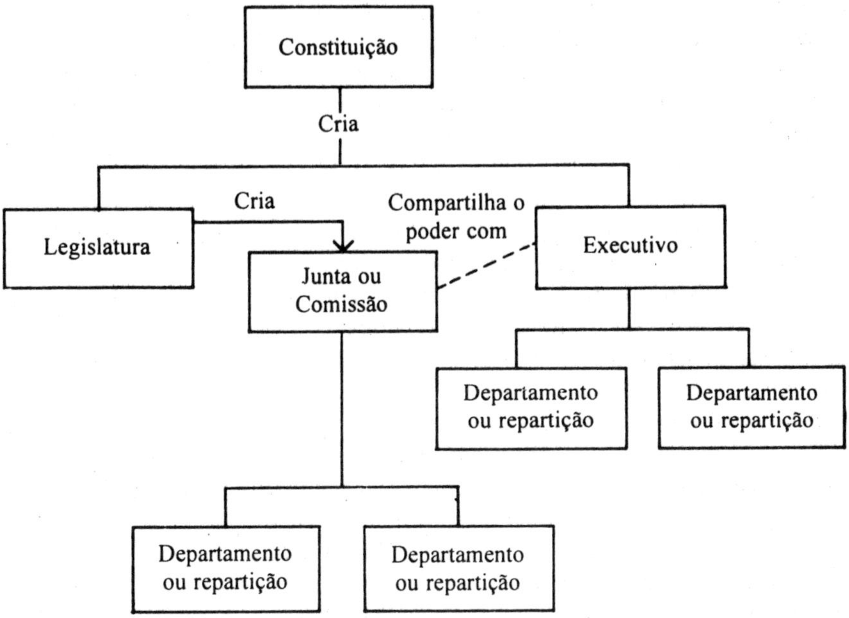

processuais e estatutárias. Por essa razão, os gabinetes dos governadores variam muito nos seus poderes formais e informais e nos seus modos de operação (Beyle, 1983). O grau de autonomia dentro da burocracia varia também. Alguns estados permitem às suas repartições exercer considerável poder de decisão, com supervisão e envolvimento legislativo apena intermitentes, enquanto em outros as legislaturas mantêm um pulso firme e controlador no governo. Na situação anterior, os diretores de repartições podem ser servidores civis de carreira, sem ligações diretas com dirigentes eleitos; alternativamente, o governador pode ter a autoridade de nomear alguns ou todos os chefes de repartições (geralmente com o aconselhamento e a anuência da legislatura). Mas onde há legislaturas fortes e ativas, a autoridade que faz as normas pode ser exercida através de uma junta ou comissão controlada exclusiva ou predominantemente por comitês legislativos (ver Figura 1-2). Se houver muitas juntas e comissões desse tipo, o resultado será uma difusão significativa do poder e da autoridade. Os funcionários executivos dessas estruturas governamentais não-hierárquicas são geralmente muito mais fracos do que seus correlativos de empresas mais centralizadas.

As estruturas de nível municipal são ainda mais diversificadas. Em geral, a responsabilidade gerencial do governo municipal é delegada pela assembléia legislativa da jurisdição a um executivo-chefe. Além disso, jurisdições diferentes usam uma de várias formas de governo. Na forma do administrador municipal, por exemplo, o executivo-chefe é um administrador da cidade nomeado pelo conselho eleito. O conselho detém a responsabilidade de estabelecer todas as normas da jurisdição, enquanto o administrador age como o implementador de políticas, supervisionando os funcionários municipais e procurando providenciar o cumprimento das solicitações do conselho de maneira eficiente. Em outra forma de governo local, o prefeito eleito é o executivo-chefe, exercendo tanto a autoridade de elaborar as políticas públicas como a administração, geralmente com a colaboração de auxiliares que ajudam a desempenhar os deveres gerenciais. Nesse arranjo, o prefeito normalmente exerce poder de veto sobre os atos do conselho. Essa é conhecida como a forma de governo do "prefeito com poder não limitado" e é encontrada na maioria das grandes cidades americanas. Muitas cidades pequenas usam em vez disso a forma de governo do "prefeito com poder limitado", na qual o conselho eleito exerce a autoridade de elaborar políticas e supervisionar, enquanto o prefeito preside as reuniões do conselho e — quando a jurisdição é muito pequena — cuida das poucas tarefas administrativas que surgem. Nas jurisdições de maior porte, onde as responsabilidades administrativas são maiores, muitas cidades com prefeito com poder limitado empregam administradores municipais para executar as ordens dos conselhos. Ocasionalmente, os administradores municipais desenvolvem suficiente autoridade informal para serem capazes de exercer certa dose de julgamento independente em áreas limitadas da tomada de decisão.

A Figura 1-3 fornece um quadro simplificado dessas três formas principais de governo local. As Figuras 1-2 e 1-3 são ambas altamente generalizantes; muitas cidades desenvolveram formas únicas próprias. A característica importante a ser lembrada é a natureza dos poderes formais concedidos aos respectivos funcionários. Os dirigentes municipais têm autoridade para admitir e demitir chefes de departamentos e inspecionar as operações diárias da cidade sem interferência do conselho, enquanto os administradores municipais geralmente não têm esses poderes. Nesse contexto, não surpreende que os administradores municipais tendam a ser colocados nas suas posições através de nomeações políticas, enquanto os dirigentes municipais são geralmente admitidos através de um procedimento mais competitivo, baseado no mérito. Adicionalmente, os administradores municipais podem ser demitidos ao capricho do conselho, enquanto os dirigentes municipais geralmente só podem ser afastados por métodos mais formais (se bem que não necessariamente menos arbitrários). Graças à sua base de autoridade mais independente e mais ampla, quase sempre codificada na constituição ou no código de leis, os dirigentes municipais foram capazes de alcançar uma reputação de profissionalismo e conhecimento técnico que ainda não se tornou universalmente aplicável aos administradores municipais (ver National Municipal League, 1964: 22-25).

Embora os cargos sejam diferentes, os governos dos distritos rurais também têm funcionários que podem ser comparados a prefeitos, dirigentes municipais e administradores municipais. Os supervisores dos distritos rurais, por exemplo, têm às vezes funções similares às dos prefeitos, e muitos desses distritos empregam

Figura 1-3 Formas Gerais de Governo Municipal

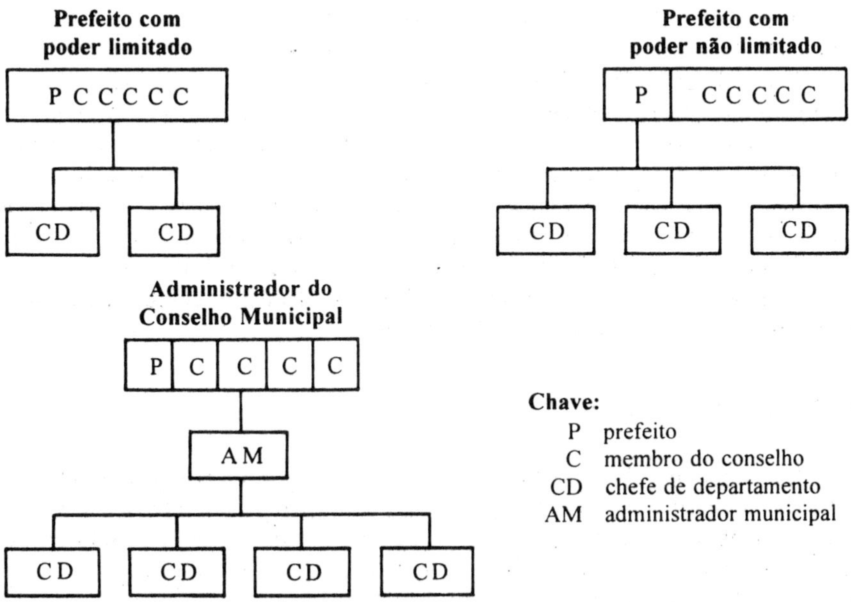

executivos profissionais que têm posições de dirigentes de distrito rural ou administrador de distrito rural. Outras subdivisões políticas, mais notadamente os distritos escolares e de serviços públicos, também empregam dirigentes cujos poderes e graus de autonomia administrativa são altamente variáveis. Como se observa na seção seguinte, a compreensão adequada dos problemas e responsabilidades dos administradores públicos depende, em parte, da apreciação da extrema variabilidade que caracteriza as relações de poder entre os funcionários públicos nomeados e seus superiores eleitos.

MUDANDO PONTOS DE VISTA SOBRE ADMINISTRAÇÃO PÚBLICA

Os deveres normalmente associados à administração pública incluem a execução de leis, decretos, normas e regulamentos; a preparação e supervisão de documentos de orçamento e planejamento; a análise e recomendações de políticas e programas; a seleção e supervisão de funcionários; o funcionamento e manutenção da repartição ("funções de manter a casa em ordem") e a manutenção de contatos com grupos e indivíduos relevantes fora da repartição. Ao executar essas múltiplas tarefas, presume-se que o administrador tenha suficiente discernimento para levar a cabo a política oficial da repartição. As opções podem variar da decisão do policial quanto a se deve multar um pedestre distraído ou imprudente à de um executivo sênior sobre se a plena força de punição do governo deve ser aplicada a uma empresa química que está poluindo um rio.

Dada a diversidade, descobrimos que em administração pública se pode muito bem perguntar se há algumas "verdades eternas" ou "elementos em comum" na maneira como agem os administradores. Leonard White, o autor de um dos mais antigos manuais de administração pública, foi um dos primeiros a responder afirmativamente, declarando que "a administração é um processo singular, substancialmente uniforme nas suas características essenciais, onde quer que seja observado" (White, 1939: ix). Pouco tempo depois, Luther Gulick ofereceu o que talvez tenha sido a mais persistente descrição dos elementos comuns da administração pública, apresentada na próxima seção.

O Ponto de Vista Original

Para um campo famoso pelas suas siglas, Gulick apropriadamente juntou as funções da administração pública na sigla POSDCORB, que representa Planejamento [Planning], Organização [Organizing], Recrutamento de Pessoal [Staffing], Direção [Directing], Coordenação [Coordinating], Relatório/Prestação de Contas [Reporting] e Orçamento [Budgeting]. Ele descreveu essas operações gerenciais básicas da seguinte maneira:

> Planejamento (...) significa desenvolver em amplo sentido o que precisa ser feito e os métodos para realizá-lo para atingir o propósito almejado pela empresa;
>
> Organização (...) é o estabelecimento da estrutura formal de autoridade através da qual as subdivisões de trabalho são classificadas, definidas e coordenadas para o objetivo definido;
>
> Recrutamento de Pessoal (...) é toda a função da área de pessoal: admissão e treinamento de pessoal e manutenção das condições de trabalho em nível satisfatório;
>
> Direção (...) é a contínua tarefa de tomar decisões e concretizá-las em ordens e instruções específicas e gerais, atuando como o líder da empresa;
>
> Coordenação (...) é a obrigação essencial de inter-relacionar as várias partes do trabalho;
>
> Relatório/Prestação de Contas (...) é manter aqueles aos quais se subordina o executivo informados do que está acontecendo, o que, dessa forma, inclui manter a si mesmo e aos seus subordinados informados por meio de relatórios, investigações e inspeção;
>
> Orçamento (...) consiste em planejamento fiscal, contabilidade e controle (Gulick e Urwick, 1937: 13).

Apesar da conveniência e do valor da descrição POSDCORB, esta caiu em desaprovação não muito tempo depois de ser apresentada. O declínio de sua popularidade pode ser atribuído ao fato de não nos dizer o que é *público* a respeito da administração pública. Em outras palavras, parece assumir a validade da dicotomia de Wilson entre política e administração, discutida anteriormente. Mas essa dicotomia foi posta em dúvida numa sucessão de trabalhos criteriosos (Appleby, 1949; Simon, 1946; Lindblom, 1965). Assim, a abordagem da administração pública em termos das funções gerenciais não provê uma teoria descritiva do mundo da política e do governo, nem é inteiramente aplicável a este.

Os críticos questionaram a notoriedade teórica que Gulick e outros atribuíram ao trabalho de Henri Fayol em "direcionar as mentes para a necessidade de estudar a administração de maneira científica" (Gulick e Urwick, 1937: 117). O "gerenciamento científico" de Fayol enfatizava a indiferença — quase que a repulsa — à política, assim como a abordagem objetiva, apolítica, da solução de problemas. Herbert Simon chamou os princípios gerenciais resultantes de meros provérbios e tratou de desnudar suas falácias (Simon, 1946). Adicionalmente, o trabalho de Gulick foi atacado por muitos outros autores porque apontava em sentido contrário ao movimento de "relações humanas" que começara a se definir no campo da administração durante a década de 1940. O POSDCORB e outras abordagens clássicas da administração eram vistos como tentativas de explorar, controlar e manipular os trabalhadores. No lugar das qualidades de autoridade, estrutura e controle, os teóricos da administração enfatizavam o valor inato do trabalhador individual. Da mesma forma, as funções de administração foram desenfatizadas enquanto os teóricos buscavam caminhos para fazer os trabalhadores se sentirem mais confortáveis e valorizados nos seus ambientes organizacionais.

Gradualmente, a preferência pelo que parecia constituir soluções industriais ou técnicas para os problemas públicos deu lugar a um modelo de administração pública que conciliava interesses políticos e de políticas públicas. A superficialidade de qualquer abordagem da administração pública que não esteja consciente da realidade política é hoje em dia reconhecida igualmente por acadêmicos e profissionais.

O POSDCORB Transformado

Apesar disso, embora agora relegadas a um papel secundário na maioria dos tratamentos, as funções de administração continuaram a ser uma preocupação dos teóricos da área e certamente têm sido um tópico de interesse entre os profissionais. Sucessivas reformulações do POSDCORB tentaram introduzir uma apreciação maior do contexto social e político em que opera a administração pública. Garson e Overman (1983), por exemplo, sugeriram uma nova sigla, PAFHRIER — Análise de Políticas, Administração Financeira, Administração de Recursos Humanos, Administração de Sistemas Informatizados e Relações Externas [Policy Analysis, Financial Management, Human Resources Management, Information Management, External Relations]. Isso trouxe para o campo os termos que têm emergido nas abordagens teóricas e práticas mais recentes. A análise de políticas, por exemplo, lida com o interesse que tem a administração pública no impacto das políticas públicas sobre o meio ambiente e nas variações da maneira como essas políticas são implementadas. A administração de recursos humanos significa uma concepção mais ampla da função de recrutamento de pessoal do que o que fora formulado no POSDCORB; além das operações tradicionais de recrutamento, seleção e classificação, a abordagem de recursos humanos engloba assuntos tão relativamente modernos como crescimento e desenvolvimento do funcionário, motivação e tratamento eqüitativo — em suma, vê os funcionários como recursos que precisam ser alimentados e tratados de maneira justa. Tomada como um todo, essa transformação reflete as seguintes diferenças em relação ao tratamento da administração pública por Gulick:

> expansão do conceito de planejamento para o conceito mais amplo de análise de políticas;
> expansão do conceito de recrutamento de pessoal para o conceito mais amplo de recursos humanos;
> expansão do conceito negligenciado de exposição para o conceito mais amplo de administração de sistemas informatizados;
> acréscimo de relações externas como categoria importante;
> dispersão das categorias do POSDCORB, especialmente organização, direção e coordenação, para serem usadas como aspectos das novas categorias (Garson e Overman, 1983: 64-65).

Na sua análise de pesquisas recentes sobre administração pública, Garson e Overman identificaram uma série de utilizações dos conceitos de PAFHRIER nas operações de agências públicas. Uma discussão detalhada do seu esquema de categorização é apresentada num apêndice ao seu livro de 1983 (p. 175-81) e serve como um compêndio das tarefas que os administradores públicos executam hoje em dia.

Outra maneira de transformar o POSDCORB é referir seus conceitos a uma teoria de papéis gerenciais em vez de tratá-lo simplesmente como um inventário ou lista de lavanderia das funções gerenciais. Assim, Henry Mintzberg (1973) propôs uma teoria da administração consistindo em três categorias principais de atividades, que, por sua vez, se dividem em tipos mais específicos. As três principais categorias de atividades ou papéis são a *interpessoal*, a *informativa* e a de *decisão*. Os papéis interpessoais são os de "figura decorativa", "ligação" e "líder". Os papéis informativos têm o administrador trabalhando como "monitor", "disseminador" e "porta-voz". Os papéis de decisão englobam as atividades de "empreendedor" (tomar decisões básicas que influenciarão a própria sobrevivência da organização), "alocador de recursos" (um conjunto mais rotineiro de decisões), "solucionador de distúrbios" e "negociador".

A Tabela 1-4 apresenta uma comparação das principais áreas de ênfase no POSDCORB e na abordagem interpessoal-informativa de decisão. Uma forma pela qual Mintzberg está um passo à frente de Gulick é que sua formulação reconhece e tenta lidar sistematicamente com a rede de relações informais que têm os administradores, dentro como fora da suas organizações. Além disso, Mintzberg argumenta que a antiga abordagem da administração gerava hipóteses (ou permanecia em suposições) sobre o comportamento gerencial que eram mais folclóricas do que fatuais — por exemplo, a idéia de que os administradores dão muita prioridade ao planejamento, quando na verdade são orientados para agir mais no presente do que no futuro; que não têm obrigações regulares, quando de fato executam muitas tarefas rotineiras; que operam através de comunicações por escrito, quando realmente executam a maior parte do seu trabalho através de comunicações verbais (Mintzberg, 1974).

Embora outros autores tenham oferecido outras reformulações da abordagem de Gulick, nenhum deles foi capaz de (ou pelo menos tentou) refutar o conceito subjacente de que uma abordagem funcional do estudo da administração é inerentemente valiosa. Conseqüentemente, estas últimas versões do POSDCORB constituem melhoramentos e aperfeiçoamentos, não substituições. O contínuo interesse pelas abordagens da administração pública funcionais e baseadas em papéis demonstra que elas ainda são relevantes para a compreensão dos fenômenos administrativos.

A Abordagem Deste Livro

O interesse pelos aspectos aplicados da administração pública tem crescido notavelmente nos últimos anos. Provavelmente, o mais significativo dos fatores responsáveis por essa renovada atenção é a incerteza fiscal que caracterizou a sociedade americana em meados da década de 80. A ampla divulgação das revoltas dos contribuintes, aliada a grandes déficits nos orçamentos do governo, centralizou a atenção dos profissionais na necessidade de administrar o governo com mais eficiência (ver Hartle, 1985). Esse movimento foi reforçado por demandas por maior privatização dos serviços governamentais (Savas, 1982), bem como por severas críticas ao alegado desperdício no governo. Em primeiro lugar entre essas críticas estava o Grace Commission Report (Levantamento Presidencial do Setor Privado sobre Controle de Custos, 1984), que propôs um argumento vigoroso em favor da idéia de que o governo funcionaria com muito mais eficiência se fosse administrado de acordo com os princípios do mundo dos negócios (ver Goodsell, 1984: 200). Onde quer que alguém olhe para esse campo hoje em dia, a necessidade de administrar de maneira sensata e efetiva está sendo amplamente enfatizada.

Mas uns poucos teóricos, e um número ainda menor de profissionais, estão argumentando que o POSDCORB não é mais relevante. Como é indicado pelas reformulações do POSDCORB, crescem a compreensão do conteúdo e da significação das funções de administração. Uma dramática ilustração desse fato é oferecida pelo próprio Gulick, que em 1983 escreveu que a produtividade do governo

Tabela 1-4 Funções Gerenciais em Mintzberg, Gulick e Garson & Overman

Tipo de função	Mintzberg[a]	Gulick (POSDCORB)[b]	Garson e Overman (PAFHRIER)[c]
Interpessoal	Figura decorativa: executa obrigações cerimoniais	Nenhuma contrapartida específica	Nenhuma contrapartida específica
	Líder: usa poderes formais	Organização, Recrutamento de Pessoal	Dispersão de funções do POSDCORB
	Ligação: faz contatos fora da cadeia de comandos	Nenhuma contrapartida específica	Nenhuma contrapartida específica
Informativa	Monitor: analisa informações	Planejamento, exposição	Análise de diretrizes
	Disseminador: passa informações adiante	Direção, coordenação	Administração de informações
	Porta-voz: passa informações fora da organização	Nenhuma contrapartida específica	Relações externas
De decisão	Empreendedor: procura melhorar e desenvolver a organização	Nenhuma contrapartida específica	Administração de recursos humanos
	Solucionador de distúrbios: responde à pressão	Nenhuma contrapartida específica	Nenhuma contrapartida específica
	Distribuidor de recursos: decide quem ganha o quê	Orçamento	Administração financeira
	Negociador: defende a posição organizacional	Nenhuma contrapartida específica	Nenhuma contrapartida específica

[a] Henry Mintzberg, *The Nature of Managerial Work* (Nova York: Harper and Row, 1973).
[b] Luther Gulick, "The Dynamics of Public Administration Today as Guidelines for the Future", *Public Administration Review* 43 (maio/junho 1983): 193-8.
[c] G. David Garson e E. S. Overman, *Public Management Research in the United States* (Nova York: Prager, 1983).

só pode ser melhorada com "descentralização, delegação e a participação de trabalhadores e clientes na administração" (Gulick, 1983: 197). Apesar disso, não há dúvida de que o POSDCORB ainda engloba a maior parte das principais atividades administrativas que são executadas diariamente nas nossas organizações públicas. O POSDCORB permanece valioso como modelo básico, embora necessite ser atualizado de acordo com os progressos no pensamento gerencial.

Na maior parte, a abordagem das funções administrativas adotada neste livro segue a formulação original de Gulick. Discute-se planejamento, organização, recrutamento de pessoal, exposição e orçamento. No entanto, enquanto Gulick falava de direção e coordenação, usamos um termo mais contemporâneo, "liderança".

Além disso, nossas exposições sobre as várias funções enfatizam muitas questões que ou foram ignoradas por Gulick ou ainda não tinham sido bem compreendidas quando o POSDCORB foi proposto pela primeira vez. A interligação das funções é realçada, assim como as influências de fatores extraorganizacionais e interpessoais. Também consideramos a avaliação, pois é uma função gerencial emergente que está na vanguarda de muitas das mais importantes questões da administração pública moderna. Através dessas revisões e de outras que serão descritas posteriormente, tentamos colocar o POSDCORB num contexto contemporâneo relevante para estudantes e profissionais da administração pública de hoje.

Nossa intenção não é menosprezar os aspectos políticos da administração pública e sim chamar a atenção para o que sentimos como presumido ou subenfatizado pela literatura da área. Embora a discussão focalize o que os administradores públicos fazem dentro de suas organizações, o exame do ambiente externo das organizações públicas é inevitável. As fronteiras das organizações governamentais são porosas — isto é, facilmente penetradas por influências externas. Os efeitos dessas influências nas operações administrativas se tornarão visíveis nas nossas avaliações das várias funções gerenciais. Um guia útil nesse sentido é a indicação de Appleby (1949) de que a administração pública consiste mais em papéis cooperativos do que em funções descontínuas. Em outras palavras, a empresa pública é conduzida num ambiente em que administradores, políticos, funcionários, grupos de interesse e numerosos outros atores estão envolvidos em relacionamentos do tipo dar-e-receber. As decisões sobre políticas são assim elaboradas dentro de um sistema de relacionamento ao qual muitas partes dão contribuições significativas. Desse ponto de vista, a administração pública é uma sociedade de diversos grupos trabalhando em direção a uma meta mais ou menos comum a todos. Uma vez compreendido isso, é impossível deixar de perceber a natureza essencialmente política da administração pública.

Nossa abordagem baseia-se também na premissa de que a administração é e será sempre mais uma arte do que uma ciência. Embora o estudo dos princípios e práticas da administração possa fornecer muitas lições valiosas aos administradores públicos, nenhum manual pode pretender ensinar toda a série das muitas aptidões, habilidades e atitudes que, juntas, constituem uma administração eficaz.

Em suma, o POSDCORB é um ponto de partida conveniente para se desenvolver uma discussão contemporânea sobre a administração pública. No fundo, o administrador público de hoje é o agente administrativo dos dias de Gulick, mas confrontado por um novo conjunto de desafios e oportunidades. Os profissionais da arte da administração pública devem ter diversas habilidades em áreas funcionais como orçamento, administração de pessoal e projetos organizacionais. Os administradores públicos de hoje também devem ser especialistas em comunicação, capazes de enfrentar as queixas dos cidadãos com tanta facilidade como quando apresentam um relatório ao seu corpo governamental. Da mesma forma, devem ser "agentes da mudança", capazes de ajustar seus aconselhamentos sobre políticas públicas e suas habilidades operacionais a uma tecnologia em mudança e às cambiantes expectativas de trabalhadores e cidadãos. Num certo sentido, nossa abordagem do assunto é então meramente um reflexo do que tem ocorrido no campo da administração pública nas últimas décadas.

REFERÊNCIAS

Abney, Glenn, e T. P. Lauth. 1983. "The Governor as Chief Administrator." *Public Administration Review* 43 (janeiro/fevereiro): 40-9.

Allison, Graham T., Jr. 1983. "Public and Private Management: Are They Fundamentally Alike in All Unimportant Respects?" In *Public Administration: Concepts and Cases*, Richard Stillman (org.), 453-67. Boston: Houghton Mifflin.

Appleby, Paul H. 1949. *Policy and Administration*. Tuscaloosa: University of Alabama Press.

Banfield, Edward, e James Q. Wilson. 1963. *City Politics*. Nova York: Vintage.

Beyle, Thad. 1983. "Governors." In *Politics in the American States*, Virginia Gray, Herbert Jacob, e Kenneth Vines (orgs.), 180-221. Boston: Little, Brown.

Bowsher, Charles A. 1992. "Meeting the New American Management Challenge in a Federal Agency." *Public Administration Review* 52 (janeiro/fevereiro): 3-7.

Chase, Gordon, e Elizabeth C. Reveal. 1983. *How to Manage in the Public Sector*. Reading, Mass.: Addison-Wesley.

Chubb, J.E., e P.E. Peterson, (org.). 1989. *Can the Government Govern*? Washington, D.C.: Brookings Institution.

Congressional Budget Office and General Accounting Office. 1984. *Analysis of the Grace Commission's Major Proposals for Cost Control*. Washington, D.C.: GAO.

Council of State Governments. 1985. *The Book of the States: 1984-1985*. Lexington, Ky.: Council of State Governments.

Downs, Anthony. 1967. *Inside Bureaucracy*. Buston: Little, Brown.

Drucker, Peter. 1974. *Management: Tasks, Responsibilities, Practices*. Nova York: Harper and Row.

_____. 1980. "The Deadly Sins in Public Administration." *Public Administration Review* 40 (março/abril): 103-6.

Eads, G.C., e Michael Fix. 1984. *Relief or Reform: Reagan's Regulatory Dilemma*. Washington, D.C.: The Urban Institute.

Garson, G. David, e E.S. Overman. 1983. *Public Management Research in the United States*. Nova York: Praeger.

Goodnow, F. J. 1900. *Politics and Administration.* Nova York: Macmillan.

Goodsell, Charles T. 1984. "The Grace Commission: Seeking Efficiency for the Whole People?" *Public Administration Review* 44 (maio/junho): 196-204.

______. 1985. *The Case for Bureaucracy.* Chatham, N.J.: Chatham House.

Grosenick, Leigh. 1984. "Research in Domestic Governance." *Public Administration Quarterly* 8 (outono): 266-287.

Gulick, Luther. 1965. "The Twenty-Fifth Anniversary of the American Society for Public Administration." *Public Administration Review* 25 (março): 1-4.

______. 1983. "The Dynamics of Public Administration Today as Guidelines for the Future." *Public Administration Review* 43 (maio/junho). 193-8.

Gulick, Luther, and L. Urwick (org.). 1937. *Papers on the Science of Administration.* New York: Institute of Public Administration.

Hartle, Terry W. 1985. "Sisyphus Revisited: Running the Government Like a Business." *Public Administration Review* 45 (março/abril): 341-51.

Heclo, Hugh. 1977. *A Government of Strangers.* Washington, D.C.: Brookings Institution.

Hilsman, Roger. 1985. *The Politics of Governing America.* Englewood Cliffs, N.J.: Prentice Hall.

Kaufman, Herbert. 1969. "Administrative Decentralization and Political Power." *Public Administration Review* (janeiro/fevereiro): 3-15.

Lau, A.W., Arthur R. Newman, e Laurie A. Brodling. 1980. "The Nature of Managerial Work in the Public Sector." *Public Administration Review* 40 (setembro/outubro): 513-20.

Levine, Charles, e George Wolohojian. 1984. "Retrenchment and Human Resources Management: Combatting the Discount Effects of Uncertainty." In *Public Personnel Administration: Problems and Prospects.* Steven Hays e Richard Kearney (orgs.), 175-88. Englewood Cliffs, N.J.: Prentice-Hall.

Lindblom, Charles. 1965. *The Intelligence of Democracy: Decision Making through Mutual Adjustment.* Nova York: Free Press.

Lynch, Thomas. 1977. "A Context for Zero-Base Budgeting." *The Bureaucrat* (primavera): 3-11.

MacManus, S.A. 1991. "Why Businesses Are Reluctant to Sell to Governments." *Public Administration Review* 51 (julho/agosto): 328-44.

Marini, Frank (org.) 1971. *Toward a New Public Administration: The Minnowbrook Perspective.* Scranton, Pa.: Chandler.

Mintzberg, Henry. 1973. *The Nature of Managerial Work.* Nova York: Harper and Row.

______. 1974. "The Manager's Job: Folklore and Fact." *Harvard Business Review* 53 (novembro/dezembro): 49-61.

Morgan, David, e Robert England. 1988. "The Two Faces of Privatization." *Public Administration Review* 48 (novembro/dezembro): 979-87.

Mosher, Frederick. 1982. *Democracy and the Public Service.* Nova York: Oxford.

National Municipal League. 1964. *Model City Charter.* Nova York: National Municipal League.

Neustadt, Richard E. 1964. *Presidential Power.* Nova York: The New American Library.

O'Connell, Brain. 1989. "What Voluntary Activity Can and Cannot Do for America." *Public Administration Review* 49 (setembro/outubro): 486-91.

President's Private Sector Survey on Cost Control. 1984. *A Report to the President.* 47 vols. Washington, D.C,: Government Printing Office.

Quade, E.S. 1982. *Analysis for Public Decisions.* Nova York: North Holland.

Rainey, Hal G. 1984. "*Public Organization Theory: Current Contributions and Research Directions.*" Comunicação apresentada ao encontro anual da American Political Science Association, Washington, D.C.

Riggs, F.W. 1991. "Public Administration: A Comparativist Framework." *Public Administration Review* 51 (novembro/dezembro): 473-5.

Rosenbloom, David. 1984. "What Every Personnel Manager Should Know about the Constitution." In *Public Personnel Administration*, 27-42. *Ver* Levine e Wolohojian.

Savas, E, S. 1982. *Privatizing the Public Sector*. Chatham, N.J.; Chatham House.

_____. 1987. *Privatization: The Key to Better Government*. Chatham, N.J.: Chatham House.

Simon, Herbert. 1946. "The Proverbs of administration." *Public Administration Review* 6 (inverno): 53-67.

Steiner, Peter. 1983. "The Public Sector and the Public Interest." In *Public Expenditure and Policy Analysis*, R.H. Haveman e J. Margolis. (orgs.). Chicago: Rand McNally, 3-41.

Steiss, A.W., e G.A. Daneke. 1980. *Performance Administration*. Lexington, Mass.: Lexington.

Stephenson, M. O., Jr., e J.F. Plant. 1991. "The Legacy of Frederick C. Mosher." *Public Administration Review* 51 (março/abril): 97-113.

U.S. Department of Commerce. Bureau of the Census. 1990. *Statistical Abstract of the United States*: 1990. Washington, D.C.: Government Printing Office.

Waldo, Dwight. 1965. "The Administrative State Revisited." *Public Administration Review* 25 (março): 5-30.

_____. 1980. *The Enterprise of Public Administration*. Novato, Calif.: Chandler and Sharp.

Weber, Max. 1947. *The Theory of Economic and Social Organization*, org. e trad. por A.M. Henderson e Talcott Parsons. Nova York; Macmillan.

White, Leonard. 1939. *The Study of Public Administration*. Nova York; Macmillan.

Wholey, Joseph S. 1983. *Evaluation and Effective Public Management*. Boston: Little, Brown.

Willoughby, W.F. 1936. Government of Modern States. Nova York: Appleton-Century.

Wilson, Woodrow. 1887. "The Study of Administration." *Classics of Public Administration*, J.M. Shafritz e A.C. Hyde (orgs.), 3-17. Oak Park, III.: Moore. (Publicado pela primeira vez em *Political Science Quarterly*, vol. 2.)

Woll, Peter. 1977. *American Bureaucracy*. Nova York: Norton.

Young, Oran R. 1968. *Systems of Political Science*. Englewood Cliffs, N.J.; Prentice-Hall.

2

Planejar

As pessoas da área da administração pública conhecem uma porção de histórias de terror. Por exemplo, há aquela sobre o departamento de estradas que construiu uma ponte ligando o nada a coisa nenhuma no outro lado do rio. Outra história conta que uma forte ponte fixa foi construída, ligando-se adequadamente a uma estrada do outro lado do rio, mas isso surpreendeu o capitão do navio que descobriu que sua embarcação era grande demais para passar debaixo da ponte. Ninguém perguntara o que iria acontecer com o ancoradouro e a marina que estavam localizados rio acima.

O planejamento é o primeiro dos processos gerenciais do POSDCORB, mas o desenvolvimento e o uso bem-sucedidos do planejamento são uma constante fonte de perplexidade para quem pratica a administração. Por um lado, planejar parece ser uma atividade exigida pelo bom senso; há sólidas e óbvias razões para se determinar de antemão onde se devem construir pontes e, de modo geral, onde está e para onde vai uma organização. E ainda assim, como Mintzberg (1973: 38) nos diz, os administradores raramente planejam. Passam a maior parte do tempo falando, especialmente ao telefone, e enfrentando as crises que ocorrem todos os dias. Há pouco ou nenhum tempo para se afastar das operações diárias a fim de planejar.

Planejar é difícil na prática e, mesmo quando se fazem planos, estes podem ter um significado apenas limitado devido à especialização — cada um dos diferentes especialistas que participam do processo de planejamento tem uma visão estreita da situação. Mertins sustenta que planejar perdeu "sua utilidade como conceito integrador e abrangente" (1971: 254). Assim, mesmo tendo planos em mãos, o administrador ainda pode estar perplexo no que tange à direção a tomar em futuras decisões. Não obstante, estejam preocupados com operações diárias ou perplexos com o trabalho dos especialistas, os administradores são influenciados pelos planos. O impacto é freqüentemente indireto; os padrões de desempenho ou produção baseados em planos são parte da visão do administrador sobre as decisões que devem ser tomadas, e as expectativas de desempenho e produção constituem uma base sobre a qual as realizações do administrador serão avaliadas por executivos de nível mais alto ou organismos políticos. Este capítulo trata do planejamento como a função gerencial que constitui um prelúdio à organização, ao recrutamento de pessoal e dos outros componentes do POSDCORB. Mostra-se um amplo esboço da função planejadora do administrador público, ao lado da descrição de atividades de planejamento. O planejamento é examinado aqui como uma atividade que auxilia os administradores a prevenir problemas específicos na implementação de programas e em operações. Vamos identificar e explicar alguns conceitos básicos de planejamento e o contexto no qual este é útil à organização.

Várias técnicas gerenciais relacionadas à função de planejamento são também examinadas neste capítulo: administração por objetivos, previsão, pesquisa de operações e análise de risco. A eficácia do planejamento como a ferramenta para os administradores públicos é estudada no resumo deste capítulo em termos dos limites do planejamento e do papel da criatividade na organização do setor público.

DESENVOLVIMENTO DA FUNÇÃO DE PLANEJAMENTO

O planejamento tornou-se especialmente importante para os administradores públicos durante a expansão de cidades no fim do século XVIII e início do século XIX. Cidades em crescimento exigiam planos para a infra-estrutura (estradas, água, esgotos e similares), assim como para moradia e uso da terra. As políticas do New Deal estimularam novas mudanças, e foi também nesse tempo que entrou em cena o planejamento econômico e social (Vieg, 1942). A Segunda Guerra Mundial enfatizou a importância e a necessidade de planejar a execução de operações de grande escala. Quaisquer que tenham sido as inquietações sobre um governo que era "grande demais" ou que estava "destruindo a livre empresa", a mobilização nacional durante os primeiros anos da década de 1940 mostrou que o planejamento podia funcionar se os estímulos aceitáveis estivessem presentes (demandas por operações de grande escala e a presença de Estados-nações hostis), juntamente com o apoio político doméstico para se empreender uma ação adequada.

Depois da guerra, o problema era como restaurar um sistema de alocação que funcionava através do mercado. O esforço da guerra exigira do governo grande volume de planos e organização a fim de supervisionar a alocação de bens econômicos para a produção militar. Um planejamento adicional era necessário para preparar a paz: por exemplo, como é que 2,5 milhões de soldados dispensados conseguiriam empregos? A conversão da capacidade de produção de tempos de guerra para tempos de paz foi outra grande preocupação de planejamento depois do conflito, e como fazer isso tudo de maneira a evitar a depressão econômica que tão freqüentemente se segue a uma guerra. O Full Employment Act [Lei do Pleno Emprego] de 1946 expressava a política econômica nacional da época e implicava um papel importante para planejamento público.

O planejamento por parte dos administradores públicos continua até hoje. Pode não ser o planejamento nacional abrangente exigido pela guerra, que em tempos de paz seria considerado demasiadamente pesado (ou "socialista"), mas ainda assim é planejamento. A administração Eisenhower planejou com o propósito de manter o estado de prontidão durante a guerra fria dos anos 50 (Leuchtenburg, 1983: 5). Durante os anos 60, os programas federais de subsídio a governos estaduais e locais encorajavam, e depois passaram a exigir, o planejamento como pré-requisito para receber essa ajuda. Ao mesmo tempo, o planejamento mais uma vez expandiu o seu âmbito, passando da infra-estrutura física de estradas, edifícios e instalações públicas às necessidades sociais da comunidade. Nesse sentido, os programas da Grande Sociedade dos anos 60 refletiram e estenderam o planejamento ao desenvolvimento e à mudança social e física iniciados nos programas do New Deal.

As unidades de governo nacionais, estaduais e locais fortaleceram a capacidade de planejamento, usufruindo do rápido crescimento da ajuda federal. Pessoal da área de planejamento foi colocado onde antes não havia, muitas vezes com o encorajamento e financiamento de programas federais. A multiplicação de repartições de planejamento federais, estaduais e locais levou a muitos níveis e variedades de planos, e a coordenação destes se tornou uma tarefa em si mesma.

Freqüentemente se atribuem à falta de coordenação o "desperdício e a ineficiência governamentais". Por exemplo, suponhamos que uma série de pequenos sistemas de fornecimento de água de bairros vizinhos devam ser ligados numa rede de distribuição mais eficiente para toda a comunidade. Um sistema pode ter canos de água de quatro polegadas enquanto outro tem canos de 12 polegadas, dificultando o trabalho de ligá-los. A promessa do planejamento é que a necessidade de canos de mesmo tamanho terá sido prevista. Num sistema de esgotos bem planejado, o fluxo da gravidade seria usado ao máximo, de modo a que menos postos de bombeamento tivessem de ser construídos. Os programas sociais têm demandas de planejamento semelhantes. O planejamento coordenado de serviços humanos permitiria que mais pessoas fossem atendidas a custos unitários mais baixos e reduziria a doença e a fome. O planejamento reduziria as ineficiências do governo e tornaria mais efetivos os dólares obtidos com a tributação.

Uma abordagem da coordenação de múltiplas atividades de planejamento tem sido o uso de *conselhos de planejamento*. Os exemplos incluem conselhos estaduais de coordenação interdepartamentais, normalmente localizados no gabinete do governador, e conselhos regionais de governos municipais, existentes sob vários nomes, como conselho de governos (Cog) ou comissão de desenvolvimento e planejamento de área (CDPA). Existem também muitos *grupos de aconselhamento* locais e estaduais para ajudar a coordenar os planos. Tanto os conselhos de planejamento quanto os grupos de aconselhamento usam funcionários eleitos e cidadãos para assegurar o apoio da comunidade aos planos dos administradores.

Recentes reduções nas rendas públicas e mudanças na política federal redundaram, de modo geral, em menor ênfase no planejamento em nível nacional. A administração Reagan enfatizou o planejamento por organizações estaduais, municipais e do setor privado para os programas sociais, bem como para o próprio desenvolvimento. Durante as administrações Reagan e Bush, os governos estaduais e locais foram obrigados a usar suas próprias rendas como suporte para o planejamento. Isso não significa que o planejamento esteja morto, mas que enfrenta de fato um novo conjunto de influências e desafios políticos.

INFLUÊNCIAS NO PLANEJAMENTO

Em termos simples, planejar significa que a organização seleciona objetivos e determina os meios para atingi-los. Os planos visam obter a melhor utilização dos recursos organizacionais num ambiente futuro e são também a base para o controle e a direção da organização pela gerência no seu ambiente atual. Embora os administradores públicos tendam a enfatizar os aspectos de controle dos planos, é inevitável que vejam o planejamento no contexto maior das relações interdependentes da organização. As organizações dependem da participação de muitas partes e investidores. Os planejadores precisam trabalhar para incluir muitos pontos de vista para que os planos sejam efetivos (Benveniste, 1989).

É importante assinalar que os conceitos e técnicas de planejamento abrangem uma área especializada de funcionamento e habilidade gerenciais. É a partir de uma base sólida em termos do contexto teórico do planejamento e da compreensão dos propósitos e usos dos planos que o administrador será capaz de concebê-los de forma a que se coadunem eficazmente com o ambiente decisório da organização (Bolan, 1975).

O *ambiente decisório* refere-se às condições que se relacionam àquilo que o administrador é realmente capaz de implementar. Estas incluem condições tanto externas quanto internas, de maneira que os administradores têm um trabalho em duas frentes na medida em que desenvolvem os temas para a agenda de planejamento da sua organização (Michael, 1982). Além disso, essas condições estão em constante mudança. Entre desenvolvimentos externos importantes estão o crescimento econômico ou a recessão, mudanças nas características demográficas ou sociais da jurisdição e variações em matéria de opiniões políticas. As mudanças internas incluem alterações na composição da força de trabalho pública, nas habilidades dos funcionários e nas atitudes destes frente ao trabalho.

Muitas vezes é difícil para o administrador identificar as mudanças ambientais e classificá-las em categorias especificamente relacionadas aos planos da agência. Mesmo que se analisem os ambientes externo e interno e se tirem conclusões gerais sobre seus efeitos em relação aos planos, sua aplicação ao esforço de planejamento pode não ser realista. Muitos estudantes de planejamento e organizações têm enfrentado esses dilemas.

DUAS VISÕES SOBRE O PROBLEMA DO PLANEJAMENTO

Herbert Simon e Henry Mintzberg estão entre os estudiosos que procuraram descobrir de que modo os planejadores e os responsáveis pela tomada de decisões enfrentam a mudanças nos seus ambientes. Tanto Simon quanto Mintzberg admitem que o planejamento é uma parte difícil, mas vital, da função gerencial. Simon aborda o problema do planejamento a partir da perspectiva interna do administrador tentando planejar com a ajuda de uma organização, mas dentro dos limites da inerente falibilidade humana (Simon, 1976; Simon, Smithburg e Thompson, 1950). Mintzberg (1973) indica que as constantes mudanças no ambiente externo são as principais fontes de influência no planejamento e que o administrador deveria estar atento a elas para obter dicas de planejamento.

Simon e Mintzberg relacionam estreitamente o planejamento e a tomada de decisões. Todo planejamento inclui tomada de decisões, mas nem toda tomada de decisões inclui planejamento. Mintzberg enfatiza a relação de planejamentos e decisões através do conceito do administrador como um ator dinâmico que planeja e implementa (decide) ao mesmo tempo. O sucesso na implementação de decisões sobre políticas tem raiz no planejamento estratégico, mas planejamento estratégico não é tomada de decisão. O cuidadoso planejamento estratégico é apenas o primeiro passo de uma série de atividades que levam a decisões sobre a execução de serviços governamentais. A concretização final de uma meta ou expectativa deve basear-se em objetivos específicos definidos ou estabelecidos com relação a metas globais. As ações de planejamento empreendidas por administradores dinâmicos ou orientados para a mudança devem ainda estar relacionadas a decisões operacionais que visem melhorar a qualidade do serviço público através do constante ajustamento às necessidades dos cidadãos.

Simon expõe o conceito de plena satisfação, que significa que os administradores procurem decisões que os *satisfaçam* e que sejam *suficientes* para os problemas com que se estejam defrontando (Rehfuss, 1973: 161). Simon afirma também que há limites à racionalidade de qualquer ser humano, proposição que intitula princípio da racionalidade limitada (March e Simon, 1958: 137-71, 203-4). Especialmente com as técnicas modernas de produção de informações, é impossível que o administrador reúna e assimile todas as informações disponíveis e relevantes para a tomada de decisões. Por isso, ele não pode chegar realmente a uma decisão ótima em termos de estratégia e implementação, a decisão deve ser de plena satisfação.

Nem pode o administrador obter claramente um ambiente de tomada de decisões preventivo ou normativo em que ele saiba o que *deveria* ser feito. A certeza absoluta do futuro simplesmente não é possível e um futuro incerto implica risco. Simon reconhece que o administrador praticante toma decisões baseadas na racionalidade limitada, muitas vezes sem planos ou informações completas (Simon, 1979).

O administrador pleno se defronta com dois tipos de situações que requerem planejamento. Simon qualifica essas situações como planejamento *substantivo* (não-programado) e planejamento *processual* (programado). Planejamento substantivo é uma resposta a novas situações; o planejamento processual destina-se a tratar problemas recorrentes e enfrentar as exigências internas da organização. O planejamento estratégico é um exemplo de planejamento substantivo ou estabelecimento de metas, enquanto a solução de problemas para se encontrar a divisão mais efetiva do ponto de vista do trabalho interno é um exemplo de planejamento processual (March e Simon, 1958: 178-82).

Em ambos os tipos de planejamento, o tomador de decisões *investiga seqüencialmente* — isto é, examina as opções, uma após a outra, num esforço para encontrar cursos de ação viáveis que vão ao encontro das necessidades definidas por um grupo de atores organizacionais ou por um administrador de nível mais alto. Quando se encontra uma solução que satisfaz as necessidades do administrador e da organização (ou que pelo menos não entra em conflito com as necessidades desta última), a pessoa que decide tende a chegar a estabelecer essa solução; caracteristicamente, não se faz nenhuma tentativa de reunir informações adicionais — pois as informações custam caro — ou de buscar outra decisão. Em outras palavras, o tomador de decisões se satisfaz, ou estabelece a primeira alternativa viável com o número menor de conseqüências indesejáveis que podem ser previstas na ocasião (March e Simon, 1958: 180). Tomar decisões que satisfaçam e que sejam suficientes demanda o maior emprego de planos de curto prazo, mas também implica a constante necessidade de replanejar (embora o tempo talvez não o permita). O nível de plena satisfação é influenciado pela mídia, pelos funcionários eleitos, pelo público em geral e pela equipe do administrador.

O propósito da plena satisfação é conseguir que o trabalho seja feito, talvez não da maneira mais eficiente, mas com o mínimo de complicações. Mas os planos são complicações potenciais. Levam tempo para serem concluídos e exigem negociação, barganha e solução de conflitos. Muitos administradores são condicionados pelas suas experiências ou pelas experiências dos outros a evitar os conflitos, pois estes tendem a reduzir a eficiência gerencial. Assim, mesmo o planejamento de curto prazo pode ser evitado pelos administradores ou executado com relutância. March e Simon (1958: 185) referem-se a isso como "a lei de Gresham de planejamento" — isto é, "a rotina diária exaure o planejamento".

Mintzberg aborda o problema do planejamento a partir da perspectiva do ambiente organizacional e de seus efeitos sobre as condições de trabalho do administrador. Os administradores, argumenta ele, gastam virtualmente todo o seu tempo reagindo a "situações perturbadoras de alta pressão", ou crises, "porque os 'maus' administradores ignoram as situações até que estas alcancem proporções de crise", enquanto "os 'bons' administradores não podem prever as conseqüências de todas as ações empreendidas por suas organizações" (Mintzberg, 1973: 84).

Como o administrador não tem controle total do tempo, o planejamento gerencial não acontece normalmente em condições regulares, de rotina. Muitas vezes intervêm tarefas competitivas. O administrador torna-se condicionado a esse ambiente febril. Sem planejamentos e sob pressão, o administrador é então tentado a tomar decisões que enfrentam a situação de modo apenas superficial e marginal, significando que se usa somente o suficiente em termos de esforço adicional para acalmar o problema por algum tempo (Mintzberg, 1973: 171). Isso permite ao administrador passar para o próximo ponto de pressão, sem nenhuma tentativa real de obter soluções duradouras. Se houver certo número de pontos de pressão, o administrador passará todo o tempo lidando com essas "emergências".

Outro aspecto dos apuros do administrador, tal como descrito por Mintzberg, é o "dilema do planejamento", que surge quando o administrador tem uma equipe de planejamento profissional. Embora o administrador disponha da autoridade para implementar planos e do critério e informação necessários para formulá-los adequadamente, apenas o pessoal profissional de planejamento tem o tempo e o treinamento nas técnicas exigidas para planejar de maneira sólida e detalhada (Mintzberg, 1973: 152). O administrador e o planejador têm freqüentemente maneiras muito diferentes de encarar um problema. Muitas vezes o administrador é um "generalista", sem treinamento em planejamento nem habilidades nessa área; outros administradores são especialistas com formação profissional em engenharia ou medicina, e suas idéias sobre planejamento podem ser bem diferentes daquelas que são úteis nas organizações públicas.

Para Mintzberg o administrador é uma vítima do meio ambiente; para Simon, ele opera dentro de limitações humanas inerentes. O que ambos os autores ressaltam é que o planejamento abrangente e perfeitamente seguro é impossível. Planos e decisões sempre necessitarão de melhoramento. Os administradores públicos enfrentam uma constante insegurança sobre o sucesso e a adequação de seus planos e decisões. As equipes de planejamento podem ajudar, mas somente se o administrador for capaz de estabelecer uma relação com o trabalho delas.

O desenvolvimento e a execução de um processo de planejamento são meios pelos quais organizações e administradores podem empreender o melhoramento de seus planos a fim de reduzir a insegurança e falta de precisão.

A Tabela 2-1 apresenta um exemplo de tal processo. É uma definição do que os planejadores fazem, bem como uma identificação dos elementos-chaves do processo.

VARIEDADES DE PLANEJAMENTO

O propósito principal do planejamento é facilitar a realização de objetivos organizacionais (Sisk e Williams, 1981: 62-3). Há quatro etapas essenciais para um processo racional de planejamento e administração. Primeiro se definem as metas. Estas devem refletir os resultados ou direções gerais para os quais se espera que a organização caminhe. Em segundo lugar, identificam-se as alternativas em termos dos caminhos para atingir essas metas e se estimam custos e benefícios (conseqüências) para cada alternativa. Em terceiro lugar, faz-se a escolha das alternativas com a proporção mais favorável de benefícios em relação a custos que se possa encontrar. Em quarto lugar, as alternativas escolhidas são traduzidas em enunciados claros, operacionais ou no que anteriormente se classificou como objetivos. Estes são geralmente expressos em quantidades ou outros termos numéricos de modo a que possam ser mensurados e analisados com precisão. Se isso não for possível, usam-se termos qualitativos que de qualquer modo possam permitir ao administrador responsável avaliar o grau de realização.

Mas o planejamento é mais do que um processo direto, racional, como vimos com Simon e Mintzberg. É antes um processo dinâmico de constante adaptação a mudanças no ambiente interno e externo da organização; resumindo, é um processo político. Os ambientes em mudança impõem novas demandas e as organizações não podem fazer sempre as mesmas coisas, de forma que o planejamento tem de estar preocupado com a mudança (Kanstens, 1979). As mudanças trazem oportunidades, mas também riscos. É papel dos planejadores reduzir os riscos enquanto tiram proveito das oportunidades (Koontz, O'Donnell e Weihrich, 1982: 73). Embora o planejamento tenha de lidar constantemente com a mudança, também procura assegurar que esta seja controlada e direcionada, e portanto útil para a organização.

Tabela 2-1 Um Modelo de Processo de Planejamento

Etapa Número	Sumário
1	Descrição das necessidades subjacentes ao plano
2	Preparação de um amplo esboço do plano
3	Aprovação da proposta do plano
4	Designação da equipe de planejamento e suas responsabilidades
.5	Definição dos elementos estratégicos do planejamento a longo e a curto prazo
6	Acumulação de dados
7	Término do plano provisional
8	Teste e avaliação do plano, discussão, ajustes
9	Preparação do plano final
10	Aprovação
11	Iniciação do processo contínuo de planejamento

Os planejadores precisam fazer um esforço contínuo para analisar eventos e formular soluções para os problemas que emergem. O processo de planejamento não acaba nunca, mas é antes a articulação de muitas fases ou etapas (Koontz, O'Donnell e Weihrich, 1982: 74). As metas organizacionais são continuamente verificadas em relação à realidade em que opera a organização. Com efeito, essa verificação é outra maneira de descrever o planejamento. Os administradores verificam o que está por acontecer proximamente, o que acontecerá num futuro próximo e o que acontecerá mais adiante. Essas perspectivas refletem diferentes mensurações dos futuros que os planejadores prevêem e indicam a importância do espaço de tempo coberto por um plano.

Estruturas Temporais do Planejamento

Os planejadores confrontam a mudança usando o tempo como definição da extensão dos desenvolvimentos. Um plano que usa um grande período de tempo é chamado de planejamento estratégico; um plano com o menor período é chamado de planejamento de implementação. O planejamento de implementação pode ainda ser dividido em planos de longo prazo (dois a cinco anos) e de curto prazo (aproximadamente um ano). Os planos de curto prazo são freqüentemente chamados de planos operacionais correntes.

O planejamento estratégico aborda as questões relativas à direção global da organização. Entre as técnicas de planejamento estratégico estão a previsão, a identificação das alternativas de abordagem, o estabelecimento de metas e o planejamento contingencial. Idealmente, o planejamento de implementação ocorre sob a cobertura do planejamento estratégico. Os planos de longo e curto prazo, ao lado da programação, são outras atividades de planejamento que usam muitas das técnicas do planejamento estratégico. No entanto, embora os planos de longo e de curto prazo formem a base para a tomada de decisão gerencial, eles não abrangem o quadro maior. As decisões nesses períodos mais curtos exigem *colocação de objetivos* para fazer as ligações entre as metas gerais do planejamento estratégico e o controle operacional diário.

O planejamento estratégico estabelece a direção principal da organização num período de cinco a 20 anos. Os planos estratégicos devem ser reformulados regularmente (em algumas organizações, a cada dois ou três anos), na medida em que as mudanças nos desenvolvimentos sociais, políticos e tecnológicos tornem absoletos os planos existentes. Mesmo que uma organização esteja estabelecida e tenha uma história para examinar, seus líderes devem perguntar constantemente: "Para onde deveríamos estar indo?" Os planos organizacionais devem determinar que produtos ou serviços existentes continuarão sendo oferecidos no futuro e que novos produtos ou serviços passarão a sê-lo. É muito importante que os planejadores estratégicos identifiquem as populações-alvo e as potenciais demandas ou apoios políticos para operações futuras.

Para o administrador público, os planos estratégicos podem incluir elementos como prováveis mudanças nos limites jurisdicionais e na composição populacional, o crescimento ou declínio econômico, os desenvolvimentos tecnológicos, os tipos de serviços que terão de ser expandidos ou reduzidos, o crescimento ou a erosão da base tributária, o treinamento necessário para os funcionários, as mudanças esperadas na opinião política e as interações entre esses elementos. O planejamento estratégico tem sido chamado também de "planejamento corporativo abrangente, planejamento formal, planejamento integrado abrangente, planejamento corporativo, planejamento estratégico e outras combinações dessas palavras" (Steiner, 1979: 13).

O planejamento de implementação a longo prazo cobre um período de dois a cinco anos no futuro e coloca a questão: "Como faremos o que decidimos fazer?" Os planos de longo prazo às vezes também são chamados de "planos de administração estratégicos", pois são formulados para atender a objetivos estratégicos.

Um plano de formação de fluxo para arregimentar a obtenção de capital de cinco anos e um plano de recrutamento de pessoal são exemplos disso. Os planos de longo prazo são freqüentemente discutidos dentro da organização e formalmente aprovados por superiores ou submetidos a um grupo de formuladores de políticas, tais como uma legislatura ou um conselho municipal, para ação formal. São geralmente revisados pelos menos uma vez por ano à luz do desempenho organizacional e das mudanças nas condições.

O plano de longo prazo nunca se torna realidade num sentido literal; é antes como um alvo em movimento, sempre alguns passos fora de alcance. O plano de longo prazo define a direção em que a organização pretende caminhar, não é um objetivo exato pelo qual se possa avaliar diretamente o desempenho individual ou a realização organizacional. É revisado regularmente para manter as metas atualizadas. Assim, o plano de longo prazo é um plano dinâmico, contínuo, para a ação gerencial. Como tendemos a pensar em termos de etapas ("Se eu conseguir resolver isso, então posso fazer o resto!"), é difícil ajustar-nos à idéia de que sempre há algo mais a fazer. Mas há um benefício poderoso no planejamento de longo prazo: há sempre um futuro definido a ser implementado pelos administradores. Como as metas de longo prazo nunca são realizadas com precisão (há demasiados eventos e mudanças intervenientes), o administrador nunca pode descansar sobre louros passados ou mesmo presentes. A perspectiva de longo prazo provê estímulos constantes para a criatividade e a ação.

O planejamento de curto prazo para um período de um ano ou menos é a segunda etapa da implementação. Também tem sido chamado de planejamento de ação, análise de situação e administração tática. Os administradores e seus subordinados formulam objetivos de curto prazo dentro da estrutura de planejamento de longo prazo para determinar as necessidades operacionais anuais. Talvez os melhores exemplos sejam o orçamento anual para operações ou o plano anual de despesas de capital para instalações físicas. Os assuntos de curto prazo são recorrentes, mas numa organização do setor público não pode haver planejamento específico de longo prazo devido às mudanças na liderança política ou à perda do consenso político. Por isso, decisões baseadas em questões de curto prazo podem assumir grande importância e gerar muito debate público. O plano de curto prazo nos é provavelmente o mais familiar. É muitas vezes o único plano pelo qual se interessam as legislaturas. Com efeito, essa ênfase nos planos de curto prazo é a razão por que muitas decisões sobre políticas públicas são caracterizadas mais como incrementais do que como abrangentes.

TÉCNICAS DE PLANEJAMENTO

Na medida em que se faz o planejamento, o ambiente político (externo) e o ambiente administrativo (interno) da organização passam por mudanças, e se emprega uma variedade de técnicas gerenciais para enfrentar essas mudanças. A maior parte dos ajustes resultantes, tais como tentativas de melhorar a produtividade e um orçamento mais rigoroso, é antes marginal e incremental do que geral e abrangente. Entretanto há um apoio crescente às abordagens analíticas da administração da mudança (McGowan e Stevens, 1983). O planejamento é uma ferramenta efetiva porque usa métodos e técnicas baseados mais na análise do que na intuição, nas suposições ou nos sentimentos.

As técnicas de planejamento podem ser diferenciadas pela sua relativa dependência em relação à análise matemática (quantitativa) e não-matemática (qualitativa). Quanto mais precisamente definidas forem as metas, melhor será a chance de ser aplicável uma técnica quantitativa. A redução de metas vagas, de longo prazo ou estratégicas a termos matemáticos pode ajudar no seu esclarecimento, mesmo que isso exija suposições que sejam pouco mais que palpites ou conclusões de quem elaborou o plano. Mas é importante não recorrer a demasiadas suposições para fins de análise. A predominância da análise quantitativa pode criar dificuldades para a credibilidade política dos planejadores e eliminar do processo de planejamento a consideração de questões importantes que só podem ser enquadradas em termos qualitativos.

A Tabela 2-2 apresenta uma lista de técnicas de planejamento, organizadas de acordo com as estruturas temporais em que são mais freqüentemente usadas e a relativa ênfase na análise quantitativa. A tabela também inclui breve descrição de cada técnica. É importante frisar que a tabela não constitui uma "lista dos dez mais" a partir da qual se possam fazer escolhas. A utilidade de uma abordagem específica vai variar de acordo com o tipo de problema confrontado e a influência da situação circundante.

PLANEJAMENTO ESTRATÉGICO

As chaves para um planejamento estratégico efetivo são o tamanho da cobertura e a precisão das informações disponíveis (Bozeman e Straussman, 1990). Isso inclui informações sobre as metas da organização, sua estrutura (níveis, produtos, funções), seu recursos e o ambiente em que opera. Mintzberg (1973: 178) observa que informação significa poder e poder é traduzido na legítima autoridade que os administradores precisam ter para dirigir uma organização e motivar seus empregados.

Os administradores têm de tomar decisões que não só mantenham sua organização funcionando, mas que também lhes permitam crescer e desenvolver-se a fim de que possam fazer mais pelos clientes a custos mais baixos e com melhor qualidade. Os administradores públicos são confrontados pela constante vigilância das forças políticas (comissões legislativas, revisores de orçamentos, inspetores, auditores), das forças econômicas (mudanças no imposto de renda, competição com organizações do setor privado que ofereçam serviços similares) e das forças sociais (a mídia, a opinião pública, as avaliações dos grupos de cidadãos). Os administradores públicos têm de ser administradores estratégicos, se definirmos a

Tabela 2-2 Principais Técnicas de Planejamento

Nome da técnica	Estimativa temporal e tipo de análise[a]	Descrição	Fontes Selecionadas
Regressão	E, LP; quan.	Valores futuros são calculados com base numa fórmula de tendência	Welch e Comer (1983); Garson (1976)
Delphi	E, LP; qual.	Grupo de especialistas faz projeções sobre o futuro; também podem ser feitas projeções sucessivas	
Brainstorming	E, LP; qual.	Discutem-se idéias numa conferência ou num formato aberto, algumas vezes com participação de pessoas de influência	Bryant e Keans (1982)
Econométrica	LP; quan.	Calculam-se valores futuros pela solução de um conjunto de equações lineares	Klein (1980, 1981)
Indicadores diretivos	LP; quan.	Usam-se medidas da economia que prevêem a mudança: semana média de trabalho, taxa de desemprego, requerimentos de seguro, programas de habitação	
Simulação	LP, CP; quan.	Semelhantes à econométrica, mas aplicada a problemas tais como habitação e remoção do lixo	
Jogo operacional	LP, CP; na maioria das vezes, qual.	Determina e estuda a lógica e os padrões subjacentes a idéias e conceitos	
Previsão de cenário	LP, CP; qual.	Descreve alternativas futuras para a organização	Gershuny (1976)

[a] *Chave*: E = estragético LP = a longo prazo CP = a curto prazo quan. = quantitativo qual. = qualitativo

administração estratégica como um processo que assegura que os recursos de uma organização "sejam adaptados ao seu ambiente de uma forma que permita a realização eficiente das metas da organização, usando cursos de ação apropriados com graus aceitáveis de risco" (Paine e Anderson, 1983: 6).

Uma abordagem típica do planejamento estratégico realça o processo pelo qual o plano é inferido. O planejamento estratégico encoraja a consideração do maior número possível de possibilidades futuras viáveis (Quade, 1982: 107). Inicialmente, pode tomar a forma de *brainstorming** para as idéias e suas ramificações. Enquanto estão no *brainstorming*, os participantes têm como certo que nada é impossível e que os recursos são ilimitados. Naturalmente, a realidade acaba forçando a se fazer comparações com as possibilidades reais e suas limitações relevantes.

Uma primeira providência usual é tomar uma meta (ou metas) estabelecida de comum acordo e analisar os programas em cada uma de suas áreas, caracterizando-os de alguma forma como "programas a serem reduzidos", "programas a serem conservados como estão", "programas a serem conservados com modificações", "programas a serem expandidos" e "possíveis novos programas". Essa lista usualmente se faz através de um procedimento Delphi (ver Tabela 2-2), usando-se especialistas selecionados entre os funcionários da repartição e as pessoas da comunidade para classificar os programas.

Em seguida, cada programa pode ser avaliado em termos das suas principais forças e fraquezas. As ações necessárias para cada tipo de programa podem ser examinadas para determinar suas conseqüências externas e as maneiras como afetarão a organização. Depois se estabelecem prioridades por meio de um cálculo ou avaliação dos benefícios e custos. Os critérios de prioridade podem ser agrupados em torno de idéias unificadoras ou políticas gerais, tais como o apoio ao desenvolvimento econômico, o potencial de aprovação ou a resposta a uma necessidade da comunidade. Cada uma dessas políticas gerais pode ser colocada numa escala numérica, de acordo com critérios definidos, e cada programa pode ser avaliado em termos de cada critério para depois receber um escore total baseado em todos os critérios. O resultado desse processo é um inventário classificado dos programas existentes e propostos que poderá auxiliar os formuladores de políticas e os administradores nas suas decisões de longo prazo. A atualização periódica do inventário torna-o mais proveitoso.

Delineando Alternativas

A clara definição das alternativas de planejamento é etapa fundamental no planejamento estratégico; as alternativas vagas precisam ser enfocadas para se

* Exposição de idéias em que é proibido criticar as opiniões alheias, de modo a se obter o máximo de participação dos envolvidos. (N.T.)

fazerem as escolhas preliminares. Planejar programas que visam o melhoramento das condições sociais é tão difícil quanto planejar o desenvolvimento de instalações físicas ou de serviços públicos em geral, como o serviço policial e a proteção contra incêndios. Os programas sociais falham muitas vezes quando não se baseiam em pesquisas adequadas para identificar alternativas no estágio do planejamento estratégico (Rossi, Freeman e Wright, 1979: 120). Transformar esses futuros possíveis em alternativas realistas é o começo de um processo de planejamento através do qual se coordenam o debate público, as políticas formuladas por funcionários eleitos e o trabalho do pessoal do governo.

As alternativas realistas com relação ao futuro modelam as estratégias de uma organização. O debate público ajuda a determinar a direção geral de uma organização do setor público, indicando, por exemplo, os usos de recursos preferidos por grupos de indivíduos. Os funcionários públicos traduzem esses objetivos abrangentes em programas e políticas específicos que identificam as organizações públicas responsáveis, definem seus limites e distribuem recursos entre elas. Dados esses objetivos mais específicos, os administradores do setor público avaliam em seguida as conseqüências das suas ações a longo e a curto prazo e as exigências para o uso de recursos a fim de realizar objetivos. Cada partícipe influencia o trabalho dos outros. Por exemplo, os funcionários públicos podem usar as previsões a longo prazo dos administradores do setor público como base para suas distribuições de recursos e tanto funcionários quanto administradores podem influenciar a opinião pública. É dessas interações que surge uma política de planejamento da administração pública.

É de esperar, por muitas entre uma diversidade de razões, que nem toda alternativa possa produzir um programa viável. Nesse ponto, deve-se então responder a uma série de perguntas a fim de selecionar as alternativas mais apropriadas. Uma questão básica é: "Que alternativas têm probabilidades realistas de conseguir alcançar as metas organizacionais?" As respostas a essa pergunta ajudam os administradores a identificar as alternativas que têm a melhor chance de implementação a um custo aceitável. Os planejadores estratégicos muitas vezes levantam hipóteses ou esboçam metas detalhadamente porque alguns objetivos emergirão então como mais desejáveis do que outros e, nessa base, o administrador desenvolverá um plano de ação (Koontz, O'Donnell e Weihrich, 1982: 152).

Embora o planejamento estratégico tenha sido enfatizado no mundo dos negócios durante as três últimas décadas, sua importância para o setor público somente agora é reconhecida (Eadie, 1983). Entretanto permanecem muitas barreiras a um planejamento estratégico bem-sucedido por parte dos administradores públicos. Entre eles temos a ênfase esmagadora num orçamento anual, que desencoraja pensar além do prazo de um ano fiscal. Alguns reformadores orçamentários têm enfatizado a melhora do planejamento de curto prazo, advogando congelamentos e rigorosos princípios de equilíbrio do orçamento, enquanto outros têm depositado maior esperança em reformas mais amplas, como o Sistema de Planejamento,

Programação e Orçamento (SPPO). No caso do SPPO, havia caracteristicamente uma insuficiência de fundos para o desenvolvimento de habilidades de planejamento entre empregados, bem como a desconfiança em colocar poder demais nas mãos de funcionários públicos nomeados (os planejadores). Essas práticas e influências têm-se associado para desencorajar o uso do planejamento estratégico, especialmente nos níveis de governo estadual e local (Halachmi, 1986). A falta de apoio público para o planejamento estratégico também pode refletir um sentimento geral de que, uma vez que o cidadão médio não está envolvido nesses exercícios de "fábrica de idéias impraticáveis" ou "construtores de castelo de areia", não deveria haver fundos públicos para estes planos.

Para a organização, o planejamento estratégico permite que se desenvolvam um sentido de direção, um conceito do futuro e uma forma de controlar aspectos deste nos quais a organização tem interesse. Seja ou não utopia, o planejamento estratégico gera as informações preliminares com as quais se pode avançar no planejamento de longo prazo para decisões organizacionais (Pennings et al., 1985). O planejamento estratégico oferece a possibilidade de melhorias significativas na administração e nos programas, mesmo sem elaborar um planejamento de longo prazo (Eadie e Steinbacher, 1985).

A Transição para o Planejamento de Longo Prazo

Depois de as alternativas preferidas terem sido identificadas pelos líderes da organização, segue-se uma fase de avaliação, levando à conversão das questões maiores, estratégicas, em medidas mais detalhadas, de cunho tático. A fase de avaliação envolve a consideração de problemas como os efeitos secundários potenciais, as complexidades das ações exigidas e os impactos sobre pessoas e recursos. Entre as questões levantadas estão as seguintes:

1. Podem os objetivos ser alcançados da maneira como foram definidos? As definições são precisas? Os objetivos são realistas?
2. Quais são os possíveis efeitos secundários, positivos ou negativos, de cada alternativa, inclusive as possíveis conseqüências não-premeditadas?
3. As escolhas são complexas demais? Haverá problemas de disponibilidade de recursos, custos ou tempo? Os principais atores envolvidos teriam objetivos políticos não-revelados que fossem importantes para o plano estratégico?
4. Há flexibilidade nas alternativas estratégicas? Poderiam algumas das estratégias ser combinadas? Poderia o trabalho humano ser substituído por máquinas na implementação?
5. O pessoal existente está apto para implementar as alternativas?
6. A alternativa é jusficável em relação aos riscos potenciais? Quão remotos ou prováveis são os riscos associados a cada alternativa?

PLANEJAMENTO DE IMPLEMENTAÇÃO A LONGO PRAZO

Depois de terem sido identificadas e selecionadas as alternativas estratégicas e determinada uma abordagem estratégica, as previsões de longo prazo dão forma e quantidade ao plano de implementação. A técnica Delphi, já mencionada como exemplo de ferramenta gerencial para o planejamento estratégico, é igualmente útil no planejamento de implementação de longo prazo. Esse método envolve a consultoria com especialistas nas áreas de interesse para a organização (ver Bingham e Ethridge, 1982: 35-57). A composição do painel de especialistas é determinada pela administração, mas inclui usualmente autoridades de renome no campo geral, assim como pessoas que conhecem os assuntos específicos da organização. Esses especialistas são entrevistados individualmente, para que digam o que pensam, não apenas o que ouvem outras pessoas falarem. Devido a essa ausência de interação entre as pessoas envolvidas, os grupos Delphi são muitas vezes chamados de grupos nominais.

O conjunto de opiniões, inicialmente amplo, é estreitado através de entrevistas subseqüentes, nas quais se dá aos especialistas algum tipo de *feedback*. O *feedback* estimula a reconsideração e elaboração de primeiras avaliações, na tentativa de canalizar opiniões para um consenso quanto à melhor estimativa ou previsão. O *feedback* pode consistir em *rankings* derivados de um questionário ou usar uma abordagem descritiva. Entrevistas sucessivas ou repetidas séries de *feedback* são geralmente necessárias para produzir o consenso entre os especialistas. A versão do futuro finalmente alcançada pelo painel Delphi depende da criatividade de seus membros, o que pode ser um fator limitador (Jones, 1980: 14-20).

Através do planejamento estratégico e de longo prazo, a organização procura desenvolver e esclarecer suas metas e definir as missões que deseja perseguir, de acordo com uma análise dos fatores-chaves no ambiente interno e externo da organização (Tichy, 1982). As alternativas estratégicas tornam-se mais específicas na medida em que são traduzidas em planejamentos de longo prazo com base em situações e circunstâncias previstas.

O planejamento de implementação a longo prazo baseia-se nas previsões de longo prazo. Predição é a afirmação probabilística, em geral com um nível de confiabilidade relativamente alto, de que um acontecimento especificado ocorrerá dentro de um tempo especificado (Starling, 1979: 280-85). Na medida em que a estrutura temporal se estende para um futuro mais distante, a chance de erro na predição aumenta, pois há mais tempo para intervirem acontecimentos ou circunstâncias desconhecidos.

Previsão ou *projeção* é a estimativa de um acontecimento futuro ou de uma influência ambiental sobre a qual o administrador da organização não tem controle direto. As previsões podem capacitar os planejadores a criar expectativas do que irá acontecer aos custos ou a outras variáveis relevantes fora do controle dos administradores (Ascher e Overholt, 1983; Scott, 1972: 2). A utilidade de uma previsão é reforçada se o administrador que a solicita fornece definições precisas das variáveis de interesse.

Não há uma estratégia, fórmula ou abordagem melhor para predizer o futuro. Caracteristicamente, os administradores usam uma variedade de técnicas de previsão para diferentes tipos de problemas (Tersine, 1983). Makridakis e Wheelwright (1978) delinearam um procedimento para analisar os dados e as circunstâncias circundantes a fim de identificar as técnicas de previsão mais apropriadas para um problema particular. As técnicas específicas a serem usadas dependem de condições ou fatores como horizonte temporal (distância em relação ao futuro) da previsão, o custo dos cálculos, a precisão necessária e a complexidade do problema. O valor de uma previsão também depende grandemente das habilidades do administrador em interpretar seu conteúdo e aplicar suas descobertas.

Um dos mais importantes problemas dos modelos de previsão é a suposição básica de que os dados usados para calcular os modelos no início terão o mesmo conteúdo dos novos dados que serão adquiridos no futuro. Os eventos nunca se dão com tal tranqüilidade, e os próprios modelos provêm algumas distorções. Um modelo é como uma mapa de estrada: dá ao motorista uma idéia geral da localização e das direções, mas o motorista deve consultar o mapa com freqüência a fim de verificar sua localização e ficar atento à estrada para enfrentar o imprevisto.

Os Principais Métodos de Previsão

A *análise de regressão* é usada para descrever os valores de uma variável "dependente" — dependente porque seus valores são influenciados pelos valores de uma outra variável ou conjunto de variáveis do modelo, as variáveis "independentes" — e mudam em relação a eles. A regressão encontra a equação linear (correlação) que melhor pondera e soma as variáveis independentes a fim de predizer a variável dependente da forma mais precisa possível. No caso mais simples, usam-se apenas duas variáveis, uma independente e outra dependente. A maioria dos livros de estatística inclui uma exposição sobre a regressão e os procedimentos para o seu cálculo (ver, por exemplo, Welch e Comer, 1983: 180-232). Se o modelo de regressão emprega várias variáveis independentes, a análise torna-se mais complicada, mas pode ser efetuada com relativa facilidade utilizando-se programas de computador (Welch e Comer, 1983: 200).

A *extrapolação de tendência* é um método de previsão ligado à regressão. Baseia-se na suposição de que a direção e a magnitude da mudança experimentada no passado persistirão no futuro. No entanto os reais valores futuros podem situar-se acima ou abaixo dos valores projetados pela linha de tendência geral. Isso cria um problema se o administrador depende de uma só linha de tendência quando os valores reais variam amplamente em relação aos projetados.

Uma forma de lidar com esse problema é plotar diferentes linhas de tendência possíveis (Figura 2-1). Vê-se facilmente que poderíamos estimar e traçar várias linhas que parecem adequadas para os dados, ou que isso poderia ser feito por um programa de computador que calculasse os valores das linhas individuais usando dados e suposições de diferentes modelos. Como se mostra na Figura 2-1, a variável

Figura 2-1 Plotagem de Linhas de Tendência Variantes

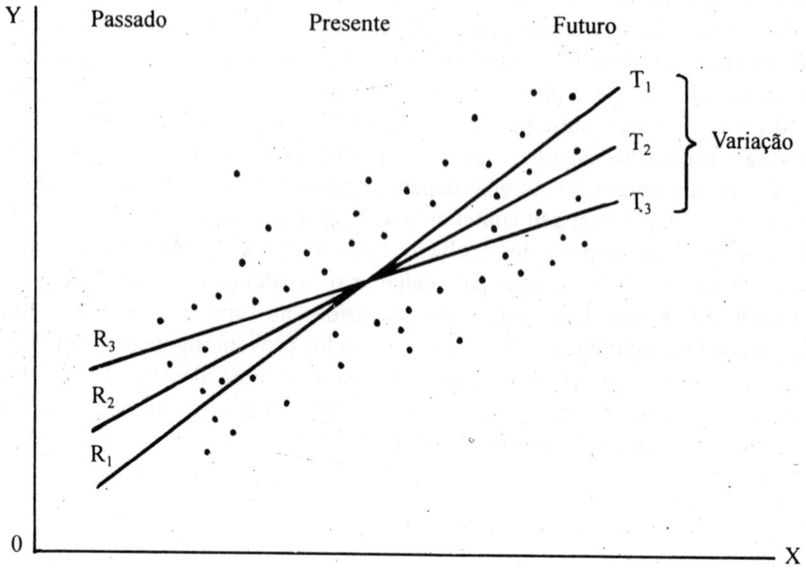

R_1, R_2, R_3 = possíveis linhas de tendência
T_1, T_2, T_3 = valores futuros projetados de Y

dependente assumirá então um limite de variação de valores. Estes podem ser chamados de valores futuros ou valores-alvos.

Mesmo não sendo sempre precisas, essas projeções constituem resultados valiosos. Elas colocam limites aos futuros prováveis e assim ajudam o administrador público que pode desejar, por exemplo, fazer planos para o futuro espaço do escritório, que dependerá do número estimado de funcionários, ou para a aquisição de viaturas policiais, que dependerá dos padrões de habitação e população e dos tipos de crime, entre outros fatores. Muitas vezes um valor é escolhido como o alvo planejado e os outros são designados como os alvos dos planos contingenciais (secundários ou paralelos).

Embora o modelo linear seja o mais comum, nem todas as tendências se encontram na forma linear. Algumas são configuradas como arcos (curvas parabólicas), outras como a letra *J* (exponenciais), outras ainda como a letra *S* (logística) (Yamane, 1964: 701-29). Cada uma delas leva a um diferente padrão de decisões futuras. Os modelos não-lineares são mais complicados do ponto de vista matemático.

Os *modelos econométricos*, outro importante método de previsão, consistem em sistemas de equações lineares e não-lineares que envolvem diversas variáveis interdependentes. Podem ser estáticos (que tratam de um ponto no tempo) ou dinâmicos (que tratam de mudanças no correr do tempo). Os modelos dinâmicos em particular têm às vezes nomes pitorescos, como "teias de aranha explosivas" (Brennan, 1973: 207-55). Os modelos fornecem uma estrutura para analisar sistematicamente as interdependências entre os fenômenos econômicos (Howrey et al., 1981).

Se um governo quisesse conhecer os efeitos de uma redução ou aumento de impostos, provavelmente usaria um modelo econômico. Uma alteração nos impostos terá efeitos diretos sobre a renda pessoal disponível e sobre as rendas do governo, mas pode também ter efeitos indiretos sobre preços, emprego, poupança, gastos de capital e outras variáveis. Cada uma dessas pode, por sua vez, influenciar a renda pessoal disponível e, portanto, o imposto de renda nos anos subseqüentes. Em suma, através de uma série de reações interligadas, a mudança tributária pode afetar quase todos os fatores econômicos. Essas interdependências têm de ser consideradas quando se deseja prever com precisão o efeito de uma mudança tributária. Pode ser verdade que os aspectos políticos de uma mudança tributária são muitas vezes debatidos em termos de conseqüências para uma indústria ou interesse específico; não obstante, os modelos econométricos são ferramentas para a maior compreensão da maneira como opera um sistema econômico e para testar e avaliar as escolhas alternativas em termos de políticas (Klein, 1979).

As equações lineares também podem ser usadas para desenvolver soluções para problemas gerenciais. Nesse método, determina-se um valor para cada uma de diversas variáveis e esses valores são então combinados numa equação concisa. Como exemplo simples, pode-se descobrir que a unidade de produtividade (P) vai melhorar 30% caso os funcionários freqüentem um curso de treinamento (variável A), mas diminuirá 20% se os salários não acompanharem as mudanças no custo de vida (variável B). Uma equação linear expressando essas relações seria $P = 0{,}30A - 0{,}20B$.

Uma das principais fragilidades dos modelos econométricos e das equações lineares é a freqüente dificuldade de encontrar medidas satisfatórias das variáveis. Numa agência de prestação de serviços, por exemplo, pode ser difícil dar expressão quantitativa ao conceito de "produtividade". Outro ponto fraco é a ausência de um conjunto de regras que possam ser aplicadas a diferentes situações. A falta de uniformidade torna a aplicabilidade dos modelos econométricos e das equações lineares altamente dependente da situação específica, e exige o envolvimento de pessoal especializado e experiente (Makridakis e Wheelwright, 1978: 230-34). A sofisticação das técnicas pode torná-las inúteis na falta de computadores, embora os modelos simples possam ser resolvidos com papel e lápis ou com uma calculadora. Finalmente, as suposições de que dependem essas técnicas podem exigir demasiada abstração da realidade para serem muito úteis ao administrador típico. Não obstante, as tentativas de abstrair e formular as inter-relações entre os eventos realmente ajudam o administrador público a lidar com desenvolvimentos de longo prazo.

Outros Métodos de Previsão

Outra abordagem da previsão é o *cenário*, que consiste na descrição de uma seqüência de eventos que podem ocorrer no futuro (Gershuny, 1976; Bingham e Ethridge, 1982: 77-89). Esse método geralmente funciona assim: 1) estudar os fatos de uma situação, 2) selecionar um possível desenvolvimento e 3) tentar prever os resultados que possam ser obtidos caso o desenvolvimento ocorra. As vantagens dos cenários são a falta de necessidade de computações extensas ou hipóteses complicadas e o baixo custo.

Para a construção do cenário é preciso que os planejadores desenvolvam descrições das condições e eventos relevantes, seja num ponto específico (cenários estáticos) ou no correr do tempo (cenários de transição). Os cenários são úteis porque permitem ao planejador examinar várias influências gerais ao mesmo tempo. Além disso, o uso do cenário oferece a oportunidade de examinar detalhes e explorar combinações de influências sociais, econômicas e políticas.

Modelagem descritiva é o desenvolvimento de um modelo ou a representação de um sistema complexo em funcionamento pela observação e estimativa de como seus componentes interagem. *Jogo operacional* é uma abordagem da construção de modelos. O jogo consiste numa série de "transações" entre duas ou mais equipes oponentes às quais se designaram objetivos conflitantes. As equipes são formadas por funcionários da organização e estes podem realmente usar os resultados do jogo como um plano. Há três fases no jogo: preparação, jogo propriamente dito e análise. Na fase de preparação, define-se a finalidade do jogo em termos familiares aos jogadores, descrevem-se as influências do ambiente, estabelecem-se regras tanto para o modelo quanto para os jogadores e estes são informados sobre as regras e a situação. Durante o jogo, cada equipe delineia uma estratégia e planos. Cada curso de ação escolhido é avaliado por um árbitro ou "mediador", muitas vezes um consultor externo convocado para conduzir os jogos. As equipes podem negociar entre si em vários ciclos a fim de refinar os resultados.

Na fase de análise do jogo, são avaliados os resultados e as estratégias e táticas das equipes. Pode haver um acompanhamento mais estreito, consistindo em repetir o jogo ou fazer um teste de campo dos resultados. No entanto o jogo operacional não é um substituto dos verdadeiros experimentos, nem pode predizer o futuro. Só fornece diretivas e ilustrações como uma abordagem do planejamento.

Outros métodos de planejamento de longo prazo que utilizam abordagens descritivas incluem o levantamento contextual (descobertas sobre competidores ou ambientes influentes), a analogia histórica (projeção do futuro a partir de resultados em situações similares no passado) e a consulta direta a um especialista. A utilidade de qualquer uma dessas abordagens depende em muito da orientação do administrador no projeto e na aplicação. Os administradores não têm de tratar os modelos descritivos como predições ou previsões, mas os modelos de fato permitem a dramatização dos cursos de ação alternativos.

O mais importante dos fatores comuns a todos os métodos de planejamento de longo prazo é o fato de lidarem com a incerteza. Parte da responsabilidade dos administradores públicos é tomar decisões criteriosas quanto ao projeto e à disposição de uma técnica específica de modo a que os resultados estimados tenham uma relação razoavelmente estreita com as realidades que a organização irá confrontar.

Muitas circunstâncias podem influenciar a precisão de uma previsão. A quantidade e a qualidade das informações disponíveis podem mudar, muitas vezes com bastante rapidez. Pode haver alterações nas condições econômicas: o início de uma recessão ou de um período de inflação. Pode haver mudanças dentro da organização ou em fatores demográficos, tais como a composição e a distribuição populacionais. Finalmente, não há uma forma definitiva de determinar quais as mudanças tecnológicas que podem ocorrer. Todas essas mudanças têm de ser harmonizadas dentro de quantidades de tempo limitadas. Como regra empírica, podemos dizer que, quanto mais longa a estrutura temporal da previsão, maior a quantidade de erros. Esses fatores, separadamente e combinados, limitam a utilidade de quaisquer planos de longo prazo (Makridakis e Wheelwright, 1983: 706-92).

Recapitulando, a previsão de longo prazo é um meio de descobir, articular e estimar as oportunidades e os problemas que uma organização do setor público encontrará em algum momento no futuro. Há grande variedade na forma das organizações governamentais e nos tipos de programas que elas desenvolvem (Seidman, 1981), mas alguma forma de planejamento de longo prazo é aplicável a quase todas elas.

PLANEJAMENTO DE CURTO PRAZO OU OPERACIONAL

Além das questões maiores ou estratégicas, os administradores também enfrentam os problemas menores ou *táticos* de tomar decisões sobre ações a serem empreendidas no próximo mês ou no trimestre seguinte. Com efeito, esses "microproblemas" muitas vezes ocupam a maior parte do tempo do administrador, pois o que lhes falta em amplitude é mais do que compensado pela sua urgência. Embora algumas das técnicas do planejamento de longo prazo possam ser adaptadas às necessidades de curto prazo, este requer algumas técnicas distintas.

GRÁFICOS DE GANTT

Talvez o problema mais comum do planejamento de curto prazo seja programação. Um dos primeiros métodos de programação sistemática foi o gráfico de Gantt, assim chamado em função de quem o desenvolveu, Henry L. Gantt, um oficial do Exército. Consiste essencialmente em desenhar um gráfico de barras que compara o trabalho realmente feito com os objetivos planejados (Clark, 1957). O gráfico de Gantt, do qual mostramos um exemplo na Figura 2-2, apresenta os fatos de cada realização da unidade com relação a cada realização planejada. O próprio ato de anotar o plano num gráfico, onde pode ser visto por outros, confere ao plano

Figura 2-2 Um gráfico de Gantt

Objetivo unitário

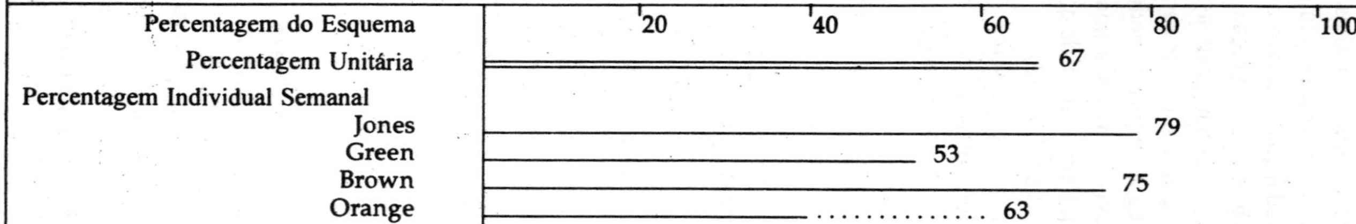

Atividade Individual Diária	Segunda		Terça		Quarta		Quinta		Sexta		Horas
Jones	4.5	M	4.5	M	5.5	T	7.5	F	7.5	F	29.5
Green	4	Y	4	Y	4	Y	4	Y	4	Y	20
Brown	5	L	5	L	6	L	6	L	6	L	28
Orange	7.5	F	6	I	6	I	4	I	0	V	23.5

O que precisa ser feito
para melhorar:

Instruções: Observe os trabalhadores e anote o tempo que o empregado realmente trabalhou a cada dia em atividades relacionadas ao objetivo unitário. Observe a razão que descreve por que o empregado não conseguiu atingir o esquema do trabalho. Para a porcentagem individual semanal some as horas e divida por 37,5 horas. Para a percentagem unitária, some valores individuais e divida pelo número de indivíduos. Plote linhas gráficas de acordo com a escala de Percentagem de Esquema.

Razões para falhas em atingir o esquema diário:

A = ausente
G = falta de experiência
I = falta de instruções
L = operador vagaroso
R = consertos necessários no equipamento
M = problemas com materiais
T = problemas com ferramentas
V = feriado
Y = objetivo do trabalho atingido em menos tempo do que esquematizado
F = dia integral de trabalho

Chave:
I I o espaço entre as linhas é o tempo diário disponível
——— montante de trabalho realmente executado num dia
...... tempo trabalhado, mas não programado de acordo com o objetivo unitário
——... percentagem semanal total para o indivíduo: traço cheio para trabalho real programado; pontilhado para trabalho não-programado
═══ percentagem semanal por unidade

uma aura de precisão e acuidade. O gráfico de Gantt também facilita a atribuição de tarefas claramente definidas a cada indivíduo.

Essa abordagem torna o administrador capaz de comparar o que de fato foi feito com o que deveria ter sido feito e assim manter-se informado sobre o progresso da implementação do plano. Se o progresso não for satisfatório, o Gantt também dá ao administrador algumas indicações quanto às razões (ver Figura 2-3), de forma a que se possam tomar providências adequadas para enfrentar problemas de programação: o *feedback* sobre os resultados será então gerado no próximo período de trabalho. O levantamento de um período de duas semanas ou um mês pode dar uma base mais ampla a esses dados sem impor a necessidade de acumular uma quantidade de dados que poderia tornar-se grande demais para ser útil.

Problemas de programação podem às vezes envolver cálculos matemáticos complicados. Por exemplo, como é que o administrador programa a pavimentação de ruas e as turmas que pintam faixas de trânsito de forma a que estas não tenham que esperar o pessoal da pavimentação acabar seu trabalho? Uma resposta poderia ser dispor de turmas com finalidades variadas, mas isso pode significar a redução da qualidade do trabalho ou o aumento dos custos. Uma técnica para lidar com

Figura 2-3 Gráfico de Fluxo para uma Requisição de Suprimento

Etapa Nº Descrição	Símbolo: Operação	Transporte	Inspeção	Atraso	Armazenamento	Distância	Tempo (min.)
1. Funcionário preenche requisição	●	△	□	D	▽		15
2. Requisição levada ao Supervisor	○	▲	□	D	▽	120'	1
3. Está na mesa do Supervisor	○	△	□	◗	▽		90
4. Supervisor verifica ordem	○	△	■	D	▽		5
5. Supervisor inicia ordem	●	△	□	D	▽		0,25
6. Na caixa de saída do Supervisor	○	△	□	◗	▽		180
7. Levada para o depto. de suprimentos	○	▲	□	D	▽	1500'	10
8. Na caixa de entrada de suprimentos	○	△	□	◗	▽		180
9. Supervisor designa nº de trabalho	●	△	□	D	▽		0,5
10. Supervisor separa ordem	○	△	■	D	▽		2
11. Ordem fichada "Para preencher"	○	△	□	◗	▽		240
12. Funcionário de suprimentos preenche ordem	●	△	□	D	▽		15
13. Funcionário de suprimentos arquiva uma cópia	○	△	□	D	▼		2
14. Original da ordem enviada ao depto. de orçamentos	○	▲	□	D	▽	300'	5
15. Provisões levadas ao funcionário	○	▲	□	D	▽	1500'	10
16. Requisitante arquiva cópia	○	△	□	D	▼		1

Nota: A etapa foi executada onde o símbolo está enegrecido.

Tabela 2-3 Uma Solução Johnson

	Pavimentação da Rua		Pintura das Faixas		
Tarefa nº	Nº de minutos	Esquema	Nº de minutos exigidos	Esquema	Nº de minutos perdidos esperando
		(a) Esquema de trabalho FIFO			
1	80	1-80	120	81-200[a]	80
2	40	81-120	20	201-220	
3	160	121-280	120	221-340	
4	70	281-350	80	381-460[a]	40
5	30	351-380	60	461-520	
Total	380		400		120
		(b) Esquema da "menor tarefa primeiro"			
5	30	1-30	60	31-90[a]	30
2	40	31-70	20	91-110	
4	70	71-140	80	111-190	
1	80	141-220	120	191-310	
3	160	221-380	120	381-500[a]	70
Total	380		400		100
		(c) Esquema do "menor tempo de espera"			
5	30	1-30	60	31-90[a]	30
4	70	31-100	80	101-180[a]	10
1	80	101-180	120	181-300	
2	40	181-220	20	301-320	
3	160	221-380	120	321-440	
Total	380		400		40

[a] Começos atrasados.

Fonte: Formato extraído de S. M. Johnson, "Optimal Two-and Three-Stage Production Schedule with Setup Time Included", *Naval Research Logistics Quarterly 1* (março de 1954), como adaptado em P. G. Carlson, *Quantitative Methods for Managers* (Nova York: Harper and Row, 1967), 87-93.

solução Johnson é mostrada na Tabela 2-3. A situação exige que a turma da pavimentação termine seu trabalho antes que as faixas sejam repintadas. O plano de programação existente é FiFo — "*first in, first out*" [primeiro a entrar, primeiro a sair]. Quando se registra o trabalho de pavimentação, ele se torna o próximo a ser feito. Ao examinar os resultados do plano de programação, o administrador percebe que a turma da pintura está desperdiçando duas horas esperando que a da pavimentação acabe o próximo trabalho (Tabela 2-3a). O número de ordens diferentes nas quais os trabalhos podem ser executados é fatorial de 5, ou 120 (= 5x4x3x2). Determinar os efeitos de cada uma seria caro e tomaria muito tempo, por isso o administrador procura uma solução que satisfaça e que seja suficiente:

Figura 2-4 Análise de Rede e de Caminho Crítico para um Projeto de Construção

(a) Análise de rede

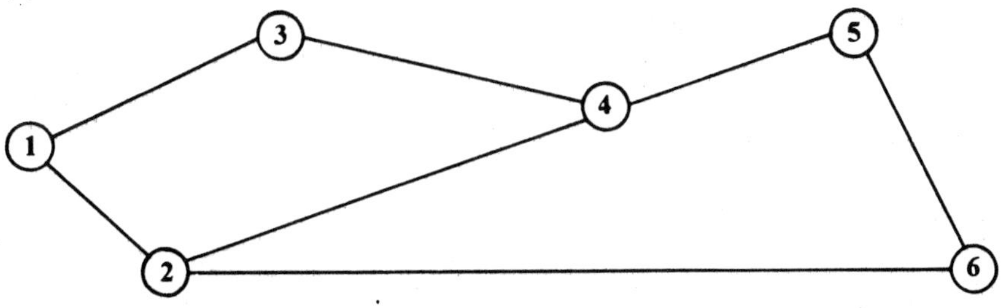

Definição dos nós: 1. Adquirir terreno para construção
2.Ordenar construção pré-fabricada
3. Colocar as fundações
4. Inspecionar a preparação do terreno
5. Levantar a construção
6. Anunciar a inauguração

(b) Análise do Caminho Crítico

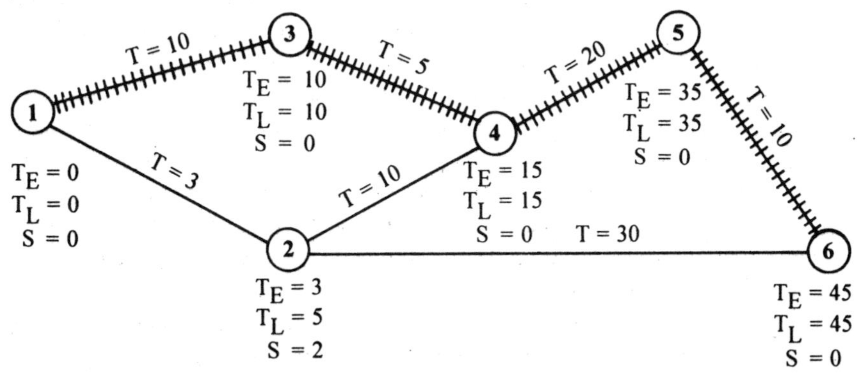

T = tempo estimado para cada evento

T_E = tempo mais curto em que um evento pode ser completado

T_L = tempo mais longo permitido para cada evento

S = tempo de reserva

ǂǂǂ = caminho crítico

ordenar à turma da pavimentação que execute primeiro sua tarefa mais curta, depois a próxima mais curta e assim por diante. A Tabela 2-3b mostra que o tempo de espera seria reduzido para 100 minutos, mas um administrador mais diligente encontra uma ordem de programação que reduziria o tempo de espera em mais 40 minutos (Tabela 2-3c). Desse montante, 30 minutos são do começo do dia, enquanto os pintores de faixas estão aguardando que a turma da pavimentação termine seu primeiro trabalho. Um administrador imaginativo poderia propor que os pintores começassem a jornada de trabalho meia hora mais tarde do que os pavimentadores para reduzir ainda mais o tempo desperdiçado.

PERT E CPM

A Program Evaluation Review Technique (PERT) [Técnica de Revisão de Avaliação de Programas] originou-se do gráfico de Gantt e por sua vez se tornou a base para uma técnica de programação mais sofisticada, o Critical-Path Method (CPM) [Método do Caminho Crítico]. No PERT, as barras do Gantt são substituídas por um gráfico de fluxo de análise de rede. Um gráfico de fluxo é uma lista detalhada das etapas necessárias para completar um processo, com uma representação simbólica da seqüência de atividades e uma indicação do tempo necessário para cada uma (ver Figura 2-3).

A análise de rede emprega a mesma técnica geral, mas com menos detalhes. A análise é posta em destaque em forma de diagrama ou gráfico, usando círculos, quadrados ou outros símbolos para denotar as etapas do processo e linhas para mostrar a seqüência (Figura 2-4). Os círculos são chamados de "nós" e as linhas que os ligam, denominadas "setores", "caminhos" ou "extremidades". O diagrama pode ser usado para determinar o caminho crítico, que é a seqüência mais longa de caminhos entre o primeiro e o último nó. A Tabela 2-4 mostra como isso é feito. Como o caminho crítico é o mais longo, qualquer atraso nesse trajeto adiará a conclusão do projeto. Os atrasos nos outros caminhos são menos importantes, desde que os tempos dos nós não excedam os valores máximos permitidos para eles. Naturalmente, análises reais de rede e caminho crítico são muito mais complexas do que as mostradas aqui, a ponto de muitas vezes ser necessário para os cálculos o auxílio de um computador.

A PERT e o CPM são basicamente ferramentas de planejamento analítico, mais do que técnicas de controle gerencial ou de implementação. São ainda mais úteis quando os custos são calculados junto com as estimativas de tempo. Se o administrador descobriu que 50% dos custos foram incorridos quando o projeto tinha somente 20% do seu âmbito, ele poderia prevenir um excesso de custo e realizar ajustes, num esforço para evitar isso. Por outro lado, uma análise simultânea de custo e tempo pode mostrar que os custos iniciais são altos em comparação com os custos de atividades posteriores, e assim podem ser divididos proporcionalmente ao longo da vida do projeto a fim de manter custo e tempo em trilhos paralelos.

Tabela 2-4 Etapas na Definição do Caminho Crítico

1. Faça três estimativas de tempo para cada atividade: a = muito otimista, b = muito pessimista, m = mais provável.
2. Determine o tempo estimado T para cada extremidade:

   $$T = \frac{a + 4m + b}{6}$$

   A fórmula dá o peso maior à estimativa mais provável. Marque cada extremidade com seu T.
3. Calcule a data mais próxima esperada na qual um evento possa estar concluído e chame-a de T_E, começando com $T_E = 0$ no nó 1.
4. Ache o tempo mais tardio possível para deixar cada evento (T_L) sem atrasar a conclusão. Comece no último evento e trabalhe de trás para diante. Se houver vários caminhos, designe a etapa mais antiga identificada na análise de rede.
5. Calcule o tempo crítico somando todos os T_L - T_E. (Note que o evento 2 da Figura 2-4 tem dois dias de reserva; se está atrasado a esse ponto, o projeto permanece ainda no esquema. No entanto um atraso em qualquer outro evento atrasará o projeto.)
6. Planeje e ajuste de novo a rede para ver se o tempo de reserva pode ser reduzido.

PESQUISA DE OPERAÇÕES

A pesquisa de operações (PO) originou-se na constelação de métodos usados pelos militares na Segunda Guerra Mundial para resolver problemas tais como a melhor maneira de usar o equipamento de radar recentemente disponível. As empresas adotaram a técnica como forma de aumentar sua eficiência e os governos também se interessaram por ela como um caminho para melhorar a prestação de serviços (Byrd, 1975: 6-8) — por exemplo, descobrindo os melhores percursos para o transporte público ou as melhores localizações para unidades de bombeiros ou polícia, ou decidindo ampliar uma cadeia velha ou construir uma nova, ou se repartições estaduais deveriam estar localizadas num ponto central ou em lugares dispersos. A PO é adequadamente considerada como outra forma de insumo ao planejamento gerencial. Como observaram Morse e Bacon (1967: 2):

> Não se espera dos procedimentos da pesquisa de operações que forneçam todas as bases para as decisões gerenciais; não se espera que o pessoal da pesquisa de operações assuma a função administrativa (...) há aspectos humanos da política ou da moral que ainda não podem ser quantificados e que o administrador tem de se valer da (...) experiência.

Entre as técnicas incluídas na PO, três são importantes o bastante para justificar uma exposição em separado: a teoria da fila, os modelos de inventário e a simulação.

Caracteristicamente, as pessoas se irritam quando precisam esperar muito tempo numa fila, mas aumentar o pessoal ou as instalações para aprimorar os serviços custa caro. A *teoria da fila* permite aos administradores estudar as alternativas entre investir no aumento de capacidade e o tempo que o cidadão tem de esperar. Calculando-se adequadamente as taxas de chegada num local de serviço, o tempo total de espera pode ser reduzido. Uma aplicação do princípio é a "fila única", agora comumente usada em bancos e outros locais: fazendo todos os clientes esperar em fila única, o tempo de cada caixa é plenamente utilizado, diferentemente da situação em que alguns caixas não fazem nada, enquanto longas filas esperam em outros guichês. Embora alguns clientes possam esperar um pouco mais do que esperariam em outra situação, o tempo total de espera para todos os clientes é minimizado para o número dado de caixas. (Para uma exposição mais detalhada da teoria da fila, ver Chase e Agrilano, 1981).

Os *modelos de inventário* usam técnicas semelhantes às da teoria da fila, mas enfatizam as taxas de partida em vez das de chegada. Uma versão matemática chamada modelo quantitativo de ordem econômica (QOE) tem uma aplicação específica nas decisões de compra. Já que o administrador pode controlar as taxas de tempo da chegada do estoque através de decisões de compra adequadamente sincronizadas, a informação detonadora nesse modelo é a razão à qual se usam os suprimentos no (saída do) sistema. A finalidade desse método é manter os inventários no volume mais baixo possível; os grandes inventários são indesejáveis, pois os itens se deterioram nas prateleiras ou se tornam obsoletos, o espaço de armazenamento custa caro e aumenta a possibilidade de roubo.

Quando um problema de planejamento é muito complexo, a escolha do modelo apropriado pode não ser clara. Nesses casos, pode-se usar a *simulação* para construir vários modelos diferentes, tipicamente matemáticos, incluídos num programa de computador que permitirá que se faça a predição das conseqüências das mudanças em alguns elementos do modelo. Essencialmente, a simulação mapeia a probabilidade estatística de uma cadeia de eventos relacionados. No caso de se saber tão pouco sobre a relação entre os elementos que estes possam ser considerados aleatoriamente relacionados, a simulação é chamada de modelo de Monte Carlo, em referência ao famoso cassino. (Para detalhes sobre as simulações e sua aplicação aos problemas gerenciais, ver McKenna, 1980: 330-68).

Uma forma de simulação conhecida como programação dinâmica é usada quando se faz necessária uma série de decisões de múltiplas etapas para a realização de um objetivo organizacional. Essa programação leva ao que às vezes se considera a melhor solução do tipo "uma etapa de cada vez" (ver Carlson, 1967: 68-86). A programação dinâmica pode também ser usada para ligar os resultados da análise de regressão às características do estudo de caso (McCaffrey et al., 1985).

Outra ferramenta do PO é a *análise de substituição*, na qual se usa um modelo para determinar o tempo ótimo para a substituição de um produto físico, compensando-se os custos de manutenção com os de aquisição de um novo.

Embora todas essas técnicas e ferramentas possam ser úteis, há desvantagens no PO. Ele requer os serviços de um pessoal altamente treinado, em geral não disponível numa equipe administrativa. Ele consome muito tempo; gasta-se um tempo enorme, por exemplo, fornecendo-se ao pesquisador especialista os muitos detalhes da organização, seus planos e alternativas. Entretanto o investimento em PO pode ter um retorno muito grande para a agência, através de serviços mais eficientes, custos mais baixos e maior credibilidade para os corpos legislativos.

Análise de Risco

Outra ferramenta do planejamento é a *análise de risco*, que consiste no processo de desenvolvimento de um modelo estatístico baseado nas distribuições probabilísticas de eventos favoráveis e desfavoráveis.

As probabilidades em questão podem ser: 1) relativas, baseadas nas freqüências de eventos que ocorrem aleatoriamente ou nas freqüências reais de eventos observados, ou 2) subjetivas, baseadas nas crenças do analista, sem uma estrutura teórica ou evidência histórica específica. Depois de terem sido determinadas as probabilidades, são inseridas numa "árvore de decisão" (Figura 2-5). Suponhamos que uma prefeitura pretenda construir uma garagem de estacionamento e tenha de decidir se faz um seguro contra a responsabilidade em que possa vir a incorrer por ferimentos ou perdas sofridas por um cidadão na garagem. O administrador responsável estima que o governo obtenha 50 mil dólares por ano em rendimentos líquidos com a garagem. Também presume que as probabilidades de ocorrer um acidente que possa resultar em responsabilidade governamental sejam, por ano, de 999 para 1 (probabilidade subjetiva). Entretanto, se *houver* um acidente, a probabilidade de que o município seja responsabilizado é de 20% (talvez uma probabilidade relativa baseada na experiência de outros municípios, ajustada à idade das construções, às mudanças na intèrpretação das leis relativas à respnsabilidade municipal e a outros fatores). Quando os municípios foram responsabilizados, o acordo médio foi de 50 mil dólares; por outro lado, o custo da cobertura do seguro é de 500 dólares. Nessas circunstâncias, deveria o município fazer o seguro?

Ao usar a árvore de decisão, o pagamento estimado para cada setor é calculado com referência às ramificações da árvore. O pagamento da alternativa "não faça o seguro" é [(0,8 x 0,001 x 50.000) - (0,2 x 0,001 x 50.000)] + (0,999 x 50.000) = US$ 49.980. O pagamento da alternativa "faça o seguro" é de 49.500 dólares. O administrador de risco pode ainda preferir fazer o seguro, mesmo sendo o pagamento menor quando se consideram as probabilidades de eventos alternativos. O valor estimado da decisão de evitar o custo do seguro (49.980 dólares) não compensa nem mesmo o risco absoluto da renda líquida de um ano inteiro contra apenas um acordo médio de responsabilidade de 50 mil dólares. No entanto o cálculo dos pagamentos dá ao administrador mais informações para decidir. (Para uma exposição mais detalhada sobre árvores de decisão, ver Welch e Comer, 1983: 260-66, e Starling, 1979: 278-90).

A análise de risco serve para aprimorar o planejamento a curto prazo quando há importantes elementos de incerteza sobre as conseqüências de uma decisão. No

Figura 2-5 Uma Árvore de Exposição de Risco

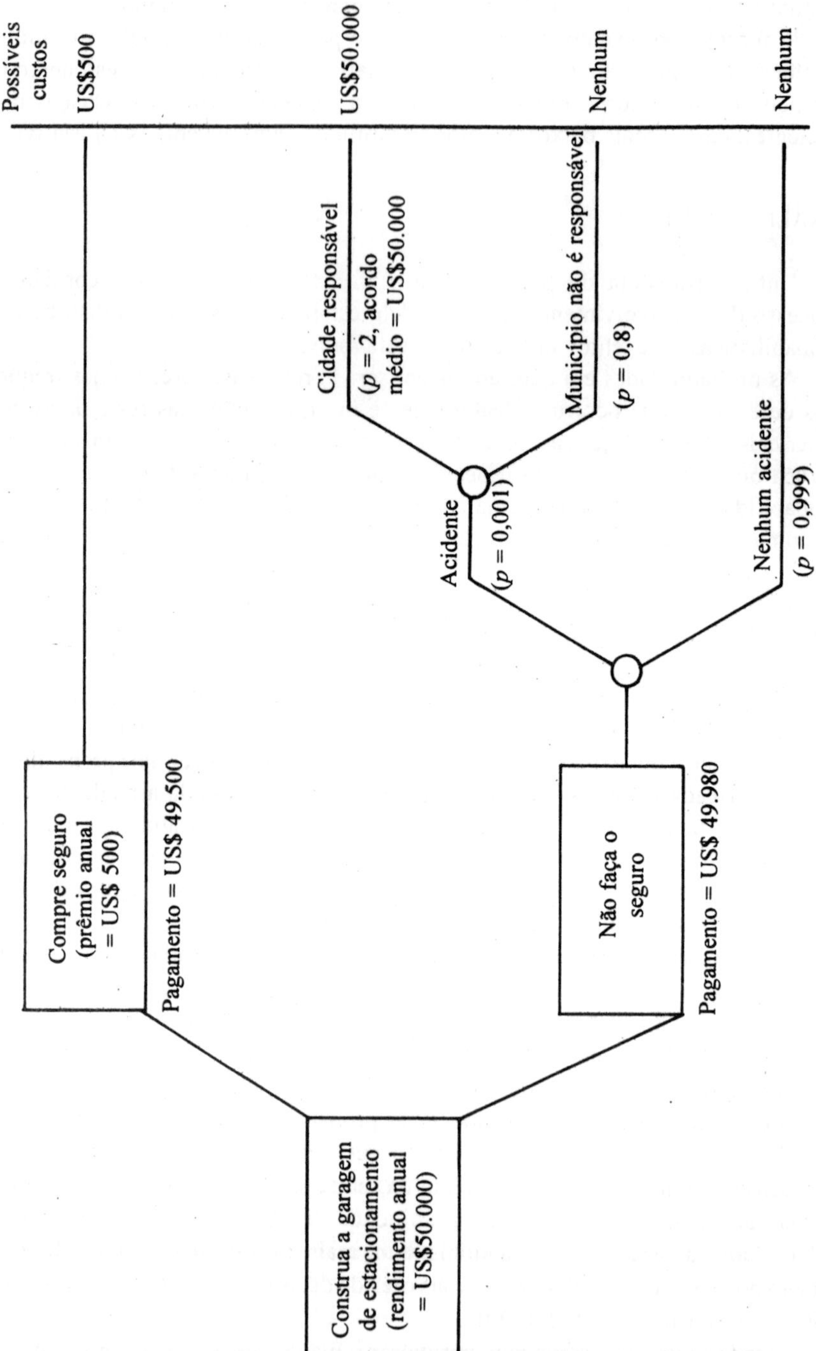

entanto o administrador "avesso a risco" pode escolher ir adiante e simplesmente seguir o curso de ação mais seguro, sem levar em consideração os pagamentos relativos dos riscos.

SÉRIE TEMPORAL

A última ferramenta de planejamento de curto prazo que será examinada aqui é a *análise da série temporal*, que é a medida, no curso do tempo, de uma variável em relação a um ponto referencial definido a partir do começo da atividade. As variáveis a serem medidas podem ser taxas de movimentação de pessoal, queixas dos cidadãos, taxas de criminalidade, registros de produtividade ou arrecadação de receita pública. Pode-se usar uma linha de regressão para realçar a tendência ou estimar uma linha de tendência a partir da inspeção dos dados e traçá-la com uma régua (Figura 2-6). Outra técnica é usar médias parciais: divide-se a série temporal em duas partes, calcula-se a média de cada parte e ligam-se os dois pontos com uma linha reta. Se a atividade for uma em que há muita variação de um mês para outro, pode-se compor a série temporal de "médias móveis" a fim de suavizar essas variações: primeiro a média dos meses 1, 2 e 3, depois a dos meses 2, 3 e 4, e assim por diante. Outro refinamento consiste em ajustar as variações sazonais, calculando-se uma taxa "normal" para cada mês em relação à média anual (talvez com base na experiência de anos passados) e depois desenvolvendo-se uma série temporal que mostre quão acima ou abaixo dessa taxa estão os valores para os meses subseqüentes.

Figura 2-6 Linha de Tendência Traçada por Inspeção

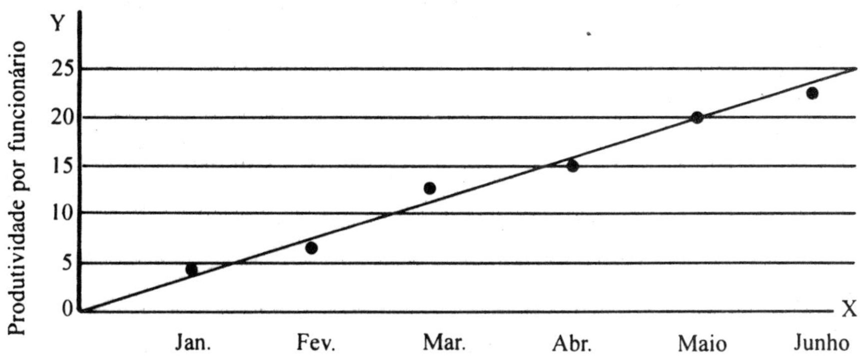

Dada a variedade de ferramentas de planejamento de longo prazo, de curto prazo e estratégico à disposição do administrador, a necessidade seguinte é ligar o processo de planejamento aos outros processos organizacionais no POSDCORB. Uma técnica que satisfaz essa necessidade e que é popular tanto nos governos como nas empresas é a administração por objetivos.

A TÉCNICA APO

A administração por objetivos, ou APO, é uma abordagem da administração que determina: 1) o que deve ser feito, incluindo-se o estabelecimento de prioridades, 2) como deve ser feito, 3) quanto vai custar, 4) quando deve ser feito, 5) o que constitui um desempenho satisfatório, 6) quanto de progresso está sendo conseguido e 7) quando e como providenciar correções. Na ausência de uma abordagem sistemática desse tipo, o planejamento pode ser feito imediatamente antes ou simultaneamente com a atividade, se tiver de ser realizado; há freqüentes mudanças nos planos porque os objetivos não foram articulados de antemão ou porque as formas alternativas de executá-los não foram consideradas; e é provável que o esforço seja amplamente medido mais pelo esforço empreendido do que pelos resultados alcançados. Na APO, o administrador não só define antecipadamente os resultados a serem obtidos e as etapas do programa necessárias para consegui-los, mas também estipula os critérios para medir o desempenho dos funcionários.

O desenvolvimento da APO foi acelerado pelo trabalho de vários indivíduos e grupos. Num livro que constitui um marco de referência, Drucker (1954) enfatizou que em todas as áreas em que o desempenho afeta a saúde da empresa devem ser estabelecidos objetivos. A General Eletric Company (1954) usou elementos da APO no seu movimento em direção à descentralização da tomada de decisões em nível gerencial. A contribuição de McGregor (1957) foi criticar os programas que usavam critérios de traços de personalidade para avaliar subordinados e indicar que a avaliação do desempenho em relação a objetivos mensuráveis era uma forma mais construtiva de avaliar e motivar os funcionários. Desde essa época, a APO tem encontrado muitos outros defensores (Odiorne, 1965; Raia, 1974; MacConkey, 1983) e sua aplicação se estendeu às organizações governamentais (Brady, 1982). O processo de APO começa com o estabelecimento de metas mensuráveis (verificáveis) por um executivo-chefe, um encarregado de divisão, um administrador operacional ou um supervisor de primeira linha. Essas metas podem ser estabelecidas para qualquer período — um trimestre, um ano, cinco anos, o que quer que seja desejável em determinadas circunstâncias. Em muitos casos, as metas são estabelecidas para coincidir com o ano fiscal da organização ou com a duração de um projeto de grande porte. A extensão do período tende a ficar mais curta à medida que se desce na cadeia de comando organizacional.

Espera-se que as metas sejam baseadas na análise e avaliação do que pode e deve ser feito pela organização durante o período dado, à luz da missão da organização, seus planos de longo prazo e estratégicos e suas forças, fraquezas e oportunidades. São geralmente consideradas experimentais e sujeitas a modificações à medida que forem traduzidas para objetivos de nível mais baixo.

Estabelecer esses objetivos é a próxima tarefa difícil. Os objetivos devem indicar a qualidade e o custo para alcançá-los. Devem constituir um desafio, refletir as prioridades organizacionais e promover o crescimento e o desenvolvimento pessoais e profissionais. Finalmente, deve-se atentar para os conflitos entre os objetivos de unidades diferentes, a fim de que não ocorram subotimização (a realização máxima de um objetivo à custa da realização mínima de outro) nem decisões que não sejam satisfatórias.

O processo de desenvolvimento de objetivos precisa incorporar o *feedback* de cada estágio e nível. O *feedback* fornece informações para se avaliar a aceitabilidade dos objetivos. Compatibilidade com a missão organizacional é o principal critério através do qual o *feedback* auxilia na validação de objetivos. Uma discussão com o maior número possível de atores organizacionais dá mesmo àqueles que discordam um sentido de serem capazes de concordar com os objetivos da organização.

Há três classes de objetivos que servem a diferentes propósitos na organização. Na maior parte, essas categorias são congruentes com os tipos de planejamento examinados anteriormente neste capítulo. Os objetivos de curto prazo ou *de rotina* referem-se aos resultados específicos do dia-a-dia que constituem os aspectos básicos e essenciais da organização. Os objetivos de longo prazo ou *problemas* a serem solucionados caracterizam as áreas que foram assinaladas como alvos para resolução. Os objetivos estratégicos ou *inovadores* referem-se à visão ou imagem que os administradores efetivos têm de suas organizações. Essa congruência ocorre porque o processo de APO é de fato um processo de planejamento. Definindo um plano operacional através do estabelecimento de objetivos transforma os planos estratégicos, de longo e de curto prazo, numa programação direcionada. Um plano sem uma programação direcionada é um conceito fatalmente deficiente, como um carro sem embreagem ou um concerto sem um horário de início anunciado.

Assim, a APO integra operações de planejamento e organizacionais. Permite ao administrador público especificar os critérios através dos quais se medirá o progresso organizacional. Permite aos funcionários monitorar sua própria contribuição para a consecução dos objetivos do trabalho nas suas unidades específicas. Nesse sentido, a APO é também um sistema de motivação. Não deixa de ter seus pontos fracos: pode levar, a curto prazo, à inflexibilidade ou ênfase exagerada, e há dificuldades intrínsecas na mobilização de recursos e atitudes para se completar o estabelecimento de objetivos (Koontz, O'Donnell e Weihrich, 1982: 106-7). Não obstante, os alvos da APO são geralmente reconhecidos como apontando numa direção que os administradores públicos fariam bem em seguir.

OS BENEFÍCIOS DO PLANEJAMENTO

As maneiras de determinar se uma organização é eficiente e o próprio significado de eficiência variam de organização para organização. Cameron (1980: 67) identifica quatro abordagens básicas para avaliar a eficiência: 1) quão satisfatoriamente uma organização atinge suas metas; 2) a extensão da aquisição dos recursos de que necessita; 3) o grau em que reduz a tensão interna nos funcionários; e 4) seu sucesso no relacionamento com importantes grupos externos ou grupos de constituintes estratégicos que a influenciam.

Em contraste com organizações eficientes, as "anarquias organizadas" têm metas mal-definidas, são ligadas internamente de forma vaga e confusa por muitas definições diferentes de sucesso, usam variadas estratégias para conseguir os mesmos resultados e realmente não têm um rendimento efetivo que possa ser ligado analiticamente aos recursos (Cameron, 1980: 70-71).

Mesmo sob condições de incerteza e imprecisão, contudo, o planejamento ajuda na luta por se obter clareza nos propósitos organizacionais e aprimoramento organizacional. Os planos refletem as informações e a atenção que os analistas planejadores são capazes de dirigir para escolhas práticas de ação (Forester, 1989: 19-20). O principal benefício do planejamento é o estabelecimento de um futuro curso de ação que promova a coordenação dos recursos internos da organização com seus desafios políticos e externos. O processo de planejamento integra as funções da organização com seus recursos voltados para a finalidade de alcançar seus objetivos (Sord e Welsch, 1964: 13).

Um segundo benefício do planejamento é que ele ajuda os administradores públicos a tomar as decisões atuais que têm a melhor chance de produzir as conseqüências desejadas — tanto no presente como no futuro. Ele permite aos administradores saber onde a organização está hoje em dia, quais são ou poderiam ser os seus recursos e para onde desejam ir os dirigentes ou detentores do poder na organização. Uma perspectiva de longo prazo, apoiada por análises e capacidades organizacionais aprimoradas, é necessária para se conseguir resolver uma crise tal como um problema que envolva o meio ambiente e os recursos naturais (Henning e Mangun, 1989).

Um terceiro benefício do planejamento provém da avaliação das condições futuras e presentes e do encorajamento e apoio aos administradores para tentarem estabelecer objetivos. As decisões racionais são reforçadas quando os administradores têm a visão ampliada de um grupo de alternativas entre as quais podem escolher. Reduzem-se as reações baseadas na emoção, na adivinhação e na intuição. Os administradores são capazes de fazer mais do que efetuar alterações marginais. Planejar evita um estado perpétuo de emergência e provê diretrizes para ações ponderadas, controladas. Conseqüentemente, a organização está em melhor posição para desenvolver oportunidades e evitar ameaças.

Um quarto benefício do planejamento é que ele torna os administradores capazes de decidir de antemão o que fazer, como e quando fazê-lo e quem deve fazê-lo. Com os planos, os administradores podem assegurar que cada operação está na área de responsabilidade de alguém e decidir se cada função está adequadamente identificada e se o indivíduo responsável tem e usa a indispensável autoridade. Inversamente, o planejamento aprimora a confiabilidade ao esclarecer as funções organizacionais e definir as responsabilidades (Reinharth, Shapiro e Kallman, 1981: 4-5).

Finalmente, o planejamento provê o controle organizacional através do estabelecimento de padrões de desempenho. Os níveis individuais e organizacionais de realização podem ser comparados com esses padrões, como se faz usualmente, por exemplo, ao comparar as despesas com o orçamento.

Planejamento e administração são inseparáveis, pois as decisões de planejamento fornecem um referencial pelo qual se podem avaliar ações, realizações e realidades subseqüentes e tomar então as medidas corretivas necessárias. Mesmo um problema básico como a administração de instalações apresenta um avanço quando se usa uma abordagem planejada para custos de energia e manutenção preventiva (Lewis, 1991). Sem o conhecimento de um futuro curso planejado de ações e eventos, os administradores não têm base para decisões. O sucesso na implementação de planos está constantemente ameaçado por problemas de controle organizacional, pelo comportamento dos funcionários na organização e pela tendência geral desta a resistir a mudanças (Gordon, 1992: 410-14).

Depois do planejar vem o organizar, a segunda função na cadeia POSDCORB. Organizar fornece as relações estruturais entre pessoas para traduzir planos em ação. É o assunto do próximo capítulo.

REFERÊNCIAS

Anderson, F. Wayne, Chester A. Newland, e Richard J. Stillman II. 1983. *The Effective Local Government Manager*. Washington, D.C.: International City Management Association.

Ascher, William, e W. H. Overholt. 1983. *Strategic Planning and Forecasting: Political Risk and Economic Opportunity*. Nova York: Wiley.

Benveniste, Guy. 1989. *Mastering the Politics of Planning: Crafting Credible Plans and Policies that Make a Difference*. São Francisco: Jossey-Bass.

Bingham, Richard D., e M. E. Ethridge. 1982. *Reaching Decisons in Public Policy and Administration*. Nova York: Longman.

Bolan, Richard S. 1975. "Emerging Views of Planning." In American Institute of Planners, *The Comprehensive Planning Process: Several Views*. Washington, D.C.: AIP. (Reimp. de *Journal of the American Institute of Planners*.)

Bozeman, B., e J.D. Straussman. 1990. *Public Management Strategies: Guidelines for Managerial Effectiveness*. São Francisco: Jossey-Bass.

Brady, R. H. 1982. "MBO Goes to Work in the Public Sector." In *Public Budgeting: Programming, Planning, and Implementation*, 4ª ed., org. por F.J. Lyden e E.G. Miller, 169-183. Englewood Cliffs, N.J.: Prentice-Hall.

Brennan, M.J. 1973. *Preface to Econometrics*. 3ª ed. Cincinnati: South-Western.

Bryant, Stephen, e Joseph Keans. 1982. "Workers' Brains As Well As Their Bodies: Quality Order in a Federal Facility." *Public Administration Review* 42 (março/abril): 144-50.

Byrd, Jack, Jr. 1975. *Operations Research Models for Public Administration*. Lexington, Mass.: Lexington Books.

Cameron, Kim. 1980. "Critical Questions in Assessing Organizational Effectiveness." *Organizational Dynamics* 9 (outono): 66-80.

Carlson, P.G. 1967. *Quantitative Methods for Managers*. Nova York: Harper and Row.

Chase, Richard B., e N.J. Agrilano. 1981. *Production and Operations Management*. Homewood, III.: Irwin.

Clark, Wallace. 1957. *The Gantt Chart*. Londres: Pitman.

Drucker, P.F. 1954. *The Practice of Management*. Nova York: Harper and Row.

Eadie, Douglas C. 1983. ''Putting a Powerful Tool to Practical Use: The Application of Strategic Planning in the Public Sector.'' *Public Administration Review* 43 (setembro/outubro): 447-52.

______, e Roberta Steinbacher. 1985. ''Strategic Agenda Management: A Marriage of Organizational Development and Strategic Planning.'' *Public Administration Review* 45 (maio/junho): 424-30.

Forester, John. 1989. *Planning in the Face of Power*. Berkeley: University of California Press.

Garson, G. David. 1976. *Handbook of Political Science Methods*. 2ª ed. Boston: Holbrook.

General Electric Company. 1954. *Professional Management in General Electric*. Nova York: G.E.

Gershuny, J. 1976. ''The Choice of Scenarios.'' *Futures* 8 (dezembro): 496-508.

Gordon, G.J. 1992. *Public Administration in America*. 4ª ed. Nova York: St. Martin's.

Halachmi, Arie. 1986. ''Strategic Planning and Management? Not Necessarily.'' *Public Productivity Review* 20 (inverno): 35-50; reimpr. in J.S. Ott, A.C. Hyde, e J.M. Shafritz. 1991. *Public Management: The Essential Readings*, Chicago: Lyceum Books/Nelson-Hall Publishers, 241-54.

Henning, D.H., e W.R. Mangun. 1989. *Managing the Environmental Crisis: Incorporating Competing Values in Natural Resource Administration*. Durham, N.C.: Duke University Press.

Howrey, E.P., L.R. Klein, M.D. McCarthy, e G.R. Schink. 1981. ''The Practice of Macroeconomics Model Building and Its Rationale.'' In *Large Scale Macro-Economic Models*, org. por J. Kmenta e J.B. Ramsey, 19-58. Nova York: North Holland.

Jones, Thomas E. 1980. *Options for the Future: A Comparative Analysis of Policy-Oriented Forecasts*. Nova York: Praeger.

Kastens, Merrit J. 1979. ''The Why and How of Planning.'' *Managerial Planning* 28 (julho/agosto): 33-5.

Klein, L.R. 1979. ''Use of Econometric Models in the Policy Process.'' In *Economic Modelling*, org. por Paul Ormerod, 309-329. Londres: Heinemann.

______. 1980. *An Introduction to Econometric Forecasting and Forecasting Models*. Lexington, Mass.: Lexington Books.

______. 1981. *Econometric Models As Guides for Decision-Making*. Nova York: Free Press.

Koonitz, Harold, Cyril O'Donnell, e Heinz Weihrich. 1982. *Principles of Management: An Analysis of Managerial Functions* 5ª ed. Nova York: McGraw-Hill.

Leuchtenburg, William E. 1983. *In the Shadow of FDR*. Ithaca: Cornell University Press.

Lewis, D. L. 1991. ''Turning Rust into Gold: Planned Facility Management.'' *Public Ad-min-istration Review* 51 (novembro/dezembro): 494-502.

McCaffrey, D.P., D.F. Andersen, P. McCold, e D.H. Kim. 1985. ''Modeling Complexity: Using Dynamic Simulation to Link Regression and Case Studies.'' *Journal of Policy Analysis and Management* 4 (inverno): 196-216.

McConkey, Dale. 1983. *How to Manage by Results*. 4ª ed. Nova York: American Management Association.

McGowan, R.P., e J.M. Stevens. 1983. ''Local Governments Initiatives in a Climate of Uncertainty.'' *Public Administration Review* 43 (março/abril): 127-36.

McGregor, Douglas. 1957. ''An Uneasy Look at Performance Appraisal.'' *Harvard Business Review* 35 (maio/junho): 89-94.

McKenna, Christopher K. 1980. *Quantitative Methods for Public Decision Making. Nova York: McGraw-Hill.*

Makridakis, Spyros, e Steven C. Wheelwright. 1978. *Interactive Forecasting: Univariate and Multivariate Methods*. 2ª ed. São Francisco: Holden-Day.

_____. 1983. *Forecasting: Methods and Applications*. 2ª ed. Nova York: Wiley.

March, James G., e Herbert A. Simon. 1958. *Organizations*. Nova York: Wiley.

Mertins, Herman, Jr. 1971. "A Study in Transitions." *Public Administration Review* 31 (maio/junho): 254-8.

Michael, S.R. 1982. "Organizational Change Techniques: Their Present, Their Future." *Organizational Dynamics II* (verão): 67-80.

Mintzberg, Henry. 1973. *The Nature of Managerial Work*. Nova York: Harper and Row.

Morse, P.M., com L.W. Bacon, org. 1967. *Operations Research for Public Systems*. Cambridge, Mass.: MIT Press.

Odiorne, G.S. 1965. *Management by Objectives: A System of Managerial Leadership*. Nova York: Pitman.

Paine, F.T., e C.A. Anderson. 1983. *Strategic Management*. Chicago: Snyder.

Pennings, Johannes M., et al. 1985. *Organizational Strategy and Changes*. São Francisco: Jossey-Bass.

Quade, E.S. 1982. *Analysis for Public Decisions*. 2ª ed. Nova York: Elsevier.

Raia, Anthony P. 1974. *Managing by Objectives*. Glenview, III.: Scott, Foresman.

Rehfuss, John. 1973. *Public Administration as Political Process*. Nova York: Scribner's.

Reinharth, Leon, Jack H. Shapiro, e Ernest A. Kallman, org. 1981. *The Practice of Planning: Strategic, Administrative, and Operational*. Nova York: Van Nostrand.

Rossi, P.H., H.E. Freeman, e S.R. Wright. 1979. "Research for Program Planning." In *Evaluation: A Systematic Approach*, org. P.H. Rossi, H.E. Freeman, e S.R. Wright, 81-120. Beverly Hills, Calif.: Sage.

Scott, Claudia Devita. 1972. *Foreacasting Local Government Spending*. Washington, D.C.: Urban Institute.

Seashore, S.E. 1977. "Criteria of Organizational Effectiveness." *In Management Classics*. org. por M.T. Matteson e J.R. Ivancevich. Santa Monica, Calif.: Goodyear, 179-85.

Seidman, Harold. 1981. "A Typology of Government." In *Federal Reorganization: What Have We Learned?* org. por Peter Szanton, 33-57. Chatham, N.J.: Chatham House.

Simon, H.A. 1976. *Administrative Behavior*. 3ª ed. Nova York: Macmillan.

_____. 1979. "Rational Decision Making in Business Organizations." *American Economic Review 69* (setembro): 493-513.

Simon, H.A., D.W. Smithburg, e V.A. Thompson. 1950. *Public Administration*. Nova York: Knopf.

Sisk, Henry L., e J.C. Williams. 1981. *Management and Organization*. 4ª ed. Cincinnati: South-Western.

Sord, B.H., e G.A. Welsch. 1964. *Managerial Planning and Control As Viewed by Lower Levels of Supervision*. Austin: University of Texas, Bureau of Business Research.

Starling, Grover. 1979. *The Politics and Economics of Public Policy*. Homewood, III.: Dorsey.

Steiner, G.A. 1979. *Strategic Planning: What Every Manager Must Know*. Nova York: Free Press.

Tersine, Richard. 1983. "Logic for the Future: The Forecasting Function." *Managerial Planning* 31 (março/abril): 32-5.

Tichy, N.M. 1982. "Managing Change Strategically: The Technical, Political, and Cultural Keys." *Organizational Dynamics* 11 (outono): 59-80.

Vieg, John. 1942. ''Developments in Governmental Planning.'' in *The Future of Government in the United States: Essays in Honor of Charles E. Merriam*, org. por L.D. White, 63-87. Chicago: University of Chicago Press.

Welch, Susan, e J.C. Comer. 1983. *Quantitative Methods for Public Administration: Techniques and Applications*. Homewood, III.: Dorsey.

Yamane, Taro. 1964. *Statistics: An Introductory Analysis*. Nova York: Harper and Row.

3

Organizar

Na imprensa, tanto popular quanto profissional, as organizações públicas são comumente caracterizadas como burocracias. Para a maioria das pessoas, esse termo evoca imagens de longos corredores, centenas de pequenos escritórios, enormes conjuntos de secretarias e, acima de tudo, exércitos de burocratas desprovidos de senso de humor, com olhar apático, que executam obtusamente suas rotinas diárias num ambiente de desligada e desapaixonada indiferença. Quando pensamos em burocracia, nossas mentes imaginam uma imensa, estéril e inflexível maquinaria governamental.

Embora exagerada, essa percepção popular da organização pública chega muitas vezes desconfortavelmente perto da realidade. Apesar de tendências burocráticas serem encontradas por toda parte tanto no setor público quanto no privado, parece que os governos gostam especialmente de criar organizações hierárquicas que carecem de vitalidade e espontaneidade.

A tendência de o governo criar burocracias é geralmente atribuída a duas vantagens inter-relacionadas que o modelo burocrático oferece, teoricamente, em relação aos esquemas organizacionais concorrentes. Esse modelo, que será examinado com maiores minúcias mais adiante neste capítulo, sustenta que a eficiência é mais facilmente conseguida em organizações estruturadas hierarquicamente, monocráticas (que têm um dirigente), presas a normas (isto é, que contam principalmente com normas para executar seu trabalho e fazer seus membros obedecerem) e impessoais no seu comportamento em relação a funcionários e clientes. Esses fatores combinados fornecem aos dirigentes de tais organizações um alto grau de controle sobre as atividades dos subordinados. Em segundo lugar, as burocracias são capazes de tornar os funcionários públicos confiáveis, perante as autoridades políticas. Por oferecer os benefícios complementares de confiabilidade e eficiência na prestação de serviços, a burocracia tornou-se a forma organizacional predominante nos governos através do mundo industrializado.

Entretanto as estruturas burocráticas também têm suas desvantagens. Como já se observou, o ambiente de trabalho dentro de uma burocracia pode ser asfixiante. Durante as décadas de 1930 e 1940, os pesquisadores concluíram que as energias produtivas e criativas dos trabalhadores podiam ser despertadas mais efetivamente em estruturas organizacionais que permitissem um grau de expressão individual maior que o que está tipicamente presente numa burocracia genuína (ver Capítulo 5). Descobriu-se que a ênfase excessiva no controle e na centralização da autoridade contribui para a apatia dos funcionários, e a descentralização de responsabilidade decisória chegou a ser vista como virtual panacéia para praticamente todos os males que afligiam as organizações complexas. Embora descobertas de pesquisas posteriores tenham desacreditado a noção simplista de que uma estrutura burocrática é inerentemente destrutiva em relação à motivação e à criatividade dos funcionários (ver, p.e., Doig e Hargrove, 1987; Perry e Wise, 1990), o amplo desconforto científico em relação ao modelo burocrático tornou-se um legado duradouro dos estudos organizacionais conduzidos desde a década de 1930.

As finalidades básicas deste capítulo são descrever o que agora se sabe sobre a estrutura organizacional e examinar seu impacto sobre o desempenho dos funcionários e a eficiência da agência. Organizar é o termo comumente usado para se referir às atividades gerenciais com respeito a: 1) dispor o trabalho em unidades controláveis e logicamente ligadas; 2) estruturar essas unidades de maneira tal que o trabalho possa ser executado com eficiência; e 3) integrar as diferentes unidades para que não trabalhem com objetivos cruzados. Dito de forma mais simples, a função organizadora pretende assegurar que os vários componentes de uma organização sejam adequadamente designados e estruturados com vistas à produtividade máxima.

À primeira vista, organizar parece ser uma das funções administrativas mais contínuas e de fácil compreensão. Por lidar com conceitos tão tangíveis como sejam os organogramas e as designações departamentais, parece muito mais real do que as funções mais esotéricas de planejamento, liderança, avaliação e controle. Além disso, as outras funções administrativas têm de ser executadas como processos contínuos, enquanto organizar parece ser uma questão que se resolve de uma só vez. Uma vez que você tenha organizado — isto é, uma vez que tenha selecionado e implementado um projeto organizacional apropriado —, não deveria precisar fazê-lo de novo no curto prazo.

Embora tudo isso seja basicamente verdadeiro, não corresponde ao fato de que organizar é um dos conceitos de mais difícil compreensão para os estudantes de administração pública. Organizar é um tópico desafiante por duas razões muito básicas. Em primeiro lugar, um assunto que tem sido tradicionalmente ignorado ou desenfatizado por muitos estudantes e profissionais de administração pública. A maior parte da construção teórica e da pesquisa na área da estrutura e esboço organizacionais ocorreu em outras disciplinas que não a administração pública e a ciência política. Embora se possam oferecer inúmeras explicações para esse descuido, a mais plausível parece ser que os administradores públicos muitas vezes tomam a estrutura organizacional como um dado. Entidades externas (o corpo legislativo ou o funcionário executivo) estabelecem geralmente os amplos parâmetros estruturais da maior parte das agências públicas. Enquanto as outras funções administrativas são preocupações quotidianas dos administradores de todos os níveis, dos supervisores de primeira linha aos diretores de agências, somente os administradores públicos mais influentes têm alguma participação significativa nas decisões que afetam os desígnios da sua organização. Por essa razão, alguns administradores podem ter a impressão de que não vale a pena gastar energia demais na questão. Não obstante, como vamos verificar mais tarde, as decisões que dizem respeito à configuração estrutural mais apropriada estão se tornando cada vez mais importantes para os administradores em toda hierarquia organizacional.

O segundo fator que torna a discussão sobre a função organizadora especialmente difícil é o exagerado volume das pesquisas e obras que têm abordado o assunto em anos recentes. Interesse e curiosidade científicos são muito grandes nessa área, pois a estrutura organizacional é a ponte através da qual os planos e objetivos se traduzem em ação. Além disso, a estrutura particular selecionada pode, de algumas maneiras, determinar a natureza de outras importantes funções da administração. Por exemplo, o estilo de liderança que é utilizado (Ver Capítulo 5) depende em grande parte do nível de centralização da estrutura organizacional, e as funções de recrutamento de pessoal e controle são moldadas pelo grau em que a estrutura permite a subordinados de níveis mais baixos exercer autoridade decisória. Na tentativa de afinar nossa compreensão da ligação da estrutura organizacional com as outras funções de administração, pesquisadores contemporâneos têm dado muitos passos importantes na explicação do comportamento organizacional.

VANTAGENS E LIMITAÇÕES DA BUROCRACIA

Durante mais de 50 anos, o ponto de partida da maior parte dos cursos introdutórios de administração pública tem sido a burocracia do "tipo ideal" de Max Weber. Weber, sociólogo alemão, tornou-se "o fundador do estudo sistemático da burocracia" (Merton et al., 1952: 17) ao publicar, em 1922, uma série de ensaios intitulada *Teoria da organização social e econômica.* Nesse trabalho magistral, Weber traçou a evolução da moderna administração pública a partir de suas raízes mais remotas. Observou que, à medida que a industrialização e o capitalismo se expandiam, os tipos de práticas administrativas que surgiam se diferenciavam de várias maneiras importantes dos do passado. A mais importante das mudanças foi a tendência dos governos modernos de recrutar para suas agências públicas pessoal selecionado com base na competência técnica, em vez de critérios pessoais como parentesco ou patrocínio político. Esse importante desenvolvimento, junto com uma série de alterações intimamente relacionadas na maneira como funcionavam as agências públicas, foi visto como necessário para manter o crescimento das modernas sociedades industriais. Para florescer, a indústria necessitava de maquinaria governamental efetiva e digna de confiança que cuidasse do sistema postal, inibisse a competição destrutiva e executasse uma miríade de funções de apoio correlatas. Ao mesmo tempo, os próprios governos precisavam responder às pressões pela democratização, abrindo suas portas a um espectro mais amplo de pessoas. Assim emergiu uma nova forma de organização pública, a burocracia. Entre as muitas contribuições de Weber à literatura sobre administração, a mais duradoura tem sido a identificação dos traços básicos da forma pura, ou tipo ideal, da burocracia. São eles os seguintes:

1. *Divisão do trabalho e especialização de funções*. Weber observou que, para uma organização executar eficientemente tarefas complexas, o trabalho tinha de ser subdividido e suas várias partes designadas a diferentes pessoas. Procedendo assim, a organização é capaz de alcançar altos níveis de desempenho e precisão, pois cada trabalhador presumivelmente adquire grande habilidade ao executar a mesma função muitas e muitas vezes. O aumento da especialização também permite à organização controlar mais efetivamente seus trabalhadores, pois os deveres e responsabilidades atribuídos são claramente delineados.
2. *Hierarquia da autoridade*. Todas as posições (ou, na expressão de Weber, ofícios) numa burocracia são ordenadas numa configuração hierárquica em que cada função mais baixa está sob a supervisão e o controle de uma mais alta. As variações de nível na hierarquia correspondem a variações na autoridade, com cada função mais alta tendo mais responsabilidade decisória do que as mais baixas. Os níveis hierárquicos também estabelecem a rede formal de comunicação.
3. *Ênfase em normas e procedimentos*. Um objetivo básico de toda burocracia é reduzir o trabalho a normas e procedimentos operacionais específicos. Dessa maneira, o trabalho torna-se rotineiro. A presença de um sistema consistente de normas abstratas reduz o critério individual à "aplicação dessas normas a casos particulares" (Weber, 1952: 20), assegurando, assim, uniformidade e capacidade de predição do tratamento.
4. *Impessoalidade*. De acordo com Weber, "o funcionário público ideal conduz seu ofício num espírito de impessoalidade formalista, *sine ira et studio*, sem ódio nem paixão e, daí se conclui, sem afeto nem entusiasmo" (Thompson, 1975: 3). Em outras palavras, preferências e sentimentos pessoais não têm vez numa burocracia. Em vez disso, espera-se dos funcionários públicos que apliquem as normas relevantes a cada situação de maneira imparcial.
5. *O sistema de carreira*. A fim de atrair e reter pessoal qualificado, a burocracia oferece aos seus funcionários a vantagem de um sistema de carreira formalizado. Entre seus componentes está que os funcionários sejam contratados de acordo com suas qualificações técnicas; que o emprego seja de tempo integral, e não de tempo parcial ou sazonal; que se estabeleça um sistema de promoções, baseado em alguma combinação de merecimento e antigüidade; e que os funcionários estejam protegidos de ações dos supervisores que sejam incompatíveis com as

normas e procedimentos da organização (isto é, a autoridade dos supervisores sobre os subordinados não se estende para além da situação de trabalho e os direitos básicos de um processo justo são atribuídos aos funcionários para assegurar que estes não sejam tratados arbitrariamente).

Weber descreve as vantagens da burocracia sobre os esquemas organizacionais alternativos da seguinte maneira:

> A experiência tende a mostrar universalmente que o tipo puramente burocrático de organização administrativa (...) é, do ponto de vista puramente técnico, capaz de alcançar o mais alto grau de eficiência, e nesse sentido é formalmente o meio mais racional conhecido de exercer controle imperativo sobre seres humanos. É superior a qualquer outra forma em precisão, em estabilidade, no rigor da sua disciplina e na confiabilidade. Torna, assim, possível um grau particularmente alto de calculabilidade dos resultados para os chefes da organização e para aqueles que agem em relação a ela. É, finalmente, superior tanto em eficiência intensiva quanto no âmbito das suas operações e pode ser aplicado formalmente a todos os tipos de tarefas administrativas. (Weber, 1952: 24).

De fato, o tipo ideal de Weber descreve a organização como simples ferramenta nas mãos do seu mestre. Como um martelo ou chave de fenda, a ferramenta faz o que seu proprietário deseja. Não faz perguntas, não emite opiniões e produz resultados previsíveis. É um instrumento frio, despersonalizado, objetivo e racional, que está pronto a fazer o que o indivíduo encarregado mandar. Como tal, é um instrumento extremamente poderoso de controle social. Reconhecendo esse fato, Weber teve o cuidado de notar que o tipo ideal nunca poderia existir no mundo real. Ele sabia que nenhum conjunto de normas e relacionamentos de autoridade poderia jamais erradicar totalmente a discricionariedade e as considerações pessoais do funcionário, e tinha plena consciência de que a burocracia continha certas limitações e contradições internas que lhe enfraqueciam a influência. Mesmo assim, Weber admitiu que estava assustado com o poder bruto da organização burocrática.

Antes de ir muito além com a crítica tradicional da burocracia de Weber, queremos dizer uma palavra de advertência. Muitos dos mais notáveis teóricos da administração pública têm dedicado partes de suas carreiras à correção de distorções percebidas nos trabalhos de Weber. Dimock (1959), por exemplo, argumenta que Weber ignorou o papel que a boa liderança pode desempenhar em alterar a impessoalidade e o comportamento mecanicista das organizações. Os estudantes precisam estar cientes do fato de que a visão de Weber não é aceita sem debate ou modificação (ver Gulick, 1990; Stever, 1990).

Pontos Fracos da Burocracia

Aceitando-se a premissa de que as organizações são entidades inerentemente intencionais que deveriam executar exatamente o que seus proprietários ditam, então o construto teórico de Weber é logicamente poderoso e emocionalmente agradável. Não é apenas certo e justo que as organizações respondam precisa e eficientemente aos comandos? Todavia, também é verdade que as estruturas rigidamente burocráticas possuem às vezes certos traços não especialmente desejáveis.

A maioria de nós está bastante ciente das deficiências da burocracia. Qualquer um que já tenha encontrado um servidor civil presunçoso e intrometido vai relatar a experiência numa história pontuada de expressões como "burocrata de uma figa" e "fuçadores de papéis".* Devido à baixa estima da sociedade pela burocracia, o termo "burocrata" tornou-se quase tão ofensivo como algumas pragas.

Na visão tradicional, os traços particulares que têm contribuído para a imagem insatisfatória da burocracia se referem basicamente à sua ênfase na aplicação impessoal de normas e procedimentos. Como todos nós temos um forte desejo de sermos tratados como indivíduos, sentimo-nos ofendidos por servidores civis que se recusam a tomar conhecimento de que nossos problemas são de alguma forma especiais. Embora possamos admitir prontamente que, em princípio, a imparcialidade e a eficiência exijam que todos os casos sejam tratados da mesma forma, poucos de nós estão dispostos a ver nosso próprio caso como rotina. Ainda assim, os burocratas tendem a nos tratar como meras categorias de problemas (um reclamante da previdência social, um estudante universitário suspenso, uma vítima de ataque cardíaco). Isso produz a impressão de que a burocracia é fria, impessoal e desinteressada. Contribui para essa percepção a tendência de muitos burocratas de encarar suas normas e procedimentos como um comportamento desejável para o seu próprio bem, fenômeno referido como *deslocamento de metas* ou *inversão de meios e fins*.

Na verdade, a insensibilidade é apenas uma manifestação de fraquezas muito mais fundamentais das organizações burocráticas. De acordo com muitos teóricos organizacionais, as burocracias têm dois calcanhares-de-aquiles inter-relacionados. Em primeiro lugar, as burocracias tendem a ser estáticas. Essa resistência à mudança origina-se da sua natureza autoritária e monocrática. Devido ao fato de o sistema de autoridade ser inteiramente de cima para baixo (isto é, toda autoridade é investida no dirigente da organização, em vez de ser dividida com os subordinados), qualquer mudança tem de ser iniciada de cima. Mas, novamente devido à rígida estrutura hierárquica da burocracia, os dirigentes muitas vezes não recebem informações que indiquem a necessidade de mudança. Como a informação abre seu caminho através da hierarquia, está sujeita a supressão e distorção em níveis sucessivos. Os burocratas não estão dispostos a passar adiante informações que possam ser desagradáveis aos seus superiores ou que não se reflitam favoravelmente sobre eles mesmos. Outro importante desencorajamento à inovação e à mudança é que a preocupação com normas e procedimentos favorece o conformismo entre os funcionários. Seguir as normas torna-se um ritual.

* No original, "*red tape*" e "*paper shufflers*", termos pejorativos populares para "burocratas". (N.T.)

Outra falha fundamental da burocracia é seu impacto desumanizante sobre seus trabalhadores. O único indivíduo que parece realmente significar alguma coisa numa organização burocrática é o dirigente (ou proprietário). Como observou Carl Friedrich (1952: 31): "As próprias palavras de Weber vibram com algo do entusiasmo prussiano pelo tipo militar de organização e o caminho parece barrado a qualquer padrão consultivo, para não dizer cooperativo". Os trabalhadores de uma burocracia tendem a ser considerados — e podem até pensar deles mesmos nestes termos — como dentes da engrenagem de uma máquina. Espera-se deles que renunciem à sua autonomia, que sigam as normas e que sejam leais ao seu supervisor. Em troca desses comportamentos, recebem uma carreira e um salário estável. O relacionamento entre trabalhador e organização não passa desse nível superficial. Com efeito, a burocracia valoriza a disciplina acima da moral, a aplicação de normas acima da motivação e a impessoalidade acima do espírito de corpo.

O retrato frio e impessoal da burocracia embutido no tipo ideal de Weber serve como fundamento intelectual para o que se tornou conhecido como a escola clássica de administração. Uma suposição implícita dessa escola era que as pessoas são racionalistas econômicos que só respondem a incentivos materiais. O objetivo da administração era estruturar a situação de trabalho de tal maneira que os empregados pudessem maximizar sua renda ao maximizarem a produtividade. Essa visão estimulou tentativas de reduzir a administração a fórmulas e princípios científicos simplistas, como a utilização de estudos de tempo e movimento para estruturar padrões de trabalho. Os teóricos de administração da primeira metade do século XX tinham as seguintes posições: o trabalho por tarefa ou empreitada era melhor do que um salário fixo; a abrangência máxima de controle eram cinco ou seis subordinados e o trabalho deveria ser especializado de acordo com um dos quatro princípios organizadores (especialização por finalidade, processo, clientela ou área geográfica).

A Influência Behaviorista

A fascinação pelas teorias da administração baseadas nas noções de burocracia de Weber começou a diminuir depois da publicação dos resultados dos elogiados estudos de Hawthorne. Esses estudos renderam três amplas descobertas que desafiaram a visão da escola clássica sobre a natureza humana e a "ciência" da administração (Roethlisberger e Dickson, 1939; Etzioni, 1964: 32-35): 1) O nível de produção de um trabalhador é geralmente determinado por *normas sociais*, e não pela capacidade fisiológica do trabalhador individual. 2) Sanções e prêmios não-econômicos influenciam o comportamento do funcionário e limitam os efeitos dos incentivos econômicos. 3) Os trabalhadores freqüentemente agem e reagem mais como *membros de grupos* do que como indivíduos.

Essas descobertas introduziram vários ingredientes novos na receita de Weber para administração eficiente. De forma muito significativa, o conceito dos trabalhadores como animais sociais em lugar de autômatos que respondem apenas a estímulos econômicos tornou-se proeminente. Os teóricos começaram a reconhecer a importância crítica da motivação dos funcionários para o processo gerencial (ver Capítulo 5). Além disso, compreenderam que os grupos informais desempenhavam um papel importante no local de trabalho. Os funcionários estabelecem, através de suas associações informais com colegas de trabalho, um sistema social que pode funcionar como um aliado ou como um inimigo do sistema formal (a administração, tal como definida pela hierarquia e pelas normas e regulamentos da organização). Como observou Chester Barnard (1938), o sistema informal pode contribuir para a missão da organização fornecendo apoio social aos trabalhadores, respondendo às suas necessidades de *status* e seguridade, suplementando o sistema informal de informações (pela rede de fofocas) e atuando onde as normas silenciam (por exemplo, quando os trabalhadores decidem entre si como enfrentar problemas e situações que não haviam surgido antes). Inversamente, o sistema informal pode representar um impedimento à administração quando se empenha em atividades como restringir artificialmente o nível de produção e obstar a imposição de regras válidas, embora impopulares (como não dar telefonemas interurbanos particulares durante o expediente).

Tendo tomado conhecimento de que as organizações se compõem de mais do que simplesmente um conjunto formal de normas e relacionamentos de autoridade, os teóricos começaram a elaborar uma descrição da realidade organizacional que incluía conceitos como grupos informais, motivação dos funcionários e conflito intra-organizacional. Quase sem exceção, as teorias resultantes se basearam numa visão menos hierárquica da estrutura organizacional. Em vez de se concentrarem nas funções de controle, começaram a enfatizar a liderança, as comunicações organizacionais e a motivação e participação dos funcionários. Resumidamente, ofereceram uma estrutura organizacional descentralizada como alternativa ao modelo burocrático.

Descentralização implica que os dirigentes da organização estejam dispostos a dividir sua autoridade decisória com os subordinados. A organização tem relativamente poucos níveis na sua hierarquia (é achatada em vez de piramidal) e os canais de comunicação são mais abertos. A informação flui mais livremente para os lados e para cima do que numa burocracia. Finalmente, as organizações descentralizadas confiam menos em normas, procedimentos e padrões de impessoalidade. A diversidade de pensamento e abordagem é (pelo menos teoricamente) encorajada e o cumprimento de diretivas organizacionais é conseguido com relativa informalidade. Os trabalhadores colaboram a partir de um sentido de lealdade e afeto para com a organização e porque internalizaram as metas destas como suas próprias. Quando essas condições estão presentes, supõe-se que as seguintes vantagens advenham para a organização (ver Mackenzie, 1978: Capítulo 6; Morris, 1968: 176-77):

1. A carga de decisões e as responsabilidades de coordenação da administração superior são reduzidas, dando-lhe mais tempo para lidar com as questões mais importantes.

2. As decisões são tomadas pelos mais bem equipados para adquirir as informações em que se deve basear a decisão: "a pessoa mais próxima do problema enfrenta-o com mais eficiência".
3. O tempo necessário para chegar a decisões e implementar soluções de problemas é reduzido.
4. As reações da organização a mudanças no seu ambiente são aceleradas.
5. Os executivos que ascendem na organização têm maior amplitude de experiência e treinamento.
6. A motivação, a moral e o compromisso dos trabalhadores são intensificados, levando a mais produtividade e menor rotatividade.
7. As informações estão sujeitas a menos distorção devido à redução do número de níveis pelos quais precisam passar.

Essa relação de vantagens pode fazer parecer que organizações descentralizadas são melhores que as burocracias. Alguns teóricos organizacionais podem concordar (embora não sem uma série de restrições), mas nenhum dos modelos é intrinsecamente superior ao outro. Em primeiro lugar, nenhum deles existe (ou pode existir) numa forma pura; todas as organizações têm características tanto centralizadas quanto descentralizadas. Ademais, qualquer espécie de organização — centralizada, descentralizada ou de algum tipo intermediário — pode ser eficiente nas condições apropriadas. Finalmente, a escolha da estrutura organizacional envolve certas decisões de troca relacionadas com compromissos. Um tipo mais centralizado propiciará o controle e a responsabilidade, mas sofrerá de inflexibilidade. Inversamente, a adaptabilidade e a receptividade maiores conseguidas numa organização descentralizada podem ser contrabalançadas por um correspondente declínio na sua capacidade de controlar suas operações. O maior desafio à função organizadora é então obter uma compreensão dos fatores que influenciam a eficiência de diferentes estruturas organizacionais a fim de possibilitar a seleção da mescla de características mais adequada a um dado conjunto de condições.

BLOCOS DE CONSTRUÇÃO DA ESTRUTURA ORGANIZACIONAL

Embora a ciência da organização esteja engatinhando, organizações complexas (algumas com centenas de milhares de membros) têm existido há milênios. Alexandre Magno, Genghis Khan e Júlio Cesar foram alguns dos organizadores mais eficientes da história. Os problemas e escolhas de organização que enfrentaram foram semelhantes, em muitos aspectos, aos que atualmente confrontam administradores municipais, diretores de agências e governadores.

DIVISÃO DO TRABALHO E ESPECIALIZAÇÃO

Muito antes de Max Weber realçar sua importância, a divisão do trabalho era uma realidade da vida industrial. Com efeito, a partir do momento em que pela primeira vez as pessoas juntaram forças para executar atividades intencionais, o trabalho foi provavelmente dividido em atividades e atribuições de tarefas distintas. A razão disso é óbvia: muitas das coisas que as pessoas fazem são complexas demais para serem tratadas por um só indivíduo. Aumenta-se a eficiência quando se divide o trabalho em tarefas que podem ser executadas separadamente por indivíduos diferentes. Imagine-se, por exemplo, como seria uma agência dos correios sem a especialização das atividades. Se a mesma pessoa vendesse os selos, classificasse a correspondência e entregasse as cartas aos destinatários, haveria muito esforço desperdiçado.

Outro importante conjunto de vantagens deriva da especialização que acompanha a divisão do trabalho. Como foi inicialmente realçado por Adam Smith (1776/1937), a especialização permite que uma tarefa seja aprendida muito rapidamente. Ao executar a mesma tarefa repetidas vezes, os trabalhadores ganham rapidez e habilidade. No final, o valor do resultado produzido por cada trabalhador é maior do que o custo de trabalhadores adicionais, reduzindo assim o preço dos produtos e serviços produzidos ou prestados. Esse efeito é altamente intensificado quando as tarefas são bastante simples ou repetitivas para permitir a automação.

A Necessidade de Coordenação. Entretanto a especialização é potencialmente problemática. Suponhamos, por exemplo, que nossa hipotética agência dos correios contrate diversos especialistas para executar as várias etapas do processo de entrega de correspondência e que todos eles executem suas tarefas sem se preocupar com o que os outros estão fazendo. O pessoal da entrega pode então receber pacotes errados de correspondência do pessoal que a classificou, ou discutir continuamente sobre a designação de itinerários de entrega. Uma correspondência destinada a Buffalo pode ir para Sacramento e alguns caminhões de entrega podem permanecer inativos, enquanto outros ficam sobrecarregados. Os funcionários dos guichês podem todos decidir fazer o lanche à mesma hora, deixando os guichês sem atendimento. Embora cada especialista possa ser muito rápido e eficiente na execução de suas funções, a agência funcionará de maneira muito ineficiente. Isso traz à baila uma regra de organização imensamente importante: para cada grau de especialização presente numa organização, deve-se promover uma medida de coordenação correspondente.

De acordo com Mintzberg (1979: 3), as estratégias usadas para coordenar o trabalho são "a cola que mantém unida a organização". Ele descreve cinco formas desse adesivo (Mintzberg, 1979: 3-9):

1. *Ajuste mútuo*. A forma mais básica de coordenação deriva da comunicação informal existente em todas as organizações. Os vários especialistas coordenam suas atividades conferenciando entre si e chegando a um acordo quanto a um plano de trabalho. Como se observará posteriormente, o ajuste mútuo é usado em todas as organizações, da mais simples à mais complexa..
2. *Supervisão direta*. A coordenação pode ser obtida atribuindo-se a um indivíduo a responsabilidade pelo trabalho de outros. Isso envolve o

estabelecimento de um plano de trabalho, a emissão de ordens e a monitorização de atividades — de fato, o desempenho das funções de planejamento, liderança e controle da administração.

3. *Padronização dos processos de trabalho.* Para coordenar o trabalho sem a necessidade de muita supervisão direta ou ajuste mútuo, os processos de trabalho podem ser padronizados ou programados. Isso é mais fácil de fazer na maioria dos trabalhos repetitivos, nos quais as tarefas podem ser especificadas em detalhes minuciosos. Embora geralmente isso seja associado à produção de linha de montagem, também ocorre regularmente em agências governamentais. Os fiscais de construção, por exemplo, podem trabalhar sob normas que limitem suas inspeções a 15 minutos e lhes digam explicitamente quais os itens que devem ser revisados e quais os que devem ser ignorados.
4. *Padronização dos resultados.* Nessa forma de coordenação, os resultados do trabalho (qualidades do produto, nível de desempenho, etc.) são especificados. Por exemplo, um Gabinete de Relações Intergovernamentais pode ser responsável por obter certa quantia de dinheiro subvencionado a cada ano, ou por apresentar certo número de pedidos de subvenção. Os líderes políticos não estão tão interessados no modo como essas metas são atingidas (exceto por poderem insistir em que não se transgridam leis ou normas) como em saber se foram alcançadas.
5. *Padronização de habilidade.* Uma vez que um trabalhador tenha sido treinado e tenha ganho suficiente experiência, a coordenação ocorre quase naturalmente. Na medida em que um número crescente de vocações se torna profissionalizado, a coordenação através da padronização de habilidades está se tornando muito mais comum. Quando contrata profissionais, a organização muitas vezes nem precisa treinar os trabalhadores; eles trazem seu treinamento consigo, a partir de anos de instrução e socialização com outros profissionais. Os hospitais, por exemplo, não precisam formular normas referentes ao comportamento dos cirurgiões quando estes executam uma operação, nem estabelecer padrões de resultado: os cirurgiões já sabem o que fazer. De maneira semelhante, os membros do corpo docente de uma universidade conhecem as expectativas desta com referência a ensino, notas e requisitos de publicação. O trabalho acaba sendo feito (admitidamente, com importantes variações de qualidade) com pouca necessidade de intervenção externa ou outros mecanismos de coordenação.

Conflito entre Especialização e Coordenação. Ainda que a especialização torne necessária a coordenação, também faz com que seja mais difícil obtê-la. Como os especialistas interagem entre si, eles desenvolvem atitudes, idéias e jargões similares. Assim, especialidades diferentes tendem a desenvolver diferentes comportamentos, pensamentos e percepções de como seus trabalhos devem ser feitos e mesmo de quais devem ser as metas da organização. Essa diferenciação pode levar a sérios conflitos e mal-entendidos, a não ser que a organização faça um trabálho eficiente para reintegrar os especialistas numa unidade de trabalho coesa (Lawrence e Lorsch, 1967; Walker e Lorsch, 1968).

Um interessante exemplo desse problema apareceu nas atividades antitruste da Comissão Federal do Comércio (CFC). Essa organização é dominada por dois grupos profissionais distintos, advogados e economistas. De acordo com um estudo (Katzmann, 1980), um conflito entre os dois grupos afetou significativamente a aplicação dos programas CFC. Os economistas, no conjunto, queriam tocar os principais processos de "monopólio estrutural", como os casos da AT&T e da Exxon. Acreditavam que se poderia obter o maior montante de benefícios para o consumidor colocando-se um fim nas atividades semimonopolísticas, mesmo sendo esses processos "difíceis de tocar, caros, tecnicamente complexos e incertos quanto ao sucesso" (Katzmann, 1980: 164). Os advogados, por outro lado, não estavam ansiosos para tocar processos tão complicados e que requeriam tanto tempo. Estavam desejosos de ter experiência nas salas de tribunal e queriam ganhar nome vencendo um grande número de processos, de modo que tentaram fazer com que a CFC se concentrasse nos casos que podiam ser resolvidos mais rapidamente e com a maior probabilidade de sucesso em lugar daqueles em que os economistas estavam interessados. Conseqüentemente, os advogados tendiam a enfatizar os chamados casos de fácil conduta processual (casos que podiam ser conduzidos), geralmente envolvendo queixas específicas de consumidores sobre fixação de preços ou práticas comerciais desleais (por exemplo, a afirmação infundada de um anunciante de que seu produto provou ser mais eficaz do que as marcas concorrentes). Assim, as diferentes trajetórias de carreira dos especialistas, juntamente com orientações profissionais conflitantes, produziam tensões internas que afetavam adversamente a realização das metas da organização.

Efeitos sobre a Motivação. Outro problema que pode aparecer na soleira da porta da divisão do trabalho é o chamado "*blue-collar blues*".* O trabalho subdividido em etapas muito simples, repetitivas, corre o risco de se tornar maçante, tedioso e monótono. O teórico mais crítico desse efeito da especialização é Chris Argyris (1957). Ele afirma que a especialização excessiva impede que os trabalhadores atinjam o nível de desempenho desejado e realizem plenamente seu potencial. Eles são solicitados a usar apenas uns poucos de seus talentos e habilidades e não se lhes oferecem desafios suficientes para tornar o trabalho interessante. Os trabalhadores são colocados num ambiente degradante que tolhe seu crescimento do ponto de vista pessoal, intelectual e profissional, e os força a agir de maneira imatura. A maioria dos teóricos concorda agora com o argumento básico de Argyris e a maior parte da literatura de administração enfatiza hoje a necessidade de expandir, ao invés de reduzir, a gama de tarefas executadas pelos trabalhadores.

* Expressão que significa algo como a "tristeza dos oprimidos". Os *blue-collar*, ou "colarinhos-azuis", são o proletariado nos EUA. (N.T.).

Esse tópico será explorado mais minuciosamente no contexto da discussão sobre liderança (Capítulo 5).

Abrangência de Controle

O segundo dos grandes blocos de construção da estrutura organizacional é a abrangência de controle. A premissa básica desse princípio de administração é que os administradores são limitados no número de subordinados que podem coordenar e controlar efetivamente (Fayol, 1949; Taylor, 1947). Se tentarem supervisionar um número demasiado grande de subordinados (a abrangência é ampla demais), vai-se exigir demais deles e seus trabalhadores não receberão atenção suficiente. Inversamente, se tiverem subordinados de menos (abrangência demasiado estreita), seus próprios talentos serão subutilizados e seus trabalhadores serão provavelmente sobreadministrados.

O problema da abrangência de controle é então determinar o número ótimo de subordinados que um dado administrador pode supervisionar. Há considerável falta de acordo na literatura de administração no que concerne ao tamanho exato desse número. Lyndall Urwick, uma das primeiras autoridades em administração pública, de início sustentou que era quatro, porém mais tarde retificou essa posição para: "nenhuma pessoa deveria supervisionar mais do que cinco ou no máximo seis subordinados diretos cujo trabalho se entrelace" (1943: 53). Outros ofereceram números dogmáticos, variando até 20. A inserção da expressão de Urwick "cujo trabalho se entrelace" no entanto, foi precursora de coisas futuras. Há agora a concordância geral de que não existe uma grandeza absoluta para a abrangência ótima de controle. Em vez disso, a grandeza varia de acordo com uma série de considerações, incluindo-se:

1. A proximidade física do administrador em relação aos subordinados (se não estão no mesmo local, a abrangência deve ser mais estreita).
2. O nível de complexidade do trabalho que está sendo executado (o trabalho complexo exige uma abrangência mais estreita do que as tarefas simples).
3. A homogeneidade das tarefas dos subordinados (se estão executando funções similares, a abrangência pode ser mais ampla do que se seus trabalhos são diferentes).
4. O nível dos subordinados com respeito a treinamento, experiência e motivação (os trabalhadores altamente competentes devem funcionar dentro de uma abrangência mais ampla do que os trabalhadores com menos habilidade ou motivação).
5. As capacidades do administrador (quanto mais habilidoso é o administrador, mais efetivamente podem ser supervisionados os subordinados).
6. A disponibilidade de planos claros e precisos (se os planos da unidade especificam metas claras e mensuráveis, há necessidade de menos

supervisão, permitindo ao administrador empregar uma abrangência de controle mais ampla).

Implícitos no conceito de abrangência de controle estão vários outros importantes princípios de organização. Obviamente, se um administrador é incumbido de supervisionar outros, cria-se uma cadeia de comando. Isso, por sua vez, implica a existência de uma hierarquia de autoridade. Esses conceitos, tomados em conjunto, dão lugar ao "princípio escalar", usando-se a terminologia utilizada pela primeira vez por Henry Fayol (1949: 53). Em essência, o princípio escalar diz que os encargos e a autoridade fluem para baixo numa organização, enquanto a responsabilidade flui para cima. Como descreveram Koontz e O'Donnell (1978: 24), "quanto mais clara for a linha de autoridade do administrador superior (...) para cada posição subordinada, mais efetivas serão a tomada de decisões responsável e a comunicação da organização". Assim, o princípio escalar indica que todos os trabalhadores devem conhecer seu lugar na hierarquia. Devem saber de quem recebem ordens, e só deve haver uma pessoa nessa posição, princípio chamado unidade de comando; e devem saber a quem são responsáveis por supervisionar e a quem devem referir os assuntos que estejam além de sua própria autoridade.

Outro pressuposto implícito no princípio escalar é que a autoridade na hierarquia pode e deve ser delegada para baixo. Com efeito, os teóricos de administração vieram a aceitar a idéia não-weberiana de que as decisões devem ser tomadas no nível mais baixo possível da hierarquia. Essa crença, que alguns teóricos vêem como indistinguível do conceito de descentralização, difundiu-se amplamente na medida em que se aprimorou nossa compreensão da motivação dos trabalhadores.

As demandas por ampliação da delegação andam quase sempre de mãos dadas com o argumento de que as abrangências de controle devem ser muito mais amplas do que são atualmente (ver, por exemplo, Herzberg, 1968). Um subproduto de qualquer expansão do número de subordinados de um administrador é que esses subordinados ganham mais autonomia. É-lhes permitido exercer alguma medida de discricionariedade na tomada de decisões e na interpretação de normas e procedimentos (desde que, naturalmente, as normas e os procedimentos sejam suficientemente flexíveis para permitir interpretação).

Dada essa ligação entre abrangência de controle e delegação, os fatores que influenciam o número de subordinados atribuídos a um administrador devem também desempenhar um papel na determinação do grau de descentralização da autoridade decisória. Mas além da proximidade do administrador em relação aos subordinados, da complexidade das tarefas que estão sendo executadas, da homogeneidade dos trabalhos dos subordinados, do seu nível de treinamento e experiência, das capacidades do administrador, da existência de planos não-ambíguos e da localização na hierarquia, os teóricos geralmente concordam em que a eficiência da delegação depende das seguintes condições:

1. *O desejo de responsabilidade dos subordinados*. Apesar da aceitação geral da proposição de que a maior parte dos trabalhadores deseja mais

autoridade e responsabilidade, há amplas evidências de que nem todos os funcionários querem isso. As teorias sobre as personalidades dos trabalhadores muitas vezes incluem um tipo de personalidade caracterizado por uma abordagem da vida que é "aversiva ao risco". Downs (1967), por exemplo, referindo-se a esses indivíduos como "conservadores", descreve-os como pessoas que se preocupam principalmente em proteger seus empregos e em serem deixadas sozinhas. Presumivelmente, seria um erro delegar muita autoridade a indivíduos desse tipo.

2. *A amplitude de discricionariedade permitida pela tecnologia.* Em algumas situações, não é inteligente delegar, pois os custos dos erros são muito grandes. Por exemplo, o diretor de uma agência ambiental do Estado não deve delegar a decisão a respeito de concessão do certificado de operações a uma importante instalação de eliminação de resíduos perigosos.
3. *A relativa importância de resultados a longo prazo e a curto prazo.* Em geral, a delegação de autoridade é um processo a longo prazo. Leva muitas vezes um tempo considerável para os subordinados aprenderem a lidar com o fato de terem maior responsabilidade. Assim, se a organização está passando por uma crise ou se tem um prazo rígido para terminar um trabalho, geralmente é necessário um arranjo administrativo mais centralizado, nem que seja apenas temporariamente.

TIPOS DE DEPARTAMENTALIZAÇÃO

Deve estar claro agora que não há um melhor caminho para estruturar uma organização. Uma estrutura organizacional envolve trocas relacionadas com compromissos entre uma variedade de necessidades concorrentes. Diferentes configurações organizacionais produzem diferentes tipos dessas trocas.

DEPARTAMENTALIZAÇÃO FUNCIONAL

Por muitos anos a forma estrutural predominante tem sido a *departamentalização funcional*, na qual as atividades são agrupadas em torno das funções essenciais da organização. Estas podem ser as funções básicas da administração (planejamento, finanças, pessoal), ou estar relacionadas às funções peculiares à atividade específica. A maior parte das instalações de produção, por exemplo, tem funções como engenharia, produção, vendas e marketing. De maneira semelhante, as universidades tendem a ser organizadas de acordo com as funções da sua atividade (admissões, cadastros, matrículas, auxílio a estudantes, programas de instrução) e os hospitais são muitas vezes estruturados de acordo com as suas (admissões, serviços de enfermagem, serviços médicos, serviços de alimentação, manutenção).

Figura 3-1 Departamentalização Funcional num Governo Estadual

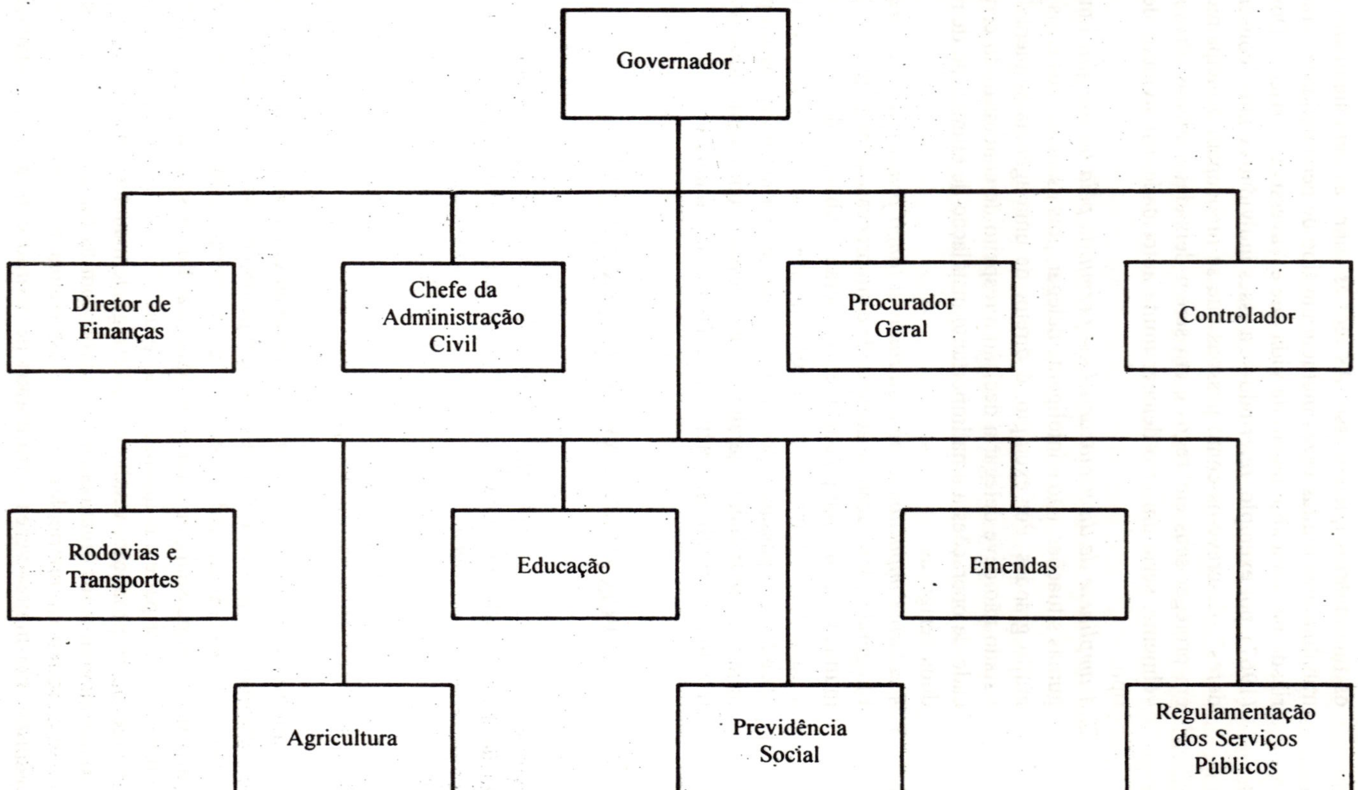

Numa organização funcionalmente designada, atribui-se o status de departamento a cada uma dessas atividades, indicando que ela é chefiada por um administrador que está em linha direta de autoridade com o executivo superior da organização.

As Figuras 3-1 e 3-2 mostram como a departamentalização funcional pode surgir em governos estaduais e municipais. Ambos tendem a departamentalizar por função administrativa e função de atividade. Decerto que suas funções administrativas são bastante similares, mas suas funções de atividade diferem de várias maneiras. Os Estados preocupam-se primordialmente com atividades como educação, previdência social e agricultura, enquanto os municípios colocam mais ênfase na polícia e na proteção contra incêndios. Mas ambos os níveis de governo tendem a preferir a estrutura funcional às configurações alternativas. Isso pode ser parcialmente atribuído à tradição, mas esta pode ser ligada ao fato de o controle ser acentuado em organizações que se estruturam em atividades funcionais, e o controle sempre foi importante para as organizações governamentais. De fato, a tendência dos govenos estaduais e locais de enfatizar a departamentalização funcional até mesmo se acelerou no passado recente, devido em parte aos desejos dos políticos de promover a eficiência e o poder executivo (Conant, 1988).

A razão principal de a departamentalização funcional facilitar o controle administrativo é que ela é o mais centralizado dos vários tipos organizacionais. A relação direta de comunicação entre os chefes de departamentos e o administrador superior implica geralmente que se deve buscar esclarecimento antes de empreender quaisquer ações ou tomar decisões não-rotineiras. Além disso, a distribuição funcional de tarefas fixa a responsabilidade: a administração sabe a quem culpar quando alguma coisa dá errado.

Outro atributo dessa forma é que ela faz o máximo para permitir que a organização colha os benefícios da especialização. Como todos os especialistas ocupacionais e profissionais estão em departamentos homogêneos, todos eles podem representar vigorosamente seus próprios interesses. Nenhuma especialidade está submersa, como freqüentemente acontece em organizações dominadas por uma profissão particular (por exemplo, nos hospitais, os médicos conseguiram sobrepujar totalmente os outros grupos profissionais, como os especialistas em saúde pública). Ademais, a departamentalização por função assegura que os especialistas possam exercer sua profissão sem interrupção e sem interferência de outros grupos profissionais: cada especialidade é, assim, capaz de apurar suas habilidades técnicas. Finalmente, a departamentalização funcional oferece um alto grau de economia de escala. Cada departamento oferece seus serviços à organização inteira, minimizando assim a duplicação de esforços. Ao concentrar cada atividade num departamento funcional, as agências podem executá-las muito mais eficientemente do que seria o caso de outra forma.

Por outro lado, a departamentalização funcional tende a gerar uma espécie de miopia ocupacional. De todos os tipos organizacionais, este gera o mais alto nível de diferenciação, o outro lado da moeda do alto grau de especialização. Os pontos de vista e perspectivas dos grupos ocupacionais são tão fortemente compartilhados pelas suas afiliações departamentais que quase podem tornar-se organizações den-

Figura 3-2 Departamentalização Funcional num Governo Municipal do tipo Conselho-Administrador

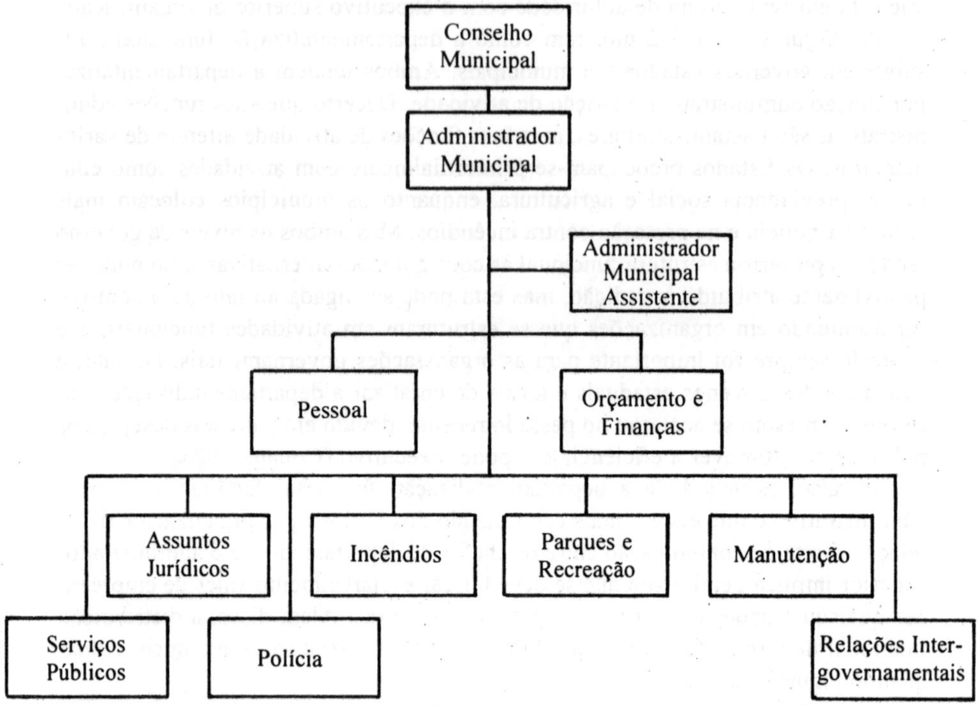

Figura 3-3 Departamentalização de Programas numa Agência de Saúde Pública

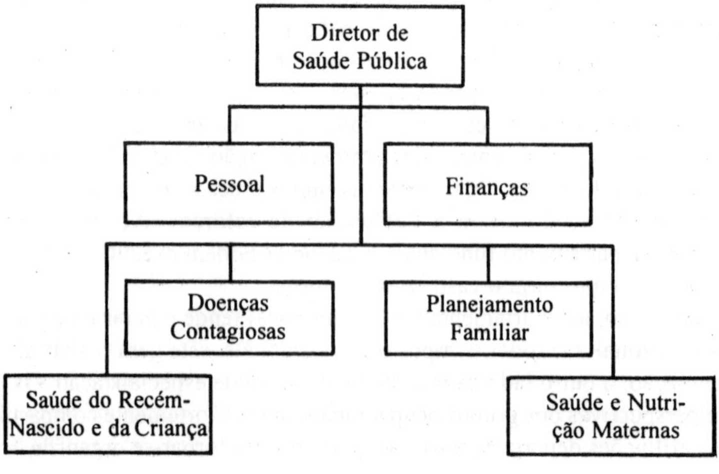

tro de organizações. Os vários especialistas podem perder de vista o quadro maior, negligenciando as metas da organização em favor dos interesses dos seus departamentos. Nessas circunstâncias, não é raro encontrar o conflito mutuamente destrutivo, pois cada departamento procura obter vantagem sobre os outros. Assim, a coordenação de esforços torna-se um problema importante. Pelas mesmas razões, unidades funcionalmente divididas raramente são boas bases de treinamento para administradores de alto nível. Devido à ênfase na especialização, poucos administradores são capazes de adquirir a amplitude de experiência necessária para prepará-los para altos cargos. Finalmente, a ênfase no controle desencoraja correr riscos, tanto para os administradores como para os trabalhadores.

Departamentalização por Programas, Produtos ou Serviços

A segunda forma estrutural mais comum é, provavelmente, o *projeto de programa, produto ou serviço*. A característica distintiva dessa abordagem é que os departamentos são construídos em torno dos programas ou serviços mais importantes de uma agência. Isso é feito delegando-se a responsabilidade operacional pelo programa ou serviço a um administrador de programas (vários outros títulos, como diretor de divisão, também são usados), que está em linha direta de responsabilidade com o executivo superior. O departamento do administrador de programas contém virtualmente todas as especialidades funcionais necessárias para executar o programa ou serviço pelo qual é responsável. Essa forma organizacional é encontrada muitas vezes em agências de previdência social que, por lei, são obrigadas a administrar programas distintos, financiados separadamente pelo governo federal. Assim, um departamento estadual de saúde pública pode conter departamentos encarregados de programas como planejamento familiar, nutrição materna, saúde do recém-nascido e da criança, e doenças contagiosas (Figura 3-3). O administrador de programas de cada uma dessas áreas de serviços exercerá considerável grau de controle sobre todos os especialistas (enfermeiras, assistentes sociais, educadores sanitários, técnicos de saúde pública) que estão envolvidos na prestação de serviços. As únicas especialidades que podem ser tratadas centralmente são as chamadas funções de apoio, incluindo pessoal e finanças, embora freqüentemente essas funções sejam delegadas aos departamentos de programas.

A maior vantagem da departamentalização por programas é que ela favorece a coordenação de atividades funcionais. O diretor de programas é capaz de harmonizar os esforços dos especialistas, pois todos estão sujeitos à sua autoridade supervisora direta. Além disso, como a responsabilidade por cada programa está nas mãos de uma pessoa, não é provável que algum programa ou serviço sofra cortes. O importante diretor de programas atuará como advogado, cuidando que a administração superior esteja receptiva às necessidades daquele programa.

Outro conjunto de vantagens surge dos efeitos que as estruturas baseadas em programas têm usualmente sobre seus membros. Os funcionários de organizações desse tipo geralmente têm níveis relativamente altos de motivação e satisfação com o trabalho devido à autonomia decisória de que desfrutam. Esse efeito é ampliado pelas diversas experiências de trabalho que estão muitas vezes disponíveis. Devido à exigência para com os especialistas de que interajam estreitamente com especialistas de outros campos, eles são expostos a uma gama de atitudes e habilidades mais ampla do que normalmente ocorre nos departamentos funcionais. Além de ajudar na integração dos especialistas, isso provê uma rica base de treinamento para futuros executivos.

Usualmente se diz da departamentalização por programas que ela apresenta três desvantagens principais (ver Dessler, 1982: 45). Primeiro, a dispersão de especialistas entre diferentes departamentos orientados por programas produz a duplicação de esforços e a redução das economias de escala. Uma agência de saúde pública, por exemplo, pode empregar cinco educadores sanitários para prestar serviços a cada um dos cinco programas, enquanto num esquema funcional um ou dois poderiam ser suficientes. O problema é altamente intensificado se as atividades de apoio forem descentralizadas para as unidades de programa, o que às vezes acontece. Em segundo lugar, a administração superior perde um grau muito grande de controle sobre suas operações quando se delega a autoridade decisória aos diretores de programas. Com efeito, a administração cede a responsabilidade por determinar os métodos pelos quais o trabalho será feito, embora ainda mantenha o controle sobre metas e resultados. Em terceiro lugar, as organizações que desejem adotar um esquema de programas necessitam ter um número extraordinariamente grande de administradores talentosos. Enquanto o arranjo funcional só exige a presença de bons especialistas, as estruturas orientadas por programas confiam mais em administradores amplamente treinados e experientes numa grande variedade de assuntos. Segundo consta, indivíduos desse tipo são bastante raros.

Outro inconveniente, e bastante sério, da departamentalização por programas é que submergir especialistas em departamentos não-especializados coloca-os numa situação em que podem perder contato com as perspectivas e os hábitos de trabalho muito profissionais que os tornam valiosos para a organização. Colocados num ambiente de trabalho que propicia pouco ou nenhum contato com membros dos seus próprios grupos ocupacionais, os especialistas podem internalizar valores e metas que se afastam das normas da sua profissão. Exemplo desse fenômeno é o de médicos que passam muitos anos na administração hospitalar e assim chegam a aceitar os valores administrativos, mesmo quando estes conflitam com as exigências da boa prática médica, como quando desencorajam o uso de procedimentos de diagnóstico dispendiosos com base no custo, apesar do fato de o procedimento poder ser do interesse do paciente.

A Organização Matricial

Até certo ponto, formas de organização funcionais e de programas estão em extremidades opostas do contínuo entre especialização e coordenação (ou, caso se prefira, diferenciação e integração). A departamentalização funcional enfatiza a especialização, mas favorece um alto nível de diversidade interna; a departamentalização por programas permite melhor coordenação das atividades dos especialistas, mas limita a habilidade da organização de tirar vantagem da divisão do trabalho.

A forma matricial de organização é um esforço para combinar as vantagens dessas duas outras formas, sobrepondo uma estrutura organizacional baseada em programas sobre outra que foi departamentalizada funcionalmente.

Suponhamos, por exemplo, que um administrador municipal de um governo já organizado segundo linhas funcionais resolva iniciar três programas destinados a atrair a indústria para o município. Em lugar de estabelecer um novo departamento funcional ("Departamento de Recrutamento Industrial") ou reestruturar o governo para um esquema de programa, o administrador pode nomear três líderes de projetos (ou, como são muitas vezes chamados no setor privado, gerentes de produção), que receberiam toda a autoridade e responsabilidade exigidas para projetar e implementar os novos programas. Especialistas de todos os departamentos funcionais relevantes seriam designados para trabalhar com os líderes de projetos, os quais assumiriam a responsabilidade supervisora sobre eles pelo tempo em que estivessem cedidos a esse projeto em particular. Assim, a equipe do projeto poderia consistir em representantes dos departamentos das empresas públicas de prestação de serviços (para assegurar que haja água e eletricidade suficientes para servir à nova indústria), assuntos jurídicos (para tratar de problemas como discrepâncias de zoneamento), polícia e incêndios (para planejar as novas necessidades de segurança pública surgidas do influxo populacional), relações intergovernamentais (para providenciar as obrigações industriais do tesouro e outras fontes de assistência) e assim por diante (Figura 3-4).

Nas organizações matriciais, os vários especialistas estão ligados numa finalidade comum, graças à sua associação numa equipe supervisionada e coordenada por um indivíduo com responsabilidade de alcançar um conjunto definido de metas de projeto. Mas por enquanto seus laços com os departamentos funcionais não são inteiramente rompidos. Eles operam sob um sistema de relações informativas duais: são subordinados tanto ao seu líder de projeto quanto ao chefe dos seus departamentos funcionais. Embora as práticas variem amplamente, os líderes de projetos geralmente exercem controle sobre as fases de planejamento, orçamento e esquematização do processo de trabalho, bem como sobre decisões de apoio envolvendo o pessoal do projeto (aumentos de salários, promoções, etc.). Os chefes dos departamentos funcionais continuam por enquanto a dar direção e supervisão técnicas aos especialistas que representam seus departamentos nas várias equipes do projeto. Numa variação desse esquema, formam-se forças-tarefas nas quais os líderes têm menos autoridade sobre os especialistas; estes são geralmente usados para projetos com vida mais curta e um conjunto variável de membros com relações relativamente informais. Seus líderes de projetos coordenam mais através da persuasão do que da aplicação da autoridade supervisora formal.

Além de capacitar os administradores a coordenar com mais eficiência os especialistas, as organizações matriciais têm conquistado renome por criarem

Figura 3-4 Departamentalização Matricial num Governo Municipal

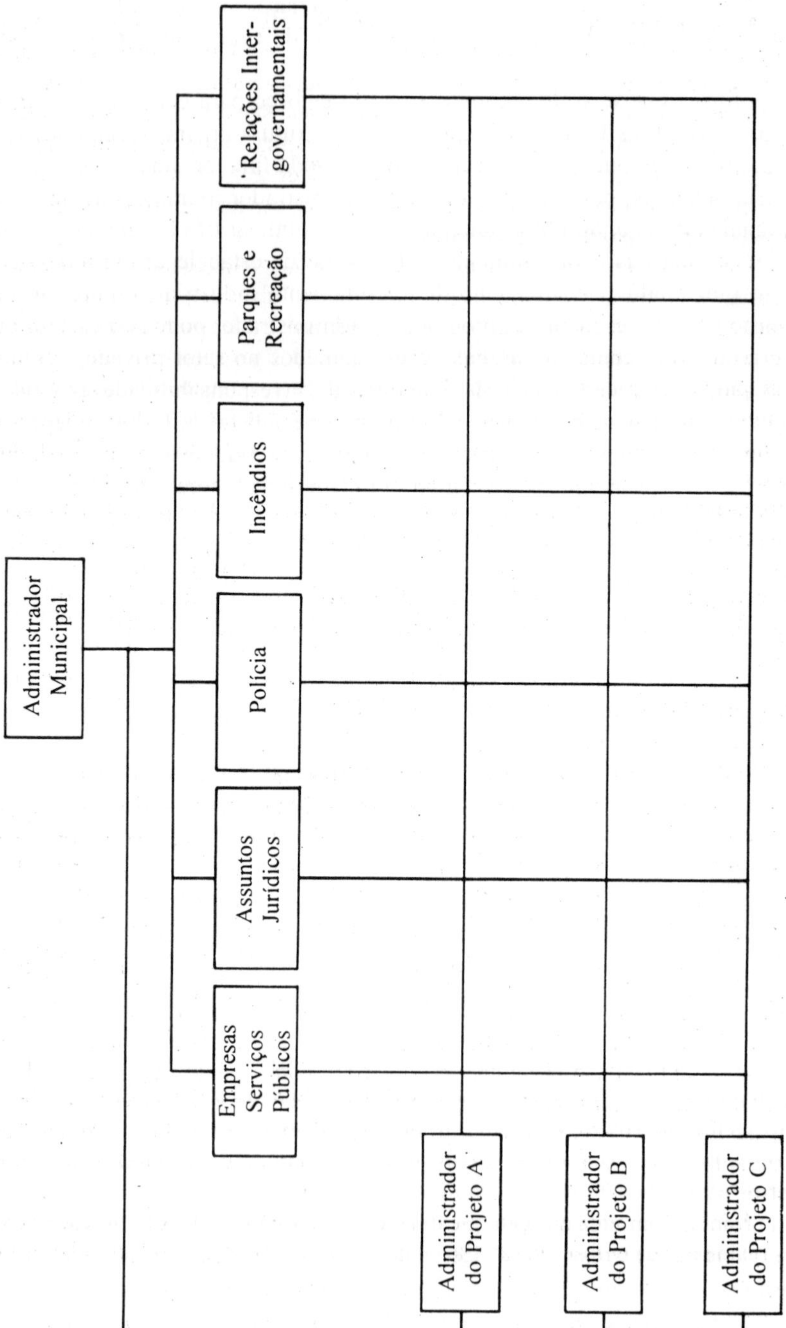

ambientes de trabalho altamente motivadores e produtivos do ponto de vista de inovações. Essas qualidades emergem do intercâmbio de idéias que ocorre quando diversos especialistas interagem, bem como do inerente entusiasmo à atividade propositiva. Ademais, as organizações matriciais geralmente são usadas para lidar com tarefas desafiadoras e difíceis, de modo que seus membros são selecionados com base em critérios muito competitivos; dessa maneira, propiciam um rico ambiente profissional que conduz à criatividade e à produtividade. Muitas das realizações tecnológicas da NASA, a agência espacial norte-americana, foram forjadas em organizações matriciais.

Entretanto, embora o trabalho numa organização matricial possa realmente ser desafiante e excitante, também pode ser muito arriscado para uma carreira. As relações de comunicação duais que o caracterizam podem ser fonte de ambigüidade e conflito de papéis. A falta de comunicação e cooperação entre os gerentes funcionais e de projetos pode ser desvantajosa para o trabalhador; as decisões sobre aumentos e promoções podem muito bem ser tomadas por uma pessoa que não esteja totalmente familiarizada com as normas e expectativas profissionais dos funcionários especializados de sua equipe de projeto. A pesquisa mostrou que esses fatores podem levar a uma redução da lealdade dos trabalhadores para com suas organizações, a um aumento da ansiedade quanto às oportunidades de carreira e desenvolvimento profissional a longo prazo e à crença generalizada de que o avanço profissional não está ocorrendo tão rapidamente como ocorre com os especialistas lotados nos departamentos funcionais (Reeser, 1969).

Departamentalização por Clientes

Outro método comum de departamentalização é organizar as atividades por cliente ou grupos de clientes. É mais provável que essa estrutura seja usada quando a organização atende a populações de clientes facilmente identificáveis e com necessidades diversas. As subdivisões das grandes repartições federais, por exemplo, são muitas vezes organizadas por grupos de clientes. A Administração dos Veteranos usa departamentos distintos para atender às necessidades de veteranos incapacitados, ex-pracinhas e aposentados. Na verdade, seria possível argumentar que todo o ramo executivo do governo federal está organizado de acordo com linhas de clientes: observem-se os Departamentos de Agricultura, Trabalho, Educação, Saúde e Serviços Humanos e Assuntos de Veteranos. Muitas empresas de serviços públicos são organizadas de acordo com seus grupos básicos de consumidores (residenciais, comerciais e industriais) e os programas de ensino de muitas universidades refletem os seus grupos de clientes (estudantes regulares diários, estudantes prestes a serem efetivados,* estudantes de extensão universitária e outros).

A maior parte da atração que exerce a departamentalização baseada nos clientes reside na sua ênfase em satisfazer as necessidades do grupo particular de clientes

* No original, ''*mature students*'' — estudantes calouros que depois de um ano são efetivados. (N.T.)

que estão sendo atendidos. Espera-se dos administradores de tais departamentos que atuem como defensores de seus clientes, tal como os gerentes de produção atuam como defensores para seus programas. Assim, deve resultar um serviço rápido e mais eficiente para os grupos de clientes. Isso explica parcialmente a popularidade dessa técnica em agências públicas. Dado o fato de haver muitas agências do governo precisamente para atender as necessidades de determinadas populações de clientes (Thomas, 1990), a departamentalização por clientes é uma característica lógica nas jurisdições governamentais. Além de assegurar que os interesses dos grupos de clientes sejam atendidos, oferece as vantagens das estruturas baseadas em programas, incluindo a integração de especialistas, a descentralização da tomada de decisões e a acentuada motivação do funcionário.

Se as organizações baseadas nos clientes desfrutam das vantagens do esquema de programas, há de se esperar que também sofram suas desvantagens, e isso certamente acontece. Além de reduzir o controle da administração superior, a departamentalização por clientes pode resultar na duplicação de esforços e na redução das economias de escala.

Outra desvantagem, talvez peculiar ao setor público, é que a presença numa agência de um ou mais departamentos centrados nos clientes cria pressões externas no sentido de ampliar a departamentalização. Grupos de clientes que não são favorecidos com seus próprios departamentos podem clamar por um. Eles sentem que, se não for criado um departamento especial para representar seus interesses, podem ser deixados de fora quando as partes do bolo público forem distribuídas. Embora seus temores possam ter muita base, a resultante proliferação de departamentos pode vir a ser um sério desperdício de recursos da agência — e, por ironia, pode interferir na capacidade desta de atender a todos os seus grupos de clientes.

Departamentalização por Processos

As agências públicas envolvidas no processamento de queixas, documentos ou pessoas muitas vezes organizam seus departamentos ou grupos de trabalho de acordo com os vários estágios do ciclo processual. Numa agência de emprego estadual,* ou de indenização a trabalhadores, por exemplo, os clientes são encaminhados através da organização numa progressão passo a passo. Cada grupo de empregados que presta serviços especializados tem status departamental (Figura 3-5).

A departamentalização por processos representa uma das formas mais altas de especialização. Ao executar repetidamente uma tarefa que se tornou rotina (entrevistando pretendentes ou examinando requerimentos), os funcionários adquirem considerável facilidade e competência. Além disso, acentuam-se a comunicação e a coordenação dentro das especialidades, o que pode ser muito importante quando as tarefas dos trabalhadores requerem pouca habilidade técnica, como determinar se certos requerimentos estão de acordo com as normas legais e burocráticas. Da

* Nos Estados Unidos, os servidores públicos não prestam concurso para conseguir um emprego público; só o fazem depois, internamente, para fins de promoção. (N.T.)

Figura 3-5 Departamentalização do Processo numa Agência Estadual de Empregos

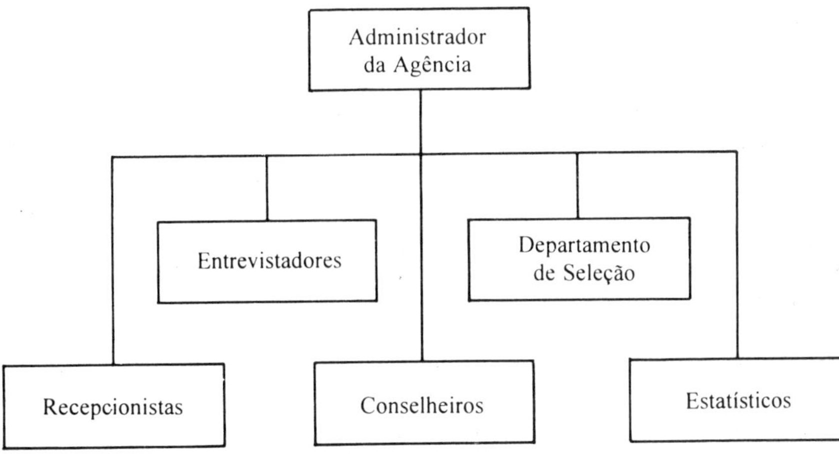

mesma forma, a departamentalização por processos é especialmente vulnerável a problemas de coordenação entre especialidades, precisamente por favorecer uma visão tão estreita do trabalho da unidade. E, uma vez mais, os trabalhos altamente especializados, típicos desses departamentos, não tendem a fortalecer a motivação dos funcionários e levantar a moral. Esse problema é exacerbado pelo fato de que, dado o alcance restrito dos trabalhos executados em cada departamento, as possibilidades de os trabalhadores subirem nas carreiras são usualmente baixas, o que significa que são raras as oportunidades de promoção.

CONTINGÊNCIAS DA ESTRUTURA ORGANIZACIONAL

Durante grande parte de sua curta história, o estudo da administração tem sido suscetível a caprichos. Administradores públicos e privados caíram figurativamente sobre a administração científica, as relações humanas e outras teorias grandiosas, que pregam todas o dogma do único melhor caminho. Os princípios teóricos passaram a ter prioridade tanto sobre a evidência empírica quanto sobre o senso comum, deixando a teoria da administração num estado estéril. Os administradores praticantes, forçados a trabalhar com um número limitado de instrumentos e conceitos administrativos, pagaram o preço, muitas vezes c[illegible] dispendiosos experimentos de tentativa e erro.

No entanto, no começo da década de 1960, começou a emergir uma abordagem mais complexa da administração. Essa abordagem, chamada teoria da contingência, baseia-se em duas conclusões fundadas em estudos empíricos: "1) não há um único melhor caminho para organizar; e 2) nem toda forma de organizar é igualmente eficiente" (Galbraith, 1973: 2). O foco básico desses estudos era a identificação dos fatores ou contingências que influenciavam o projeto organizacional (Galbraith, 1973). Eles conduziram à descoberta de pistas importantes para os inter-relacionamentos entre estrutura e situação.

CONTINGÊNCIAS AMBIENTAIS

Talvez o estudo mais influente das contingências tenha sido o de Burns e Stalker (1961). A intenção original da pesquisa, envolvendo cerca de 20 companhias britânicas, foi "descrever e explicar o que acontece quando tarefas novas e não-familiares são atribuídas a empresas industriais organizadas para trabalhar em condições relativamente estáveis" (Burns e Stalker, 1961). Sua premissa subjacente era que o ambiente de uma organização, ou o grau de mudança no seu ambiente, é uma contingência significativa para o projeto e a administração organizacionais.

Após uma análise intensiva do ambiente, dos processos de trabalho e das práticas gerenciais das companhias estudadas, Burns e Stalker descreveram dois tipos de organizações, a mecanicista e a orgânica. Embora interpretações subseqüentes tenham levado muitas pessoas a pressupor que as organizações mecanicistas fossem inerentemente más e as orgânicas, inerentemente boas, os autores disseram textualmente:

> *Ambos* os tipos representam uma forma "racional" de organização, na qual podem, em nossa experiência, tanto ser explícita e deliberadamente criados quanto mantidos para explorar os recursos humanos de uma empresa da maneira mais eficiente possível nas condições desta. (Burns e Stalker, 1961: 119)

Em outras palavras, a eficiência de um tipo organizacional depende de ele ser ou não apropriado para o seu ambiente.

Os ambientes organizacionais, por sua vez, foram descritos em termos do seu nível de estabilidade ou mudança. Os ambientes estáveis foram caracterizados por um conjunto inalterável de competidores, pela demanda constante em relação aos produtos ou serviços da organização e por uma inovação tecnológica que foi "evolutiva em vez de revolucionária, na qual as necessárias alterações de produtos podem ser prognosticadas com bastante antecedência e as necessárias mudanças, executadas num ritmo tranqüilo" (Burns e Stalker, 1961: 79). Os ambientes inconstantes, ao contrário, são marcados por demandas flutuantes em relação aos produtos ou serviços da organização, níveis relativamente altos de competição por recursos e rápida inovação tecnológica. Numa das mais duradouras (embora não inteiramente corretas) conclusões encontradas no moderno estudo da administração, Burns e Stalker sustentaram que as estruturas mecanicistas são extremamente eficientes em ambientes estáveis, enquanto as estruturas orgânicas florescem em ambientes instáveis. As principais características desses dois tipos organizacionais são detalhadas abaixo (Burns e Stalker, 1961: 119-25).

Organizações Mecanicistas

Estrita aderência à cadeia de comando
Tarefas altamente especializadas
Divisão funcional do trabalho
Apoio na hierarquia formal para favorecer a coordenação
Detalhadas descrições das funções que fornecem um esboço preciso dos direitos, obrigações e métodos técnicos para executar cada tarefa
Insistência na lealdade para com a organização e os superiores
Maior valorização do conhecimento, da habilidade e da experiência internos do que do conhecimento, da habilidade e da experiência mais gerais
Tendência a que a maioria das ações seja governada pelas instruções e decisões dos superiores
Prevalência de comunicações verticais entre superior e subordinado
"Estilo de liderança um a um, isto é, com a maior parte das interações entre superior e subordinado ocorrendo em discussões privadas e na ausência de atenção ou com atenção mínima aos processos de grupo" (French e Bell, 1984: 260)

Organizações Orgânicas

Forma de departamentalização divisional ou de projeto
Menor ênfase na cadeia de comando
Tarefas menos especializadas e continuamente ajustadas às circunstâncias instáveis
Comunicações mais amplas que ocorrem tanto horizontal como verticalmente; coleta consultiva de informações em lugar da disseminação de instruções e decisões
Intenso compromisso para com as tarefas da organização, que serve como importante função de controle, reduzindo o apoio em normas, procedimentos, prêmios e punições
Alta valorização do conhecimento especializado relevante ao meio tecnológico da organização
"Estilo de liderança de equipe, com ênfase na consulta e atenção considerável aos processos interpessoais e grupais, incluindo métodos decisórios e decisões mais freqüentes por consenso" (French e Bell, 1984: 261)

O argumento de que o grau de incerteza ambiental é o principal determinante da eficiência da estrutura organizacional ganhou inúmeros adeptos; hoje em dia se aceita como sabedoria convencional que, em ambientes incertos, que mudam rapidamente, as estruturas orgânicas são as mais apropriadas (Miles, 1975). Alguns proponentes vão até mesmo tão longe a ponto de predizerem que a burocracia desaparecerá completamente em resultado do ritmo acelerado de mudança nos ambientes de todas as organizações, públicas e privadas. Bennis (1966), por exemplo, predisse a ascensão de organizações temporárias ''adaptativas'' (seu termo para ''orgânicas'') e voltadas para a solução de problemas, em vez de rotinas de trabalho contínuas. É curioso notar que a emergência de organizações matriciais, que são geralmente criadas para resolver problemas específicos, é vista por alguns comentaristas como uma indicação concreta de como foi exata a predição de Bennis. Embora poucos outros pesquisadores sejam tão intrépidos nos seus prognósticos como Bennis, a maior parte concorda com sua tese fundamental. Quase sem exceção, os administradores tornaram-se defensores de estruturas organizacionais orgânicas, descentralizadas e democráticas (ver, por exemplo, Likert, 1967; Wise, 1990).

Num sentido, a idéia de viver e trabalhar num mundo composto de organizações orgânicas é hilariante. Mas é sábio lembrar que as prescrições absolutas nunca sobreviveram à prova do tempo. Todas encalharam nos rochedos da pesquisa empírica. Assim, qualquer proposição teórica que pretenda ser totalmente generalizável, incluindo a de que ''os ambientes em rápida mudança exigem uma estrutura orgânica'', deve ser vista com alguma suspeita. Embora o argumento subjacente tenha recebido considerável apoio empírico (J. Thompson, 1967; Weick, 1969; Ginsberg e Venkatraman, 1985), só a sua adimensionalidade já é motivo de cautela. Outra pesquisa revelou contingências adicionais, como a necessidade de estabilidade organizacional.

Se aplicarmos essa análise às realidades contemporâneas do setor público, que tipos de contingências ambientais se evidenciam? O primeiro pensamento que vem à mente é que, especialmente no governo, há muitos funcionários que interagem com o meio ambiente sem muita proteção organizacional. Eles são tropas da linha de frente que não podem ser resguardadas das influências ambientais, mas que devem agir no interesse da organização quando interagem com os cidadãos. Por exemplo, policiais, assistentes sociais, professores, aplicadores de normas e outros ''burocratas do nível da rua'' (Lipsky, 1980) exercem considerável discricionariedade sobre seus clientes, muitas vezes apenas com a orientação mais geral de suas organizações. O livro de Michael Lipsky sobre *Street-Level Bureaucracy* [Burocracia do nível da rua] (1980) dá uma análise informal de como esses trabalhadores lutam e vencem o estresse ambiental de seus empregos.

Outra faceta importante na paisagem da administração contemporânea é o elevado nível de turbulência ambiental. Pode-se argumentar convincentemente que este é um dos períodos mais instáveis e estressantes da nossa história. As pressões econômicas, acopladas à generalizada irritação do público com o governo, têm colocado demandas quase sem precedentes para as agências públicas. Pela primeira vez em décadas, a maior parte destas está ou em franco retraimento ou num estágio de crescimento zero. Essas condições geram inevitavelmente conflitos internos e externos, pois as agências disputam umas com as outras os pedaços de um já minguado bolo de recursos.

Há riscos e ironias nas respostas do governo a esses desafios. Por um lado, as agências públicas têm uma tradição de ''correr as escotilhas'' durante tempestades.

A centralização e a maior confiança nos controles gerenciais são um modo confortável de enfrentar o estresse, pois isso dá ao menos a ilusão de que a responsabilidade foi fixada e menos recursos estão sendo desperdiçados. Os políticos, pressionados entre eleitores infelizes e pela crônica escassez orçamentária, optam muitas vezes pela estratégia menos arriscada de multiplicar os controles adicionais para assegurar que não se envolvam nos relatos dos meios de comunicação sobre a ineficiência burocrática ou dispêndios aparentemente estúpidos dos recursos públicos (quem poderá esquecer os "Golden Fleece Awards"* do senador Proxmire ou as disputas, mais recentes, sobre as preferências de financiamento do Fundo Nacional para as Artes?). Privatização, iniciativas de produtividade e escolhas a respeito de cortes orçamentários durante a contínua crise fiscal do governo são freqüentemente conduzidas de maneira altamente centralizada.

Por outro lado, a teoria das contingências aponta uma estratégia diferente de adaptação à turbulência ambiental. A autoridade deveria ser delegada ao nível mais baixo possível durante esses períodos, pois se precisa de soluções criativas. Administradores públicos que trabalhem mais próximos dos problemas estariam em melhor posição para experimentar e adaptar respostas inovadoras a crises particulares. Embora essa resposta não seja tão divulgada como se poderia esperar, há indícios de que as organizações públicas estão se tornando mais achatadas durante esta era de reestruturação econômica. Como será examinado em capítulos posteriores, a autoridade sobre muitos aspectos operacionais da administração pública não parece estar se deslocando para níveis mais baixos da organização. Essa tendência é especialmente evidente no que se refere à função de pessoal (Capítulo 4), mas poderá também ser vista na área de orçamento (Capítulo 6).

Contingências Técnicas

Outra contingência foi trazida à luz num estudo de 100 firmas britânicas conduzido por Joan Woodward de meados para o final da década de 1950. Usando a pesquisa de Burns e Stalker como modelo, ela tentou classificar cada firma como orgânica ou mecanicista, usando informações sobre processos de fabricação, objetivos, normas e procedimentos e dados de desempenho da companhia. Entretanto encontrou amplas e confusas variações nos componentes estruturais das firmas (como o número de níveis gerenciais e as abrangências de controle dos executivos chefes) dentro de cada tipo. Mas ela notou que as *tecnologias* das firmas podiam explicar muitas das diferenças. Identificou três tipos tecnológicos, variando do menor ao mais complexo: *produção unitária e de pequeno porte*, como exemplificado por estabelecimentos de alfaiates e outras empresas que fabricam pequeno

* "*Fleece*" — mentira sutil, muito bem engendrada. "Golden Fleece" — Velo de Ouro, (mit.) guardado pelo rei da Cólquida e roubado por Jasão, chefe dos Argonautas, ajudado pela filha do rei Aeëtes, Medéia. (N.T.)

número de produtos usando um método de trabalho relativamente bem definido; *produção de grande porte e em massa*, como se encontra nas linhas de montagem; e *produção de processo*, o tipo empregado nas indústrias químicas e de refinamento de petróleo. Uma vez que as companhias estavam categorizadas de acordo com suas tecnologias, os pesquisadores foram capazes de detectar grande número de tendências e aspectos comuns dentro de cada tipo e de diferenças entre os tipos. Incluem os seguintes:

A abrangência de controle dos executivos chefes aumentou com a complexidade tecnológica, assim como aumentou a proporção do pessoal de escritório e administrativo em relação ao pessoal da produção.

As firmas de produção em massa fizeram distinções sutis entre a atividade comercial e o quadro de pessoal, enquanto as companhias de unidade e processo não o fizeram.

A abrangência de controle dos administradores *médios diminuiu* com o aumento da complexidade tecnológica.

A departamentalização funcional apareceu nas firmas de produção em massa, enquanto as organizações de unidade e processo empregaram tipicamente a departamentalização de projetos ou de produtos.

A especialização do trabalho foi maior nas firmas de produção em massa do que em qualquer dos outros tipos.

As firmas de produção em massa tendiam a ter estruturas burocráticas, enquanto as organizações de processo e unidade eram mais orgânicas.

Uma das descobertas mais significativas de Woodward foi que as organizações cujas características estruturais diferiam marcadamente da norma para organizações do mesmo tipo tecnológico tendiam a ser menos bem-sucedidas que a outras companhias. Assim, ela estabeleceu uma correlação entre a estrutura e o desempenho organizacionais, sendo a tecnologia a variável crítica na relação (Woodward, 1965).

Embora Woodward tenha sido incapaz de oferecer uma explicação completamente satisfatória para suas descobertas, análises posteriores forneceram novos *insights*. Blau e seus colegas (1976), por exemplo, descobriram que muitas das características estruturais das formas de produção em massa podem ser atribuídas à rotinização do trabalho. A tecnologia da produção em massa leva à quase completa rotinização de tarefas e, como conseqüência, os empregados dessas empresas não são tão altamente habilitados como os de outros tipos tecnológicos. Em razão de seus baixos níveis de habilidade, precisam de supervisão estrita (burocrática). Em contraste, os trabalhadores empregados por companhias de unidade e processo são, de modo geral, mais profissionais, e assim não precisam de uma estrutura rígida para controle e coordenação. Ademais, têm de se adaptar mais freqüentemente a situações imprevisíveis e assim tentam obter receptividade e eficiência através de uma estrutura organizacional descentralizada (orgânica). (Um corolário da pesquisa de Woodward é, então, que as características dos funcionários são outra contingência crítica. Como será examinado no Capítulo 5, todo um conjunto de teorias comportamentais e de liderança desenvolveu-se em torno dessa proposição.)

Outros estudiosos de administração têm encarado as contingências tecnológicas de outras maneiras. James Thompson, por exemplo, identifica três variedades. A tecnologia das etapas sucessivas envolve a interdependência, ''no sentido de que o ato Z só pode ser executado após o término bem-sucedido do ato Y, que por sua vez depende do ato X (...) a linha de montagem da produção em massa'' (J. Thompson, 1976: 16). A tecnologia *mediadora* estabelece relações entre clientes ou fregueses que são interdependentes, como ocorre quando companhias de seguros reúnem num só plano pessoas expostas a riscos comuns, ou quando agências da previdência relacionam contribuintes e beneficiários da Previdência Social. A tecnologia *intensiva* distingue-se pelo fato de que ''uma variedade de técnicas é empregada para obter a mudança em algum objeto específico, mas a seleção, a combinação e a ordem da utilização são determinadas pelo *feedback* do próprio objeto'' (J. Thompson, 1967: 17). Exemplo familiar de tecnologia intensiva é o hospital, em que a aplicação de qualquer número de tecnologias no paciente depende das respostas (mudanças nos sintomas ou condições) deste.

Thompson formula a hipótese de que cada um desses tipos tecnológicos gera um nível diferente de interdependência dentro da organização. Numa organização que usa a tecnologia das etapas sucessivas, por exemplo, os trabalhadores têm de executar suas funções numa seqüência estritamente definida, pois de outra forma os esforços de todos serão inúteis. Essas observações levaram Thompson a indicar que a estrutura organizacional é essencialmente o resultado do esforço da organização no sentido de coordenar suas atividades. Como as tecnologias variam em complexidade, elas oferecem às organizações diferentes tipos de problemas de coordenação e, portanto, estruturais.

Contingências Informativo-Processuais

Apesar de significativas diferenças na metodologia e nas descobertas, as pesquisas apresentadas até agora parecem apontar para a conclusão de que a estrutura organizacional varia com a incerteza, seja ambiental ou tecnológica. A incerteza ambiental é favorecida pela mudança rápida e pela presença de muitos competidores, enquanto a incerteza tecnológica se define em termos da complexidade e da ausência de uma clara compreensão com respeito às relações de causa e efeito. A tecnologia da exploração espacial, por exemplo, é especialmente incerta, pois só podemos compreender as causas e efeitos *depois* de a pesquisa ter tido sucesso — e pesquisa *é*, afinal, a tentativa de descobrir relações de causa e efeito. A montagem de carros é uma metodologia relativamente certa, pois a maior parte das relações de causa e efeito envolvidas é bem compreendida — embora seja menos certa do que, digamos, as coletas de lixo.

Em sua síntese desses conceitos, Galbraith (1973) analisou exatamente por que e como a incerteza influencia a estrutura organizacional. "Quanto maior a incerteza da tarefa", teorizou ele, "maior o montante de informações que precisa ser processado entre os que tomam decisões" (Galbraith, 1973: 4). Ele percebeu um aumento da carga de informações a partir de três fatores: 1) a diversidade de resultados das organizações (o número de diferentes produtos, clientes ou serviços); 2) a diversidade de recursos de insumo utilizados (o número de diferentes especialidades técnicas que trabalham num projeto, bem como o nível e a natureza das demandas dos grupos externos); e 3) a dificuldade de alcançar as metas (que está ligada ao conceito de eficiência, ou conseguir um fim com o menor desembolso possível) (Galbraith, 1973: 5). À medida que as complexidades associadas a esses fatores se intensificam, os administradores são desafiados a monitorar mais estritamente a situação e a reagir mais rapidamente às circunstâncias em mudança. Com os aumentos na incerteza, mais problemas são passados à hierarquia superior para solução, pois ninguém em baixo tem a autoridade (ou talvez a vontade) para assumir responsabilidade. A hierarquia existe para lidar com exceções — decidir questões que não tenham sido decididas em baixo. Isso requer uma habilidade altamente sofisticada de processar as informações.

Galbraith argumenta que as organizações podem escolher entre quatro estratégias distintas para enfrentar o aumento da carga de informações. As duas primeiras estratégias destinam-se a reduzir a necessidade de informações. A criação de recursos excedentes consegue isso reduzindo o nível de desempenho exigido. Por exemplo, uma agência pode contratar novos funcionários em vez de aprimorar a coordenação e o controle entre os empregados existentes. Outro exemplo comum de relaxamento é recuar os prazos fatais ou reduzir o nível esperado de desempenho de objetivos (como quando uma agência de coleta de impostos decide contentar-se em apanhar menos sonegadores). A disposição de "satisfazer e bastar" (ver Capítulo 2) em lugar de tentar maximizar é a essência do relaxamento e diminui grandemente a complexidade ao reduzir as demandas sobre as organizações.

A segunda estratégia que pode ser usada para reduzir a necessidade de informações é deslocar-se de um esquema organizacional funcionalmente planejado para unidades independentes, como na departamentalização por programas. Quando as unidades são independentes, o ponto de decisão desloca-se para mais perto da fonte da informação e, conseqüentemente, precisa-se passar menos informações à hierarquia superior. Além disso, a departamentalização por programas reduz a divisão do trabalho, evitando assim muito do fluxo de informações necessário para coordenar os vários especialistas nas organizações funcionais.

As duas outras estratégias para enfrentar a carga de informações destinam-se a intensificar a capacidade da organização de processá-las. Pela primeira delas, o investimento em sistemas verticais de informação, a organização faz uso de processamento de dados e tecnologia de computador para coletar e sintetizar grandes volumes de informações. Outra conseqüência da tecnologia da informação é sua tendência a disseminar mais amplamente as informações na organização, levando quase inadvertidamente à descentralização. Quando um número maior de pessoas tem acesso mais rápido às informações, a autoridade decisória tende a descer na hierarquia. Indivíduos que antes estavam fora do circuito estão agora incluídos. Os departamentos que funcionam entrelaçadamente, através de maior comunicação, têm um nível mais alto de coordenação sem interveniência da administração, expandindo assim a abrangência do controle. Num certo sentido, o livre fluxo de informações é um meio eficaz de descentralização, independentemente de a administração pretender ou não promover uma estrutura organizacional mais achatada.

Se a introdução de sistemas de informação se mostrar inadequada, pode-se invocar a quarta e mais sofisticada estratégia — a criação de relações laterais, através das quais a organização descentraliza a tomada de decisões sem criar unidades (de programa) auto-suficientes. Em vez de se apoiar na hierarquia para coordenar e orquestrar as atividades de trabalho, a organização volta-se para o que Mintzberg chamou de mútuo ajuste, a coordenação de esforços através de comunicações e acomodações informais. A forma mais básica de relações e comunicações laterais é o contato direto entre os administradores, seguido da utilização de pessoal especial de ligação para coordenar as tarefas, e depois de comissões, forças-tarefas temporárias para concretizar antigas metas e redes especiais de integração. No ápice dessa hierarquia de relações laterais está a organização matricial, que Galbraith considera a forma estrutural mais avançada para lidar com a incerteza.

A teoria de Galbraith é bastante compatível com as descobertas da maior parte dos outros pesquisadores de contingências. De fato, parece haver um consenso amplamente generalizado sobre os seguintes aspectos concernentes à interação da estrutura organizacional com as variáveis contigenciais:

1. À medida que a tecnologia se torna mais sofisticada e incerta, as organizações precisam descentralizar as tomadas de decisões a fim de intensificar sua capacidade produtiva.
2. À medida que aumentam a complexidade e a turbulência ambientais, as organizações precisam novamente descentralizar seus processos decisórios a fim de responder com eficiência a mudanças e desafios oriundos de fontes externas.
3. A departamentalização funcional, enfatizando o controle e a especialização, tende a ser a mais apropriada em situações caracterizadas por ambientes estáveis e tecnologias relativamente certas.
4. As formas mais descentralizadas de departamentalização, como as organizações de programa e matriciais, são as mais apropriadas para ambientes instáveis e tecnologias incertas.
5. À medida que cresce o nível de incerteza nas organizações, o uso de mecanismos formais de coordenação e controle decresce substancialmente, enquanto aumenta o uso de comunicações informais e laterais para obter coordenação.

Em outros aspectos há menos concordância. O tamanho das organizações, por exemplo, é tido por alguns como tendo um efeito direto sobre o grau de formalidade da sua estrutura; o número de níveis na hierarquia e o grau de especialização são vistos como aumentando com o tamanho. Outros teóricos, no entanto, argumentam que é a tecnologia que tende a determinar o tamanho de uma organização — o que a organização faz e o modo como faz dita o número de empregados que ela terá. Alguns poucos teóricos mostram a importância da fonte do poder como uma contingência. Mintzberg, mais notadamente, afirma que as organizações controladas por forças externas (o que incluiria todas as agências públicas) tendem a ser altamente centralizadas e se apóiam consideravelmente em normas e regulamentos para controle interno (Mintzberg, 1983: 146). No entanto, embora isso pareça plausível, ainda não há evidências empíricas suficientes para se afirmar isso como um fato.

Outra hipótese é que a estrutura organizacional está ligada a certos fatores humanos, como os níveis de habilidade e conhecimento do pessoal da organização. Como será examinado no Capítulo 5, empregados inteligentes e motivados trabalham geralmente melhor numa organização descentralizada, enquanto os trabalhadores não-especializados requerem muitas vezes mais estrutura e controle. Se isso for verdade, segue-se que as agências que empregam grande número de trabalhadores profissionais deveriam fazer uso substancial de projetos organizacionais baseados em programas e matrizes, especialmente em ambientes organizacionais caracterizados pela mudança rápida e pela complexidade tecnológica — condições existentes em muitas agências públicas. Como quase 40% dos trabalhadores profissionais dos Estados Unidos são empregados do governo, e como uma proporção crescente de todos os servidores civis ocupa posições profissionais ou técnicas, pode-se inferir que as estruturas burocráticas altamente centralizadas estão desaparecendo (Rouse, 1990). Embora certamente não seja esse o caso, parece que as organizações mais achatadas realmente serão mais proeminentes no futuro. Como mencionamos anteriormente, as pressões fiscais dos anos 90 estão estimulando a descentralização em muitas áreas da administração pública. Outras forças que apontam na mesma direção incluem uma carga consideravelmente ampliada de informações e avanços tecnológicos em contínua aceleração.

Dada a efervescência por que está passando o campo neste momento, os estudantes que pretendam fazer carreira na administração pública podem esperar uma trajetória excitante. Os desafios nunca foram maiores; espera-se que lhes seja contraposto igual número de oportunidades. As tensões são suficientemente agudas para assegurar que a maneira antiga de fazer as coisas não será suficiente. Reorganização, experimentação e inovação terão, quase com certeza, um papel importante no futuro. Só podemos esperar que se aproveitem bem as lições até agora aprendidas no que tange às relações entre a estrutura organizacional e as contingências planejadas. Os avanços feitos no planejamento das organizações públicas poderiam significar um futuro mais auspicioso para os administradores, as pessoas que eles supervisionam e o público a que servem.

REFERÊNCIAS

Angyris, Chris. 1957. *Personality and Organization.* Nova York: Harper and Row.

Barnard, Chester. 1938. *The Functions of the Executive.* Cambridge, Mass.: Harvard University Press.

Bennis, Warren. 1966. *Changing Organizations.* Nova York: McGraw-Hill.

Blau, Peter, Cecelia M. Falbe, William McKinley, e Phelps Tracy. 1976. "Technology and Organization in Manufacturing." *Administrative Science Quarterly* 21 (março): 20-40.

Burns, Tom. e G.M. Stalker. 1961. *The Management of Innovation.* Londres: Tavistock.

Conant, James K. 1988. "In the Shadow of Wilson and Brownlow: Executive Branch Reorganization in the States." *Public Administration Review* 48 (setembro/outubro): 892-902.

Dessler, Gary. 1982. *Organization and Management.* Reston, Va.: Reston.

Dimock, Marshall. 1959. *Administrative Vitality.* Nova York: Harper and Brothers.

Doing, Jameson W., e Erwin C. Hargrove, orgs. 1987. *Leadership and Innovation.* Baltimore: The Johns Hopkins University Press.

Downs, Anthony. 1967. *Inside Bureaucracy.* Boston: Little, Brown.

Etzioni, Amitai. 1964. *Modern Organizations.* Englewood Cliffs, N.J.: Prentice-Hall.

Fayol, Henri. 1949. *General and Industrial Management.* Londres: Pitman.

French, Wendell L., e Cecil H. Bell. 1984. *Organizatin Development.* Englewood Cliffs, N.J.: Prentice-Hall.

Friedrich, Carl. 1952. "Some Observations on Weber's Analysis of Bureaucracy." In *Reader in Bureaucracy*, org. por Robert K. Merton et al., 27-33. Glencoe, III.: Free Press.

Galbraith, Jay. 1973. *Designing Complex Organizations.* Reading, Mass.: Addison-Wesley.

Ginsberg, Ari, e N. Venkatraman. 1985. "Contingency Perspectives of Organizational Strategy: A Critical Review of Empirical Research." *Academy of Management Review* 10 (3): 421-34.

Gulick, Luther H. 1990. "Reflections on Public Administration, Past and Present." *Public Administration Review* 50 (novembro/dezembro).

Herzbert, Frederick. 1968. "One More Time: How Do You Motivate Employees?" *Harvard Business Review* 46 (janeiro/fevereiro): 53-62.

Katzmann, Robert A. 1980. "Federal Trade Commission." In *The Politics of Regulation*, org. por James Q. Wilson, 152-87. Nova York: Basic Books.

Koontz, Harold, e Cyril O'Donnell. 1978. *Essentials of Management.* Nova York: McGraw-Hill.

Lawrence, Paul R., e Jay W. Lorsch. 1967. *Organization and Environment.* Boston: Harvard Business School.

Likert, Rensis. 1967. *The Human Organization.* Nova York: McGraw-Hill.

Lipsky, Michael. 1980. *Street-Level Bureaucracy.* Nova York: Russell Sage Foundation.

Mackenzie, Kenneth D. 1978. *Organizational Structures.* Arlington Heights, III.: AHM.

Merton, Robert K., Ailsa P. Gray, Barbara Hockey, e Hanan C. Selvin, org. 1952. *Reader in Bureaucracy.* Glencoe, III.: Free Press.

Miles, Raymond. 1975. *Theories of Management: Implications for Organizational Behavior and Development.* Nova York: McGraw-Hill.

Mintzberg, Henry. 1979. *The Structuring of Organizations.* Englewood Cliffs, N.J.: Prentice-Hall.

_____. 1983. *Designing Effective Organizations.* Englewood Cliffs, N.J.: Prentice-Hall.

Morris, W. T. 1968. *Decentralization in Management Systems: An Introduction to Design.* Columbus: Ohio State University Press.

Perry, James L., e Lois R. Wise. 1990. "The Motivational Bases of Public Service." *Public Administration Review* 50 (maio/junho): 367-73.

Pfeffer, Jeffrey. 1978. *Organizational Design.* Arlington Heights, Ill.: AHM.

Reeser, C. 1969. "Some Potential Human Problems of the Project Form of Organization." *Academy of Management Journal* 12 (dezembro): 459-67.

Roethlisberger, F.J., e W.J. Dickson. 1939. *Management and the Worker.* Cambridge, Mass.: Harvard University Press.

Rouse, John E. 1990. "Perspectives on Organizational Culture: An Emerging Conscience for Public Administrators." *Public Administration Review* 50 (julho/agosto): 479-85.

Smith, Adam. 1776/1937. *An Inquiry into the Nature and Causes of the Wealth of Nations.* Nova York: Random House.

Stever, James A. 1990. "Marschall Dimock: An Intellectual Portrait." *Public Administration Review* 50 (novembro/dezembro): 615-21.

Taylor, Frederick. 1947. *Scientific Management.* Nova York: Harper.

Thomas, Christine L. 1990. "The Policy/Administration Continuum: Wisconsin Natural Resources Board Decisions." *Public Administration Review* 50 (julho/agosto): 446-9.

Thompson, James D. 1967. *Organizations in Action.* Nova York: McGraw-Hill.

Thompson, Victor. 1975. *Without Passion or Enthusiasm.* Tuscaloosa: University of Alabama Press.

______. 1976. *Bureaucracy and the Modern World.* Morristown, N.J.: General Learning Press.

Urwick, Lyndall. 1943. *The Elements of Administration.* Nova York: Harper.

Walker, Arthur H., e Jay W. Lorsch. 1968. "Organizational Choice: Product versus Function." *Harvard Business Review* 46 (novembro/dezembro): 130-42.

Weber, Max. 1947. *The Theory of Social and Economic Organization*, trad. por A.M. Henderson e Talcott Parsons. Londres. Oxford University Press.

______. 1952. "The Essentials of Bureaucratic Organization: An Ideal-Type Construction." In *Reader in Bureaucracy*, org. por Robert K. Merton et al., 18-27 Glencoe, Ill.: Free Press.

Weick, Karl E. 1969. *The Social Psychology of Organizing.* Reading, Mass.: Addison-Wesley.

Wise, Charles. 1990. "Public Service Configurations and Public Organizations: Public Organizational Design in the Post-Privatization Era." *Public Administration Review* 50 (março/abril): 141-55.

Woodward, Joan. 1965. *Industrial Organization: Theory and Practice.* Londres: Oxford University Press.

4

Recrutamento de Pessoal

Se alguém pedisse a uma amostra de administradores públicos e privados para identificar a função administrativa em que a flexibilidade e a discricionariedade são altamente desejáveis, é quase certo que a maioria especificasse o recrutamento de pessoal. Enquanto as limitações na gama de escolhas de um administrador nas áreas de planejamento e organização podem mostrar-se incômodas (ver Capítulos 2 e 3), restrições desnecessárias em decisões ligadas ao recrutamento de pessoal podem ser um convite ao desastre. Imagine-se, por exemplo, uma situação na qual o executivo superior de uma empresa de grande porte estivesse incapaz de contratar, treinar, promover, transferir, rebaixar e demitir seus subordinados sem remover numerosos obstáculos processuais e sem se defender das intrusões da diretoria. Em tais condições, poderíamos ter esperado que Thomas Watson criasse a IBM? No entanto muitos administradores públicos operam exatamente sob esses empecilhos.

As sementes da inflexibilidade relacionada ao recrutamento de pessoal foram semeadas no século XIX, durante o chamado período do patronato. Na tentativa de democratizar o serviço civil — em outras palavras, tornando-o acessível ao homem comum —, Andrew Jackson introduziu a *rotação na repartição* como a principal premissa da administração de pessoal do setor público. Essa prática, a qual significava que os políticos recentemente eleitos podiam "limpar a casa" ao assumir o cargo e instalar seus próprios partidários em empregos do governo, resultou em breve num dos piores episódios de corrupção e incompetência da história política americana (ver Hoogenboon, 1968; Van Riper, 1958). Finalmente, quando o presidente James A. Garfield foi assassinado por um frustrado candidato a emprego, os reformadores forçaram um Congresso relutante a aprovar a Lei do Serviço Civil de 1883 (Lei de Pendleton). As disposições dessa lei foram a base do que ficou conhecido como sistema de mérito, cujos elementos principais são:

1. *Exames competitivos.* O ingresso no serviço público está aberto por exame a qualquer pessoa qualificada.

2. *Ingresso lateral.* O ingresso no serviço civil pode ocorrer em qualquer nível, significando que os candidatos a empregos de níveis superiores não precisam começar do grau mais baixo e subir aos poucos.

3. *Isolamento da pressão política.* Várias medidas — incluindo o estabelecimento de uma comissão bipartidária nomeada para policiar o sistema de mérito e severas restrições à coerção política dos servidores públicos — foram planejadas para assegurar que o sistema de patronato não ressurgiria.

A introdução do sistema de mérito foi indubitavelmente um dos acontecimentos mais transformadores e positivos no processo de amadurecimento das instituições políticas americanas. Sem um serviço público competente e neutro, o movimento em direção a uma sociedade industrializada certamente teria sido retardado.

Apesar desse fato, contudo, o sistema de mérito se fez acompanhar de uma filosofia gerencial que produziu algumas conseqüências negativas. Um legado infeliz desse primeiro movimento de reforma do serviço público foi a percepção de que, de algum modo, os políticos são maus. A reforma veio como uma cruzada contra os males do sistema de patronato, deixando uma impressão duradoura na visão do povo acerca do serviço público e do papel da função de recrutamento de pessoal nas organizações públicas (Mosher, 1984). Com efeito, o público passou a associar a virtude com o isolamento da influência política. Isso levou mais tarde a um excesso de iniciativas estatutárias, judiciais e administrativas que pretendiam proteger os funcionários públicos dos chefes políticos. O âmbito do sistema de mérito expandiu-se de 10% dos funcionários do serviço federal em 1883 a 90% na década de 1930, e a profundidade do sistema foi ampliada por medidas adicionais no sentido de isolar funcionários públicos de ações arbitrárias cometidas contra eles. Por exemplo, a Lei Lloyd-La Folette de 1912 exigia que se desse aos servidores públicos a oportunidade de refutar acusações contra eles antes de serem demitidos, e os decretos judiciais realmente deslocaram o ônus da prova do funcionário para o administrador público que estivesse tentando demiti-lo ou discipliná-lo. Os profissionais de pessoal contribuíram para essa tendência ao delinearem técnicas de recrutamento cada vez mais sofisticadas, as quais reduziram mais ainda a capacidade da administração de influenciar decisões ligadas à sua área.

As conseqüências dessas práticas inflexíveis de recrutamento tornaram-se, com o tempo, uma questão política importante. Impelida por crises fiscais e correspondentes aumentos de impostos, a irritação geral do público com o governo encontrou expressão em ataques ao sistema de mérito, percebido como causa básica da ineficiência e falta de receptividade do governo. Esse tema se tornou importante pano de fundo das campanhas presidenciais de 1976 e de 1980, fornecendo aos candidatos amplas oportunidades de atacar os aspectos mais vulneráveis das práticas públicas de recrutamento de pessoal. Os inconvenientes do sistema de mérito foram trazidos à luz. Divulgou-se amplamente, por exemplo, que mais de 99% de todos os trabalhadores federais recebiam regularmente aumentos por merecimento e que menos de 300 funcionários federais (aproximadamente 2,9 milhões) eram despedidos a cada ano. Estatísticas semelhantes concernentes ao sistema de mérito estadual e local foram trazidas a público, resultando em fortes pressões por resposta da parte de políticos de todos os níveis.

Essas forças, em última análise, estimularam a mais generalizada reforma da administração de pessoal do setor público desde que os sistemas de mérito foram pela primeira vez introduzidos nos Estados Unidos. Por ironia, a primeira investida dessa reforma foi colocar o *mérito* de volta no sistema de mérito. Para alcançar essa meta, as práticas de recrutamento de pessoal do comércio e da indústria estão sendo emuladas em ampla escala.

As características do recrutamento no setor privado mais atraentes para os administradores públicos são a *descentralização* e ênfase no *desempenho*. Um esquema administrativo descentralizado é valorizado porque permite aos administradores de linha, os indivíduos que estão mais perto da situação de trabalho, tomar as decisões de recrutamento de pessoal que influenciam diretamente a produtividade e o moral de sua unidade (Ingraham e Rosenbloom, 1989). A ênfase no desempenho como critério importante na distribuição de prêmios e punições oferece aos administradores uma ferramenta motivacional eficiente. O recrutamento de pessoal do setor público tem feito pouco uso dessas orientações. A descentralização tem sido tradicionalmente evitada porque não leva ao controle: se as decisões de recrutamento de pessoal fossem delegadas aos administradores de linha, as dificuldades de se prevenir contra a corrupção política se tornariam mais sérias. Da mesma forma, a preocupação com a qualidade do desempenho foi uma baixa antiga do esforço para neutralizar o serviço civil; com a antigüidade como base racional para as decisões de colocação e promoção, os supervisores não podiam punir nem premiar os subordinados com base em considerações políticas (ou outras irrelevantes). Embora relativamente eficientes em salvaguardar o serviço civil da excessiva interferência política, essas estratégias de recrutamento de pessoal eliminaram muito da espontaneidade e receptividade que se mostraram valiosas na administração de pessoal no setor privado.

Este capítulo fornece uma visão geral da função de recrutamento de pessoal do governo no contexto dessas orientações cambiantes. Como essas mudanças representam uma redefinição significativa do papel do recrutamento de pessoal nas agências públicas, a maior parte do capítulo é dedicada às amplas questões de abrangência e não a discussões de técnicas específicas sobre recrutamento de pessoal. No entanto certas estratégias de recrutamento recentemente tornadas populares, que apareceram como conseqüências do movimento em direção a um aumento de flexibilidade e maior receptividade, são descritas e contrastadas com as técnicas que pretendem suplantar.

A FUNÇÃO DE RECRUTAMENTO DE PESSOAL NO GOVERNO

Dentre as numerosas definições da função de recrutamento de pessoal, a que melhor capta sua essência é também a mais simples: "contratar bons empregados e torná-los melhores" (Riggs, 1985: 58). Dado o fato de os salários e benefícios adicionais constituírem entre 75 e 80%, de todas as despesas do governo não-federal, pode-se pensar que os administradores públicos gastam enormes energias atraindo candidatos qualificados, aprimorando suas habilidades e eliminando os incompetentes. Na realidade, no entanto, o administrador típico raramente dedica muita atenção a essas atividades. Na verdade, pode-se afirmar com legitimidade que o recrutamento de pessoal é uma das funções administrativas mais negligenciadas pelos administradores de linha — se não a mais negligenciada.

De fato, a responsabilidade pelas atividades de recrutamento de pessoal deslocou-se gradualmente dos administradores de linha. À medida que as agências públicas cresciam em tamanho e complexidade, as economias de escala demandavam que certas funções rotineiras de recrutamento de pessoal fossem atribuídas a unidades centralizadas. No lugar da anarquia em que cada departamento de linha cuidava dos seus próprios recrutamentos, testes e classificações, foram criados departamentos de pessoal especializados para assegurar certo grau de uniformidade e economia. Uma conseqüência lógica (ainda que infeliz) desse movimento em direção à departamentalização foi que o recrutamento de pessoal chegou a ser visto como função dessas unidades especializadas, em vez de uma função fundamental da administração que exigia a atenção de todo o pessoal supervisor.

Essa percepção foi reforçada pelas ações dos funcionários profissionais que forneciam pessoal aos recém-criados departamentos de pessoal. Em resposta ao desejo do setor público de neutralizar o serviço civil, esses administradores de pessoal (ou "especialistas de pessoal") delinearam toda uma série de procedimentos que pretendiam tornar "objetivas" as decisões relacionadas a recrutamento de pessoal (em outras palavras, torná-las não-políticas). Em muitas jurisdições, os especialistas de pesssoal eram auxiliados por comissões de serviço civil extremamente entusiasmadas que impunham camadas adicionais de pesadas exigências de recrutamento de pessoal e que, em algumas localidades, exerciam controle incontestado sobre toda a política de pessoal. Ao pressionar continuamente por maiores níveis de padronização e uniformidade, os especialistas de pessoal e as comissões de serviços civil deslocaram a maior parte das decisões de recrutamento "para a fria e objetiva atmosfera de testes, escores, índices ponderados e *rankings* de dígito separado" (Clapp, 1941: 291). Com cada passo sucessivo no caminho da objetividade, o recrutamento de pessoal perdeu a maior parte da aplicabilidade para os administradores de linha. O resultado é concisamente sumarizado na afirmação clássica de Wallace Sayre de que a administração pública de pessoal representa "um triunfo das técnicas sobre o propósito" (1948: 134).

Exemplos desse fenômeno são numerosos na literatura sobre administração pública. Um estudo de Savas e Ginsburg (1973) revelou que os candidatos aos cargos de serviço civil na cidade de Nova York não podiam ser levados em consideração para uma vaga a não ser que identificassem especificamente a posição exata a que se estavam candidatando. Além disso, se determinado número de solicitações de emprego não fosse recebido para uma vaga, a posição tinha de ser novamente anunciada e os indivíduos que tivessem respondido ao primeiro anúncio precisariam fazê-lo novamente. Devido a essas exigências, freqüentemente surgia um clima de guerra entre os administradores de linha e os departamentos de pessoal. Os administradores achavam que eram incapazes de contratar substitutos em tempo hábil, reclassificar ou promover funcionários quando justificado e tomar as medidas disciplinares apropriadas. Os procedimentos de recrutamento de pessoal eram considerados obstáculos à realização do trababalho em vez de ferramentas para a administração eficiente.

Embora as revoltas dos contribuintes muitas vezes recebam o crédito pela promoção de importantes mudanças no papel organizacional da função de recrutamento, reformas significativas já estavam em andamento na década de 1940. Em particular, administradores municipais e de condados serviam como catalisadores da mudança. Esses novos profissionais urbanos encontravam-se numa situação difícil: funcionários eleitos responsabilizavam-nos pelas ações de seus subordinados, mas sua autoridade sobre estes era severamente restringida pelas comissões de serviço civil. De fato, um administrador municipal poderia ser demitido por causa da inépcia de empregados que tinham sido contratados, avaliados e premiados de acordo com procedimentos sobre os quais o administrador exercia pouca ou nenhuma influência. Profundamente perturbados pela lógica falha dessa situação, várias associações profissionais prepararam ataques à forma de administração de pessoal por comissões de serviço civil (Municipal Manpower Commission, 1962; National Civil Service League, 1970). Esses esforços foram finalmente bem-sucedidos. Em 1990 só dois estados e menos de 10% de todas as jurisdições locais que tinham sistemas formais de mérito continuavam a usar comissões de serviço civil. No seu lugar, os *sistemas de pessoal executivo* tornaram-se o arranjo organizacional predominante para conduzir a função de recrutamento de pessoal.

Nos sistemas executivos de pessoal, o executivo chefe da jurisdição é diretamente responsável pela operação do sistema de mérito. As funções de recrutamento de pessoal são geralmente executadas por um departamento de pessoal distinto, chefiado por uma pessoa nomeada para o cargo pelo executivo chefe (governador, prefeito, administrador municipal, etc.). Assim, a responsabilidade e a autoridade estão combinadas num único gabinete.

O Papel do Especialistas de Pessoal na Organização

As mudanças nos procedimentos de recrutamento de pessoal em andamento são resultados de uma série de desenvolvimentos que repetidamente sacudiram essa função da administração. O primeiro estremecimento maior foi sentido durante a década de 1960, quando a pressão por eqüidade social na forma de demandas por iguais oportunidades, de emprego e ação afirmativa* exigiu que os administradores reconsiderassem a maior parte de suas pressuposições concernentes às maneiras adequadas de testar, selecionar e administrar a força de trabalho. Isso foi seguido pelo crescimento do sindicalismo público, de aumentos desmedidos nas folhas de pagamento do governo e do declínio precipitado no ritmo de incremento da produtividade. Esses fenômenos provocaram intensas e crescentes buscas por novas maneiras de enfrentar velhos e novos problemas. Assim, quando a onda de conservadorismo fiscal atolou, trazendo consigo uma epidemia de crises governamentais relacionadas a orçamentos, os administradores públicos já tinham há muito começado a redefinir grande parte de seus habituais papéis e responsabilidades.

Mais recentemente, novas pressões por maior flexibilidade e eficiência no recrutamento de pessoal vieram dos desafios percebidos em *Workforce 2000* [Força de trabalho 2000] (Hudson Institute, 1987) e das previsíveis e incômodas conclusões da National Commission on the Public Service [Comissão Nacional sobre o Serviço Público] (1989). As projeções de *Workforce 2000* realçam mudanças demográficas que caracterizarão a força de trabalho do futuro. Muito notável entre as tendências identificadas é o fato de que a maioria dos novos trabalhadores será composta de minorias, imigrantes e mulheres. A previsão levanta sérias questões sobre a disposição dos empregados de conciliar necessidades de cuidados com crianças, custos de seguros e uma pletora de desafios relacionados.

The National Commission Report [Relatório da Comissão Nacional] (também chamado o *Volcker Commission Report*) pinta um quadro ainda mais conturbado das realidades dos sistemas públicos de pessoal. Lamentando tendências como o "esmagamento burocrático", os salários inadequados e a liderança política ineficiente, o relatório chama a atenção para uma "crise silenciosa" no serviço civil. O moral baixo, a alta rotatividade de pessoal e uma correspondente redução do nível de talento dos trabalhadores públicos constituem algumas das descobertas mais perturbadoras. As recomendações da Comissão incluem uma função de pessoal reforçada no governo. As práticas de recrutamento precisam ser simplificadas, as oportunidades de treino devem expandir-se. Além disso, deve-se permitir a descentralização do recrutamento de pessoal e toda a cultura do sistema de serviço civil precisa ser transformada (Wildavsky, 1988).

Ao ajustar as respostas às pressões orçamentárias, os administradores de linha têm sido forçados a se engajar num diálogo com os especialistas de pessoal. A maior parte dos administradores está compreendendo que a função de recrutamento de pessoal em geral, e os departamentos de pessoal em especial, estarão na linha de frente da luta da administração pública para responder aos problemas atuais. Como observou um antigo (e, incidentalmente, o último) diretor da Comissão do Serviço Civil dos Estados Unidos, os desafios "irradiaram poderosa luz sobre aquele lugar atrasado que é o departamento de pessoal" (Campbell, 1977: 1).

* Conjunto de medidas, incluindo quotas, visando promover a participação de negros, mulheres, hispânicos e outros grupos "minoritários" em todas as posições — inclusive e especialmente as de poder — no mercado de trabalho, nas universidades e em outras áreas. (N.T.)

Talvez a lição mais importante que foi aprendida durante essa era tumultuada seja que, para ser eficiente, o recrutamento de pessoal deve ser preocupação constante de todos os administradores e supervisores. Precisa ser visto como atividade difusa que transcende as fronteiras departamentais. Esse aspecto fica muito bem demonstrado ao se apontarem as numerosas ligações que tem o setor de pessoal com algumas das outras funções principais da administração (Teasley e Williams, 1991).

Planejamento. Nenhum programa de planejamento sistemático pode ser eficiente sem levar em conta a futura disponibilidade de trabalhadores e administradores habilitados. O pranejamento para o setor de pessoal envolve um inventário de indivíduos e habilidades presentemente disponíveis, projeções a respeito de futuros custos com pessoal e a identificação dos excessos e deficiências em determinadas categorias de habilidades.

Organização. A natureza da força de trabalho de uma organização deve ser harmonizada com a sua estrutura. Como se apontou anteriormente (ver Capítulo 3), trabalhadores não-especializados podem precisar de um ambiente mais estruturado do que trabalhadores habilitados. Assim, antes de implementar quaisquer alterações estruturais, devem-se tomar medidas a fim de assegurar que os funcionários sejam adequadamente preparados para (ou capazes de lidar com) o esquema organizacional atualizado. Alguns trabalhadores, por exemplo, podem precisar de treinamento adicional antes de qualquer movimento no sentido de se descentralizar a tomada de decisões. Ademais, a estrutura organizacional influencia diretamente o esquema de trabalho, o sistema de classificação e a estrutura de remuneração. Devido a essas estreitas ligações, muitos manuais orientados para a área empresarial examinam o setor de pessoal dentro do contexto da função organizadora.

Orçamento. Como foi examinado, o setor público tem enfatizado um lado da função orçamentária (manter neutro o serviço civil, de maneira que se possa controlá-lo), em detrimento de outras considerações. O setor de pessoal auxilia as atividades orçamentárias, recrutando e selecionando trabalhadores capazes e dedicados, dando-lhes as necessárias habilitações (orientação e treinamento), detectando e corrigindo deficiências de desempenho (avaliação de desempenho e desenvolvimento dos funcionários) e eliminando os insatisfeitos e incompetentes. De fato, todas as atividades de pessoal influenciam a função orçamentária direta ou indiretamente, dado o fato de aproximadamente 75% das despesas de qualquer jurisdição consistirem em salários e benefícios de empregados.

Direção. A meta da liderança é motivar os trabalhadores para conseguirem concretizar as metas organizacionais. Como será examinado no capítulo seguinte, o processo de liderança requer certas condições prévias para ser eficiente. Entre estas, que os trabalhadores tenham expectativas apropriadas sobre a natureza e o propósito do trabalho que estão executando, que tenham capacidade para executar o trabalho que lhes é atribuído e que se providencie uma variação adequada de incentivos para gratificar os esforços bem-sucedidos. Obviamente, a função de pessoal é instrumental para todas essas atividades.

Para que os administradores públicos possam colher os plenos benefícios do papel potencial do setor de pessoal no processo da administração, e necessário que haja estreita colaboração entre os departamentos de pessoal e os administradores de linha. Um dos desenvolvimentos mais importantes nesse sentido é a tendência de alguns especialistas de pessoal de assumirem um papel produtivo ao ajudarem os administradores de linha a enfrentarem seus problemas. Em vez de enfatizarem o controle a ponto de excluírem quaisquer outras considerações (uma abordagem *reativa*), esses indivíduos tornam-se intimamente envolvidos nas realidades das situações de trabalho a fim de estarem aptos a desenvolver estratégias que podem reforçar diretamente a eficiência de outros administradores.

Vários autores têm identificado três tipos específicos de atividades que caracterizam a abordagem preventiva do setor de pessoal (ver Hays e Reeves, 1984: 83-85). O primeiro, denominado papel consultivo, enfatiza as responsabilidades dos especialistas de pessoal de aconselhar e orientar os administradores de linha em assuntos como desenvolvimento de funcionários, programas de incentivos e outros do gênero. O papel diagnosticador (Dillon, 1975) prevê o especialista de pessoal como o ponto focal de informações que serão usadas para formular recomendações a outros administradores. Ao coletar e analisar sistematicamente os dados concernentes à operação e desempenho da agência, o departamento de pessoal pode diagnosticar problemas tão diversos como descrições de trabalho inadequadamente definidas, atribuições de autoridade inapropriadas e moral baixo. Uma vez que os problemas tenham sido corretamente diagnosticados, é a vez do papel do iniciador e implementador de políticas. Isso envolve a responsabilidade de propor, esboçar e implementar políticas e procedimentos para remediar os problemas recorrentes ou prevenir os previstos (Beach, 1967: 56). Implícita nesses papéis do setor de pessoal está a percepção abrangente do especialista de pessoal como um solucionador de impasses e situações difíceis que se associa aos administradores de linha para aprimorar o desempenho organizacional.

Características Especiais nas Organizações Públicas

Embora existam muitas semelhanças entre as práticas de pessoal do governo e da indústria, algumas importantes diferenças se combinam para tornar a tarefa do administrador público mais complexa do que a de seu correlativo do setor privado. Essas diferenças podem ser divididas grosseiramente em três tipos: a falta de um imperativo econômico, a idéia de que os empregos públicos são recursos públicos e o que pode ser chamado de "tradição".

Falta de um Determinante Econômico. A maior vantagem do setor privado sobre o governo é sua inambígua razão de existir. O comércio e a indústria usam o lucro como padrão de comparação para tudo que fazem. Às agências públicas, ao contrário, se atribuem missões relativamente vagas, como "conduzir as coisas no interesse do público" ou "melhorar a saúde e segurança públicas". Como resultado de metas tão inespecíficas, não há um claro padrão pelo qual se possa julgar seu desempenho. Isso priva as agências públicas de um importante incentivo para recrutar pessoal com eficiência. Sem nenhuma definição de consenso geral do que constitui desempenho eficiente, elas têm muitas vezes pouca razão para evitar um excesso de recrutamento ou, ao contrário, poupar as reservas das finanças públicas. Além disso, mesmo quando executam a função de recrutamento de pessoal com todo o cuidado e profissionalismo, há perspectiva de poucas retribuições num futuro próximo. A maior parte das legislaturas preocupa-se menos com a administração eficiente (que não está amplamente visível para elas ou para o público) do que com a aprovação pública, a conformidade com exigências estatutárias e outras medidas de resultado menos tangíveis.

O caráter monopolista do governo constitui outro importante desincentivo a uma operação eficiente. Por não haver um substituto pronto para os serviços que a maior parte das agências públicas oferece, sua sobrevivência está virtualmente assegurada (ver Kaufman, 1976). Até certo ponto, isso isola o governo das forças do mercado — preço competitivo, qualidade e disponibilidade dos bens e serviços produzidos — que fazem a maioria das empresas vigiar rigorosamente suas operações internas.

Com o advento da privatização, algumas jurisdições públicas se viram num ambiente competitivo. A "delegação de trabalho" ao setor privado (Morgan e England, 1988) através de contratos, comprovantes e ampliação do uso de voluntários está começando a reconfigurar o tradicional isolamento econômico do serviço civil. Se esse fenômeno se tornará ou não suficientemente divulgado para alterar práticas de longa data no setor de pessoal, é coisa discutível. No entanto é fato inegável que em algumas áreas da atividade do governo — notadamente a coleta de lixo e a administração de prisões (Wollan, 1986) — o termo "monopólio" não mais se aplica.

Empregos Públicos São Recursos Públicos. Embora alguns administradores públicos possam ver o isolamento parcial das forças do mercado como algo semelhante a um benefício adicional, eles pagam um alto preço por esse privilégio. Em troca dos valores que recebem, os servidores públicos estão sujeitos a uma gama muito mais ampla de controles e verificações cruzadas do que os acionistas podem impor aos seus empregados. Como se observou anteriormente, muitos desses controles tomam a forma de procedimentos que reduzem a flexibilidade dos administradores públicos no setor de pessoal. Para piorar as coisas, muitas decisões importantes do setor de pessoal não são tomadas pelos próprios administradores. Por exemplo, em muitas localidades as legislaturas são diretamente responsáveis por decisões referentes a assuntos como escalas de pagamento, pacotes de benefícios, aumentos e critérios de promoção, políticas de corte, restrições de transferências e tetos de pessoal. E como essas questões são cravadas no cadinho da opinião pública e no diálogo político, a política de recrutamento de pessoal torna-se muitas vezes um objeto do jogo político que grupos em competição usam para seus interesses pessoais ou os de seus partidários. Além do prejuízo potencial para o moral dos funcionários (por exemplo, de ver um aumento devido ao custo de vida ser negociado politicamente pela legislatura em troca de uma nova prisão), a influência externa sobre a política básica de pessoal tem uma influência mais séria e imediata. A incapacidade de controlar decisões desse tipo rouba dos administradores públicos uma importante fonte de autoridade sobre seus subordinados. Se um supervisor não pode influenciar diretamente a extensão dos aumentos de seus trabalhadores ou o nível de suas classificações, perdem-se importantes fontes de premiação e punição que geralmente estão à disposição dos administradores nas empresas.

Tradição. Depois de mais de um século de experiência com sistemas de mérito, o governo desenvolveu certos procedimentos operacionais padronizados que vieram a ser santificados pela tradição. Embora alvo de críticas e ataques ocasionais, essas práticas têm uma forma de se perpetuar meramente pela força da inércia. Conquanto cada jurisdição tenha sua própria variedade singular, uns poucos tipos representativos parecem surgir com regularidade. O mais persistente deles é provavelmente a "regra de três", que permite a uma autoridade com poder de decisão selecionar qualquer um dos três primeiros candidatos de uma lista do serviço civil. Outros exemplos incluem a tentativa do governo federal de obter "representação regional" nas suas nomeações de servidores civis e a prática amplamente difundida de dar preferência a veteranos militares quando concorrem a empregos públicos, independentemente da natureza ou duração do serviço que prestavam. Há também certas normas informais que constituem poderosas políticas de pessoal, mesmo não tendo sido sancionadas por estatutos ou manuais processuais. Há, por exemplo, forte propensão na maioria das jurisdições de evitar o uso de recrutamento externo (entrada lateral) para preencher a maior parte das vagas gerenciais, mesmo quando o contingente de candidatos internos é fraco. Essas e outras máximas do setor de pessoal serão tratadas com um pouco mais de profundidade em seções posteriores.

RECRUTAMENTO E SELEÇÃO

É um truísmo dizer que o desempenho de uma organização depende amplamente da qualidade de seus trabalhadores. Embora o treinamento e a supervisão intensiva possam transformar alguns funcionários medíocres, é mais fácil contratar funcionários realmente capazes e entusiastas. Os administradores podem poupar grandes quantidades de tempo, energia e aborrecimento colocando a pessoa certa na posição certa. Entre os prováveis benefícios de uma combinação adequada das habilidades dos funcionários com situações particulares de trabalho, contam-se a satisfação com o trabalho, maior produtividade, menor rotatividade e redução do número de empregados "problemáticos".

O nível de envolvimento dos administradores de linha nas atividades de recrutamento e seleção varia amplamente entre as jurisdições. Nos menores sistemas de pessoal, assim como em alguns dos maiores que são altamente descentralizados, quase todas as fases do processo de pessoal são controladas pelos administradores que irão supervisionar os funcionários que estão sendo recrutados. Os sistemas centralizados de pessoal, ao contrário, podem privar os administradores de linha de qualquer papel ativo no processo, exceto talvez permitir-lhes que façam a seleção final de um punhado de candidatos.

Embora a maioria das atividades de recrutamento tenha sido tradicionalmente administrada por departamentos centrais de pessoal, há uma nítida tendência em direção à descentralização de muitas funções de recrutamento e seleção. Esse fenômeno é especialmente marcante no nível federal, em que a Lei da Reforma do Serviço Civil de 1987 outorgou maior autoridade de recrutamento aos administradores de linha. A Comissão Volcker também enfatizou essa tendência, com a aparente intenção de tornar as práticas federais de recrutamento semelhantes às práticas corporativas, ao permitir às agências conduzir seus próprios esforços e exames de recrutamento.

Pleiteia-se também algum nível de envolvimento centralizado, devido às crescentes dificuldades encontradas para identificar e atrair candidatos talentosos num esquema descentralizado (National Commission on the Public Service, 1989: 24-27). Atualmente a contratação no serviço civil é feita de três maneiras distintas. Usa-se a abordagem tradicional, a *certificação centralizada*, para posições que ocorrem em todo o governo. Para estas, vê-se como muito eficiente o uso de um local central de inscrição para seleção e entrevista. Para posições que existem predominantemente numa só agência, como controladores de vôo, usa-se muitas vezes o *exame delegado*. Nesse caso, o escritório central (OPM) delega autoridade à agência para recrutar e entrevistar candidatos, sujeitos às normas e à aprovação do OPM. No arranjo mais descentralizado, a *contratação direta*, dá-se autoridade à repartição para receber diretamente solicitações de emprego, examinar qualificações e fazer a seleção. Esse esquema é freqüentemente usado em situações envolvendo pessoal difícil de ser encontrado, como engenheiros e enfermeiras. Devido à burocracia e aos atrasos resultantes associados com as duas primeiras abordagens, o uso de contratação direta explodiu nos últimos anos. Por volta de 1990 representava 29% de todas as contratações federais, em comparação com 40% por exame delegado a 31% por certificação central (U.S. General Accounting Office, 1990a).

Etapas no Processo de Recrutamento

Numa organização de recrutamento descentralizado, as seguintes etapas são executadas com a participação ativa dos administradores de linha:

1. *Decidir onde procurar*. Uma vez que se tenha obtido a autorização para preencher um cargo vago, o primeiro ponto a ser examinado é se a agência vai procurar candidatos dentro da organização, fora dela ou se aceitará tanto candidatos internos quanto externos. A dificuldade de tomar essa decisão pode ser grandemente reduzida se um programa eficiente de planejamento de recursos humanos tiver sido implantado e estiver operando. Onde isso acontece, fez-se um inventário de recru-

tamento antes de surgir a vaga, e a partir dele se pode determinar se existem candidatos qualificados dentro da organização. Isso é realizado avaliando-se as qualificações, habilidades e qualidades da força de trabalho atual, comparando-as com necessidades de recrutamento previstas e decidindo-se se são necessários treinamentos ou outras estratégias de desenvolvimento do funcionário para reforçar o potencial de promoção de candidatos particulares.

Caso, como ocorre freqüentemente, se dê preferência a candidatos internos, o administrador pode escolher entre transferir para o cargo vago um funcionário que atualmente executa funções semelhantes e promover um trabalhador de nível mais baixo. De qualquer maneira, o resultado da decisão entre interno e externo terá grande influência sobre as etapas restantes no processo de recrutamento. Se a escolha do administrador for a seleção interna, então as outras atividades de recrutamento provavelmente serão bem menos complicadas e formais do que no caso de se ter de fazer um recrutamento externo.

2. *Preparar o anúncio.* Usando a descrição das tarefas do cargo como referência, redige-se uma oferta de emprego (ou "guia da posição") para anunciar a vaga. Esse anúncio inclui tipicamente a descrição das principais obrigações e responsabilidades, a lista das exigências em relação aos candidatos (*especificações da função* ou *qualificações da função*) e outras informações relevantes, como uma breve descrição da agência ou local de emprego. Enquanto planejam o anúncio do emprego, os administradores podem também aproveitar a oportunidade para alterar a descrição da posição existente, a fim de ajustá-la a circunstâncias que podem ter mudado. Na ausência de uma pessoa que ocupe o cargo indicado, é relativamente fácil rebaixar uma posição que acabou classificada num nível demasiadamente elevado ou aumentar o nível de uma que adquiriu novas responsabilidades.
3. *Anunciar a vaga.* Uma vez que o anúncio da oferta de emprego esteja redigido, a vaga tem de ser anunciada de maneira compatível tanto com as normas da agência federal para Iguais Oportunidades de Emprego quanto com as políticas relevantes da agência e da jurisdição. A maior parte dos sistemas de mérito operam (pelo menos na superfície) de acordo com a filosofia de que os empregadores deveriam lançar a rede o mais amplamente possível. Em outras palavras, deveriam anunciar em tantas localidades e veículos quanto fosse possível, a fim de atrair o maior número de solicitações de emprego. Muitas agências e jurisdições mantêm listas de empregos consolidadas, boletins de recrutamento ou outras fontes centralizadas de informações para auxiliar potenciais candidatos a empregos. Outras conduzem campanhas de recrutamento em universidades, escolas de comércio e lugares similares selecionados.

Cada vez mais se utilizam computadores para oferecer aos candidatos informações referentes a vagas e para auxiliar os administradores a identificar e separar* os que se tenha qualificado para os vários tipos de posições. Através da automação, o acesso *on-line* aos escores obtidos pelos candidatos nos testes, qualificações e objetivos profissionais dos candidatos dá aos administradores um meio oportuno de identificar os funcionários potenciais. O Sistema Automatizado de Entrevista de Candidatos do OPM trata de 600 mil solicitações de emprego por ano e reduziu o tempo de processamento de 12 para três dias desde meados dos anos 80. Muito do sistema é "sem papel", permitindo que todos os registros e atualizações sejam feitos *on-line* (U.S. General Accouting Office, 1990b: 39).

4. *Entrevistar os candidatos.* Para a maior parte das posições de nível mais baixo, os candidatos ao serviço civil se submetem a exames que avaliam conhecimentos e habilidades relacionados com o trabalho. Candidatos a posições de nível médio (gerenciais, como também a maior parte das funções técnicas) também podem ser avaliados por testes de "lápis e papel", mas é mais comum serem submetidos a uma avaliação menos formal. Normalmente isso consiste em uma análise sistemática (ou, em muitos casos, não tão sistemática) da instrução e experiência dos candidatos através da revisão dos seus currículos ou solicitações de emprego. Os candidatos que conseguem um escore satisfatório são confirmados como pretendentes aceitáveis e colocados num registro. Depois, quando surge uma vaga na função ou categoria de trabalho que o candidato procura, os nomes dos que detiveram melhor posição no registro (a lista curta — geralmente três, mas às vezes até 20 nomes) são passados à autoridade nomeadora, geralmente o administrador da unidade em que existe a vaga. Normalmente o administrador é solicitado a entrevistar todos os candidatos da lista curta e selecionar alguém daquele grupo. Oferece-se maior discricionariedade aos administradores de jurisdições que permitem "solicitações de nomes", nas quais a autoridade nomeadora apresenta o(s) nome(s) de candidato(s) específico(s) para inclusão no registro de certificação.

Problemas no Processo

Os procedimentos de recrutamento e seleção contêm muitas armadilhas e imperfeições. Às vezes essas falhas fazem com que as atividades de recrutamento do governo pareçam acidentais, se não completamente corruptas. Embora não haja

* No original, "*tracking*" — sistema no qual os candidatos são separados em grupos ou classes diferentes, de acordo com escores obtidos em testes ou a relativa capacidade escolar, para assegurar que os bem-dotados não sejam inibidos pelos menos preparados. (N.T.)

espaço suficiente para uma análise profunda de todos esses problemas, seguem-se breves descrições dos mais comuns e potencialmente mais prejudiciais.

Preferência por Candidatos Internos. Muitas agências públicas têm forte tendência a favorecer os candidatos internos em relação aos externos, independentemente das suas relativas qualificações. Essa predisposição é fácil de compreender, dadas as realidades da vida organizacional. Promover candidatos internos mantém o moral dos outros trabalhadores, pois reforça sua crença em que, através do serviço dedicado, também eles serão recompensados com promoções. Na verdade, uma única promoção tem muitas vezes um efeito ondulatório pelo qual muitos outros trabalhadores avançam nas suas carreiras, sendo possível agradar a grande número deles de uma só vez (isso é chamado de efeito de escada). Além disso, é provável que os candidatos internos sejam vistos como apostas seguras, pois suas forças e fraquezas já são muito bem conhecidas. Os candidatos externos, ao contrário, são desconhecidos. Além de ameaçar as oportunidades promocionais de todo mundo, os candidatos de fora da organização têm menos chance de ser bem-sucedidos; sua taxa de rotatividade é geralmente muitas vezes maior que a dos candidatos internos. Pode também custar muito caro atraí-los e treiná-los.

Embora muito fortes, essas razões são contrabalançadas por certas vantagens importantes do recrutamento externo ou "entrada lateral", como é chamado às vezes. Se uma agência não tem tido um desempenho à altura das expectativas ou se é iminente uma mudança importante, o sangue novo fornecido pela entrada lateral pode ser imensamente proveitoso. Quando não há um candidato interno claramente superior, a entrada lateral pode significar uma fuga ao orgulho ferido e às cobranças de favoritismo que podem acompanhar a decisão de promover um determinado indivíduo de dentro.

Assim, embora se possa defender uma forte preferência pelo recrutamento interno, não é a melhor medida a ser tomada em todas as circunstâncias. As agências que se abstêm inteiramente da entrada lateral correm o risco de se tornar paralisadas pela inércia. Na metáfora sugerida por Anthony Downs (1967), uma agência que não recebeu sangue novo para rejuvenescê-la envelhece por se tornar mais presa a regras e mais conservadora. De maneira semelhante, a agência que não usa as vagas como oportunidades de recrutar as habilidades e capacidades de que necessita e que só estão disponíveis nos candidatos externos pode terminar simplesmente premiando a mediocridade existente.

A maior parte dos sistemas de mérito exige que todas as vagas sejam anunciadas publicamente e que todos os candidatos qualificados, tanto de dentro como de fora, sejam considerados — ou seja, um processo de recrutamento *aberto*, que pode ser a estratégia mais favorável. Não obstante, muitas repartições nunca envidam um esforço real para atrair propostas de fora. De fato, reconhece-se amplamente que muitas seleções já foram feitas antes de os anúncios de empregos serem escritos ou as vagas publicadas. Essas situação pode ser extremamente irritante para candidatos de fora, que, até compreenderem o que está acontecendo, se candidatam repetidamente a posições para as quais nunca são seriamente considerados.

Recrutamento Estereotipado. Como mencionado anteriormente, as vagas representam oportunidades importantes para os administradores públicos. A saída de um encarregado pode incitar à necessária reavaliação da posição vaga e levar a uma reclassificação ou outra redefinição significativa do âmbito e da essência do trabalho. No entanto, mais comumente, na pressa de encontrar e contratar um substituto, a agência procura alguém "exatamente como" o funcionário original, e a única mudança observável é uma nova placa com nome na porta do escritório.

Outras manifestações de recrutamento estereotipado são igualmente comuns. Muitos candidatos são vítimas dos estereótipos que estipulam as características apropriadas para adequado desempenho na função a que se estão candidatando. Os homens enfermeiros, por exemplo, não se encaixam no modelo de que essa profissão "deve ser" feminina. Esse tipo de discriminação no emprego é agora ilegal, exceto no caso de características tidas como qualificações ocupacionais de boa fé (QOBFs). Como quase todas as QOBFs baseadas em raça, sexo, idade, incapacidade e outras mais foram excluídas dessa categoria, seja por lei ou por decretos judiciais, as decisões sobre emprego não podem basear-se nesses fatores. Infelizmente, no entanto, a ilegalidade não significa necessariamente que esses critérios tenham deixado de desempenhar um papel relevante no processo de recrutamento e seleção.

Deficiência nos Exames. Até recentemente, o setor público baseava-se fortemente em exames do tipo lápis e papel para entrevistar funcionários potenciais. Essa dependência remonta à Lei Pendleton, que também exigia exames "de caráter prático". As gerações seguintes questionaram se os exames para o serviço civil deveriam sequer enfatizar as habilidades práticas (ligadas ao trabalho) ou a aptidão e a inteligência gerais, mas a utilidade dos exames em si nunca foi questionada. Entretanto, no início dos anos 70, a confiança nos exames foi abalada pelas ondas de choque dos movimentos por iguais oportunidades e ação afirmativa. O golpe mais severo veio com a decisão do célebre caso *Griggs v. Duke Power Company* (401 U.S. 424, 1971), no qual a Suprema Corte decidiu que as práticas de emprego cujo efeito era excluir minorias "devem mostrar que estão relacionadas ao desempenho na função" para serem válidas. Esse preceito significava que o acesso e os exames promocionais, bem como o "credencialismo" (exigências ligadas à instrução e à experiência), não podiam ser usadas, a não ser que se mostrasse estarem diretamente relacionadas com o desempenho eficiente no trabalho.

Pelo que era essencialmente a primeira vez, solicitou-se aos administradores públicos que dessem uma olhada crítica nos exames para o serviço civil. O que viram não foi muito encorajador.

> Os coeficientes de validade dos exames para serviço civil são tipicamente mais ou menos de nível 0,25 e raramente maiores que 0,50. Em outras palavras, o desempenho nos exames do serviço civil em geral explica aproximadamente 6% da variação do desempenho no trabalho e raramente mais que 25%. (Rosenbloom, 1973: 102)

Assim, tem estado em andamento uma longa procura de estratégias mais confiáveis de seleção. Em 1982 o governo federal aboliu o exame padrão para selecionar pessoas com diploma universitário para posições de nível mais baixo, em que o funcionário pode adquirir experiência e habilidades. O Exame de Carreira Profissional e Administrativa (ECPA) foi considerado culturalmente (racialmente) preconceituoso, precipitando assim um movimento em direção a exames especializados, por escrito, que poderiam mais facilmente ser ligados às características do trabalho (Lanouette, 1981).

Sem um ponto central de entrada como ECPA, as agências federais passaram a confiar em métodos de contratação descentralizados não-competitivos, que enfatizam as habilidades especializadas em lugar da aptidão geral. Esse processo resultou na ampliação da contratação de minoria, mas potencialmente expôs o processo de seleção a critérios inadequados (sem base em mérito) (Ban e Ingraham, 1988). O. Glenn Stahl alega que a eliminação do ECPA deve ser, em parte, responsabilizada pela "subversão" do sistema de mérito, e assim clama por que sejam "revigorados o recrutamento e o processo competitivo de seleção" através de um sistema com um único ponto de entrada (1990: 318).

No meio dessa incerteza, os tipos de exames que parecem estar emergindo como os novos favoritos entre os usuários tanto públicos quanto privados são os exames não-agregados, os testes de desempenho e os centros de avaliação (ver Tabela 4-1). Os *exames não-agregados* são geralmente usados na seleção de funcionários gerenciais e profissionais que algum dia já fizeram testes de aptidão geral. Esse exame consiste meramente em uma revisão sistemática — isto é, à qual se aplicaram escores — da instrução e experiência do candidato, como constam de currículos e solicitações de emprego. Embora rápido e barato, esse tipo de exame tem sido criticado como sendo demasiado subjetivo e conducente a erro de avaliação (Levine e Flory, 1975). Os *testes de desempenho* incluem amostras do trabalho (por exemplo, candidatos a datilógrafos devem datilograr), testes de capacidade física (por exemplo, candidatos a bombeiros devem carregar um "corpo" escada abaixo) e testes situacionais, em que os candidatos a posições gerenciais mostram suas habilidades enfrentando situações ou problemas de trabalho comuns. Esses testes são geralmente considerados altamente válidos, mas suas principais desvantagens são o custo freqüentemente alto de administração e o fato de não serem aplicáveis a muitas categorias de emprego. Os *centros de avaliação* consistem em uma bateria de exercícios de teste, incluindo simulações aleatórias*, apresentações orais, jogos de liderança, discussões em grupo e redação de ensaios (Howard, 1974). O desempenho dos candidatos nesses exercícios é mensurado por "avaliadores" que ocupam posições comparáveis à que está sendo pleiteada; as avaliações resultantes são agrupadas e analisadas e se atribui uma nota global. Como essa técnica usa múltiplas formas de avaliação e múltiplos avaliadores, é tida por

* São simulações nas quais uma pessoa é colocada numa situação desesperadora e tem de achar uma solução usando sua inteligência. (N.T.)

alguns como a mais confiável estratégia de teste disponível. Assim, seu uso está se difundindo rapidamente (Ross, 1985), apesar do fato de os centros de avaliação serem muito caros (400 a 600 dólares por candidato) e consumirem muito tempo.

Determinar a validade de qualquer tipo de exame — ou seja, saber quão bem ele realmente prediz o desempenho na função — também é um processo caro e que consome tempo, mas não pode ser evitado. Exames não-validados são vulneráveis a contestações legais. Além disso, a não ser que os altos escores obtidos num exame tenham provado estar estatisticamente correlacionados com o bom desempenho na função (chama-se isso de "validação relacionada a critérios"), nunca se pode esperar realmente do instrumento de exame que cumpra a função a que está destinado. Hoje em dia *todas as* técnicas de seleção, das mínimas exigências educacionais às mais sofisticadas avaliações de desempenho, são consideradas legalmente como testes e precisam ser validadas de acordo com isso. Seguindo-se esse critério, é razoável pressupor que grande parte das decisões de recrutamento de pessoal feitas diariamente em toda a nação seja baseada em indícios não-validados ou falhos.

Burla aos Procedimentos de Seleção. Enquanto as técnicas de pessoal inadequadas ou ineficientes são responsáveis pela maior parte dos colapsos no recrutamento e seleção, alguns dos mais flagrantes desvios em relação aos princípios aceitos na área de pessoal são intencionais. Quando procedimentos tediosos inibem sua flexibilidade nessa área, muitos administradores públicos simplesmente ignoram as exigências do sistema de mérito. Se, por exemplo, o administrador deseja dar ajuda a um candidato especial em detrimento de todos os outros, uma variedade de técnicas úteis está à sua disposição. Como Shafritz (1974: 487) mostrou, alguns administradores públicos irão pressionar seus departamentos de pessoal no sentido de "reduzir as qualificações para uma posição específica ou abaixar o limite de aprovação num exame de admissão ou promoção". Ou, se a oportunidade se apresenta, a posição pode ser redimensionada tendo-se em mente o candidato favorito. Num processo chamado "descrição de posição criativa", redige-se uma lista de exigências da função que efetivamente exclui os outros candidatos. Para candidatos que já foram aprovados mas não estão incluídos na listinha, "aguardar o registro" pode ser a estratégia de burla. Isso é feito esperando-se pacientemente até todos que estejam acima do candidato preferido tenham desistido ou sido selecionados para outra posição, ocasião em que o administrador anuncia a vaga. Finalmente, a maior parte dos sistemas de mérito permite aos administradores fazer nomeações para cargos temporários. Como esses empregos não devem durar mais que alguns meses, estão livres de quase todos os procedimentos competitivos; uma vez empregados, porém, os ocupantes de cargos temporários têm uma vantagem na competição por vagas permanentes. Alguns estudos mostram também que funcionários "temporários" às vezes (mesmo ilegalmente) se mantêm no emprego durante décadas (Tolchin e Tolchin, 1971; Freedman, 1988).

Patrocínio. Muitas vezes pode-se descobrir que o ímpeto de violar as exigências do sistema de mérito parte dos funcionários eleitos que pretendem usar cargos

Tabela-4-1 Tipos Recentes de Exames Concursais do Setor Público

Tipo de Exame	Descrição	Vantagens e Desvantagens	Principais Usos
Exame não-agregado	Avaliação do treinamento e experiência dos candidatos, como constam dos seus currículos e solicitações de emprego completas; comparação do treinamento e experiência com as exigências do cargo relacionadas no anúncio sobre este	Muito barato para projetar e administrar; não há necessidade de os candidatos estarem presentes; pode-se atrair um grupo maior de candidatos. Exige um número excessivo de critérios por parte dos avaliadores, muitas vezes levando à ênfase exagerada nos fatores quantitativos em vez dos qualitativos ("credencialismo"); baixa validade, devido a trapaças e erros de avaliação	Seleção de trabalhadores profissionais; pode ser associada a entrevistas orais para cargos de nível mais baixo
Testes de desempenho	Medidas da habilidade dos trabalhadores, mais do que *fazem* do que o que sabem; inclui testes de habilidades físicas e verbais	Barato para projetar, embora seja relativamente caro para administrar devido à necessidade de inspetores ou avaliadores; são apreciados pelos candidatos porque são fáceis de ser compreendidos e o *feedback* é imediato; validade fácil de estabelecer. Pode ser aplicado apenas a trabalhadores de nível mais baixo; pode ser muito caro para projetar e administrar se for aplicado a trabalhadores profissionais ou gerenciais	Seleção de trabalhadores de escritório e técnicos em funções que requerem habilidade física ou força

Exame oral	Entrevista estruturada administrada por um grupo ou um único avaliador; questões ligadas ao cargo são apresentadas num esquema e seqüência predeterminados; as respostas são marcadas numericamente	Popular entre administradores porque estes podem ver os candidatos "em ação"; pode revelar deficiências em candidatos que não são mostradas por outros instrumentos. Não-confiáveis, consomem tempo, caros e ineficientes; excessivamente subjetivos, produzem resultados inconsistentes e muitas vezes não investigam suficientemente o conhecimento ligado ao cargo	Seleção de pessoal gerencial de alto e médio nível e profissionais técnicos
Centro de avaliação	Os candidatos passam por uma série de exercícios individuais e em grupo, avaliados por uma equipe de avaliadores; escores globais determinados por discussão e consenso dos avaliadores	Muito confiável, pois os avaliadores são treinados antes da participação; o teste enfatiza o comportamento, não fatores irrelevantes; provê medidas múltiplas. Muito caro; aplicabilidade limitada a trabalhadores de níveis mais baixos	Decisões de promoção para trabalhadores gerenciais e alguns profissionais
Auto-seleção	Os candidatos recebem uma descrição detalhada das exigências do cargo, talvez incluindo exibição em vídeo-teipe de aspectos típicos e desagradáveis do cargo; em seguida os candidatos julgam sua própria habilidade e desejo de executar o trabalho	Desencoraja solicitações de emprego fúteis; revela possível rotatividade antes do treinamento e da orientação, técnica muito aceitável da perspectiva dos candidatos; altamente válido. Muito caro para projetar e administrar; aplicabilidade limitada a cargos que experimentam constante rotatividade e que são caracterizados por condições de trabalho desagradáveis ou exigências físicas estrênuas	Seleção de policiais, bombeiros e pessoal correlacionado

Fontes: Steven W. Hays e Richard C. Kearney, "Examinations in the Public Service", in *Centenary Issues of the Pendleton Act of 1883*, org. por David H. Rosenbloom (Nova York: Marcel Dekker, 1982), 25-44; R. D. Arvey, *Fairness in Selecting Employees* (Reading, Mass.: Addison-Wesley, 1979); W.F. Cascio e N. F. Phillips, "Performance Testing: A Rose among Thorns?" *Personnel Psychology* 32 (1979): 751-66.

públicos para atender a objetivos partidários. Pressionando servidores públicos bem situados a cooperar, os políticos podem conseguir empregos para amigos e protetores e promover as carreiras dos que já estão empregados em repartições específicas. Mesmo o administrador mais profissional e virtuoso será tentado a ceder a tal pressão, pois agir de outro modo poderia causar um prejuízo maior à agência (por exemplo, uma redução no orçamento ou o enfraquecimento da sua autoridade estatutária). Reciprocamente, mesmo o político mais ético pode sentir necessidade de se engajar em atividades de patrocínio. Como Tolchin e Tolchin (1971: 41) descreveram com muita eloqüência, John Lindsay, quando prefeito da cidade de Nova York, transformou-se de fervoroso oponente do patrocínio em um dos seus piores praticantes ao compreender, depois de muitas experiências amargas, que não podia governar a cidade sem usar o patrocínio. Ele necessitava deste para superar a oposição política, manter os sindicatos em paz, cultivar boas relações com o comércio e conservar seu próprio séquito político.

Na realidade, portanto, é ingenuidade esperar que o patrocínio possa ser totalmente erradicado. Os administradores públicos que começam na função pensando de outra forma ficam em geral (rapidamente) desiludidos em relação a quaisquer noções em contrário. No entanto há de se ressaltar também que as considerações de patrocínio atingem apenas uma percentagem muito pequena dos cargos públicos, a não ser em ambientes muito politizados. O favoritismo revelado pelos próprios administradores públicos é um inimigo muito mais comum do recrutamento de pessoal por mérito. Da perspectiva dos cidadãos, especialmente dos que estão buscando um emprego público, esse fato tende a ter dois efeitos relacionados. Muitos tentarão explorar a situação ao obterem acesso a administradores públicos influentes ou funcionários públicos eleitos, enquanto virtualmente todos podem vir a acreditar que pelo menos em algumas agências públicas a norma mais importante na busca de um emprego é: "Não importa *o que* você conhece, mas *quem*!"

Sistemas Inadequados. Finalmente, enquanto muitas jurisdições possuem sofisticados sistemas de pessoal que rivalizam com os das grandes empresas, um número muito maior apresenta sistemas de mérito estruturados e operados de modo muito insatisfatório. Por exemplo, um relatório constatou que, em 172 grandes jurisdições de condados e cidades pesquisadas, somente 48% empregavam exames competitivos, 30% mantinham registros de serviço civil e 49% estavam comprometidas com algumas atividades de recrutamento sistemáticas. Mesmo esses dados são falhos em comunicar a verdadeira seriedade do problema, pois se referem a jurisdições de *grande porte*, enquanto a maior parte dos servidores está empregada em unidades governamentais menores, que têm ainda *menos* probabilidade de operar sistemas de pessoal sofisticados. De fato, a maior parte dos estudos mostrou não ser economicamente vantajoso até mesmo criar um departamento de pessoal distinto antes que a jurisdição empregue mais de 200 trabalhadores. Portanto, pode-se supor que grande parte dos administradores públicos que exercem responsabilidades de recrutamento de pessoal age sem a assistência de um departamento de pessoal de tempo integral. Essa situação pode contribuir para um grau desejável de flexibilidade, mas também pode representar um severo impedimento a um recrutamento e seleção eficientes. A ausência de serviços centralizados de pessoal significa que o administrador tem de executar pessoalmente todas as funções rotineiras de recrutamento de pessoal (e provavelmente de maneira muito informal) ou de delegá-las a alguém que pode não ter um treinamento profissional relevante. Podemos assim conjecturar que os sistemas de pessoal, na maior parte dessas jurisdições, estão bem longe da descrição didática de como deve ser mantido um sistema com essa finalidade.

UTILIZAÇÃO DE EMPREGADOS

Uma vez que o recrutamento e a seleção tenham sido (por ora) completados, a preocupação principal da maioria dos administradores é assegurar que se utilizem efetivamente os empregados contratados. Desde o movimento científico da administração durante as primeiras décadas deste século, a *classificação de posições* tem governado a utilização dos empregados na maioria das agências públicas. Chamadas de "eixo central" da administração de pessoal pública (Mosher, 1984: 79), as classificações de posições provêem a base de praticamente todas as outras decisões de recrutamento de pessoal. Consistem em uma seqüência de atividades nas quais: 1) definem-se todos os cargos do sistema de pessoal da organização em termos de deveres e responsabilidades; 2) comparam-se os cargos entre si a fim de se estabelecer uma hierarquia de classes baseada nos níveis relativos de importância; 3) especifica-se um conjunto padronizado de títulos funcionais; e 4) usam-se as classes resultantes como base para determinar os níveis ou variações de salários (levando-se em consideração os salários e benefícios adicionais entre empregadores comparáveis na mesma área geográfica). Através desse procedimento, as organizações obtêm teoricamente os seguintes benefícios:

Definição objetiva da essência de todos os cargos
Estabelecimento de planos de carreira claramente definidos
Controle dos níveis de pagamentos e garantia de que empregados que desempenham funções comparáveis estejam recebendo remunerações comparáveis
Criação de uma terminologia de cargos uniforme
Estabelecimento de exigências de experiência e instrução claramente ligadas às características do cargo (ajudando assim no recrutamento e seleção)
Identificação de incompatibilidades e duplicidades nas atribuições das funções
Proteção contra preferência política ou pessoal na determinação dos níveis salariais e de carreira

Embora sejam elementos essenciais de praticamente todo o moderno sistema de pessoal, as classificações de posições raramente despertam entusiasmo entre os administradores de linha. Elas realmente tornam possível haver planos de carreira racionais e de fato constituem a base dos sistemas de carreira por hierarquia, mas os administradores se opõem à sua rigidez; na verdade, muitas vezes elas são citadas como um dos principais impedimentos à flexibilidade gerencial. Planos de carreira baseados em classificações de cargos equivalem a sistemas fechados. Uma vez que se atribui um cargo a um empregado, ele está, de muitas maneiras, num "buraco". Os deveres particulares do cargo chegam a ser percebidos como sendo a especialidade dessa pessoa. As subseqüentes subidas nos planos de carreira vão restringir-se geralmente a posições similares na série de classificações. Além disso, as normas do sistema de classificação comumente impedem os administradores de atribuírem ao funcionário obrigações que não estejam incluídas na descrição formal das funções. Assim, por exemplo, um especialista em processamento de textos pode ser formalmente inelegível para supervisionar outros trabalhadores, mesmo sendo capaz de fazê-lo. Se um supervisor quiser remunerar esse especialista por desempenho destacado, sua capacidade de fazê-lo é tolhida pelos níveis salariais atribuídos à classificação do empregado. Empregados no topo de suas categorias salariais não podem receber nenhum aumento além dos ajustes referentes ao custo de vida (COLAs); outros empregados são limitados a um aumento determinado por uma percentagem estabelecida, um grau de pagamento ou alguma regra similar.

Da perspectiva dos administradores de linha, portanto, os sistemas de carreira por hierarquia limitam sua flexibilidade. A maior parte dos cargos é definida de maneira tão estrita ("superespecializada") que seus ocupantes não podem usar plenamente seus talentos e capacidades. O moral dos empregados sofre porque muitos trabalhadores são apanhados na armadilha de funções sem saída que podem ou não refletir com precisão seus interesses. Pelo fato de os administradores serem geralmente incapazes de prover recompensas substanciais aos empregados que as mereçam, a iniciativa e produtividade do trabalho podem sofrer. Por essas razões, os sistemas de carreira alternativos tornaram-se atraentes.

Os sistemas de carreira de "Ranking" (ou *por patente*) acentuam a flexibilidade gerencial em lugar do controle organizacional. Em vez das minuciosas especialidades funcionais dos sistemas de carreira por hierarquia, os empregados são agrupados em amplos conjuntos com orientação generalista. Dois exemplos comuns são os corpos docentes das universidades e as forças armadas. Nesses sistemas, a maioria dos empregados entra no nível mais baixo e ascende pelo trabalho. Poucos cargos são reservados exclusivamente a indivíduos com habilidades de especialistas (além das áreas ligadas às disciplinas, no caso dos corpos docentes), de modo que grande parte dos empregados executa uma ampla variedade de tarefas durante suas carreiras. Salário e categoria têm muito mais a ver com a competência da pessoa e a duração do serviço do que com as tarefas particulares que estão sendo executadas, e as atribuições normalmente se baseiam mais na aptidão geral do que em qualquer outro critério.

Embora não se apliquem a todos os cargos do setor público, os sistemas de carreira de Ranking por patente estão sendo crescentemente utilizados. Sua recente popularidade pode ser amplamente atribuída a um importante experimento lançado pelo governo federal em 1978. Como parte da tentativa do governo de reformar seu sistema de pessoal, o CSRA promoveu a criação de um Serviço Executivo

Sênior (SES). Trata-se de um sistema de pessoal distinto para administradores anteriormente classificados nos três níveis mais altos do Quadro Geral de classificações do serviço civil (GS-16 a G-18). A finalidade declarada desse sistema de carreira de Ranking por patente é oferecer aos administradores federais superiores maior discricionariedade sobre seu corpo administrativo. Das distinções baseadas na classificação dentro desse grupo foram abolidas e em vez disso se colocaram os executivos sêniores num conjunto geral de administradores. Todos os ocupantes do conjunto estão sujeitos a alocação, realocação e exoneração com base na aptidão e no desempenho. Livres das restrições da classificação, os executivos sêniores podem ser alocados onde seus talentos são mais necessários; assim, podem ser transferidos de um cargo para outro e de uma agência para outra, dependendo dos desejos de seus superiores. Essa situação contrasta com o sistema anterior, no qual os funcionários federais eram isolados de realocações e transferências, tanto desejadas quanto indesejadas.

Seduzidos pela promessa de maior flexibilidade gerencial, muitos governos estaduais e municipais instituíram suas próprias versões do SES (Dresang, 1982; Abramson, 1987). Como o sistema federal, a maior parte dos novos sistemas de carreira de Ranking por patente está limitada às esferas superiores da burocracia. Mas, à medida que se ganha experiência com os novos sistemas, é provável que ocorram novas extensões do seu alcance, apesar das opiniões divergentes dos que analisaram a experiência estadual do SES até agora (Sherwood e Breyer, 1987). O governo federal, por exemplo, tem considerado a possibilidade de ampliar o SES para baixo até o nível de GS-12.

No entanto, antes de jogar todas as classificações funcionais na lata do lixo, deve-se examinar o lado oposto da flexibilidade. A implementação de um sistema de carreira de Ranking por patente tem o efeito de diminuir o controle da jurisdição sobre sua força de trabalho. Embora se possam introduzir no sistema muitos pesos e contrapesos, não se pode restabelecer o nível de controle disponível através de um plano de classificação. A experiência do governo federal com o SES indicou que, apesar de haver salvaguardas, o serviço civil tornou-se mais vulnerável à manipulação política. Como muitos membros do SES trabalham diretamente para nomeados políticos, e não para outros funcionários de carreira, critérios políticos têm-se insinuado em muitas decisões relativas a recrutamento de pessoal. Como resultado desse e de outros problemas, relata-se que o moral dos membros do SES anda bastante baixo e um êxodo de executivos sêniores talentosos está a caminho (Ingraham e Barrileaux, 1983; Lewis, 1991). Apesar desse lado negativo, contudo, o SES também foi considerado como tendo "sólido potencial gerencial" (Perry e Miller, 1991). Mais de 75% dos membros do SES relatam que o sistema tem funcionado "bem ou muito bem", embora persistam queixas sobre salários inadequados e intromissões políticas (Goldstein, 1989; Huddleston, 1991).

Parece, então, que nenhum desses sistemas é uniformemente superior; cada um deles envolve certas trocas relacionadas com compromissos. Um sistema de carreira baseado inteiramente na classificação de funções reduz a flexibilidade, enquanto um sistema que seja totalmente fundamentado no Ranking por patente acaba se tornando vulnerável à exploração política. Por essa razão, a maior parte dos sistemas de carreira tenta combinar os dois modelos, embora o tipo por hierarquia seja certamente predominante na maioria das jurisdições. Mas as reformas do tipo SES provavelmente continuarão e as forças que as incitaram não vão desaparecer. Como as pressões por flexibilidade e produtividade são tão difundidas, outros métodos de utilizar funcionários públicos com mais eficiência atrairão crescente atenção. Dois desses métodos serão rapidamente examinados a seguir.

Estratégias de Planejamento de Cargos

Dependendo do caráter do sistema de pessoal de uma jurisdição, algumas estratégias de planejamento de cargos podem aumentar a motivação dos empregados e ao mesmo tempo solucionar outros problemas de recrutamento de pessoal. Embora a meta do planejamento de cargos fosse decompor os cargos em suas partes mais básicas a fim de se poder rotinizá-los (conseqüência dos estudos de tempo e movimento), posteriormente ele passou a significar o contrário. Hoje o termo é usado para se referir a estratégias que expandem a variedade e a complexidade das tarefas associadas a um cargo a fim de que este se torne mais desafiante e satisfatório para seus ocupantes. As três mais comuns dessas estratégias são a rotação de cargos, a ampliação de cargos e o enriquecimento das suas funções.

Como o nome insinua, a *rotação de cargos* requer o movimento dos trabalhadores de um cargo para outro. Quando os trabalhadores apresentam amostras das tarefas executadas pelos colegas, argumentam os proponentes da técnica, o tédio se reduz, os trabalhadores ganham maior compreensão de seu papel na organização e conseqüentemente aumenta a motivação. No entanto seus detratores sustentam que a rotação de cargos apenas expõe os trabalhadores "a uma série diferente de tarefas monótonas e enfadonhas" (Ivancevich, Szilagyi e Wallace, 1977: 148). Apesar dessa incerteza quanto a seus efeitos, a estratégia é amplamente usada tanto em organizações públicas como em privadas, embora menos como ferramenta motivacional e mais como meio de preparar os trabalhadores para promoções ou substituir empregados que se achem temporariamente ausentes.

A *ampliação de cargos* (às vezes referida por um termo do jargão profissional particularmente feio, "carga horizontal de trabalho") envolve uma expansão no número e na variedade de tarefas que determinado trabalhador executa. Distingue-se de rotação de cargos pelo fato de a variação mais ampla de deveres estar permanentemente associada à função; o trabalhador não precisa ir de cargo em cargo para experimentar uma variedade de tarefas. Exemplos da ampliação de cargos no setor público são freqüentemente encontrados nos departamentos de segurança pública. Muitas jurisdições fazem "treinamento cruzado" do pessoal de segurança pública destinado à polícia e ao corpo de bombeiros. Algumas pagam mais a certos funcionários quando estes adquirem a capacidade de assumir novas responsabilidades; policiais que aprendem a demonstrar evidências de práticas criminais, por exemplo, recebem um suplemento salarial. Embora as evidências empíricas disponíveis sejam inconclusivas, existe alguma indicação de que a ampliação de cargos reduz o absenteísmo. Adicionalmente, Norman (1977: 301) relata que a qualidade e o nível de desempenho dos empregados são positivamente afetados pelos programas de ampliação de cargos.

O *enriquecimento de cargos* é a mais sofisticada dessas três abordagens de planejamento. Enquanto as outras duas estratégias pretendem expandir a variedade de *tarefas* do trabalhador, o enriquecimento de cargos preocupa-se em aumentar a *responsabilidade e a autoridade* do empregado. Invenção de Frederick Herzberg (cujo trabalho é examinado no capítulo seguinte), essa estratégia motivacional baseia-se na crença de que a maioria dos trabalhadores deseja autonomia e responsabilidade, mais que qualquer outra coisa. Também chamado de carga vertical de trabalho, o enriquecimento de cargos exige dos administradores que passem algumas de suas tradicionais prerrogativas decisórias aos seus subordinados. Os trabalhadores ganham maior autoridade sobre a distribuição de recursos, padrões de desempenho e solução de problemas. Fazendo isso, o administrador demonstra ter fé na habilidade dos trabalhadores, o que aumenta nestes o senso de aperfeiçoamento, autonomia e auto-estima.

Talvez a mais conhecida incursão do setor público no enriquecimento de cargos tenha sido a experiência com a administração por objetivos (Jun, 1976; ver também Capítulo 2). Embora não seja uma forma pura de enriquecimento de cargos, a APO baseou-se, na maior parte, nas mesmas suposições sobre a motivação humana e no desejo de autonomia. Na APO, administradores e subordinados estabeleceram conjuntamente objetivos de desempenho, depois do que se exerceu pouco controle aberto sobre os trabalhadores. Em vez disso, cada grupo de trabalho operou quase como uma pequena empresa (um "centro de lucro"), com certa liberdade de tomar decisões, distribuir recursos, planejar e designar tarefas. Dessa forma, os trabalhadores foram contemplados com maior responsabilidade, autoridade e amplitude de ação. Enquanto isso, o administrador desempenhava o papel de preceptor, auxiliando a equipe de trabalho quando necessário, mas não tomando parte ativa nas operações cotidianas. O controle gerencial seria alcançado através da busca dos objetivos que tinham sido estabelecidos conjuntamente; teoricamente, a única preocupação da organização era o desempenho da unidade, tal como medida pelo grau em que suas metas eram atingidas.

Apesar do seu encanto, a APO fracassou nas milhares de jurisdições em que foi tentada. Dentre as muitas explicações que têm sido oferecidas para seu fracasso, a que foi mais amplamente aceita é também a mais inquietante: os administradores públicos eram simplesmente incapazes e/ou não se dispunham a permitir uma participação significativa dos empregados nas tomadas de decisões. Se esse fenômeno devia ser atribuído à insegurança dos administradores ou a um fator estranho ao sistema, não ficou claro. No entanto sua significação se tornará ainda mais pronunciada na exposição sobre motivação dos empregados, no próximo capítulo. Como será visto, as hipóteses fundamentais do enriquecimento de cargos foram corroboradas pela pesquisa empírica, indicando que os administradores se dariam muito bem se delegassem mais autoridade a seus subordinados.

Estratégias de Programação

Em comparação com as mudanças no planejamento de cargos, as alterações nas programações de trabalho parecem um tanto prosaicas. Na verdade, porém, as novas estratégias de programação constituem uma das mais interessantes fronteiras no campo do recrutamento de pessoal. Elas fizeram com que os administradores questionassem algumas de suas hipóteses mais tradicionais sobre a natureza do trabalho e provaram ser extraordinariamente eficientes em aumentar a produtividade dos empregados.

O conceito tradicional de uma semana de trabalho padronizada nada mais é que uma criação da Revolução Industrial, destinada a oferecer aos administradores um controle maior sobre sua força de trabalho. Embora a semana de trabalho padronizada — hoje, tipicamente, uma semana de cinco dias com sete ou oito horas por dia — ainda possa ser aplicada a algumas situações industriais (linhas de montagem, por exemplo), não é exigida, de modo geral, pelas necessidades e tecnologias das agências públicas (Committee on Alternative Work Patterns, 1976). Ela sobreviveu principalmente pela inércia, embora no que se refere ao emprego público tenha sido reforçada pela recente decisão da Suprema Corte no caso *Garcia v. San Antonio Metropolitan Transit Authority* (469 U.S. 528, 1985), que decidiu que a Lei dos Justos Padrões de Trabalho se aplicava às agências do governo.

Com o advento do *Workforce 2000*, o caráter cambiante da força de trabalho americana levou os administradores a procurar programações alternativas mais apropriadas aos empregados dos dias de hoje. Mães trabalhadoras com filhos dependentes, empregados que dependem do transporte público e outros trabalhadores com uma variedade de responsabilidades e obrigações externas freqüentemente acham difícil adaptar-se à semana de trabalho padronizada. O moral baixo, o alto absenteísmo, a impontualidade e as licenças de curto prazo foram atribuídos a programações inflexíveis (Committee on Alternative Work Patterns, 1976). É também importante perceber que, nos governos estaduais e locais, o emprego temporário está crescendo a uma taxa mais rápida do que o emprego de tempo integral, criando com isso novas pressões para se programarem mudanças (Long e Post, 1980).

De longe, a estratégia não-tradicional de planejamento mais promissora e amplamente usada é a do *tempo flexível*. Algumas vezes denominado "programação variável do trabalho", o tempo flexível divide a jornada de trabalho em "tempo essencial" e "tempo maleável". Tempo essencial é a parte do dia em que todos os trabalhadores têm de estar presentes. Permite-se aos empregados escolher o tempo em que trabalharão durante o restante do dia — as horas flexíveis. Da maneira como é aplicado na maior parte das organizações, o tempo flexível permite que os empregados comecem a trabalhar a qualquer hora entre as 6h e as 10h da manhã e saiam entre 15h e 19h. O período das 10h às 15h é o tempo essencial. Outras organizações programam as horas flexíveis no meio do dia para harmonizar atividades de desenvolvimento profissional ou para permitir que os empregados cuidem de seus assuntos pessoais.

O tempo flexível tem tido ampla aprovação dos administradores públicos que observaram seus efeitos no aumento da produtividade. Num experimento notável (uma agência regional da Administração de Seguridade Social), constatou-se que o tempo flexível aumentou a produtividade em 12% e eliminou os atrasos, reduziu o problema das licenças de curto prazo e melhorou o ânimo dos empregados por "fazê-los saber que são suficientemente adultos para tomar suas próprias decisões" (Committes on Alternative Work Patterns, 1976: 3). Outros benefícios citados incluem o uso mais efetivo de equipamentos e facilidades, a redução do absenteísmo e das despesas com horas extras, o decréscimo do tráfego na hora do *rush* e o aumento do êxito dos esforços de ação afirmativa (devido ao fato de grande percentagem das famílias de minorias ser constituída de lares com apenas um dos pais e que se beneficiam, portanto, do tempo flexível). As maiores queixas sobre o tempo flexível são de que ele rompe coberturas telefônicas, interfere na disponibilidade dos empregados para reuniões e limita os contatos diretos entre estes e os supervisores.

O *tempo condensado*, pelo qual os empregados trabalham menos dias, mas onde as jornadas são mais longas, tem sido usado por muito tempo na polícia e no corpo de bombeiros. O esquema mais comum é permitir aos empregados trabalhar durante quatro dias de dez horas consecutivas, dando-lhes assim direito a um fim de semana de três dias. Uma abordagem de programação mais recentemente introduzida é o *partilhamento de cargos*, na qual um cargo é dividido entre dois empregados. Essa estratégia é especialmente útil no emprego de pais que trabalham, funcionários mais velhos e deficientes físicos (Long e Post, 1980). Muitas jurisdições estão fazendo um uso liberal de programações de trabalho *temporário* devido ao baixo custo e à flexibilidade de programação que oferecem. Os trabalhadores temporários geralmente não recebem benefícios adicionais e suas programações podem ser mudadas à vontade. Finalmente, a revolução tecnológica está levando a algo que se pode chamar de programação de estilo livre. Permite-se a alguns trabalhadores trabalhar em casa, usando *modems* ou outros dispositivos de computador como ligações com a agência. Se essa prática se difundir, se dará um adeus não muito pesaroso, à tradicional semana de trabalho.

Treinamento, Desenvolvimento de Empregados e Serviços Correlatos

O treinamento é outra função de pessoal que está passando por grande transformação devido à mudança de tecnologia e das características da força de trabalho. As previsões do Hudson Institute (1987) com respeito à futura força de trabalho apresentam um desafio crítico para os empregados. No futuro os trabalhadores com *menor* instrução e experiência serão recrutados predominantemente em setores concentradores do tipo de trabalho. Nesse meio tempo as necessidades dos empregadores em termos de trabalhadores com habilidades especializadas e sofisticação tecnológica aumentará inexoravelmente. O resultado óbvio é que os empregadores não terão outra escolha a não ser investir em treinamento e oportunidades de desenvolvimento para seus trabalhadores.

O treinamento das agências públicas já é um grande negócio. A necessidade de enfatizar "a perpétua aquisição de novas informações" foi reconhecida há muito (Sylvia e Meyer, 1990: 132). A resposta governamental tem sido, de modo geral, impressionante, com a proliferação de treinamentos e programas de desenvolvimento de empregados ocorrendo nos últimos anos. Desde 1958 a Lei de Treinamento de Empregados do governo federal tem promovido programas educacionais sistemáticos e contínuos, enfatizando as habilidades técnicas e administrativas. Novos programas se adicionaram ao longo dos anos, levando a aumentos exponenciais no número de trabalhadores treinados e na sucessão de tópicos que são discutidos nos programas contínuos.

Crescimento similar ocorreu no nível estadual, estimulado em parte por iniciativas federais. Por exemplo, programas financiados pelo governo federal devem ser administrados dentro de limites e normas claramente definidos. Para assegurar a concordância de programas, a maior parte dos Estados desenvolveu programas de treinamento para trabalhadores estaduais e locais, administrando fundos do governo federal (Sylvia e Meyer, 1990). Outra contribuição aos esforços de treinamento estaduais e locais veio através da Lei Intergovernamental de Pessoal (LIP), que objetivava expandir e aperfeiçoar os sistemas de mérito nos governos estaduais e locais. Muitos Estados usaram a magnitude desses novos recursos para estabelecer centros de treinamento, a maioria dos quais sobreviveu ao fracasso do programa da LIP.

Hoje em dia o treinamento é direcionado para qualquer uma destas quatro amplas metas: produção (para aprimorar a prestação de serviços melhorando as habilidades técnicas e gerenciais), adaptação (para ajudar os empregados a se ajustarem às mudanças de demandas dos seus ambientes), socialização (para modelar os valores e percepções dos trabalhadores e assim orientá-los quanto a normas e atribuições) e coordenação (para reduzir o conflito interno, estabelecer uma orientação de equipe e reforçar a comunicação) (Sylvia e Meyer, 1990). Esses objetivos são perseguidos através de uma variedade de esquemas de treinamento focalizando assuntos como habilidades técnicas (por exemplo, tecnologia de computador), competência gerencial (estratégias decisórias, delegação), solução de problemas, planejamento, administração de conflitos, estabelecimento de metas, estruturação de equipes e outros. Embora a maior parte do treinamento seja feita pelas agências ou departamentos, o governo federal e a maioria dos Estados também mantém instalações e programas de treinamento centralizados. Os esforços federais estão concentrados em outros centros regionais de treinamento e no Instituto Executivo Federal, em Charlottesville, Virgínia.

Um fenômeno importante no campo do treinamento é a simbiose existente entre os objetivos do desenvolvimento de empregados e o rápido avanço em direção à profissionalização. Muitos grupos que desejavam melhorar suas qualificações e reputações profissionais organizaram esforços educacionais contínuos e uns poucos (como os funcionários públicos ligados a finanças) até mesmo iniciaram exames de certificação em alguns Estados. Esse movimento provavelmente continuará e está se expandindo claramente nas disciplinas mais "genéricas" da administração. Quase 20 estados, por exemplo, dirigem agora Programas Certificados de Administração Pública (CAM) que especificam exigências de educação contínua para administradores de níveis médio e superior. Embora esses programas sejam quase sempre voluntários, resta pouca dúvida de que há um movimento gradual para fazer do processo de certificação uma exigência formal.

O lado inferior do desenvolvimento de empregados, que lida com os vícios e problemas emocionais da força de trabalho atual, também está gerando uma resposta ajustada dentro das agências públicas. De acordo com a maioria das fontes, aproximadamente 20% de todos os trabalhadores são viciados em álcool e/ou drogas ou apresentam desordens nervosas que diminuem sua produtividade e acarretam custos com tratamentos de saúde. Esse problema deve piorar na medida em que está mudando a demografia da força de trabalho. As minorias sofrem índices de vícios desproporcionalmente altos, e a incidência de outras formas de estresse pessoal (discórdia entre casais, problemas familiares, penúria financeira) está aumentando em todos os grupos de empregados.

Os Programas de Assistência aos Empregados (PAEs) estão se tornando uma resposta organizacional comum às tensões da vida moderna. Os PAEs são vistos como "uma ferramenta da administração, um serviço para o empregado com problemas e uma estratégia para combater os crescentes custos com tratamentos de saúde e prêmios de seguros" (Johnson e O'Neill, 1989: 68). Seu propósito é identificar, diagnosticar, aconselhar e encaminhar empregados com problemas pessoais (Johnson e O'Neill, 1989: 69). Mais da metade de todos os empregados públicos faz atualmente uso de PAEs, — significantemente mais do que se encontra no setor privado (Foster-Higgins & Company, 1988).

Os PAEs existem em muitas formas diversas. Podem ser oferecidos internamente ou contratados fora. Podem focalizar apenas um pequeno número de problemas (mais comumente, vícios) ou toda a gama de doenças (Johnson e O'Neill, 1989). Alguns fornecem tratamento e aconselhamento dentro do próprio departamento de pessoal da agência, enquanto outros encaminham os casos a profissionais externos da área médica.

Sejam quais forem as suas formas, os PAEs estão se tornando um dos benefícios mais importantes para os servidores civis. Funcionam de uma forma não-ameaçadora, na qual trabalhadores com problemas não são tratados de maneira punitiva. As auto-indicações são muito comuns, embora os supervisores sejam encorajados (e, em muitos casos, treinados) a confrontar construtivamente os empregados tidos como, de algum modo, debilitados. Assim, os PAEs se associam ao treinamento como outra ferramenta para o desenvolvimento de empregados que é usada no sentido de aumentar a capacidade e a produtividade dos funcionários públicos de hoje.

RECOMPENSA POR DESEMPENHO

Durante muito tempo uma das queixas mais freqüentes dos administradores públicos era que sua incapacidade de premiar o bom desempenho constituía um obstáculo à supervisão eficiente. Como constatou um estudo importante, "os procedimentos existentes tornam extremamente difícil fornecer uma recompensa significativa pelo desempenho de alta qualidade ou sustar aumentos de salários por desempenho de baixa qualidade. Essa atuação tende a favorecer o desempenho medíocre" (President's Reorganization Project, 1977: 147). Como a maioria dos sistemas de recompensa fornece aos empregados aumentos anuais por promoção automática (antigüidade), a única exigência para se conceder um aumento tem sido que o trabalhador esteja vivo e respirando no final do ano.

Dadas as óbvias disfunções desse método de administração salarial, os aumentos com base na antigüidade tornaram-se um dos alvos favoritos dos atuais reformadores do serviço civil. No seu lugar, tornou-se popular a *recompensa por desempenho*, freqüentemente chamada *recompensa por mérito*. Estimulados pela promessa de aumento da produção e ampliação de responsabilidade, o governo federal e muitos governos estaduais fizeram da recompensa por desempenho a pedra angular do seu programa de reforma do serviço civil (Argyle, 1982). Ainda assim, depois de vários anos de experiência com sistemas de recompensa por mérito, pode-se ouvir um resmungo tanto dos administradores quanto do empregados. Um autor considerou a recompensa por desempenho "um programa caro, complicado e injusto" (Silverman, 1982: 29), e outros responsabilizaram-no pela alta rotatividade e pelo moral baixo (Reese e Ma, 1981). Apesar disso, em 1990 sistemas de recompensa por desempenho haviam sido criados em praticamente metade dos estados e sua popularidade não mostrava sinal de diminuição (U.S. General Accounting Office, 1990b).

Para implementar um sistema de recompensa por mérito, as jurisdições começaram tipicamente a eliminar os aumentos de pagamento fixos. Os empregados não recebem mais aumentos automáticos por antigüidade, mas em vez disso lhes são atribuídos salários dentro dos limites de variação de pagamento específicos. Esses limites de variação consistem nos salários mínimos e máximos admissíveis para certas posições, determinados pela sua classificação e pelo nível salarial que a acompanha. Assim, o limite de variação salarial por um grau 25 poderia ser de 15 mil a 22 mil dólares. Os aumentos por mérito dentro do limite de variação são determinados de uma maneira dentre várias. Algumas jurisdições concedem aos administradores uma discricionariedade quase ilimitada, estipulando apenas um teto (20% geralmente) à magnitude de um aumento por mérito anual. Outras prevêem até 35 pequenos passos dentro dos limites de variação do pagamento, encorajando assim os administradores a fazer distinções muito sutis entre empregados com as mesmas classificações (Van Adelsberg, 1978). Outras jurisdições ainda estabelecem aumentos fixos para vários níveis de desempenho: os esforços minimamente competentes podem ser recompensados com um aumento de 2,5%;

o desempenho competente recebe 4,0% e o excepcional pode dar ao trabalhador 6,0%. Outra estratégia ainda é dar bônus aos trabalhadores, de acordo com uma fórmula, ou uma percentagem das economias que se possam atribuir aos ganhos de produtividade dos empregados, ou uma importância fixada para cada nível de desempenho. Os bônus estão se tornando populares porque limitam o crescimento dos gastos com salários. Como não são adicionados aos salários-bases, não influenciam a magnitude dos futuros aumentos, computados numa base percentual (por exemplo, bonificações e prêmios).

Independentemente da abordagem específica de recompensa por mérito adotada pela jurisdição, os administradores de linha são, em última análise, responsáveis por fazer o programa funcionar. Alguns sistemas de recompensa por desempenho exigem que se tomem apenas decisões de sim ou não (o empregado merece ou não o aumento?), enquanto outros exigem que os administradores avaliem o desempenho relativo (como vários empregados se comparam um com outro?). Em qualquer um dos casos, os administradores são obrigados a monitorar e avaliar o desempenho dos empregados. Obviamente, não são tarefas fáceis. Uma revisão da literatura recente aponta para as seguintes armadilhas ao longo do caminho para o funcionamento adequado do sistema de recompensa por mérito:

1. *Falta de cooperação legislativa.* Para que funcione, um sistema de recompensa por mérito deve ser adequadamente consolidado. Se não for, todo o programa é percebido como uma fraude. Infelizmente, muitos organismos legislativos têm sancionado planos de recompensa por mérito, mas depois se esquecido de conseguir o indispensável financiamento. Esse tem sido o caso, notadamente no nível federal, onde apenas uma pequena percentagem do financiamento prometido se concretizou. Além disso, algumas legislaturas gostam de fixar tetos de salários ou aumentos arbitrários que inibem a capacidade dos administradores de dar recompensa adequada ao desempenho excepcional (Godwin e Needham, 1981; Perry, 1990).
2. *Dificuldade de alocar aumentos.* A menos que os recursos destinados à recompensa por mérito sejam generosos, a concessão de um aumento razoável a um trabalhador implica a negação de aumentos a outros. Assim, se estiverem disponíveis recursos no montante de 4 mil dólares para dar aumentos a quatro trabalhadores, o administrador se verá diante de uma escolha desagradável: dar um aumento substancial a um ou dois trabalhadores e pouco ou nada para os outros, que bem podem ser competentes, se não forem brilhantes; ou simplesmente dar a todos a mesma importância. Entre punir vários trabalhadores e recompensar alguns poucos, muitos administradores escolhem a última possibilidade.
3. *Efeito motivacional adverso.* Muitos autores argumentam que a recompensa por desempenho coloca ênfase indevida em recompensas e pu-

nições e que não é uma forma eficiente de motivar os trabalhadores de hoje (Thayer, 1978). Com efeito, a recompensa por mérito pode até mesmo ser um *desincentivo* a aprimorar o desempenho e afetar adversamente o moral dos empregados. (Para outras discussões, ver Capítulo 5.)

4. *Problemas de mensuração.* Os sistemas de recompensa por mérito levam os administradores a enfatizar os tipos de desempenho que podem ser medidos quantitativamente, pois um critério quantitativo para determinações salariais os deixa menos vulneráveis à acusação de subjetividade e favoritismo. No entanto o desempenho de funcionários públicos muitas vezes não é fácil de ser medido, e várias das metas que são freqüentemente identificadas pouco têm a ver com o desempenho dos funcionários (Perry, Petrakis e Miller, 1989). Por exemplo, como pode alguém medir a "obediência aos códigos estaduais de saúde e segurança" e até onde os funcionários que cuidam disso podem ser responsabilizados se as indústrias violam esses códigos? Um problema correlato surge do fato que, como as metas muitas vezes são amorfas, os funcionários podem estar motivados a parecer bons, sem levar em consideração seu verdadeiro desempenho. De maneira semelhante, o emprego de metas quantificáveis pode levar os funcionários a enfatizar os resultados mensuráveis (o número de casos resolvidos ou de clientes entrevistados) em relação às questões qualitativas (tratamento adequado dos casos ou obtenção das informações necessárias).
5. *Efeitos desfavoráveis de relações interpessoais.* Os programas de recompensa por mérito colocam tanto administradores quanto empregados em situações desconfortáveis. Os administradores podem ter de fazer distinções sutis entre os desempenhos dos empregados, talvez com base em evidências muito superficiais. Dar a má notícia a um trabalhador que não receberá um aumento pode ser uma experiência muito tensa e desagradável para ambas as partes. Além disso, trabalhadores excluídos de aumentos por mérito muitas vezes atribuem o fato ao favoritismo ou a outros critérios sem base no desempenho. Finalmente, poucos administradores e trabalhadores gostam do processo de avaliação. Grandes habilidades interpessoais, assim como muito tempo e escrupulosa imparcialidade, são fatores necessários para se executar a tarefa com eficiência (O'Toole e Churchill, 1982).

Será então que a recompensa por desempenho é algo mais que uma fantasia impalpável? Mais especificamente, que pode ser feito por administradores de linha para tornar viáveis os sistemas de recompensa por mérito? Embora não exista nenhuma fórmula mágica, há algumas indicações de que a recompensa por desempenho pode tornar-se funcional se houver recursos adequados. Como a maioria desses sinais positivos apareceu com respeito ao processo de avaliação de desempenho, serão discutidos nesse contexto.

AVALIAÇÃO DE DESEMPENHO

A importância crítica da avaliação do desempenho para o processo de pessoal foi amplamente reconhecida muito antes de a recompensa por desempenho trazê-la ao primeiro plano. De fato, o processo de avaliação de desempenho talvez tenha sido objeto de mais discussões, argumentos e pesquisas do que qualquer outra faceta do setor de pessoal. Esse alto nível de interesse profissional pode ser atribuído às muitas finalidades a que se destina a avaliação de desempenho: 1) comunicar as metas e objetivos da administração aos empregados, 2) distribuir eqüitativamente as recompensas organizacionais, tais como aumentos de salários e promoções, 3) motivar os empregados a aprimorar seu desempenho e 4) facilitar a pesquisa da administração de pessoal (Klingner, 1980: 227-28). Além disso, as avaliações de desempenho fornecem uma aferição de validade para todas as outras funções do setor de pessoal. Permitem aos administradores de linha avaliar, entre outras coisas, a eficiência das práticas de recrutamento e seleção, as atividades de treinamento e as decisões de promoção e transferência (Lovrich, 1990).

Essa diversidade de usos reflete-se em dois exames empíricos de avaliações de desempenho em governos estaduais. Feild e Holley (1975) relataram que as avaliações de desempenho são usadas para as seguintes decisões, em ordem decrescente de importância: promoções, rebaixamentos e suspensões; planejamento de pessoal; ajustes salariais, comunicação entre supervisores e subordinados; determinação das necessidades de desenvolvimento da administração; atualização das descrições de cargos e validação de procedimentos de seleção e promoção. O estudo feito por Tyer (1982) produziu resultados similares, exceto pelo fato de "comunicação entre superiores e subordinados" e "ajustes de salários" estarem no topo da lista. No todo, quase 40 estados relataram que as avaliações de desempenho eram fontes de informação "muito importantes" para um amplo conjunto de decisões relativas a pessoal (Tyer, 1982: 203).

Não obstante, há pouca concordância dentro da comunidade dos setores de pessoal no que concerne à estratégia mais favorável para a avaliação de desempenho. Durante os últimos 40 anos os administradores públicos têm experimentado literalmente centenas de abordagens diferentes. Na maioria das vezes os resultados foram decepcionantes. Embora uma estratégia de avaliação ideal não tenha sido (e provavelmente não será) descoberta, reuniu-se um grande montante de informações concernentes a procedimentos mais e menos eficientes.

AMEAÇAS À VALIDADE

Algumas das lições mais valiosas têm vindo através da identificação de diversos tipos de ameaças à validade do processo de avaliação.

O primeiro tipo de ameaça se dá através dos erros nos instrumentos de avaliação:

1. *Uso de variáveis irrelevantes.* Alguns instrumentos de avaliação focalizam quase inteiramente os "representantes do desempenho", como iniciativa, entusiasmo, confiança e lealdade (Robbins, 1978: 216-43). Embora possam ser traços interessantes, geralmente têm pouco a ver com o desempenho de uma função e são fatores excessivamente subjetivos. Diferentes avaliadores usarão definições e padrões diferentes para avaliá-los. Ademais, como se referem a fatores raramente observáveis de forma direta, os avaliadores (quase sempre o supervisor direto dos empregados) têm de fazer inferências antes de poderem avaliar (Feild e Holley, 1975).
2. *Atribuir peso igual a todos os fatores.* Muitos instrumentos de avaliação amplamente usados pressupõem que cada item avaliado tenha a mesma importância. "Capacidade de aprendizagem" pode ter o mesmo peso que "lidar com pessoas", mesmo se 95% do tempo da pessoa fosse gasto lidando com o público. Assim, atribui-se uma ênfase imerecida a alguns fatores, enquanto outros são negligenciados.
3. *Uso de instrumentos inapropriados.* Talvez o erro de avaliação mais difundido no governo seja o de usar as mesmas variáveis para avaliar funcionários que executam tarefas completamente divergentes. Administradores, escreventes, operários e especialistas técnicos podem todos ser avaliados no mesmo formulário, usando-se os mesmos critérios. Tyer (1982) descobriu que 34 estados usam o mesmo formulário para avaliar pessoal supervisor e não-supervisor, embora devesse ser óbvio que se exigem comportamentos diferentes dos dois grupos.

A outra ameaça comum à validade da avaliação é um erro da parte do avaliador:

1. *Inflação.* O erro mais recorrente dos avaliadores é sua tendência a avaliar os empregados mais positivamente do que estes merecem ("benevolência positiva"). Essa tendência pode ser atribuída à ansiedade que acompanha o processo de avaliação; os administradores querem evitar o desagrado associado a uma avaliação negativa. Além disso, as avaliações positivas "exigem menos tempo para explicar" (Prather, 1974: 739).
2. *Efeito halo.* Isso ocorre quando o avaliador generaliza, a partir de um componente da avaliação, a avaliação inteira. Por exemplo, se "quantidade de trabalho" constituir o primeiro fator no instrumento de avaliação e o desempenho do empregado for particularmente bom nesse item, todos os fatores subseqüentes poderão receber avaliações mais altas do que seria o caso de outra maneira. Inversamente, se a impressão global do avaliador a respeito do trabalhador for "média", todos os fatores no formulário de avaliação poderão receber avaliações "médias", independentemente do desempenho real do trabalhador em cada um deles. Uma variação do efeito alo é o efeito "novidade", no qual

as avaliações se baseiam principalmente nos desempenhos que precedem imediatamente o exame de avaliação.

3. *Padrões variáveis.* Não há dois avaliadores que apliquem padrões idênticos a cada fator e, naturalmente, quanto mais critérios forem solicitados, mais provável será que as diferenças entre os padrões levem a avaliações diferentes. Alguns avaliadores são notoriamente indulgentes, enquanto outros são críticos demais. Os pesquisadores também descobriram que os administradores às vezes avaliam os subordinados de acordo com suas próprias autopercepções; assim, um supervisor que tem orgulho de ser fanático pelo trabalho só dará altas avaliações a outros fanáticos pelo trabalho ("erro por semelhança"). Finalmente, alguns avaliadores tendem a dar a todos os empregados essencialmente a mesma avaliação, independentemente das variações dos níveis de desempenho ("tendência central").
4. *Preconceitos.* Grande número de estudos empíricos tem mostrado que preconceitos e estereótipos raciais, sexuais e outros podem corromper as avaliações de desempenho (Glueck, 1978: 292). Em geral, as mulheres e os membros de grupos minoritários recebem avaliações um tanto mais baixas que o homem branco anglo-saxão executando funções comparáveis (Schneier, 1978). Administradores que têm antipatia pessoal por certos trabalhadores dão freqüentemente a esses indivíduos avaliações mais baixas do que seu desempenho justifica (Jones, 1973).

TÉCNICAS

Logo que se perceberam essas ameaças à validade, tornou-se possível avaliar as estratégias de avaliação com mais eficiência. A Tabela 4-2 registra os tipos mais importantes de estratégias de avaliação e resume sua suscetibilidade a erros. Mais detalhes serão fornecidos na discussão que se segue.

Escalas de avaliação. Durante muitos anos, as escalas de avaliação de vários tipos eram a forma predominante de avaliação nos setores público e privado. De longe, o mais amplamente usado era a "escala gráfica de avaliação", que consiste em uma lista de fatores a que o avaliador atribui graus assinalando quadradinhos, colocando um círculo em volta de números ou fazendo marcas ao longo de uma linha que representa um *continuum.* Geralmente, as escalas de avaliação incluem tanto fatores relacionados ao trabalho como à personalidade. Por exemplo, "quantidade de trabalho" e "conhecimento da função" aparecem em quase todas as escalas de avaliação, mas também traços representativos como "julgamento", "entusiasmo" e "iniciativa". As maiores atrações das escalas de avaliação são seu baixo custo para projetar e o pouco tempo que se leva para completá-las. Além disso, ao fazer o avaliador atribuir pontos a cada fator avaliado, somando depois o total, os administradores podem chegar a um único escore quantitativo para cada trabalhador, o que lhes permite fazer distinções sutis entre seus subordinados.

Tabela-4-2 Tipos de Avaliação de Desempenho

Método de Avaliação	Considerações Operacionais	Suscetibilidade a Erro	Vulnerabilidade a Objeção
Escala de avaliação	Barato para projetar e administrar; fácil para avaliar os resultados; promove comparações entre os empregados; enfatiza o desempenho dos empregados na posição atual; carece de orientação para o futuro; enfatiza traços em relação ao desempenho	Suscetível ao efeito alo, ao efeito novidade, ao erro de benevolência, à tendência central, ao preconceito e a variações da per-cepção; variáveis sem peso; validade varia de trabalho para trabalho; critérios ambíguos para avaliação	Muito alta
Escala ancorada no comportamento	Relativamente barato para projetar; promove comparações entre os empregados; pode ser claramente vinculada ao desempenho, colocando assim menos ênfase nos traços	A ênfase na comunicação de fatos ajuda a reduzir tipos de preconceito; difícil de padronizar e comparar resultados	Moderada
Questionário	Barato para projetar; fácil de administrar; mais orientada para o desempenho do que as simples escalas	Suscetível a erro de novidade, erro de benevolência, preferência pessoais e padronizações inconsistentes	Alta
Tarefas críticas	Moderadamente caro para projetar; consome muito tempo para administrar; os supervisores precisam ser treinados no uso; útil para comparar empregados; pode produzir comportamento disfuncional	Sujeito a variações de interpretação pelo supervisor; reduz o efeito novidade, o efeito alo, a tendência central e o erro de benevolência	

Comparação forçada	Caro para projetar; requer geralmente ajuda profissional externa; fácil de administrar; os resultados necessitam ser classificados por computador; difícil supervisor e subordinado compreenderem os resultados; pouco valor para aconselhar e aprimorar o desempenho	Erro de benevolência reduzido; tem alguma eficiência em reduzir o erro novidade, alo e tendência central; moderadamente sujeito a erro de preconceito	Moderada
Distribuição forçada	Muito barato para projetar e administrar; provê representação gráfica do *ranking* relativo do empregado; praticamente inútil para aconselhar e aprimorar o desempenho; pode produzir problemas morais; pressupõe distribuição normal de empregados em cada unidade	Sujeito ao efeito novidade e a preferências pessoais; reduz erro de benevolência	Muito alta
Administração por objetivos	Caro para projetar e administrar; consome tempo; pode ameaçar alguns empregados; pode ser vinculado positivamente ao aprimoramento do desempenho	Menos sujeito a erros comuns de avaliação; pode resultar na distorção de metas	Muito baixa

Fontes: Reproduzido de Steven W. Hays e Charlie B. Tyer, "Human Resources Management: The Missing Link", *International Journal of Public Administration* 2 (1980): 324-45. Cortesia de Marcel Dekker, Inc.

Entretanto, de todos os métodos de avaliação, a tradicional escala de avaliação é o mais suscetível a quase todas as formas de erro. As escalas de avaliação são muitas vezes insuficientemente relacionadas com o desempenho na função, pesam todos os fatores (mesmo os irrelevantes) de maneira igual, forçam o avaliador a fazer muitos julgamentos e inferências e tendem muito aos efeitos alo, novidade e semelhança.

Por essas razões, as *escalas de avaliação ancoradas no comportamento* (*behaviorally anchored rating scales* — BARS) têm recebido atenção crescente. A principal característica desse tipo relativamente novo de escala de avaliação é que o avaliador ouve explanações expositivas tanto dos comportamentos que estão sendo avaliados como dos padrões a serem usados. Por exemplo, se o "conhecimento do cargo" está sendo avaliado, a forma de avaliação inclui uma definição do termo ao lado de descrições dos tipos de comportamentos que exemplificam o conhecimento "inadequado", "médio" e "superior" do cargo. Conhecimento "inadequado", por exemplo, poderia ser descrito como: "pede constantemente ajuda de outros; não se pode contar com ele para dar informações corretas aos clientes". As BARS são geralmente designadas por especialistas de pessoal, que estabelecem as várias medidas em "escalas psicometricamente organizadas" (Berger, 1983: 25), o que aumenta muito sua validade estatística. Graças a esses aprimoramentos, bem como ao fato de muitas vezes serem especialmente construídas para os cargos ou classificações que estão sendo avaliados, as BARS são muito superiores às formas antigas de escalas de avaliação. No entanto ainda sofrem de alguns fracassos dos seus predecessores. Embora sejam muito menos propensas à subjetividade, não estão imunes a preferências raciais e sexuais ou aos efeitos novidade, benevolência e outros.

Os instrumentos de avaliação que usam escalas de avaliação também contêm muitas vezes outros tipos de medidas. Um tipo comumente incluído é o questionário, que consiste em uma lista de afirmações sobre desempenho. Solicita-se ao avaliador que verifique as afirmações que são características do empregado que está sendo avaliado. Outra inclusão comum é uma *distribuição resultante de circunstâncias*. Para combater erro da tolerância positiva, solicita-se aos avaliadores que listem os empregados de acordo com uma distribuição predeterminada. Por exemplo, um supervisor com dez subordinados pode receber a ordem de avaliar apenas um trabalhador como superior, dois como acima da média, quatro como médios e três como abaixo da média. Obviamente, essa técnica pode forçar o avaliador a ajustar "pinos quadrados em buracos redondos"; pressupõe haver uma distribuição perfeita "em curva sinoidal" dos níveis de desempenho em cada grupo de trabalho. Uma crítica semelhante aplica-se aos *rankings* ou *comparações forçadas*, que requerem que os trabalhadores sejam listados individualmente na ordem do seu nível de desempenho ou por grupos (por exemplo, colocando cada membro do grupo de trabalho em um nível entre quatro, como superior, acima da média, médio e inferior).

Tarefas Críticas. Projetou-se uma abordagem da avaliação de desempenho que pretende reduzir o montante de inferência e julgamento necessário concentrando-se inteiramente no desempenho observável. É conhecida como técnica de *tarefas críticas* e começa com a preparação de uma "descrição dinâmica da função" (Levinson, 1976). Esta consiste em uma lista das principais exigências de desempenho do cargo, enunciadas em termos dos tipos de comportamentos ou incidentes que refletem tanto o comportamento muito bom quanto o muito mau. Em seguida o avaliador registra os incidentes reais de trabalho na medida em que ocorrem. Se, por exemplo, o empregado for um coordenador de subsídios, uma tarefa crítica poderia ser "processar importantes solicitações de subsídios no espaço de uma semana a partir do recebimento". O empregado seria monitorado pelo supervisor para determinar se essa meta foi consistentemente atingida. Uma solicitação de subsídios que ainda não tivesse sido completamente examinada seis semanas após o recebimento constituiria uma "tarefa crítica" insatisfatória.

Como essa técnica de avaliação enfoca eventos específicos, ela tem um nível de validade muito mais alto do que a maioria das outras abordagens. Não está sujeita a erro de novidade, a erro alo ou à maioria dos outros problemas induzidos pelo avaliador. De maneira semelhante, é amplamente aclamada como sendo um meio eficaz de reduzir preconceitos raciais e sexuais ("confiabilidade EEO") no processo de avaliação, mesmo que não os elimine totalmente. Ademais, ajuda o supervisor a levar a cabo a tarefa de dar aconselhamento aos empregados. Quando os supervisores podem sustentar suas avaliações com aspectos específicos referentes às habilidades e falhas de seus subordinados, a entrevista de avaliação pode vir a provocar menos ansiedade para ambas as partes.

Mas o método das tarefas críticas tem alguns poucos inconvenientes. Os mais sérios são que o instrumento é caro para projetar e consome tempo para monitorar. Os administradores têm de investir muita energia preparando o registro, bem como atualizando-o e aconselhando o empregado. Ademais, ele pode acarretar certas conseqüências perversas. Como força os supervisores a procurar comportamentos especialmente bons e especialmente maus, pode levá-los a enfatizar demais os hábitos de trabalho atípicos. Finalmente, muitos trabalhadores podem ficar um tanto paranóides sempre que virem seus supervisores rabiscando nos "caderninhos pretos". Na verdade, a técnica pode ser vista por alguns trabalhadores como demasiado orwelliana.

Técnicas de Preceptoração. Outro conjunto crescentemente popular de estratégias de avaliação enfatiza o papel do aconselhamento e da coordenação exercidos pelo supervisor — ou seja, coloca o supervisor na posição de preceptor. De longe a mais conhecida delas é a administração por objetivos, que já foi examinada em termos de planejamento (Capítulo 2) e utilização do empregado (anteriormente neste capítulo). Quando usada como estratégia de avaliação, a APO consiste nas seguintes etapas: 1) O trabalhador e o supervisor discutem juntos os deveres e responsabilidades do trabalhador e identificam os mais importantes. 2) O subordinado estabelece alvos de desempenho mensuráveis para cada uma das suas principais responsabilidades. 3) O supervisor examina esses alvos e faz sugestões de revisão ou clarificação. 4) Estabelecem-se pontos de referência para avaliação do progresso do subordinado. 5) O trabalhador e o supervisor se encontram no final do ciclo de exame para discutir o desempenho do trabalhador e vários meios de aprimorá-lo (Kindall e Gatza, 1963: 157).

Duas características desse processo são especialmente dignas de nota. Primeiro, a natureza participatória da etapa de estabelecimento de metas ajuda ambas as partes do entendimento a compreender e apoiar os padrões de desempenho que serão usados. Em segundo lugar, se o supervisor levar a sério o papel de preceptor, a avaliação se tornará uma situação muito menos ameaçadora e desconfortável do que é em qualquer outra estratégia de avaliação. A responsabilidade do administrador num sistema de APO é fornecer orientação quando necessária, adquirir recursos relevantes para os subordinados e estar disponível quando for preciso. A maioria das autoridades concorda em que, dadas essas condições, a APO pode ser uma ferramenta eficiente para motivar, avaliar e desenvolver trabalhadores.

Como a APO oferece essas vantagens consideráveis, seu uso em agências públicas está se difundindo. Embora a APO não seja amplamente aplicada a atividade de planejamento e orçamento e tenha sido um desastre como técnica de projetar cargos, seu potencial como estratégia de avaliação só agora está começando a ser introduzido em ampla escala (Ammons e Rodriguez, 1986). Muito dessa popularidade em ascensão está indubitavelmente ligado ao interesse na recompensa por desempenho, para o que a APO é especialmente adequada. A técnica é também considerada eficiente para evitar erros e preconceitos de avaliadores. Assim, mesmo consumindo muito tempo para ser projetada e administrada, pode-se esperar que um número crescente de jurisdições se volte para a APO na medida em que continuem seus esforços para implementar a recompensa por desempenho e outras reformas na área de pessoal.

Desafios Remanescentes

Apesar de seu impressionante potencial como estratégia de avaliação geralmente confiável, a APO sozinha não transformará magicamente a paisagem da avaliação, nem automaticamente tornará a recompensa por mérito uma realidade. Antes que possamos ser otimistas quanto à avaliação de desempenho ou à recompensa por desempenho, será preciso promover uma série de mudanças adicionais na maneira como se opera a maioria dos sistemas de pessoal. Com efeito, essas mudanças representam o que se aprendeu sobre avaliação de desempenho nas últimas quatro décadas. Incluem as seguintes:

1. *Os empregados devem ter uma chance real de participar no processo de avaliação.* A participação dos empregados deve ocorrer não apenas no estágio do estabelecimento de metas, mas também como um relacionamento contínuo entre supervisor e subordinado. Em vez de exames anuais, deveriam ser instituídas avaliações semi-anuais ou trimes-

trais. A descoberta mais consistente da pesquisa sobre avaliação de desempenho e recompensa por mérito é que a participação freqüente e significativa no processo aumenta a fé e a satisfação dos empregados em relação a este (Lovrich et al., 1981; Thompson, 1982). Além disso, a pesquisa indicou que *feedback* e contatos freqüentes entre supervisor e subordinado podem reduzir muitos dos erros dos avaliadores e minimizar a influência de estereótipos raciais e sexuais (Ford e Jennings, 1977).

2. *Os padrões de desempenho devem enfatizar critérios objetivos e mensuráveis em lugar de traços de personalidade e outros substitutos do desempenho.* Um programa de avaliação que deixe de fazer isso será propenso a erro dos avaliadores e correrá o risco de ser anulado em qualquer contestação judicial em que se alegue discriminação racial ou sexual (Thompson, 1982).
3. *As avaliações, como todas as outras decisões de supervisão, deveriam tratar todos os empregados igualmente.* O caminho mais rápido para um programa de avaliação perder a credibilidade, e o caminho mais seguro para perder quaisquer agravos ou processos, é penalizar alguns trabalhadores por ações ou ociosidade permitidas a outros empregados. Assim, é essencial, do ponto de vista operacional, jurídico e moral, que todos os administradores apliquem os mesmos padrões de desempenho e façam cumprir as mesmas normas, de maneira objetiva e neutra.
4. *O treinamento dos avaliadores é crucial para a eficiência de qualquer programa de avaliação.* Se os avaliadores estão adequadamente treinados nos métodos corretos de avaliar subordinados e se estão informados sobre as várias armadilhas que reduzem a confiabilidade das decisões de avaliação, fica muito maior sua capacidade de efetuar uma avaliação objetiva e informada. A pesquisa indicou vigorosamente que o efeito alo, o efeito novidade e a aplicação de padrões de desempenho inconsistentes podem ser virtualmente eliminados se os avaliadores forem treinados adequadamente. Até os preconceitos sexuais e raciais parecem ser reduzidos pelo treinamento adequado (Schmidt e Johnson, 1973).

Assim, é provavelmente justo dizer que agora sabemos como tornar o processo de avaliação muito mais eficiente do que já foi um dia. Infelizmente, saber alguma coisa não é o mesmo que praticá-la. Normas que parecem simples, como permitir a participação dos empregados e tratar todos os trabalhadores igualmente e de maneira coerente, são extremamente difíceis de seguir na administração cotidiana dos assuntos de uma organização. Na luta contínua para enfrentar as minúcias da vida administrativa, é fácil perder de vista essas normas. Essa é provavelmente a razão primordial do fracasso da maior parte das reformas da área de pessoal. Só por essa razão é um dispêndio de tempo oportuno para os administradores recordar periodicamente as normas e seus propósitos.

PROCEDIMENTOS DISCIPLINARES E DE AGRAVOS

Outro conjunto de normas essencial para o sucesso dos administradores modernos é o que lida com o tratamento de empregados problemáticos. Como qualquer administrador no exercício da profissão reconhecerá prontamente, um empregado problema pode facilmente consumir muito mais tempo e energia gerenciais do que dez trabalhadores não problemáticos. A presença de um trabalhador incompetente ou descontente pode romper o fluxo do trabalho, antagonizar outros empregados e prejudicar qualquer espírito de corporação que possa existir. Os administradores públicos encontram-se ocasionalmente enfrentando problemas com seus próprios supervisores quando põem a perder uma ação disciplinar intentada, e podem agora sofrer conseqüências legais e financeiras adversas. Com o surgimento do conceito de responsabilidade de agravo por mau procedimento, os administradores podem realmente ter de pagar por danos financeiros a subordinados cujos direitos constitucionais ou estatutários tenham sido objeto de abusos no local de trabalho (Ball, 1982).

Quase toda jurisdição nos Estados Unidos tem um procedimento estatutário de agravo, pelo qual os empregados podem contestar ações adversas ou outras decisões de seus supervisores. Uma ação adversa é uma decisão da área de pessoal que funciona contra o empregado, como rebaixamentos, demissões, suspensões, pedidos de demissão forçados, transferência para além de uma distância especificada (24 quilômetros na maioria dos estados) ou repreensão. Alguns estados permitem que se interponham agravos a questões como salários e planos de pagamento, avaliações de desempenho e classificações de cargos, embora muitos excluam especificamente esses assuntos dos seus procedimentos de agravo (White, 1981).

O bom senso dita que a melhor maneira de lidar com agravos é impedir que surjam. Um agravo deve ser visto como um fracasso por parte do supervisor em detectar e remediar um problema antes que este chegue ao ponto em que só existem recursos jurídicos. Percebido de modo um pouco diferente, um agravo é muitas vezes um bom indicador de que houve um colapso no processo de pessoal. A maioria dos agravos resulta de uma das seguintes causas: seleção e alocação de empregados inadequadas; treinamento inadequado de trabalhadores ou supervisores; falta de comunicação entre supervisores e subordinados (de maneira que, por exemplo, os subordinados não têm conhecimento de normas ou expectativas gerenciais importantes) e práticas da administração que dispensam tratamento preferencial a alguns empregados.

A maior parte dos sistemas públicos de pessoal administra um procedimento de disciplina progressiva. Tal procedimento baseia-se na suposição de que os empregados têm o direito (jurídico e moral) de ser informados de suas falhas e devem ter uma oportunidade de melhorar antes que se empreenda uma séria ação adversa contra eles. A disciplina progressiva geralmente inclui etapas como as seguintes:

1. *Diagnose*: o supervisor identifica o problema.
2. *Discussão*: o empregado é confrontado com o problema numa discussão oportuna e objetiva; o administrador deve estar preparado para fornecer exemplos específicos de comportamento ou desempenho insatisfatórios.
3. *Estabelecimento de metas para aprimoramento*: supervisor e empregado concordam com um plano de aprimoramento, preferivelmente um enunciado em termos de metas quantificáveis ou facilmente observáveis.
4. *Acompanhamento*: o supervisor monitora a obediência ao plano de aprimoramento e aconselha os trabalhadores caso não haja aprimoramento.
5. *Ação disciplinar*. Se não houver suficiente aprimoramento, tomam-se medidas adversas específicas, sendo o empregado informado por escrito.

Se surgir uma disputa no curso desses procedimentos, o empregado poderá interpor um agravo, e para isso também existe normalmente uma seqüência passo a passo: 1) Ocorre uma discussão entre supervisor e subordinado. 2) O agravo é apresentado por escrito ao supervisor. 3) Se não houver uma resolução satisfatória nesse estágio, o agravo será apresentado ao supervisor do supervisor, e poderão ser apresentados recursos aos níveis mais altos de supervisão. 4) Pode também haver um dispositivo para apresentação do agravo a um grupo constituído formalmente para esse fim (White, 1981; 315).

Embora haja pouca evidência sistemática do tipos de ações que influenciam os resultados dos procedimentos de agravo, há suficiente evidência factual para permitir algumas conclusões. Primeiro, o supervisor tem de ser capaz de mostrar que seguiu os procedimentos da agência; de outra forma, a disposição regulamentar irá voltar-se contra o supervisor, independentemente da substância da disputa. Em segundo lugar, o agravo será resolvido em favor do empregado que demonstrar que o tratamento que recebeu não foi compatível com o de outros empregados; assim, enfatiza-se mais uma vez a importância de tratar os empregados de maneira objetiva e uniforme. Em terceiro lugar, o supervisor terá que documentar sua asserção. A peça mais crítica da documentação é a avaliação de desempenho do empregado, e se o alegado mau procedimento ou desempenho insatisfatórios não estiver refletido na própria avaliação, as reclamações do supervisor perderão muito de sua credibilidade. Finalmente, o supervisor tem de ser capaz de demonstrar que o trabalhador era adequadamente informado sobre as normas e exigências relevantes e recebeu as necessárias habilidades, equipamentos e treinamento para executar o trabalho com competência. Com efeito, o processo de agravo começa realmente no dia em que o empregado é contratado.

REFERÊNCIAS

Abramson, Mark A. 1987. "Executive Personnel Systems in Government: How Are They Doing?" *Public Administration Review* 47 (julho/agosto): 360-3.

Ammons, David, e Arnold Rodriguez. 1986. "Performance Appraisal Practices for Upper Management in City Government." *Public Admnistration Review* 46 (setembro/outubro): 460-7.

Argyle, Nolan J. 1982. "Civil Service Reform: The State and Local Response." *Public Personnel Management* 11 (verão): 157-64.

Arvey, R.D. 1979. *Fairness in Selecting Employees*. Reading, Mass.: Addison-Wesley.

Ball, Howard. 1982. "Toward a Constitutional Law of Torts: The Burger Court and Official Liability." *Southern Review of Public Administration* 6 (primavera): 7-25.

Ban, Carolyn, Edie N. Goldenberg, e Toni Marzotto. 1982. "Firing the Unproductive Employee: Will Civil Service Reform Make a Difference?" *Review of Plublic Personnel Administration* 2 (primavera): 87-100.

Ban, Carolyn, e Patricia W. Ingraham. 1988. "Retaining Quality Federal Employees; Life after PACE." *Public Administration Review* 48 (maio/junho): 708-18.

Beach, Dale S. 1967. *The Management of People at Work*. Nova York: Macmillan.

Berger, Leonard. 1983. "The promisse of Criterion-Referenced Performance Appraisal (CRPA)." *Review of Public Personnel Administration* 3 (verão): 21-32.

Campbell, Alan. 1977. "Revitalizing the Federal Personnel System." (Discurso proferido na Conferência Internacional da Associação Internacional de Gerentes de Pessoal, Chicago.)

Cascio, W.F., e N.F. Philips. 1979. "Performance Testing: A Rose among Thorns?" *Personnel Psychology* 32: 751-66

Clapp, Gordon. 1941. "The Rule of Three, It Puzzles Me." *Public Administration Review* 1 (primavera): 287-93.

Committee on Alternative Work Patterns. 1976. *Alternatives in the World of Work*. Wa-shington D.C.: Government Printing Office.

Dillon, John S. 1975. "The New Role for Personnel: Monitoring Superchange." *Personnel Administrator* 20 (novembro): 20-2.

Downs, Anthony. 1967. *Inside Bureaucracy*. Boston: Little, Brown.

Dresang, Dennis. 1982. "Diffusion of Civil Service Reform: State and Federal Government." *Review of Public Personnel Administration* 2 (primavera): 35-47.

Feild, Hubert, e William Holley. 1975. "Performance Appraisal: An Analysis of State-Wide Practices." *Public Personnel Management* 4 (maio/junho): 145-50.

Ford, Robert, e Kenneth Jennings. 1977. "How to Make Performance Appraisals More Effective." *Personnel* (março/abril): 51-6.

Foster-Higgins and Company. 1988. *Foster-Higgins Benefits Survey*. Princeton, N.J.: Foster-Higgins.

Freedman, Anne. 1988. "Doing Battle with the Patronage Army: Politics, Courts, and Personnel Administration in Chicago." *Public Administration Review* 48 (setembro/outubro): 847-59.

Glueck, William. 1978. *Personnel: A Diagnostic Approach*. Dallas: Business Publications.

Godwin, Phil, e John Needham. 1981. "Reforming Reform: Challenging the Assumptions for Improving Public Employees' Performance." *Public Personnel Management* 10 (julho): 233-43.

Goldstein, Mark. 1989. "Happy Birthday SES." *Government Executive* (julho): 12-7, 59.

Hays, Steven W., e Richard C. Kearney. 1982. "Examinations in the Public Service." In *Centenary Issues of the Pendleton Act of 1883*, org. por David H. Rosenbloom, 25-44. Nova York: Marcel Dekker.

Hays, Steven W., e T. Zane Reeves 1984. *Personnel Management in the Public Sector*. Boston: Allyn and Bacon.

Hays, Steven. W., e Charlie B. Tyer. 1980. "Human Resources Management: The Missing Link." *International Journal of Public Administration* 2: 297-330.

Hoogenboom, Ari, 1968. *Outlawing the Spoils*. Urbana: University of Illinois Press.
Howard, A. 1974. "An Assessment of Assessment Centers." *Academy of Management Journal* 17 (março): 115-33.
Huddleston, Mark. 1991. "The Senior Executive Service: Problems and Prospects for Reform." In *Public Personnel Management*, org. por Carolyn Ban e Norma Riccucci, 175-189. Nova York: Longman.
Hudson Institute. 1987. *Workforce 2000*. Indianapolis: The Hudson Institute.
Ingraham, Patricia W., e Charles Barrilleaux. 1983. "Motivating Government Managers for Retrenchment: Some Possible Lessons from the SES." *Public Administration Review* 43 (setembro/outubro): 393-402.
Ingraham, Patricia W., e David H. Rosenbloom. 1989. "The New Public Personnel and the New Public Service." *Public Administration Review* 49 (Março/abril): 116-25.
Ivancevich, John, Andrew Szilagyi, e Marc Wallace. 1977. *Organizational Behavior and Performance*. Santa Monica, Calif.: Goodyear.
Johnson, Arthur, e Nancy O'Neill. 1989. "Employee Assistance Programs and the Troubled Employee in the Public Sector." *Review of Public Personnel Administration* 9 (verão): 66-80.
Jones, Stephen. 1973. "Self-and Interpersonal Evaluation." *Psychological Bulletin* 79 (março): 185-99.
Jun, Jong S. 1976. "A Symposium: MBO in the Public Service." *Public Administration Review* 36 (janeiro/fevereiro): 1-45.
Kaufman, Herbert. 1976. *Are Government Organizations Immortal*? Washington, D.C.: Brookings Institution.
Kearney, Richard C., e Steven W. Hays. 1985. "The Politics of Selection: Spoils, Merit, and Representation." In *Public Personnel Policy: The Politics of Civil Service*, org. por David Rosenbloom, 60-80. Port Washington, N.Y.: Associated Faculty Press.
Kindall, Alva, e James Gatza. 1963. "Positive Program for Performance Appraisal." *Harvard Business Review* 41 (novembro/dezembro): 153-67.
Klingner, Donald E. 1980. *Public Personnel Management: Contexts and Strategies*. Englewood Cliffs, N.J.: Prentice-Hall.
Korman, Abraham. 1977. *Organizational Behavior*. Englewood Cliffs, N.J.: Prentice-Hall.
Lanouette, William J. 1981. "Reagan's Team Agrees with Carter's: The Government Can't Keep PACE." *National Journal*, 7 de março, 394-6.
Levine, E. L., e A. Flory. 1975. "Evaluation of Job Applications: A Conceptual Framework." *Public Personnel Management* 4 (novembro/dezembro): 378-84.
Levinson, Harry. 1976. "Appraisal of What Performance?" *Harvard Business Review* 54 (julho/agosto): 30-44.
Lewis, Gregory B. 1991. "Turnover and the Quiet Crisis in the Federal Civil Service." *Public Administration Review* 51 (março/abril): 145-55.
Long, Marion, e Susan Post. 1980. "The State and Local Experience." *Intergovernmental Personnel Notes* (janeiro/fevereiro): 9-12.
Lovrich, Nicholas P. 1990. "Performance Appraisal." In *Public Personnel Administration: Problems and Prospects*, org. por Steven W. Hays e Richard C. Kearney, 91-103. Englewood Cliffs, N.J.: Prentice-Hall.
______. et alii. 1981. "Participative Performance Appraisal Effects upon Job Satisfaction, Agency Climate, and Work Values: Results of a Quasi-Experimental Study in Six State Agencies." *Review of Public Personnel Administration 1* (verão): 51-73.
Meyer, Robert. 1976. "Personnel Directors Are the New Corporate Heroes." *Fortune*, fevereiro, 163-70.

Morgan, David R., e Robert E. England. 1988. "The Two Faces of Privatization." *Public Administration Review* 48 (novembro/dezembro): 979-87.
Mosher, Frederick. 1984. *Democracy in the Public Service*. 2ª ed. Nova York: Oxford University Press.
Municipal Manpower Commission. 1962. *Manpower for Tomorrow's Cities*. Nova York: McGraw-Hill.
National Civil Service League. 1970. *A Model Public Personnel Administration Law*. Washington, D.C.: National Civil Service League.
National Commission on the Public Service. 1989. *Leadership for America: Rebuilding the Public Service*. Lexington, Mass.: Lexington Books.
O'Toole, Daniel, e John R. Churchill. 1982. "Implementing Pay-for-Performance: Initial Experiences." *Review of Public Personnel Administration* 2 (verão): 13-28.
Perry, James L. 1990. "Compensation, Merit Pay, and Motivation." In *Public Personnel Administration: Problems and Prospects*, org. por Steven W. Hays e Richard C. Kearney, 194-5. Englewood Cliffs, N.J.: Prentice-Hall.
Perry, James L., e Theodore K. Miller. 1991. "The Senior Executive Service: Is It Improving Managerial Performance?" *Public Administration Review* 51 (novembro/dezembro): 554-63.
Perry, James L., Beth Ann Petrakis, e Theodore K. Miller 1989. "Federal Merit Pay, Rond II: An Analysis of the Performance Management and Recognition System." *Public Administration Review* 49 (janeiro/fevereiro): 29-37.
Prather, Richard. 1974. "Extending the Life of Performance Appraisal Programs." *Personnel Journal* (outubro): 739-43.
President's Reorganization Project. 1977. *The Composition, Dynamics, and Development of the Federal Work Force*. Federal Personnel Management Project. Option Paper no. 3. Washington, D.C.: Government Printing Office.
Reese, M., e C. Ma. 1981. "The Federal Brain Drain." *Newsweek*, 1º de junho, 97.
Riggs, James L. 1985. *Productive Supervision*. Englewood Cliffs, N.J.: Prentice-Hall.
Robbins, Stephen. 1978. *Personnel: The Management of Human Resources*. Englewood Cliffs.: N.J. Prentice-Hall.
Rosenbloom, David. 1973. "Public Personnel Administration and Politics: Toward a New Public Personnel Administration." *Midwest Review of Public Administration* 7 (abril): 98-110.
Ross, Joyce D. 1985. "Update on Assessment Centers: Implications for Public Sector Selection." *Review of Public Personnel Administration* 5 (verão): 1-8.
Savas, E.S., and Sigmund G. Ginsburg. 1973. "The Civil Service: A Meritless System?" *Public Interest* 32 (verão): 70-85.
Sayre, Wallace S. 1948. "The Triumph of Techniques over Purpose." *Public Administration Review* 8 (primavera): 134-7.
Schmidt, Frank, e Raymond Johnson. 1973. "Effect of Race on Peer Ratings in an Industrial Setting." *Journal of Applied Psychology* (junho): 237-41.
Schneier, Dena. 1978. "The Impact of EEO Legislation of Performance Appraisals." *Personnel* 55 (julho/agosto): 24-34.
Shafritz, Jay. 1974. "The Cancer Eroding Public Personnel Professionalism." *Public Personnel Management* 3 (novembro/dezembro): 486-92.
Sherwood, Frank, e Lee Breyer. 1987. "Executive Personnel Systems in the States." *Public Administration Review* 47 (setembro/outubro): 410-6.
Silverman, Buddy R. 1982. "The Merit Pay System: A Prognosis." *Review of Public Personnel Administration* 2 (verão): 29-34.
Stahl, O. Glenn. 1990. "A Retrospective and Prospective: The Moral Dimension." In *Public Personnel Administration: Problems and Prospects*, org. por Steven W. Hays e Richard C. Kearney, 308-21. Englewood Cliffs, N.J.: Prentice-Hall.

Sylvia, Ronald D., e C. Kenneth Meyer. 1990. "An Organizational Perspective on Training and Development in the Public Sector." In *Puclic Personnel Administration: Problems and Prospects*, org. por Steven W. Hays e Richard C. Kearney, 132-44. Englewood Cliffs, N.J.: Prentice-Hall.

Teasley, C.E., e Lee Williams. 1991. "The Future is Nearly Now: Managing Personnel in the 21st Century." *Review of Public Personnel Administration* 11 (primavera): 131-8.

Thayer, Frederic. 1978. "The President's Management 'Reforms': Theory X Triumphant." *Public Administration Review* 38 (julho/agosto): 309-14.

Thompson, Frank. 1982. "Performance Appraisal of Public Managers: Inspiration. Consensual Tests, and the Margins." *Public Personnel Management* 11 (inverno): 306-13.

Tolchin, Martin, e Susan Tolchin. 1971. *To the Victors* ... Nova York: Random House.

Tyer, Charlie B. 1982. "Employee Performance Appraisal in American State Governments." *Public Personnel Management* 11 (outono): 199-212.

U.S. General Accouting Office. 1990a. *Federal Recruting and Hiring*. Washington, D.C.: General Accounting Office.

______. 1990b. *Pay for Performance: State and International Public Sector Pay for Performance Systems*. Washington, D.C.: General Accounting Office.

U.S. Merit Systems Protection Board. 1981. *Status Report on Performance Appraisal and Merit Pay amoung Mid=Level Employees*. Washington, D.C.: Merit Systems Protection Board.

Van Adelsberg, Henri. 1978. "Relating Performance to Compensation of Public Service Employees." *Public Personnel Management* 7 (março/abril): 72-9.

Van Riper, Paul. 1958. *History of the United States Civil Service*. Evanston, Ill.: Row, Peterson.

White, Robert N. 1981. "State Grievances and Appeals Systems: A Survey." *Public Personnel Management* 10 (outono): 313-23.

Wildavsky, Aaron. 1988. "Ubiquitous Anomie: Public Service in an Era of Ideological Dissensus." *Public Administration Review* 48 (julho/agosto): 753-5.

Wollan, Lavrin. 1986. "Prisons: The Privatization Phenomenon." *Public Administration Review* 46 (novembro/dezembro): 678-81.

5

Liderança

Se a administração é uma arte, como muitas vezes se disse, então a função administrativa específica que demanda o nível mais alto de sensibilidade artística é a liderança. Isso é verdade simplesmente porque a função de liderança é mais *interpessoal* do que qualquer outra responsabilidade da administração. Exige que o administrador direcione e coordene o comportamento de muitos indivíduos diversos para a realização de um objetivo comum. Uma metáfora apropriada, freqüentemente aplicada à função de liderança, é a do maestro que tem de cuidar para que o resultado final da orquestra não soe como uma cacofonia de instrumentistas desorganizados e de mentes independentes. No processo, o maestro pode ter de pedir, ameaçar ou bajular qualquer número de músicos temperamentais. Assim, além do conhecimento artístico e técnico, a tarefa requer considerável habilidade interpessoal. Embora a maioria dos maestros provavelmente não pense sobre si mesmos nesses termos, estão realizando todos os deveres que, em última análise, constituem o que denominamos liderança. Estão dirigindo os esforços de subordinados, coordenando suas atividades (o D e o C na sigla POSDCORB original) e usando várias formas de influência para alcançar um conjunto de objetivos.

Implícitas nessa visão estão certas suposições sobre a essência e o caráter da função de liderança. Primeiro, é claro que o líder tem de ter a atenção dos seus seguidores — estes devem perceber o líder como a pessoa que está brandindo a batuta do maestro. Poder e autoridade são os instrumentos de obtenção de atenção de que dependem os líderes em todas as organizações. As variações nos tipos de poder e autoridade e no modo como estes são adquiridos constituem o tópico da primeira seção deste capítulo. Em segundo lugar, para motivar seus subordinados, os líderes precisam saber quais são suas aspirações e insatisfações. Daí, a próxima seção, "Motivação dos Empregados", trata desses assuntos. Finalmente, é provável que o líder tenha de lidar com grandes variações em termos de talento, personalidade e ego. Os diversos estilos de liderança que os líderes podem escolher ao reagir a essas diferenças entre seus empregados são examinados na terceira seção do capítulo.

PODER E AUTORIDADE

O poder tem sido definido de várias maneiras: "A tem poder sobre B na medida em que A pode fazer com que B faça algo que não faria de outra maneira" (Dahl, 1957: 205), ou poder é "a capacidade de empregar a força" (Bierstedt, 1950: 730) ou "fazer uma pessoa ou grupo fazer alguma coisa — mudar de alguma forma" (Luthans, 1977: 459). A ameaça comum que perpassa essas definições é que o poder *força* ou *obriga*. Com muita freqüência a força subjacente ao poder vem do controle da organização sobre os recursos. Recompensando os que agem de acordo com os desejos da organização (concedendo aumentos, promoções ou status elevado) e punindo os que desobedecem (retirando recompensas ou ameaçando de demissão), a organização favorece a disciplina, que é um requisito prévio para alcançar metas. No entanto o contínuo exercício do poder tem uma severa limitação. Empregados incessantemente manipulados pelo uso de poder do seu líder tornam-se facilmente alienados. Em vez de ser o empregado entusiasta que todo líder quer ter, o trabalhador alienado pode adptar-se a fim de evitar punição ou ganhar recompensas. Carecendo de entusiasmo pelo trabalho, não é provável que manifeste muita iniciativa ou se adapte às normas e regulamentos quando não esteja sendo estritamente monitorado pela administração. Em última análise, pode tentar manipular seu chefe para parecer ele mesmo bom, independentemente da realidade da situação, como forma de revidar o que sente ser um sistema injusto.

Como pode então o poder ser exercido de maneira que não aliene os trabalhadores? Uma resposta parcial é que o poder aplicado aos trabalhadores precisa ser *legitimado*; ou seja, o líder deve ser visto como tendo o direito de usar o poder para manipular e dirigir os membros da organização, e os trabalhadores devem ver o exercício do poder como estando harmonizado com seus próprios valores e expectativas. Quando essas condições existem, os trabalhadores internalizam as regras e regulamentos da organização (Etzioni, 1964: 51). Uma vez internalizadas, as normas se tornam cada vez mais potentes, pois os trabalhadores, vendo as demandas da organização como corretas e justas, vão internalizá-las, mesmo que fazer isso seja pessoalmente repugnante (por exemplo, fazer um trabalhador não-adaptado harmonizar-se com as normas) ou não-essencial para evitar a punição (como quando o chefe não monitora a obediência). O poder que foi legitimado é chamado de autoridade.

FONTES DA LEGITIMAÇÃO

Embora alguns autores restrinjam a distinção entre poder e autoridade (Mintzberg, 1983), ela foi durante muito tempo um ponto central na discussão sobre liderança. De fato, o processo pelo qual o poder se torna legitimado e assim se converte em autoridade tem preocupado os teóricos há mais de um século. As três perspectivas que atraíram a maior atenção são as de Max Weber, George Simmel e Chester Barnard.

A mais duradoura contribuição de Weber às ciências da administração foi sua descrição da burocracia como um tipo ideal (ver Capítulo 3). Mas ele foi também o criador de uma tipologia da autoridade que abriu seu caminho para o vocabulário comum. Weber identificou três tipos de autoridade; tradicional, carismática e racional-legal. A autoridade *tradicional* emerge de relações historicamente estabelecidas entre o líder e o liderado. Os seguidores percebem o poder do líder como sendo justificado em virtude do costume e da tradição, como na relação existente entre monarca e seus súditos ou entre pais e filhos. A autoridade *carismática* é aceita pelos seguidores devido à força da personalidade do líder e a suas qualidades singulares. Eles obedecem porque o carisma do líder induz um sentido de confiança, respeito e talvez admiração. A autoridade *racional-legal* (às vezes chamada de autoridade *burocrática*) deriva sua legitimidade da percepção do seguidor de que ela se baseia em padrões de comportamentos geralmente aceitos. Através da interação social, certas normas de conduta assumem um manto de legalidade e correção. Dois exemplos freqüentemente mencionados incluem a lei (à qual a maioria das pessoas obedece mesmo quando as chances de ser preso são remotas) e as normas abstratas impostas pelas organizações burocráticas ("uma norma é uma norma").

Ao descrever os efeitos desses diferentes tipos de autoridade, Weber ofereceu alguns *insights* particularmente relevantes para as organizações modernas. Primeiro, ele observou que os sistemas sociais baseados na autoridade tradicional tendem a ser suscetíveis a considerações não-relevantes que inibem a racionalidade de quaisquer estruturas burocráticas que possam estar presentes. Status, afinidade ou outras considerações pessoais poderiam ditar a seleção e utilização de pessoal e a distribuição de recursos, reduzindo assim a eficiência do aparato burocrático. Como muitas jurisdições públicas, pode-se dizer, existem dentro de estruturas de poder tradicionalistas (ver Elazar, 1972), suas burocracias não funcionam necessariamente de acordo com quaisquer noções preconcebidas de racionalidade ou eficiência.

Em segundo lugar, Weber reconheceu que os funcionários de organizações burocráticas teriam dificuldade em manter um compromisso emocional para com normas e regulamentos abstratos. Apesar de sua legitimidade percebida, as regras começariam, em última análise, a desgastar os trabalhadores. Mas, observou, as burocracias tendem a ser dirigidas por líderes não-burocráticos — indivíduos nomeados ou eleitos para suas posições (presidentes, governadores, prefeitos, membros de gabinetes e assim por diante). Esses líderes fornecem aos trabalhadores um alívio psicológico "que reforça o compromisso abstrato com as normas (...) ao fornecer uma imagem mais concreta e 'cálida' com a qual é mais fácil identificar-se" (Etzioni, 1964: 55). Os trabalhadores burocráticos desejam atribuir traços positivos aos seus líderes e experimentam sentimentos positivos, como admiração e afeto, em relação a estes, porque fazer isso torna a rede formal de normas e regulamentos menos opressiva.

Finalmente, Weber notou que as organizações enfrentam uma "crise de sucessão" por ocasião do falecimento ou saída do seu líder. Embora esse problema seja especialmente sério quando esse líder era do tipo carismático, ele também surge em organizações burocráticas quando o lider é especialmente popular entre os subordinados (isto é, quando o compromisso dos trabalhadores para com o líder é mais pessoal do que racional). No entanto Weber acreditava que, apesar desse trauma, a crise de sucessão era também uma oportunidade para a organização alterar suas práticas e inovar de outras formas (ver Gouldner, 1954; Hirschman, 1970). A pesquisa contemporânea sobre sucessão de líderes confirmou essas suposições, mas tende a indicar que o período de transição entre líderes é muito mais suave do que Weber concluiu por hipótese (Farquhar, 1991).

Simmel foi um contemporâneo de Weber. Postulou que só existem duas grandes fontes de autoridade, a pessoal e a organizacional (Simmel, 1950). A *autoridade pessoal* é adquirida por um indivíduo que manifesta virtudes e forças valorizadas e admiradas pelo grupo. A *autoridade organizacional* é conferida aos líderes devido às posições que ocupam numa hierarquia (e, assim, é às vezes chamada de autoridade posicional). Teorias posteriores observaram que alguns líderes possuem altos níveis de ambos os tipos de autoridade, enquanto outros são fracos em ambos. Mas muitos indivíduos que carecem de qualquer autoridade posicional significativa podem atingir grande autoridade através da força das suas personalidades, de seu conhecimento, de suas contribuições para a organização ou de caminhos correlatos (essas pessoas são geralmente referidas como líderes informais). Simmel também sustentou que, desde que a liderança é um processo interativo, a autoridade não pode apoiar-se apenas na coerção. Isso levou-o ao argumento muito presciente de que os líderes são, até certo ponto, controlados por seus seguidores. Simmel viu os líderes tanto como "a expressão unitária" da vontade do grupo quanto como "alvo do desafio de poder a fim de que a autoridade seja colocada em perspectiva" (Hunt, 1984: 159). Assim, ele foi um dos primeiros teóricos a reconhecer a extrema importância do *liderado* em relação ao *líder*.

A contribuição de Barnard (1938) para a compreensão do poder e da autoridade foi aprimorada e se expandiu em muitas das idéias contidas no trabalho de Simmel. O impulso do trabalho de Barnard resume-se na sua definição de autoridade como "o caráter de uma comunicação (ordem) numa organização formal, em virtude do que é aceita por um contribuinte ou 'membro' da organização como governando a ação com a qual ele coopera; ou seja, como governando ou determinando o que ele faz ou deve fazer no que tange à organização" (Barnard, 1952: 180). Essa definição reflete explicitamente a convicção de Barnard de que a autoridade dentro da organização *flui para cima*. Isso contrasta com a concepção de Weber da autoridade burocrática que se move de cima para baixo. Barnard (1952: 181) argumentava que a autoridade repousa na *aceitação* ou no *consentimento* dos indivíduos envolvidos. Além disso, os seguidores aplicam um tipo de teste para decidirem se vão ou não obedecer uma ordem. Esse teste consiste em quatro condições (Barnard, 1952: 181): 1) A ordem foi compreendida? 2) É compatível com o propósito da organização? 3) É compatível com o interesse pessoal do trabalhador como um todo? 4) O trabalhador é capaz, mental e fisicamente, de obedecer? Barnard cunhou o termo "zona de indiferença" para explicar por que a maior parte das ordens passa incontestada apesar desse teste aparentemente rígido. As ordens que caem dentro dessa zona são aceitas pelos seguidores sem qualquer questionamento consciente sobre a ação do líder, enquanto as que caem fora são rechaçadas porque estão em conflito com um ou outro aspecto do sistema de valores do trabalhador. Ademais, Barnard observou que a amplitude da zona de indiferença depende do grau em que os incentivos oferecidos pela organização — as recompensas materiais e não-materiais — excedem o fardo suportado pelos trabalhadores quando fazem suas contribuições. O chamado cálculo de estímulo/contribuição determina o nível da adesão do trabalhador à organização; quanto maior a diferença entre incentivos e contribuições, mais ampla a zona de indiferença.

A Questão da Ética

O trabalho de Barnard sobre incentivos e contribuições antecipou a preocupação posterior com a ética profissional e seu papel em manter os servidores civis responsáveis perante a autoridade superior. Em função do significativo poder que os funcionários públicos exercem sobre as vidas e propriedades dos cidadãos, uma das principais obrigações do governo é assegurar que esses funcionários não traiam a confiança do público. Essa tarefa é complicada por muitos fatores, inclusive o tamanho e o âmbito das atividades do governo, a natureza insular e reservada do comportamento burocrático, o aumento do conhecimento técnico nas agências públicas e a falta geral de um controle político eficiente sobre as tomadas de decisões dos funcionários.

O poder no nosso sistema de governo é altamente fragmentado, deixando os servidores civis expostos a muitas expectativas e demandas conflitantes. Além de serem tentados por oportunidades ilegais a transformar cargos oficiais em ganhos privados, os servidores civis são fustigados por demandas de políticos, grupos de interesses e diferentes facções dentro das suas próprias organizações. E, como Herbert Simon foi o primeiro a salientar, o conhecimento técnico raramente fornece uma orientação sucinta e confiável sobre o curso "correto" de ação. Decisões envolvendo assuntos importantes exigem dos administradores públicos que tornem compreensível a "teia sem costura", combinando ética e avaliações efetivas (Simon, 1947). Cada servidor civil faz as mesmas eternas perguntas: "Para que fins deveriam ser dirigidos meus esforços? A quem eu sirvo?"

Os funcionários públicos que buscam respostas para essas perguntas são geralmente conduzidos em duas direções complementares. A primeira é muitas vezes chamada de "estrada pouco adequada" para a conduta ética, pois se baseia nos códigos formais e em outras censuras legais para obter pela força o comportamento apropriado (Rohr, 1978). Embora essas medidas certamente tenham lugar no esquema do governo para promover a responsabilidade, sua inadequação em controlar qualquer coisa, com exceção do comportamento mais notoriamente corrupto, é evidente.

Por essa razão, "a administração pública afastou-se do formalismo em direção a um maior interesse no aspecto humano do comportamento ético" (Gortner e

Plant, 1990: 247). Esse aspecto humano abrange uma série de marcos usados para orientar os servidores civis em meio à dificuldade ética da administração pública contemporânea. O mais significativo talvez seja o apoio no profissionalismo e o uso de códigos de ética profissionais para fornecer âncoras éticas aos funcionários públicos. A maior parte desses documentos empenha-se em delinear os valores essenciais que os administradores públicos deveriam ter em mente na medida em que exercem a discricionariedade. A Sociedade Americana de Administração Pública (SA-AP), por exemplo, encoraja os trabalhadores a se comprometerem com valores como "desenvolvimento profissional (...) eliminação de todas as formas de discriminação ilegal (...) justiça e imparcialidade, eficiência e efetividade (...) e os mais altos padrões de integridade pessoal, veracidade, honestidade e força moral em todas as atividades públicas" (American Society for Public Administration, 1984).

Obviamente, códigos de ética pouco significam se suas disposições não são amplamente divulgadas e claramente compreendidas pela audiência-alvo. Portanto, o treinamento tornou-se um ponto de convergência importante na discussão ética dentro da administração pública. Existe amplo consenso no que concerne à necessidade de submeter os servidores civis a um treinamento especializado em ética. Embora variem as opiniões quanto ao conteúdo apropriado, parece haver amplo apoio a programas de treinamento que apresentem simulações, situações hipotéticas e escolhas carregadas de valores que obriguem as pessoas a confrontarem seus preconceitos.

Outra abordagem é incluir um tipo de instrução que enfoque especificamente a agência do empregado. Por exemplo, alguns especialistas argumentam que cada agência deve criar seu próprio código de ética à luz das necessidades e demandas peculiares do trabalho que executa. John Rohr acredita que o treinamento em ética deveria focalizar: 1) a consideração cuidadosa da fidelidade do funcionário para com a agência; 2) instrução sobre a história estatutária, administrativa e judiciária da organização; 3) uma análise profunda da visão política do executivo chefe (1980: 206-12).

Essa discussão reflete com clareza o fato de que, contrariamente às crenças do pensamento gerencial clássico, poder e autoridade não fluem em linha ininterrupta dos líderes políticos para os cidadãos. Os intermediários — os servidores civis — precisam interpretar as instruções de seus superiores políticos e dar-lhes significado. Da mesma forma, ainda que descendo do topo das burocracias públicas para os níveis mais baixos, o poder e a autoridade adicionais escorrem para as mãos de servidores civis de qualquer categoria, nível e alocação. É por essa razão que questões de responsabilidade e ética continuarão a prender a atenção da comunidade de administração pública.

Tipos e Usos do Poder

Outro problema importante na compreensão da liderança é a identificação e análise das fontes de poder. As categorias de poder mais amplamente usadas são de longe aquelas propostas pela primeira vez em 1959 por French e Raven (1977). Eles postularam cinco bases principais do poder:

1. O *poder de recompensa* baseia-se na capacidade do líder de prover incentivos materiais e não-materiais.
2. O *poder coercitivo* baseia-se na capacidade do líder de ameaçar ou punir, seja retendo recompensas desejadas ou através de repreensões, atribuições de tarefas indesejáveis e assim por diante.
3. O *poder legítimo*, que está relacionado à concepção de Weber de autoridade, deriva do ponto de vista dos seguidores de que o líder tem o direito de dirigir e que eles têm obrigação de aceitar suas ordens.
4. O *poder referente* origina-se da administração dos trabalhadores pelo líder e do desejo de se identificarem com ele como pessoa.
5. O *poder perito* baseia-se no conhecimento e *know-how* do líder em termos do trabalho.

French e Raven não afirmaram que essas categorias esgotam todos os tipos de poder, nem insinuaram que sejam mutuamente exclusivas. Com efeito, notaram que as cinco fontes de poder são inter-relacionadas pelo fato de o uso de uma forma poder afetar positiva ou adversamente outras formas (por exemplo, o uso excessivo de poder coercitivo provavelmente reduziria tanto o poder referente como o legítimo).

Duas outras fontes de poder, ambas quase implícitas na tipologia original, foram identificadas. Uma delas, que surgiu na pesquisa efetuada por Raven e Kruglanski(1975), é o *poder informativo*. Como a informação é um recurso valioso em qualquer organização formal, qualquer um que tenha acesso a ela ou que possa controlar seu fluxo tem poder. No entanto, como observa Harlan Cleveland (1985), poucos executivos sabem como aproveitar a informação e ainda menos organizações sabem como ensinar seus líderes a fazê-lo. A especialização e a segmentação de informações inibem o desenvolvimento de "executivos do conhecimento" (Cleveland, 1985; Porter, 1986).

A segunda fonte de poder recentemente identificada é o *poder conectivo* (Hersey e Blanchard, 1982). Ele está intimamente ligado ao poder informativo por se originar das ligações de uma pessoa com indivíduos importantes, dentro e fora da organização. Numa universidade, por exemplo, é mais provável que seja influente um chefe de departamento que é amigo íntimo do reitor do que os chefes de departamento que não têm um relacionamento desse tipo.

Uma vez identificadas as várias fontes de poder, os pesquisadores começaram a examinar questões como os tipos de poder que são mais apropriados para diferentes situações. Embora os resultados dessa pesquisa estejam longe de ser definitivos, despertam considerável interesse. Por exemplo, Student (1968) descobriu num estudo sobre trabalhadores industriais que o poder legítimo era extremamente significativo para explicar por que eles obedeciam as ordens; seguiam-se o poder perito, o de recompensa, o referente e o coercitivo. Entretanto o poder perito e o referente eram os mais importantes para determinar o desempenho entre os empregados. Outras pesquisas, notadamente a de Bachman, Bowers e Marcus (1968), descobriram que o poder perito é fortemente correlacionado à satisfação e ao desempenho no trabalho em diversas populações de empregados. Descobriu-se que o poder legítimo está coerentemente ligado à obediência, mas não ao desempenho. Finalmente, o poder coercitivo era a razão menos significativa para a obediência e tendia a ter um impacto negativo no desempenho.

Com base nessa e em outras pesquisas, é possível tirar algumas conclusões experimentais. Em primeiro lugar, o poder coercitivo é quase sempre correlacionado negativamente com a satisfação e a eficiência do empregado. Em segundo lugar, as bases não-formais do poder, perito e referente, tendem a ser mais altamente correlacionadas com o desempenho (Luthans, 1977: 462) — conclusão que é amadurecida com a implicação concernente aos meios pelos quais selecionamos e atribuímos poder aos nossos administradores públicos. Em terceiro lugar, a obediência dos trabalhadores a ordens parece mais sensível ao poder perito e legítimo e quase não relacionada ao poder coercitivo (significando, naturalmente, não ser provável que a aplicação de sanções produza resultados positivos). Finalmente, a satisfação do trabalhador tende a ser positivamente influenciada pelo poder perito e referente. Mas como a maior parte da pesquisa nessa área encontra um alto grau de inter-relação entre os vários tipos de poder, não devemos colocar demasiada confiança no nosso conhecimento a respeito dos efeitos dos diferentes tipos de poder.

Permanece ainda a questão de como o poder é realmente exercido — ou seja, o modo como um líder faz o poder atuar sobre subordinados, colegas e superiores. Um estudo de Kipnis, Schmidt e Wilkinson (1980) tenta fornecer pelo menos uma resposta parcial. Esses pesquisadores pediram a 750 respondentes que preenchessem um questionário identificando incidentes específicos em que o exercício da influência resultou em "conseqüência eficiente". Na análise dos resultados, oito principais categorias de "tática" emergiram; em ordem de freqüência de uso, eram as seguintes:

Razão: Usar dados, fatos e lógica; mais comumente empregada com superiores

Amizade: Apoiar-se na consideração e na boa vontade; geralmente usada com pessoas de mesmo nível e subordinados

Fazer alianças: Conseguir que outros se juntem e apóiem uma posição; usada com todos os grupos

Barganha: Regatear e negociar; usada principalmente com pessoas do mesmo nível e subordinados

Positividade: Empregar maneiras fortes e diretas; usada quase exclusivamente com subordinados

Apelo para cima: Solicitar níveis mais altos de autoridade e apoio; usado escassamente, em geral com pessoas do mesmo nível e subordinados

(pois passar por cima dos superiores seria uma violação da etiqueta organizacional)

Sanções: Recompensar e punir o comportamento de outros; usado quase exclusivamente com subordinados

Bloqueio: Deixar de cooperar para subverter as ações de outro empregado; usado quase exclusivamente com colegas

Talvez o aspecto mais interessante dessas descobertas seja que as táticas mais comumente usadas se baseiam no poder referente e perito, em vez dos poderes formais (de recompensa, coercitivo e legítimo). Com efeitos, as táticas que requerem autoridade posicional parecem ser sistematicamente evitadas. Essas descobertas assumirão maior significado na próxima seção, na qual se analisa a motivação humana.

MOTIVAÇÃO DOS EMPREGADOS

Para utilizarem seus poderes e sua autoridade com eficiência, todos os administradores precisam ser psicólogos amadores. qualquer pessoa que tenha alguma vez supervisionado até mesmo um único empregado admitirá, provavelmente, que o comportamento dos trabalhadores é ocasionalmente (se não regularmente) imprevisível ou mesmo aparentemente irracional. O empregado mais comprometido e aparentemente leal pode demitir-se sem aviso ou provocação; outro trabalhador pode tornar-se rabugento e irritadiço depois de ser promovido, ou começar a reduzir o ritmo e a despender pouca energia depois de anos de trabalho consciencioso. Na tentativa de prever e explicar a grande variedade de respostas humanas à situação de trabalho, teóricos e pesquisadores têm produzido vasta literatura que tanto ajuda na compreensão do motivo por que os trabalhadores se comportam dessa ou daquela maneira como fornece sugestões que podem ajudar os líderes a fazerem os trabalhadores se comportarem de maneira desejável.

TEORIAS DA MOTIVAÇÃO

Quando os teóricos tentam elucidar um fenômeno tão amplo como o comportamento humano, as explicações resultantes assemelham-se a um gigantesco quebra-cabeça de peças recortadas. Cada peça do quebra-cabeça ajuda-nos a ver o quadro mais claramente, mas nenhuma delas sozinha fornece por si só um quadro claro. Foram propostas pelo menos 20 abordagens principais do estudo da motivação, sendo que as seguintes parecem ter maior utilidade para os administradores profissionais:

Teoria da necessidade. A pergunta central da teoria da necessidade é: "O que os trabalhadores querem? Ou seja, quais são suas necessidades ou motivações?" O mais citado e lido teórico da necessidade é de longe Abraham Maslow (1954,

1962, 1965). Ele sustenta que as necessidades humanas estão ordenadas em uma hierarquia que vai das básicas motivações "instintivas" até o que se tornou a última palavra em motivação: auto-atualização.

1. *Necessidades fisiológicas*: necessidades muito básicas, "instintivas", fundamentais para a sobrevivência do indivíduo. Incluem a necessidade de alimento, água, abrigo e sexo (procriação).
2. *Necessidades de segurança*: o desejo do indivíduo de estar livre do perigo e da frustração das necessidades fisiológicas básicas.
3. *Necessidades sociais*: o desejo de uma pessoa de pertencer a um grupo, de ter amigos e de ser aceita pelas outras (muitas vezes chamadas de "necessidades de associação").
4. *Necessidades de estima*: ocorrem de duas formas. A necessidade do *ego* é um desejo de auto-estima, auto-respeito e um senso de valor interno. A necessidade de *reconhecimento pelos outros* é exemplificada pelo desejo de um indivíduo por respeito e admiração.
5. *Auto-realização*: a necessidade de desenvolver suas capacidades plenamente, de conseguir o que se é capaz de fazer. Essa necessidade está intimamente relacionada ao autodesenvolvimento, à utilização adequada dos talentos de cada um e à criatividade.

Maslow afirmou que essas cinco necessidades têm de ser satisfeitas na ordem dada, subindo na hierarquia das necessidades fisiológicas até a auto-realização. Na medida em que alcança cada nível sucessivo da hierarquia, o indivíduo se dirige ao nível superior seguinte. No entanto uma necessidade não precisa estar *completamente* satisfeita para permitir que o indivíduo persiga uma outra de ordem mais elevada. Na medida em que aumenta o nível de satisfação de necessidades, aumenta também a *prepotência* da necessidade superior seguinte. Em outras palavras, na medida em que uma necessidade é satisfeita, ela deixa de motivar o comportamento, e a necessidade superior seguinte aumenta seu efeito motivacional. Por exemplo, quando a fome e a sede tiverem sido suficientemente satisfeitas para evitar a morte, o indivíduo estará motivado a buscar abrigo. Maslow também reconheceu que as necessidades das pessoas mudam com as circunstâncias (idade, estágio da carreira, problemas pessoais) e que diferentes níveis de necessidades podem estar operando na mesma pessoa ao mesmo tempo (um alpinista faminto apanhado por uma tempestade de neve está provavelmente enfrentando necessidades de dois e até mesmo três níveis).

Outra contribuição importante para a teoria das necessidades foi feita por David McClelland (1953, 1961, 1962). Valendo-se de uma lista de necessidades desenvolvida por Henry Murray (1938), McClelland enfatizou as necessidades de realização, poder e afiliação. Através do exame de diferenças transculturais quanto a essas necessidades, ele concluiu que tanto crianças quanto adultos podem *aprender* a necessidade de realização (McClelland, 1956; McClelland e Winter, 1969). Além disso, detectou diferenças interessantes nos padrões de necessidade de líderes

Tabela 5-1 Efeitos das Características Organizacionais no Processo de Motivação

Característica Organizacional	Efeito na Necessidade de:		
	Realização	Poder	Afiliação
Estrutura	Reduzida	Estimulada	Reduzida
Apoio	Estimulada	Inalterada	Estimulada
Conflito	Estimulada	Estimulada	Reduzida
Padrões	Estimulada	Estimulada	Reduzida
Recompensa	Estimulada	Inalterada	Estimulada
Responsabilidade	Estimulada	Estimulada	Inalterada
Risco	Estimulada	Reduzida	Reduzida

Fonte: Adaptado de George Litwin e Robert Stringer, *Motivation and Organizational Climate* (Cambridge, Mass,: Harvard Business School, 1968), 72, 84, 90-1.

bem-sucedidos em grandes organizações (sendo líderes "bem-sucedidos" os encarregados de organizações lucrativas ou em crescimento e aqueles cujos colegas acreditavam que fossem líderes bem-sucedidos). Os líderes de maior sucesso tinham maior necessidade de poder que de realização, e uma necessidade de afiliação relativamente baixa. Sua explicação do sucesso desses líderes baseou-se na comparação dos seus comportamentos: os líderes com níveis muito altos de motivação de realização ficam tão preocupados com os resultados que muitas vezes deixam de delegar autoridade com discernimento, enquanto os líderes com forte necessidade de afiliação permitem que seu desejo de que gostem deles interfira na tomada de decisões difíceis. Finalmente, McClelland notou que os líderes bem-sucedidos com altas necessidades de poder usam esse poder somente para ajudar a organização; não tendem a usá-lo em causa própria ou meramente para favorecer seus próprios interesses.

As teorias de McClelland serviram de base para um estudo que Litwin e Stringer (1968) empreenderam sobre a relação entre o ambiente do trabalho e a força das várias necessidades. Eles concluíram que certas características da situação de trabalho determinam que necessidades serão estimuladas nos indivíduos num dado momento. Identificaram conflito, padrões, recompensa, responsabilidade, estrutura, apoio e risco como os fatores situacionais mais significativos na previsão da força motivacional (Tabela 5-1). Um ambiente de trabalho caracterizado pelo conflito foi tido como redutor das necessidades de associação e estimulador das necessidades de realização e poder. Situações de trabalho altamente estruturadas (com obrigações claramente definidas e grande número de regras) parecem reduzir as necessidades de realização e afiliação e aumentar a necessidade de poder. A delegação de responsabilidade para baixo ("descentralização") tendia a estimular as necessidades de realização e poder, sem exercer efeito algum sobre a motivação de afiliação.

Teoria dos Dois Fatores. A teoria dos dois fatores da motivação originou-se da pesquisa de Frederick Herzberg e seus colegas (1959, 1968). Eles conduziram extensas entrevistas com aproximadamente 200 engenheiros e contadores, pedindo aos respondentes que lembrassem situações e ocorrências nos seus históricos de trabalho que tivessem resultado em satisfação muito alta ou muito baixa com o trabalho. Com base nas informações obtidas, Herzberg concluiu que certos fatores contribuem para a satisfação no trabalho ("motivadores"), mas que um *diferente* conjunto de fatores conduz à insatisfação ("fatores de higiene"). Os termos que ele consagrou definitivamente com relação a esses fatores foram motivadores e fatores de higiene, respectivamente. De acordo com Herzberg, os motivadores originam-se do conteúdo do próprio trabalho e incluem considerações como a natureza do trabalho e as possibilidades que permitem responsabilidade, reconhecimento e crescimento. Por outro lado, os fatores de higiene são elementos do ambiente ou do contexto do trabalho e abrangem fatores como salário, nível de status, relações interpessoais, procedimentos organizacionais, grau de supervisão, condições de trabalho e vida pessoal do empregado.

Ao contrário da concepção de hierarquia de Maslow, a teoria de Herzberg sustenta que os motivadores e os fatores de higiene operam independentemente uns dos outros. A ausência de elementos insatisfatórios não motivará os trabalhadores; a motivação só surge na presença de elementos que satisfaçam. De acordo com essa formulação, os líderes precisariam tanto reduzir os elementos insatisfatórios como aumentar os satisfatórios para produzir uma força de trabalho motivada.

Embora a teoria de Herzberg difira de maneira importante da de Maslow, ambas deduzem que os trabalhadores são motivados mais por fatores intrínsecos do que extrínsecos. Motivação intrínseca é aquela que se origina das necessidades de ordem mais alta de Maslow (estima e auto-realização) ou dos motivadores de Herzberg. Wexley e Yukl (1977: 89) definem motivação como o "esforço que é despendido no trabalho de um empregado para satisfazer as necessidades de crescimento, como realização, competência e auto-realização". A motivação extrínseca pode ser atribuída às necessidades de ordens mais baixa de Maslow e às variáveis do contexto de trabalho de Herzberg, ou a elementos insatisfatórios. A argumentação de Herzberg era que, uma vez que as necessidades de sobrevivência (fisiológica e de segurança) da maioria dos trabalhadores já estão satisfeitas com bastante eficiência pelo sistema econômico (ao menos nas nações industrializadas), agora se precisa de necessidades de ordem mais alta para estimular a motivação. A busca de promoções e recompensas motivará os trabalhadores até certo ponto, mas não levará a um comprometimento a longo prazo e a sentimentos de valor próprio e realização. Essa conclusão impeliu Herzberg a delinear o conceito de enriquecimento do cargo, discutido no Capítulo 4.

Teoria da Expectativa. Enquanto as teorias da necessidade e dos dois fatores enfatizam os motivos *identificadores*, a teoria da expectativa preocupa-se em explicar como funciona o processo da motivação. Victor Vroom (1964), o idealizador da teoria da expectativa, baseou o conceito na tendência dos seres humanos de funcionarem como animais que pensam racionalmente. Dizendo de forma simples, a teoria pressupõe que o comportamento humano seja uma função do valor que se espera receber como resultado do esforço despendido.

Três conceitos são centrais para a teoria da expectativa: valência, instrumentalidade e expectativa (o que faz com que também seja chamada de "teoria VIE"). Caso se espere que os trabalhadores estejam dispostos a iniciar uma atividade orientada para objetivos, eles precisam primeiro ter em mente um propósito ou objetivo valorizado. "Valência" refere-se à importância que qualquer meta particular (poder, aumento, promoção) tem para um indivíduo. Em seguida, os trabalhadores precisam acreditar que a meta desejada estará disponível quando tiver sido merecida. Se os trabalhadores pensam, por exemplo, que um aumento na produtividade lhes trará um reajuste salarial, diz-se que sua "instrumentalidade" está alta. Por outro lado, se a experiência passada lhes mostrou que o alto desempenho não é regularmente recompensado com aumentos salariais, sua instrumentalidade será baixa. A instrumentalidade é definida como "a probabilidade subjetiva de uma pessoa imaginar que a realização de uma meta organizacional conduzirá diretamente a uma meta pessoal desejada" (Hays e Reeves, 1984: 261). Finalmente, os trabalhadores não estarão motivados, a não ser que acreditem que são capazes de conseguir a meta ou atividade na qual se baseia a recompensa. Se a administração colocar a concessão de aumentos na dependência da realização de níveis de resultados tão elevados que apenas alguns poucos trabalhadores (se tanto) serão capazes de alcançá-los, então a expectativa dos trabalhadores vai baixar.

De fato, portanto, os apoios teóricos dessa abordagem da motivação não são nada mais que as noções de bom senso que governam quase toda relação de troca. Apesar da aparente simplicidade, a teoria atraiu muito mais profissionais e atenção dos estudiosos do que qualquer outra explicação sobre a motivação humana. Disso resultaram alguns aprimoramentos, bem como muitas controvérsias.

Um dos aprimoramentos de mais alto conceito é o modelo de expectativa desenvolvido por L. Porter e Lawler (1968). Seu modelo considera uma série de variáveis que não estavam explicitamente contidas na concepção original de Vroom (Figura 5-1). Eles indicam que o esforço dos empregados é determinado basicamente por dois fatores: o valor atribuído pelo trabalhador a um objetivo ou resultado e o grau em que ele acredita que a meta pode ser atingida através de um dado nível de esforço. Outros fatores que influenciam o resultado do esforço incluem as habilidades e características dos trabalhadores e a clareza das percepções de seu papel (o que se espera que façam e como devem fazê-lo).

O registro do desempenho dos trabalhadores no passado também constitui consideração importante, pois: 1) facilita a realização da meta se a tarefa foi executada previamente e 2) fornece aos trabalhadores uma indicação tanto do montante de esforço necessário para conseguir o objetivo quanto da probabilidade de ser recompensado por isso. A satisfação que o trabalhador obtém do desempenho é função de recompensas tanto intrínsecas quanto extrínsecas, bem como da avaliação dos trabalhadores quanto à eqüidade da recompensa recebida. E como a

Figura 5-1 O Modelo de Porter e Lawler da Teoria da Expectativa

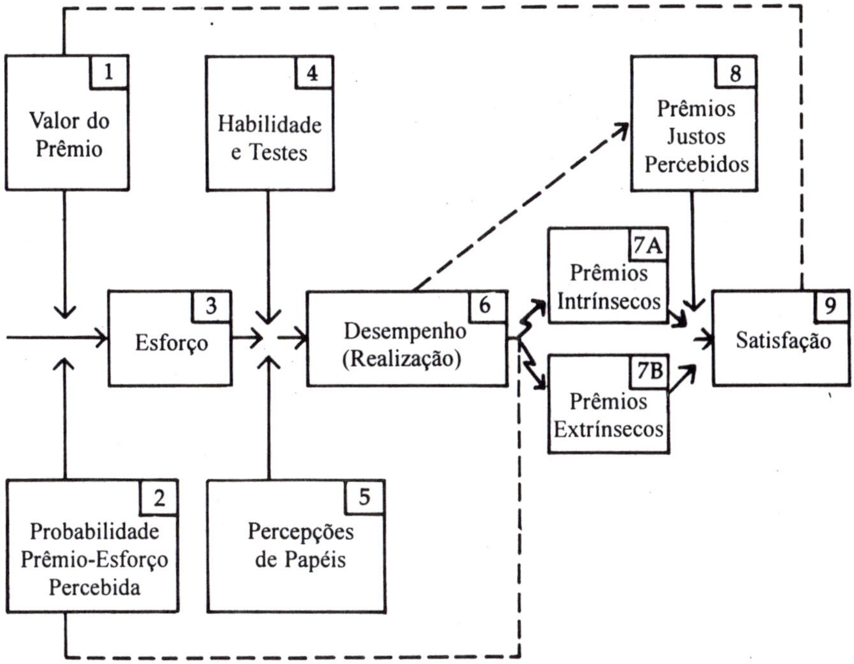

Fonte: Lyman Porter e Edward Lawler, *Managerial Attitudes and Performance* (Homewood, Ill.: Irwin, 1968), p. 17. Reprodução autorizada.

motivação é concebida como sendo um "circuito" de *feedback*, o nível de desempenho atingido e a satisfação final derivada da experiência serão altamente determinantes do esforço futuro.

Em resumo, a teoria da expectativa fornece aos administradores públicos uma lista de verificação das variáveis potencialmente importantes no exercício da liderança. Além de oferecer importantes indicações sobre como gerenciar os trabalhadores. Essas variáveis refletem novamente a natureza inter-relacionada das funções administrativas. Para motivar os trabalhadores, devem-se considerar seu nível de habilidade (que está relacionado com a seleção, orientação e atividade de treinamento), as percepções de seus papéis (envolvendo relacionamentos de autoridade e responsabilidade), os sistemas de recompensa de suas organizações e uma variedade de outros fatores que derivam das funções de organização, pessoal e controle. Ademais, a teoria da expectativa indica que os líderes devem ser sensíveis às diferenças entre as metas, ambições e expectativas de seus empregados. É uma tarefa gigantesca, mas que todo líder bem-sucedido tem de enfrentar e realizar.

Outras Abordagens. Embora as teorias da necessidade, dos dois fatores e da expectativa tenham atraído a maior parte da atenção, não são em absoluto as únicas estratégias motivacionais amplamente usadas. Outras que merecem ao menos um comentário resumido são a "modificação organizacional do comportamento" (O.B. Mod.) [de *Organizational Behavior Modification*] e a "teoria do estabelecimento de metas". A O.B. Mod. (também chamada "teoria do reforço") baseia-se nos princípios do condicionamento operante, derivados basicamente do trabalho de B. F. Skinner (1953, 1969, 1971, 1974). Condicionamento operante é o "processo de mudar a freqüência ou probabilidade de ocorrência de (...) comportamentos em resultado das conseqüências que os seguem" (Pinder, 1984: 190). As conseqüências mais influentes para direcionar o comportamento são o *reforço* (o termo de Skinner para recompensa) e a *punição*. O reforço resulta num aumento da probabilidade de que um comportamento se repita, enquanto a punição reduz essa probabilidade. Por exemplo, uma criança a cujas queixas se segue a oferta de um biscoito (reforço) provavelmente continuará o comportamento queixoso, enquanto a que foi repreendida ou privada de algo que desejava (punição) provavelmente se queixará menos no futuro.

Quando aplicado ao ambiente de trabalho, o condicionamento operante exige que os líderes "aprendam a diagnosticar e influenciar os antecedentes e as conseqüências do comportamento de seus empregados" (Pinder, 1984: 219). Luthans e Kreitner (1975) indicam que isso pode ser conseguido através de uma seqüência de cinco etapas: 1) Identificar o comportamento que é prejudicial ao desempenho da função. 2) Determinar a "linha que serve de base" a tal comportamento, em relação à qual o comportamento futuro será comparado para se avaliar o sucesso do administrador em provocar a mudança. 3) Identificar os antecedentes do comportamento (fatores que levam à atividade disfuncional) e os reforços que prolongam a atividade (que podem ser tão diversos como o lucro por furto no escritório e o riso dos colegas em função de comportamento inadequado). 4) Planejar e implementar uma estratégia para reforçar o comportamento positivo e punir o comportamento indesejável, desta forma eliminando-o. 5) Avaliar a intervenção em termos da freqüência com que o comportamento positivo substitui o negativo. Assim a O.B. Mod. é um modo mais sistemático e organizado de corrigir o comportamento dos empregados do que o que é usualmente usado pelos administradores. Embora a maior parte dos administradores se empenhe em atividades desse tipo, raramente o faz com o grau de precisão e intencionalidade implícito na seqüência O.B. Mod.

A teoria do estabelecimento de metas baseia-se em quatro amplas hipóteses (Aldis, 1961: Pinder, 1984: 160). Em primeiro lugar, o comportamento humano ocorre em resposta a metas e intenções, e essas metas podem assumir muitas formas (prazos-limites, níveis de desempenho e outras). Em segundo lugar, como as metas são responsáveis pelos esforços, "metas *mais elevadas* e *mais difíceis* resultarão em níveis mais altos de desempenho do que metas fáceis" (Pinder, 1984: 160). Em terceiro lugar, metas claras e mensuráveis resultam em níveis mais altos de desempenho do que metas ambíguas. Finalmente, nem incentivos extrínsecos nem intrínsecos terão efeito algum no comportamento, a não ser que resultem no estabelecimento de metas ambiciosas e específicas.

A teoria do estabelecimento de metas conduz a algumas normas que, pelo menos no nível intuitivo, deveriam tornar um líder mais eficiente. Parece lógico que os trabalhadores executarão seu trabalho melhor, por exemplo, quando as metas forem específicas do que quando forem vagas, e que metas difíceis vão gerar mais esforços heróicos do que metas fáceis. Há uma quantidade considerável de pesquisas empíricas que tendem a substanciar essas hipóteses (Pinder, 1984: 160-63). A teoria do estabelecimento de metas é um componente implícito (se não explícito) de muitos dos estilos de liderança que serão discutidos posteriormente neste capítulo.

Três explicações menos conhecidas sobre a motivação dos empregados incluem a "teoria dos recursos pessoais e materiais" (PMR) [de *Personal and Material Resource*], a "teoria do grupo e das normas" e "teoria do sistema sócio-técnico." A ênfase da PMR é nos fatores exógenos que impedem ou promovem a motivação dos trabalhadores. A PMR sustenta que "restringir as capacidades ou oportunidades de funcionários atingirem suas metas de trabalho é desmotivador", enquanto as condições que facilitam a realização de metas são indutoras da motivação (Katzell e Thompson, 1990: 144). Tanto esses fatores positivos quanto negativos podem surgir de fontes pessoais (por exemplo, níveis de capacidade) ou materiais (suprimentos e equipamentos). Equipamentos inadequados, por exemplo, mostraram ter efeitos adversos nas atitudes dos trabalhadores e nos seus níveis percebidos de recompensas extrínsecas (Katzell e Thompson, 1990). Obviamente, a lição para os administradores é proporcionar aos subordinados o treinamento, o equipamento e os materiais necessários para executar eficientemente seu trabalho.

A teoria do grupo e das normas, ao contrário, fundamenta-se na crença de que o grupo de trabalho é elemento essencial no quebra-cabeça motivacional. Dizendo de maneira mais simples, as normas grupais devem apoiar e reforçar a realização de metas. Grupos de trabalho caracterizados pelo auxílio mútuo, a coesão e o espírito de equipe tendem a favorecer e manter altos níveis de motivação (Turban e Jones, 1988). Grupos de trabalho selecionados com base em necessidades e atitudes interpessoais complementares (como a amizade) provavelmente refletem as características de grupos chefiados por líderes eficientes que usam uma filosofia de equipe gerencial.

A teoria final da motivação combina elementos de várias das outras abordagens. A teoria dos sistemas sócio-técnicos sustenta que os trabalhadores são motivados "quando o sistema de trabalho é planejado de tal maneira que as condições para o eficiente funcionamento pessoal, social e tecnológico são harmonizadas" (Katzell e Thompson, 1990: 145). Condições relevantes incluem tarefas desafiantes e diversas, suficientes recursos e equipamentos e uma situação de trabalho caracterizada pela autonomia e por comunicações eficientes do superior com os subordinados. Compreensivamente, as intervenções da administração utilizando a abordagem sócio-técnica são, por natureza, amplas do ponto de vista sistemático e muitas vezes referidas como aprimoramento da Qualidade da Vida de Trabalho (QWL) [de *Quality of Work Life*] (Guzzo e Bondy, 1983).

Cada uma das abordagens teóricas que foram descritas contém um ou mais "imperativos motivacionais" (Katzell e Thompson, 1990). Estes consistem em sugestões aos administradores sobre como motivar os trabalhadores, ao lado de *insights* claros e abrangentes do que ocorre nas relações entre as várias teorias. A Tabela 5-2 apresenta um quadro global desses "imperativos", assim como os correspondentes programas que podem ser implementados para alcançar os objetivos motivacionais pretendidos.

O ESTADO DO CONHECIMENTO SOBRE MOTIVAÇÃO

Com toda a atenção que tem sido dedicada ao assunto, alguém poderia pensar que agora somos capazes de ter uma compreensão bastante sofisticada da natureza e do processo da motivação de empregados. A verdade da questão é que, embora alguns dos aspectos mais obscuros do processo motivacional tenham sido esclarecidos, encontram-se poucas respostas irrefutáveis; há algumas evidências em apoio a cada uma das teorias da motivação, mas outras evidências as refutam. Depois de uma reconsideração dos dois tipos de evidências, esta seção terminará com um resumo do que a esta altura pode ser dito sobre a motivação dos trabalhadores com mais ou menos confiança. Para antecipar, a hipótese mais segura é que nenhuma teoria é adequada para explicar um fenômeno tão complexo como a motivação de empregados.

Apesar da popularidade da hierarquia das necessidades de Maslow, há muito pouco apoio para os princípios básicos da teoria. Hall e Nougaim (1968), por exemplo, descobriram que as necessidades das pessoas mudam à medida que progridem nas suas carreiras. As necessidades de segurança e realização tendem a ser soberanas entre trabalhadores mais jovens, enquanto nos estágios posteriores da carreira de uma pessoa as chamadas necessidades de ordem mais elevada assumem importância básica. Vários pesquisadores têm contestado os cinco níveis da hierarquia de Maslow. Lawler e Suttle (1972), por exemplo, indicam que uma hierarquia de dois níveis, com as necessidades biológicas num deles e todas as outras necessidades no outro, seria uma representação melhor da realidade. Alderfer (1972) achou que uma hierarquia de três níveis seria a mais conveniente: necessidades ligadas à existência (combinando fisiológicas e de segurança), necessidades de relacionamento (interação social) e necessidades de crescimento (auto-estima e auto-realização). Além disso, Alderfer postula a presença de um fenômeno de "frustração-regressão". Isso significa que, se a satisfação de uma necessidade particular for bloqueada (frustrada), o indivíduo regredirá a um nível mais baixo de necessidade (por exemplo, se o desejo de uma pessoa por crescimento não puder ser satisfeito, o relacionamento irá tornar-se cada vez mais importante). Em suma, talvez as únicas conclusões que podemos tirar em relação à validade da teoria de Maslow é que os níveis de necessidade provavelmente existem, mas nenhuma hierarquia isolada se aplica a todos os indivíduos.

Tabela-5-2 Abordagens para Aprimorar a Motivação no Trabalho

	Variáveis Exógenas						
Imperativo e programas	1. Motivos e valores pessoais	2. Incentivos e recompensas	3. Reforço	4. Técnicas de estabelecimento de metas	5. Recursos pesscais e materiais	6. Fatores sociais e de grupo	7. Sistemas sócio-econômicos
Imperativo motivacional	Os motivos e valores dos trabalhadores devem ser apropriados aos seus cargos	Tornam os trabalhos atraentes, interessantes e satisfatórios	O desempenho eficiente deve ser reforçado positivamente, mas o ineficiente, não	As metas de trabalho devem ser claras, desafiadora, realizáveis, atraentes	Provêm os recursos necessários e eliminam embaraços ao desempenho	Os processos interpessoais e grupais devem favorecer a realização das metas	Os parâmetros pessoais, sociais e tecnológicos devem ser harmoniosos
Programas ilustrativos	Seleção de pessoal, pré-apresentações de cargos, treinamento motivacional, socialização	Compensação financeira, promoção, participação, segurança no cargo, desenvolvimento da carreira, supervisão cuidadosa, enriquecimento do cargo, benefícios, horário flexível, reconhecimento, planejamentos do tipo "auto-serviço"	Incentivo financeiro, análise comportamental, elogio e crítica, auto-administração	Estabelecimento de metas, administração por objetivos, modelagem, círculos de qualidade, avaliação e *feedback*, retroalimentação	Treinamento e desenvolvimento, instrução e aconselhamento, equipamento, tecnologia, supervisão, métodos, aprimoramento, grupos de solução de problemas	Divisão do trabalho, composição de grupos, desenvolvimento de equipe, treinamento de sensibilização, liderança, construção de normas	Qualidade dos programas de vida de trabalho, sistemas sócio-técnicos de projeção, desenvol-vimento organizacional, plano Scanlon

Fonte: Raymond Katzell e Donna Thompson, "Work Motivation: Theory and Practice", *American Psychologist* 45 (fevereiro de 1990): 147.

Enquanto a teoria de Maslow foi apurada por pesquisas e raciocínios posteriores, a de Herzberg foi seriamente solapada. A maior parte das críticas da teoria dos dois fatores de Herzberg enfatiza mais a metodologia que ele empregou do que a teoria em si. A controvérsia surge do fato de ele ter solicitado aos respondentes que relacionassem históricos pessoais referentes à satisfação e insatisfação no trabalho. Quando esse método é repetido, obtêm-se resultados similares; mas quando se utiliza uma metodologia diferente, as conclusões de Herzberg não se mantêm. Isso foi explicado pela tendência dos indivíduos de atribuir coisas boas a si mesmos (os fatores do conteúdo do trabalho) e coisas más a outros (fatores do contexto do trabalho). Desse ponto de vista, as descobertas de Herzberg constituíam meros artefatos da sua metodologia. Isso tem levado a um debate contínuo e por vezes amargo dentro da comunidade acadêmica (ver Bockman, 1971). A maior parte dos teóricos acredita agora que a distinção entre fatores de higiene e motivadores não tem contornos tão nítidos como indicou Herzberg. As variáveis tanto de conteúdo quanto de contexto podem atuar como motivadores ou como fatores de higiene em diferentes indivíduos. Ademais, realização, responsabilidade e reconhecimento parecem ser mais importantes para a satisfação e insatisfação no trabalho do que variáveis como segurança no trabalho e condições de trabalho (Korman, 1977: 142-43). Em defesa de Herzberg, o registro empírico confirma que ele estava pelo menos na trilha certa. Embora insuficientemente elegante, a teoria de fato chama a atenção para a importância das necessidades de ordem mais alta para a satisfação e motivação no trabalho. Os motivadores de Herzberg realmente parecem promover altos níveis de satisfação com o trabalho entre uma variedade de grupos de funcionários públicos (Park, Lovrich e Soden, 1988). Da mesma forma, fatores extrínsecos não parecem ser tão altamente correlacionados com a satisfação no trabalho, como norma geral (Blackburn e Bruce, 1989; Staw, 1986). Obviamente, esse debate ainda continuará por algum tempo.

Talvez devido à sua conceptualização altamente sistemática, a teoria da expectativa tem sido o alvo favorito dos pesquisadores desde a sua formulação. A considerável quantidade de literatura resultante dá sinais confusos, mas geralmente positivos quanto à validade e capacidade de predição da teoria. Num exame de 32 estudos, Filley, House e Kerr (1976) concluíram que cada uma das variáveis VIE possui significativos poderes de predição. As descobertas mais consistentemente positivas envolvem as expectativas de que o alto desempenho resultará em recompensas extrínsecas, enquanto a satisfação intrínseca fluirá do trabalho em si. Quando essas expectativas são altas, descobriu-se serem correlacionadas positivamente tanto com o esforço quanto com o desempenho. Outros pesquisadores descobriram que os modelos VIE e de Porter e Lawler são úteis em predizer as respostas dos empregados aos programas de incentivo. Por exemplo, Lawler (1968) concluiu que a expectativa está ligada ao desempenho entre indivíduos de alta capacidade, mas não entre os de menor competência. As descobertas são promissoras, mas não conclusivas; as correlações entre as variáveis são muitas vezes de baixa ou moderada magnitude. Além disso, vários estudos publicados concluíram que os poderes de predição da teoria VIE são menos acentuados do que reivindicaram alguns pesquisadores (Sobel, 1971; Arvey, 1972; Daley, 1986). Por essas razões, deve-se tomar cuidado para não se chegar a conclusões precipitadas sobre a aplicabilidade generalizada da teoria.

Com base nas evidências atuais, que sabemos realmente sobre motivação? Provavelmente, a lição mais valiosa que aprendemos é a mais óbvia: a motivação é um processo muito complexo que desafia uma simples descrição ou explicação. O erro mais sério cometido tanto por Maslow quanto por Herzberg foi tentar simplificá-la demais. Assim, o registro relativamente bom em termos de comprovação empírica da teoria da expectativa pode ser amplamente atribuído ao nível mais alto de complexidade do modelo. A inclusão de variáveis como capacidade dos empregados, clareza da posição e eqüidade do sistema de recompensa é tida pela maioria dos comentaristas como uma contribuição enorme para nossa compreensão do processo da motivação (Steers, 1977a). No mínimo, elas sensibilizam os líderes para o fato de que os esquemas motivacionais improvisados ou intuitivos provavelmente não são muito eficientes. De modo mais positivo, dão aos líderes alguma orientação sobre a tomada de decisões gerenciais. Os estudos sobre motivação mostraram com bastante convicção que colocar um trabalhador inadequadamente treinado ou por outra razão incapaz num trabalho que exija demais da pessoa constitui um convite aberto ao desastre. Da mesma forma, empregados que não tenham certeza quanto às suas responsabilidades ou seus papéis na organização muito provavelmente ficarão frustrados e infelizes com seus trabalhos. As investigações sobre o processo de estabelecimento de metas (oriundas tanto da teoria VIE quanto do estabelecimento de metas) também demonstraram que o estabelecimento de metas específicas e difíceis de serem realizadas constitui uma técnica motivacional eficiente.

Outra importante descoberta da pesquisa motivacional é que os fatores tanto intrínsecos quanto extrínsecos influenciam o esforço dos trabalhadores. Contrariamente à suposição anterior da teoria da administração de que os trabalhadores são inteiramente motivados por recompensas materiais, teóricos contemporâneos reconhecem o papel significativo que outros tipos de incentivos desempenham no comportamento dos empregados. Isso acelerou e ampliou nossa compreensão de incentivos como reconhecimento, realização e responsabilidade. Um teórico, por exemplo, indicou que, embora o desempenho esteja ligado à satisfação intrínseca, são as considerações extrínsecas (salário, promoções) que *levam ao* desempenho acima de tudo (Wanous, 1974). Descobertas como essa, por sua vez, levaram a teoria da administração a valorizar os efeitos de diferentes estilos de liderança sobre a motivação dos trabalhadores. Isso será examinado com mais profundidade numa seção posterior.

Um aspecto final do nosso conhecimento sobre motivação deve ser mencionado. Durante algum tempo os pesquisadores estiveram muito preocupados com sua incapacidade de descobrir qualquer evidência clara de que empregados altamente motivados trabalham com mais afinco ou produzem mais do que empregados menos motivados. Com efeito, um dos primeiros exames desse tópico concluiu que "não há nenhuma relação consistente entre satisfação com o trabalho e produtividade" (Brayfield e Crockett, 1955). Se isso é verdade, pode-se indagar se vale a pena gastar tanto tempo e energia preocupando-se com motivação. Duas respostas parecem apropriadas. A primeira é muito pouco científica, mas ainda assim extremamente poderosa. O bom senso insiste em afirmar que trabalhadores motivados devem ser melhores do que não-motivados. Por isso, a falta de evidências científicas definitivas deve originar-se na inadequação dos nossos métodos de pesquisa, não na ausência de relações entre motivação e produtividade. Em outras palavras, as ligações existem, mas ainda não as provamos. Em segundo lugar, há evidências consideráveis de que pelo menos alguns resultados positivos no trabalho, se não o aumento da produtividade, podem ser atribuídos à motivação ou satisfação dos trabalhadores. Depois de uma exaustiva revisão da literatura, Vroom (1964) concluiu que a alta satisfação no trabalho resulta em redução da rotatividade, menos ausências não-justificadas e uma taxa de acidentes ligeiramente menor do que acontece quando existe pouca satisfação no trabalho. Além disso, a alta satisfação no trabalho mostrou levar a um nível melhor de *qualidade* no produto final e a uma força de trabalho mais sadia, medida em termos da freqüência de faltas por doença e de moléstias relacionadas com o estresse. Outra pesquisa vinculou nível de satisfação no trabalho com "trabalho negligente e comportamento descuidado" (Kolarska e Aldrich, 1980), "boa camaradagem" entre os empregados (Bateman e Organ, 1983) e "compromisso" organizacional (Romzek, 1990). Assim, a motivação forte parece ser uma condição suficientemente desejável a ponto de induzir o interesse contínuo de teóricos e administradores no exercício da profissão.

Motivação no Setor Público

Como notamos na discussão sobre a função de pessoal (Capítulo 4), há muitos embaraços estruturais nos sistemas públicos de pessoal que inibem a flexibilidade gerencial. Disposições de proteção de cargos, exigências procedimentais de difícil controle e outros limites à discricionariedade administrativa tendem a complicar o processo gerencial em muitas jurisdições públicas. Outra conseqüência importante dessas características dos sistemas de mérito é o efeito adverso que podem ter sobre a motivação de empregados.

Um dos truísmos mais amplamente conhecidos a respeito do emprego público é que os funcionários públicos gozam de um nível relativamente alto de segurança nos seus cargos. Devido aos numerosos instrumentos de proteção procedimental de que eles dispõem, é difícil dispensar ou disciplinar de outra forma os funcionários das agências públicas (à parte dispensas ou licenças obrigatórias ocasionadas por deficiências de orçamento, que cancelam a maior parte das proteções procedimentais).

Os níveis pouco comuns de segurança no cargo podem ser vistos de duas maneiras contrastantes. O saber convencional tem postulado que os trabalhadores de um sistema desse tipo estão isolados da autoridade gerencial e, portanto, são difíceis de motivar. No contexto da teoria motivacional, podem ser vistos como fixados nos níveis mais baixos da hierarquia das necessidades ou, em termos da teoria VIE, como caracterizados por baixas valências.

Em contraste, mais recentemente a segurança no cargo começou a assumir um aspecto mais positivo à luz do sistema japonês de administração. Trabalhadores que podem contar com seus empregadores para apoiá-los em tempos difíceis e que encaram a organização como um compromisso para toda a vida apresentam níveis de lealdade e motivação fora do comum em firmas americanas. Assim, embora segurança no cargo seja às vezes acusada de desencorajar a motivação e o desempenho entre os servidores civis americanos, ela pode estar tendo um impacto mais positivo que simplesmente não foi medido nem amplamente examinado na literatura pertinente.

Outra possível crítica é que os sistemas públicos de pessoal oferecem menos incentivos aos seus empregados do que os sistemas privados. Além de algumas ilustrações óbvias dessa diferença (não há, no emprego público, algo como gratificação de Natal ou participação real nos lucros), ela se torna muito clara na forma como as recompensas materiais são distribuídas. A folha de pagamento do governo é muitas vezes o primeiro lugar inspecionado por funcionários públicos eleitos quando exigências financeiras demandam reduções de orçamento. A redução ou eliminação de aumentos salariais anuais é um resultado comum, e as dispensas de trabalhadores têm sido um mais recente. Muitos sistemas públicos de compensação também são atormentados por iniqüidades, burocracia incômoda e correspondentes declínios na satisfação dos empregados (Silverman, 1982). Esses fatores significam uma aparente deficiência dos incentivos extrínsecos entre trabalhadores públicos.

Do lado positivo, os funcionários do governo muitas vezes gozam de pacotes de benefícios muito superiores aos geralmente disponíveis no setor privado. Isso é especialmente verdadeiro no que concerne à saúde e aos benefícios de aposentadoria, os dois "privilégios" mais caros e conseqüentes em qualquer sistema de compensação. Logicamente, a ênfase do setor público nos benefícios provavelmente promove o recrutamento e a retenção de trabalhadores em alto grau. Pode-se discutir se os empregados são motivados ou não nas suas atividades diárias na base de um pacote de benefícios.

Outra consideração na avaliação do cenário motivacional do emprego público é a disponibilidade de elementos satisfatórios *intrínsecos*. Aqui temos novamente um quadro misto. Do lado negativo está o alto nível de irritação do público em relação aos servidores civis, o que vem ocorrendo há muitos anos. A raiva causada pelos altos impostos e o cinismo quanto à política fizeram deles um alvo da frustração do público com o governo.

Se provocar o ressentimento público fosse o *único* lado da história, realmente os funcionários do governo teriam poucas satisfações intrínsecas. Felizmente, a situação é mais equilibrada. A maior parte da raiva do público não está focalizada, de modo que não afeta diretamente muitos servidores civis. Além disso, os trabalhos executados por muitos servidores públicos são *inerentemente* satisfatórios, recompensadores e desafiantes. Os administradores do setor público geralmente alcançam um nível mais alto de responsabilidade numa idade mais baixa do que seus colegas do comércio e da indústria. A maior parte deles enfrenta problemas interessantes e significativos com grande regularidade e suas ações muitas vezes demonstram fazer realmente diferença nas vidas dos cidadãos. Os trabalhadores que acham essas condições atraentes são provavelmente atraídos para cargos no governo através de um processo de auto-seleção, assegurando desse modo um determinado nível de satisfação intrínseca.

Em resumo, o status motivacional do emprego público dá margem tanto ao otimismo como ao pessimismo. Até onde as evidências empíricas disponíveis esclarecem a situação? Haverá alguma evidência de que os servidores públicos são menos motivados do que seus correlativos do setor privado? Provavelmente a resposta é sim, embora grande parte das evidências seja baseada em observações acidentais ou tenha sido contestada por estudos que concluem que a situação não é tão desanimadora como freqüentemente se aponta. Do lado negativo estão as conclusões de grupos como a Comissão Volcker (ver Capítulo 4), que indicam uma "crise silenciosa" no emprego público. Essa posição é apoiada por muitas evidências empíricas, a maior parte com ênfase em funcionários federais de alto nível (Ingraham e Barrilleaux, 1983). A literatura desse gênero enfatiza "uma fuga de cérebros" entre os servidores civis, desmoralizados pela manipulação política (Ban e Redd, 1990), pelos baixos salários, por avaliações de desempenho não-confiáveis e pela ausência geral de motivadores intrínsecos e extrínsecos.

Surpreendentemente, talvez, algumas das pesquisas atuais sobre as atitudes dos funcionários públicos pintam um quadro muito mais otimista. Um dos estudos de base mais ampla, por exemplo, conclui que os "empregados do setor público manifestam níveis significativamente mais altos de satisfação com o trabalho do que seus correlativos do setor privado" (Steel e Warner, 1990: 4). Os autores não oferecem explicação para esse fenômeno, mas observam que servidores civis recentemente contratados têm, em média, nível de instrução e aspirações de trabalho mais altos do que empregados de empresas privadas em situações comparáveis. Uma pesquisa voltada para grandes e pequenas estruturas do serviço civil reforça a conclusão iconoclasta de que a satisfação no trabalho do setor público é igual ou mais alta do que na indústria privada (Lewis, 1991; Soden, 1990). Obviamente, é impossível afirmar com alguma precisão que uma ou outra perspectiva seja correta. O aspecto digno de nota é que, depois de muitos anos de adversidade e escuridão, por alguma razão inexplicável o sol pode estar espreitando por entre as nuvens.

Uma possível explicação para o aspecto aparentemente favorável dos servidores civis é a atenção que está sendo dada agora a questões como produtividade e qualidade. O governo "descobriu" recentemente essas considerações orientadas para o resultado e ajustou seu sistema de incentivos de maneira correspondente. Jurisdições de todo o país têm implementado estratégias para incentivos que pretendem promover a excelência e encorajar o desempenho.

Além da recompensa por desempenho (ver Capítulo 4), os seguintes tipos de incentivos têm ganho popularidade:

1. *Incentivos de Freqüencia.* O uso de indutores monetários e não-monetários para reduzir as ausências por doença e os atrasos.
2. *Inovações ligadas a horário.* O uso de horário flexível, a semana de quatro dias e outras programações preferenciais destinadas a recompensar funcionários merecedores e/ou melhorar a disposição de ânimo dentro da organização.
3. *Economias compartilhadas.* Uma parte das economias de custo que podem ser atribuídas aos esforços específicos de um departamento é distribuída entre os trabalhadores.
4. *Recompensas por sugestões.* Trabalhadores que fazem sugestões resultantes em redução de custos e/ou aprimoramento de operações compartilham das economias ou recebem reconhecimento não-monetário.

Uma tendência significativa no esquema dos sistemas de incentivos é a utilização de programas altamente voltados para um objetivo a fim de reforçar o desempenho ou melhorar os serviços prestados. No âmbito do governo federal, por exemplo, os departamentos estabelecem regularmente alvos específicos de melhoria da produtividade e, de acordo com isso, estruturam seus sistemas de incentivos. Organizações que compram grandes quantidades de suprimentos e peças de reposição muitas vezes dão aos trabalhadores recompensas monetárias por negociarem preços mais baixos. Empregados que recebem o crédito por reduzir o tempo de manutenção de equipamentos são recompensados com 30% das economias em outro popular programa de incentivo. De modo mais generalizado, algumas agências autorizam seus administradores a emitir cheques de bonificação (em geral de aproximadamente 100 dólares) para funcionários que executaram trabalhos extras ou que tenham melhorado de outras formas o desempenho da repartição. Os seguintes exemplos dão uma idéia do montante de energia e criatividade que está sendo despendido para motivar os servidores civis de hoje (U.S. Office of Personnel Management, 1990).

1. O Programa de Recompensas da Administração Geral do Serviço Público oferece bonificações em dinheiro de 50 a 250 dólares em reconhecimento aos esforços de empregados que vão além da resposta normal para satisfazer as necessidades de uma agência cliente. A recompensa é dada dentro de 48 horas depois do serviço que está sendo recompensado.
2. Várias agências dão recompensas em dinheiro de 200 a mil dólares a empregados que ajudam a recrutar trabalhadores de especializações altamente necessárias, como engenheiros e enfermeiras.
3. Supervisores eficientes são identificados e recompensados com bonificações através de um processo de indicação controlado pelos subordinados. Os supervisores que são indicados por seus próprios grupos de trabalho recebem recompensas em dinheiro, direito a estacionamento preferencial e outras formas de reconhecimento.

4. Funcionários de hospitais, em alguns sistemas, são indicados e recompensados por ações especialmente sensíveis, compassivas e habilidosas no trato de pacientes. Por exemplo, o prêmio Mãos e Corações é concedido aos trabalhadores que dão maior apoio, assistência e orientação emocionais aos pacientes em cada unidade de Administração dos Veteranos.
5. Uma variedade de programas de reconhecimento encoraja a aptidão física ao conceder recompensas monetárias (até mil dólares) a funcionários que satisfaçam os padrões explícitos de saúde (por exemplo, não-fumantes que ganham um dado número de pontos a cada semana por fazerem exercícios aeróbicos).
6. Outros programas recompensam os empregados por atividades tão diversas como projetar uma imagem positiva da agência, ter grande atuação em atividades comunitárias, criar uma invenção cuja patente beneficia o público (35 mil dólares em prêmios são concedidos em tais casos), prever corretamente enchentes e outros desastres naturais e publicar artigos acadêmicos.

ESTILOS E ESTRATÉGIAS DE LIDERANÇA

Num livro popular sobre liderança, Blanchard e Johnson (1982: 97) oferecem a proposição de que "as metas iniciam os comportamentos, as conseqüências os mantêm". Esse aforismo contém uma lição importante para os estudiosos de liderança. As tarefas básicas dos líderes são estimular os trabalhadores a realizar uma atividade orientada para objetivos e assegurar que, uma vez iniciada, a atividade seja alimentada. Se não forem fornecidas metas realizáveis ou se os esforços dos trabalhadores não forem adequadamente reconhecidos e recompensados, o líder provavelmente fracassará.

EVOLUÇÃO DOS CONCEITOS DE ESTILO

Durante cerca de três décadas depois de 1920 a abordagem mais amplamente difundida do estudo de liderança foi a concentração nas características dos líderes. Essa abordagem estabeleceu como premissa a crença de que os líderes possuem qualidades diferentes das dos seguidores. As observações tanto históricas quanto contemporâneas tendiam a mostrar que algumas grandes personalidades surgiram como líderes mais ou menos naturais. Figuras tão diversas como Napoleão, Churchill, Hitler e Henry Ford pareciam ter um certo algo que os catapultava a posições de maior poder. Ao se identificar em as características especiais dessas pessoas e então basear a seleção de líderes na posse desses traços, pensou-se que se conseguiria obter uma liderança efetiva. Daí os pesquisadores dedicarem grande esforço à investigação de traços como altura, inteligência, senso de humor e entusiasmo. Por curto tempo formou-se um consenso em torno da idéia um tanto assustadora de que os líderes são em geral mais altos e ligeiramente mais inteligentes do que seus seguidores.

A teoria da liderança baseada nas características foi muito abalada pela análise de mais de 200 estudos de características feitas por Stogdill (1948). Ele concluiu que não havia nenhum padrão real na pesquisa, que nenhuma característica ou traço distinguia consistentemente líderes de não-líderes. Como explicação parcial, Stogdill observou que as *situações* de liderança variam significativamente, colocando demandas que variam amplamente para os líderes. Isso o levou a apontar que as futuras teorias deveriam abranger as características de liderança tanto pessoais como situacionais.

A queda da teoria da liderança baseada nas características coincidiu com a onda do behaviorismo que estava varrendo as ciências sociais nos anos 50. O enfoque da pesquisa deslocou-se para a análise do comportamento real dos líderes. Um dos primeiros a fornecerem novos e valiosos *insights* dos efeitos do comportamento do líder foi Kurt Lewin, o pai da dinâmica de grupo (Lewin, 1948). Anteriormente em sua carreira, Lewin havia supervisionado o trabalho de dois colaboradores num estudo sobre os efeitos de diferentes estilos de liderança nos membros de clubes de rapazes (Lewin, Lippitt e White, 1939). Cada clube estava sujeito a três tipos distintos de liderança: autoritária, democrática e *laissez-faire*. A liderança autoritária caracterizava-se pelo firme controle das atividades do grupo; os membros do clube eram excluídos de qualquer participação na tomada de decisões. Os líderes democráticos, ao contrário, operavam através de um processo de participação de grupo e decisão de maioria, enquanto os líderes *laissez-faire* essencialmente não faziam nada, mas davam total liberdade aos membros do grupo para agirem como quisessem. Os pesquisadores chegaram à conclusão de que os líderes autoritários obtinham um resultado mais alto nos seus grupos do que os outros dois tipos de líderes, mas que os rapazes que trabalhavam com os líderes democráticos mostravam maior originalidade e níveis mais altos de motivação. Em sua esmagadora maioria (19 em 20), os rapazes preferiam o estilo democrático de liderança. Esse projeto, somado às descobertas de pesquisas posteriores, levou Lewin (1948) a concluir que a motivação (e conseqüentemente a liderança eficiente) depende tanto dos elementos situacionais do ambiente de trabalho quanto das atitudes e sentimentos dos trabalhadores.

O trabalho de Lewin inspirou uma quantidade considerável de outros estudos de estilos autoritários e democráticos de liderança. Infelizmente, os resultados foram tudo, menos conclusivos. Alguns estudos pareceram confirmar a implicação de que a liderança democrática era a melhor (ver, por exemplo, Katz, Maccoby e Morse, 1950), enquanto outros produziram resultados neutros ou até mesmo conflitantes (Morse e Reimer, 1956). Vários pesquisadores concluíram que, pelo menos no curto prazo, a liderança autoritária (supervisão rigorosa) resulta em maior produtividade do que um estilo mais participativo. Mas, na maioria dos casos, reinava a confusão na avaliação da utilidade dos diversos estilos de liderança.

Os Estudos de Michigan. A partir de 1947, o Centro de Levantamentos da Universidade de Michigan conduziu uma série de estudos que possivelmente aumentaram a confusão geral quanto ao estilo de liderança mais indicado (Likert, 1961). O propósito desse projeto era desenvolver formas de mensuração quantitativa das variáveis que influenciam tanto o resultado final como a satisfação do grupo. A metodologia consistia em fazer comparações cuidadosamente controladas entre unidades de trabalho que produziam muito ou pouco ao realizarem tarefas idênticas. Descobriu-se que as unidades que produziam muito tinham líderes *orientados para relações humanas* (em oposição aos *orientados para a tarefa*) e que usavam um estilo de supervisão generalizado (em oposição a um estilo centrado). Além disso, os líderes eficientes tendiam a gastar mais tempo em supervisão do que seus colegas menos eficientes, e pareciam sentir-se melhor com as responsabilidades que lhes eram atribuídas.

Embora essas conclusões aparentemente atestem a superioridade da liderança democrática, elas têm sido constestadas por estudos posteriores realizados na Universidade de Michigan (Kahn, 1956) e em outros locais. O legado mais duradouro dos estudos de Michigan é a percepção de que o comportamento dos líderes pode ser explicado em termos da contínua variação desde centrado nos empregados até centrado na produção.

Os Estudos da Universidade Estadual de Ohio. Em vez de focalizar a natureza da boa ou má liderança, a série de estudos da Universidade do Estado de Ohio pretendia identificar e descrever suas várias dimensões (Stogdill e Coons, 1957). Para essa finalidade, os pesquisadores planejaram um instrumento de levantamento de informações chamado Questionário de Descrição do Comportamento de Líderes (LBDQ) [de *Leader Behavior Description Questionnaire*]. Esse instrumento, que foi administrado a equipes inteiras de trabalho (incluindo os subordinados, superiores e colegas em posição igual à do supervisor), fornecia uma descrição relativamente ampla do modo como líderes realmente se comportam. Através de administrações repetidas do LBDQ, compilou-se uma lista inicial de 14 dimensões de liderança. Essas dimensões foram submetidas à análise fatorial, da qual emergiram, forte e consistentemente, duas dimensões. Estas foram denominadas "estrutura de consideração" e "estrutura inicial".

A *estrutura de consideração* é definida como a tendência de um líder de se engajar num comportamento cordial, de apoio e respeito frente aos subordinados. Líderes com fortes orientações nesse sentido têm grande probabilidade de favorecer as comunicações recíprocas entre eles próprios e seus empregados e demonstrar sincera preocupação com o bem-estar dos outros. Outros termos que desde então têm sido usados de forma intercambiável com estrutura de consideração são *orientado para relacionamentos, orientado para pessoas* e *preocupação com pessoas*. Por outro lado, *estrutura inicial* é a tendência dos líderes de definirem os deveres e desempenhos que governam as relações superior-subordinados. O estabelecimento e a manutenção de rotinas de trabalho e canais formais de comunicação também caracterizam o comportamento de estrutura inicial. Outros termos usados com relação a esse conceito incluem *orientado para tarefas* e *preocupação com a produção*.

Figura 5-2 A Figura da Grade de Liderança®

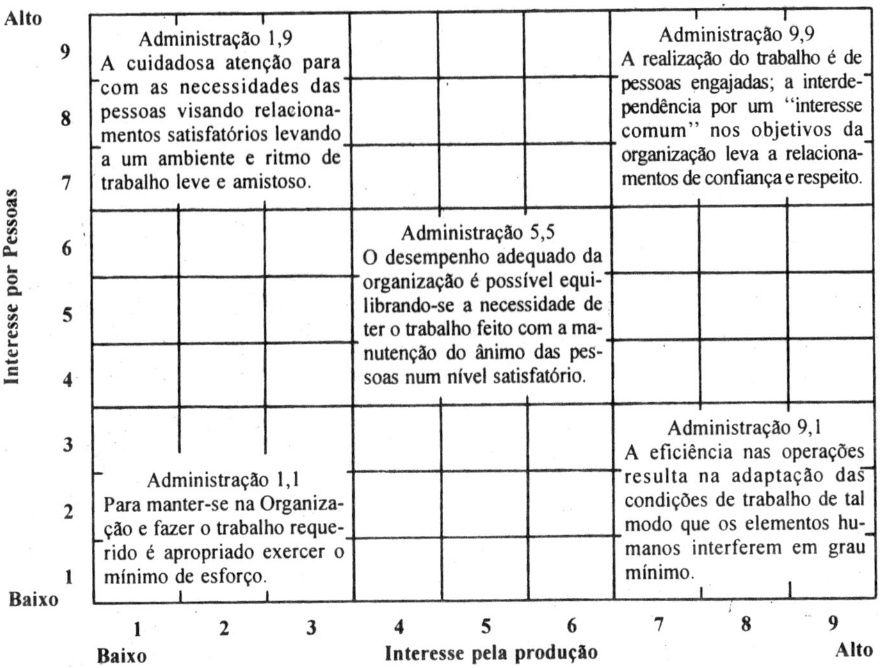

Fonte: Robert R. Blake e Anne Adams McCanse, *The Leadership Grid® Figure*, extraída de *Leadership Dilemmas — Grid Solutions*. Houston: Gulf Publishing Company, *Copyright 1991 by* Scientific Methods, Inc., p. 29. Reproduzido com permissão.

A conclusão mais importante dos estudos da Universidade Estadual de Ohio diz respeito à relação entre as duas dimensões do comportamento de liderança. Enquanto a maior parte dos estudos anteriores havia concluído que essas dimensões aconteciam num *continuum* e que eram, portanto, mutuamente excludentes, os pesquisadores da Universidade Estadual de Ohio argumentaram que os fatores de liderança eram independentes entre si. Cada dimensão constituía um tipo diferente e distinto de comportamento que não estava ligado ao outro de nenhuma forma direta. Assim, um alto nível de estrutura inicial não impedia o líder de demonstrar um elevado grau de comportamento de consideração e vice-versa. Essa descoberta forçou uma reconsideração do debate entre os defensores das abordagens autoritária e democrática da administração. Ao mostrar que o comportamento dos líderes é função de ambos os tipos de atividade, os estudos da Universidade Estadual de Ohio favoreceram uma visão menos polarizada da liderança. Isso, por sua vez, forneceu aos pesquisadores uma base para explicações cada vez mais complexas e sofisticadas do comportamento de liderança.

A Grade Gerencial®. Uma das primeiras aplicações sistemáticas dos estudos da Universidade Estadual de Ohio foi a criação da Grade Gerencial® (Blake e

Mouton, 1964). [Essa figura foi reimpressa em 1991 como a Grade de Liderança e é encontrada em *Leadership Dilemmas — Grid Solutions*] (Robert Blake e Anne A. McCanse, Gulf Publishing Company, 1991). Consiste em um eixo vertical para "interesse por outras pessoas" e um horizontal para "interesse pela produção". Cada eixo é dividido numa escala de nove pontos que refletem os graus de interesse pelos dois fatores (ver Figura 5-2).

Cinco amplos estilos de liderança podem ser localizados na grade. O estilo 1,1, que Blake e Mouton chamaram de liderança "empobrecida" ou "omissa", caracterizado por níveis muito baixos de atividade; o líder comporta-se sem nenhum compromisso ou envolvimento aparente. O estilo 9,9, ao contrário, configura um alto interesse tanto pelas pessoas como pelas tarefas de produção; é chamado de liderança "olho-a-olho" ou liderança de "equipe". Líderes com um estilo 9,1 (voltados para "tarefa" e "autoridade") enfatizam a produção ao preço do elemento humano na realização de tarefas. O estilo 1,9 (liderança da "boa vizinhança" ou "clube campestre") caracteriza-se por forte interesse pelas pessoas, mas pouca ênfase na realização de metas, na estrutura de tarefas ou nas relações de autoridade. Finalmente, no estilo 5,5, chamado de liderança "intermediária", os líderes tentam equilibrar-se entre a realização de metas e a satisfação dos trabalhadores. Os líderes intermediários seriam provavelmente considerados sem personalidade ou contemporizadores por seus subordinados.

Pelo fato de Blake e Mouton acreditarem que a liderança 9,9 é sempre preferível, os nomes e descrições dos vários outros tipos de liderança são claramente pejorativos. Quem, por exemplo, gostaria de ser rotulado como líder omisso ou de clube campestre? Isso, como o próprio uso da grade por Blake e Mouton em programas de treinamento que pretendiam maximizar os escores dos participantes em ambos os eixos, indica uma clara preferência pelo 9,9 ou estilo de equipe. De fato, agora se aceita geralmente que a grade implica um desvio para o estilo de equipe de liderança. A ênfase exagerada na orientação para tarefas (9,1), por exemplo, é percebida como demasiado rígida e desatenciosa, resultando na alienação dos trabalhadores. Os líderes de clube campestre (1,9), por outro lado, são vistos como indulgentes demais, o que convidaria os trabalhadores a tirar vantagens da situação. Assim, a Grade Gerencial® tornou-se um outro passo na busca da melhor maneira de liderar.

Efeitos dos Estilos de Liderança. Em seguida a curiosidade dos pesquisadores foi dirigida para os efeitos que cada estilo de liderança tinha sobre os trabalhadores. As descobertas mostraram sinais confusos e até mesmo conflitantes. Num estudo de mais de mil administradores (inclusive muitos de agências públicas), Stogdill (1965) descobriu que os subordinados de líderes que mostravam consideração tinham níveis mais altos de satisfação no trabalho do que os que trabalhavam com supervisores orientados para tarefas. Outros pesquisadores concluíram que: 1) a consideração dos líderes resultava em taxas mais baixas de rotatividade dos empregados, pelo menos no curto prazo; e 2) a estrutura inicial correlacionava-se positivamente com a taxa de queixas dos empregados (Fleishman e Harris, 1962). Além disso, onde os líderes demonstravam altos níveis em ambas as dimensões

(9,9), tanto a rotatividade como as queixas dos empregados tendiam a ser mais baixas. Outro projeto de pesquisa mostrou que os líderes com altos níveis de estrutura inicial eram avaliados de forma mais positiva pelos superiores do que os líderes com orientações iniciais mais baixas (Filley e House, 1969). Essas descobertas conduziram às conclusões de que, em geral, os subordinados de líderes que mostram consideração têm maior satisfação no trabalho, mas a maioria dos superiores preferiria que seus supervisores de nível mais baixo fossem orientados para tarefas.

No entanto a aparente clareza dessas descobertas foi obscurecida em função de outra pesquisa. Embora vários estudos tenham mostrado que as estruturas iniciais ressentiam-se de certos tipos de trabalhadores, especialmente os não e semiqualificados, os empregados trabalhando em *grandes grupos* tendiam a preferir atividade de iniciativa ou objetar as menos enérgicas do que seus colegas trabalhando em pequenos grupos. (Vroom e Mann, 1960). O conflito de grupo parece ser reduzido pela estrutura inicial (Oaklander e Fleishman, 1964) e os trabalhadores de alto nível tendem a ficar mais satisfeitos em ambientes de trabalho onde os líderes se engajam em atividade de iniciativa (House, Filley e Kerr, 1971). E, apesar de repetidos esforços nesse sentido, ninguém foi capaz de estabelecer com algum grau de certeza que os grupos de trabalho chefiados por algum tipo particular de líder são mais produtivos do que os grupos supervisionados por outros tipos. Likert (1961) descobriu que a liderança orientada para os empregados tinha uma correlação muito elevada com os resultados finais, mas também encontrou numerosos líderes orientados para tarefas à frente de grupos de trabalho com alto desempenho. Conclusões como essas levaram pesquisadores posteriores a dedicarem atenção redobrada a outras variáveis organizacionais que poderiam estar influindo na determinação do impacto dos diferentes estilos de liderança.

Teorias da Contingência

Em meados da década de 1960 os teóricos da administração estavam começando a desenvolver uma nova abordagem do estudo das organizações iniciado a partir da premissa de que não há um caminho melhor para fazer o que quer que seja no campo da administração. Em outras palavras, a busca das eternas verdades e dos ditames básicos com respeito à melhor maneira de organizar e dirigir está fadada ao insucesso. Os proponentes da nova escola de pensamento, chamada *teoria da contingência*, declararam que a maneira apropriada de realizar a função da administração precisa ser descoberta através do exame de toda a gama de variáveis organizacionais. Assim, a estrutura organizacional apropriada só pode ser planejada depois de se terem avaliado variáveis como a complexidade ambiental da agência, a natureza das tarefas que realiza, seu tamanho e uma série de fatores correlatos (ver Capítulo 3). Todo um corpo de literatura desenvolveu-se em torno das várias abordagens da contingência da estrutura organizacional, e grande número de explicações das contingências de liderança tem sido proposto. Três das mais conhecidas delas, ao lado de abordagens derivativas da liderança, serão agora examinadas.

Teoria da Liderança Situacional. A primeira tentativa verdadeira de se delinear um modelo de eficiência da liderança foi empreendida por Fiedler (1967). Durante quase duas décadas Fiedler avaliara os estilos de liderança com o uso de um questionário que pedia aos líderes que pensassem em todas as pessoas com que algum dia haviam trabalhado e enfocassem aquela pessoa com quem "tinham tido mais dificuldade para conseguir que o trabalho fosse feito" — isto é, seu "colega de trabalho menos preferido" (LPC) [de *least preferred coworker*]. Quando os respondentes tinham em mente um LPC, descreviam essa pessoa de acordo com uma série de adjetivos; usando uma série de oito pontos, os líderes classificavam seu LPC como "inteligente/estúpido", "ativo/preguiçoso", "bom/mau" e assim por diante. Os líderes cujas atitudes em relação aos seus LPCs eram relativamente positivas pareciam mais tolerantes (e, por conseguinte, mais "orientados para relações humanas") do que os respondentes com sentimentos negativos para com seus LPCs (que assim eram vistos como mais orientados para as tarefas). Essa metodologia aparentemente indireta foi estimulada pela intenção original de Fiedler de determinar se havia diferenças nos níveis de produtividade dos grupos de trabalho com líderes tolerantes em oposição a líderes altamente exigentes.

À medida que a pesquisa progredia, Fiedler ficou cada vez mais intrigado com descobertas inconsistentes relativas à produtividade dos grupos de trabalho. Sua pesquisa inicial com tripulações de bombardeiros da Força Aérea levou-o à conclusão de que os líderes mais eficientes (cujas tripulações atingiam seus alvos com maior freqüência) eram aqueles com escores negativos de LPC (orientados para tarefas), mas pesquisas posteriores com diferentes grupos e em situações diferentes contrariaram essa descoberta. Por essa razão, Fiedler começou uma busca por outros fatores que pudessem explicar as variações na eficiência dos líderes. Essa busca culminou no desenvolvimento de um Modelo de Contingência da Eficiência de Liderança.

Esse modelo combina a tipologia de Fiedler dos estilos de liderança (consideração *versus* orientado para tarefas, ou LPC positivo *versus* LPC negativo) com três variáveis situacionais que ele considera as mais importantes. São as seguintes:

Relações líder-membro: O grau em que as relações são cordiais e de colaboração e em que os trabalhadores confiam no líder e lhe têm lealdade.

Estrutura da tarefa: O grau em que a tarefa do grupo é rotineira e previsível.

Poder de posição: A fonte e clareza da autoridade do líder; a habilidade deste em conseguir que os seguidores obedeçam.

Onde as relações líder-membro são de colaboração mútua, a tarefa do grupo é altamente estruturada e o líder goza de forte poder de posição, Fiedler caracteriza a situação como "favorável"; onde prevalecem as condições opostas, ele a descreve como "desfavorável". Em seguida postula que, quando a situação é claramente favorável ou claramente desfavorável, a mais eficiente será uma abordagem orientada para tarefas; quando não é nem claramente favorável nem claramente desfavorável, o estilo de consideração será o mais eficiente. Ele argumenta que numa situação favorável "o grupo está pronto para ser dirigido (...) e espera ser informado do que deve fazer", e usa o exemplo de uma tripulação de avião: "considere o capitão de um avião de passageiros na sua aterrissagem final (...) Certamente não desejamos que ele discuta com a tripulação o modo como vai aterrissar" (Fiedler, 1967: 147). Numa situação desfavorável, uma abordagem orientada para tarefas será novamente mais efetiva, pois "o grupo irá desintegrar-se sem a intervenção e o controle ativos do líder". Como observou Korman (1977: 444), "o líder que toma uma decisão errada num tipo de situação altamente desfavorável está em melhor situação do que o líder que não toma nenhuma decisão". Por outro lado, presume-se que um estilo de consideração seja mais eficiente em situações intermediárias, pois tende mais a conduzir a um "ambiente não-ameaçador e permissivo (...) no qual os membros se sentem à vontade para fazer sugestões e contribuir nas discussões" (Fiedler, 1967: 147).

O modelo de contingência de Fiedler gerou um montante considerável de debates. Um de seus componentes mais controversos é o escore LPC. Fiedler iguala-o às estruturas de consideração e inicial dos estudos da Universidade Estadual de Ohio, mas essa equação não resistiu à análise empírica. Por exemplo, estudos em que os escores LPC dos respondentes são comparados com seus resultados LBDQ (baseados no questionário da Universidade Estadual de Ohio) mostraram que os dois não são iguais (Chemers e Rice, 1974). Líderes com altos escores em estrutura inicial ou de consideração no LBDQ não têm necessariamente escores LPC correspondentes.

Outra controvérsia centraliza-se na aparente suposição de Fiedler de que os líderes devem alterar suas situações em lugar de seus estilos de liderança. Enquanto muitos teóricos colocam nos líderes o ônus de mudar seu estilo e adequá-lo à situação, Fiedler desenvolveu um programa de treinamento para líderes, planejado para ajudar os administradores a aprimorar sua eficiência manipulando as variáveis situacionais. O estilo básico do líder é tido mais ou menos como dado e os participantes são instruídos sobre como alterar suas posições de poder, estruturas de tarefas e relações intergrupais de acordo com as prescrições do modelo. Esse programa de "Adaptação de Líderes" conduz logicamente à proposição de que os líderes devem procurar as atribuições mais convenientes aos seus estilos. Curiosamente, estudos feitos por Fiedler, Chemers e Mahar (1976) concluem ser possível treinar líderes para reconhecer variáveis situacionais desvantajosas e engendrar mudanças. Melhorias no desempenho na função de participantes da Adaptação de Líderes têm sido relatadas com alguma regularidade (Fiedler e Mahar, 1979). Outros pesquisadores, entretanto, argumentam que as descobertas positivas de Fiedler podem ser atribuídas ao "efeito Hawthorne": os participantes só realizam o trabalho melhor porque alguém está prestando atenção neles, mesmo no contexto de um experimento científico (Csoka e Bons, 1978).

Teoria do Objetivo de encarreiramento. Muitas teorias ligam o comportamento de líderes à motivação de empregados. Uma delas é a *teoria do objetivo de encarreiramento*, que vê o papel do líder como o de um expedidor cuja maior responsabilidade consiste em remover os obstáculos que estão no caminho dos trabalhadores na busca de metas pessoais e organizacionais. De acordo com seu proponente principal, Robert House,

> as funções motivacionais do líder consistem em crescentes compensações pessoais aos subordinados para a consecução das metas do trabalho, tornando a via para essas compensações mais fácil de ser percorrida pelo esclarecimento, a redução dos bloqueios na estrada e o aumento das oportunidades de satisfação pessoal pelo caminho. (House, 1971: 324)

Tirando sua inspiração da teoria da expectativa, os defensores da abordagem do objetivo de encarreiramento tentam especificar maneiras pelas quais os líderes podem aumentar o desempenho dos trabalhadores manipulando a expectativa, a valência e a instrumentalidade. A principal tarefa do líder é aumentar a motivação dos empregados, assegurando que estes acreditem que seus esforços resultarão na execução de tarefas e que as recompensas desejadas estão por vir. As estratégias que podem ser utilizadas incluem o esclarecimento dos incentivos aos subordinados, a introdução de metas viáveis onde não existe nenhuma e a eliminação de impedimentos estruturais e interpessoais para atingir as metas. No processo, os líderes podem escolher entre quatro estilos de liderança (House e Mitchell, 1974):

Diretivo: Como no estilo orientado para tarefas ou de estrutura inicial, o líder dirige os subordinados sem lhes oferecer oportunidades de participar; no trabalho dos líderes estão incluídos atribuições de tarefas, encadeamento e estruturação do trabalho e determinação dos padrões de desempenho.

Colaborativo: O comportamento do líder caracteriza-se por afabilidade e respeito pelos subordinados; os trabalhadores são tratados como iguais e o líder tenta tornar o ambiente de trabalho mais agradável.

Participativo: O líder conferencia com os subordinados antes de tomar decisões e conversa com eles sobre planos e situações problemáticas.

Orientado para realização: O líder coloca metas desafiantes para os subordinados enquanto demonstra confiança na capacidade destes de executar o trabalho adequadamente.

Em contraste com o modelo de contingência de Fiedler, a teoria do objetivo de encarreiramento pressupõe que os administradores possam alterar seu estilo de liderança na medida da necessidade, o que leva seus proponentes a oferecer prescrições sobre o estilo mais favorável em situações inconstantes. Por exemplo, as situações de trabalho ambíguas ou incertas deveriam ser tratadas de maneira diretiva, pois os trabalhadores se sentem desconfortáveis e ansiosos em situações incertas e assim hão de considerar o uso da estrutura inicial como legítimo e desejável. Inversamente, onde a situação de trabalho é rotineira, a imposição de um estilo orientado para tarefas é desnecessariamente asfixiante e resultará na insatisfação dos empregados. Conseqüentemente, trabalhos monótonos e repetitivos pedem um estilo de liderança colaborativo ou participativo. Se a tarefa for "frustrante e estressante, uma atitude de consideração resultará no aumento do apoio social" e em maior satisfação no trabalho (House, 1971: 325).

Devido ao seu surgimento relativamente recente, a teoria do objetivo de encarreiramento não foi testada em profundidade pelos pesquisadores. Os estudos conduzidos imediatamente antes e depois de ela ter sido introduzida pela primeira vez (ver House, 1971) parecem apoiar seu conflito básico referente à relação entre a atitude diretiva-decidida do líder e a ambigüidade das tarefas. No entanto, como sempre, há evidências em contrário. Um estudo de Schriesheim e Schriesheim (1980) indica que as reações dos empregados à atitude diretiva do líder são afetadas por fatores que a teoria não leva em conta. Por exemplo, líderes diretivos que também demonstravam consideração (líderes 9,9) originaram respostas de empregados diferentes das produzidas por líderes "frios" que impunham a estrutura (líderes 9,1). Além disso, como variam os sentimentos dos empregados sobre a ambigüidade — alguns parecem não se importar tanto quanto outros —, também parecem enfraquecer as relações previstas pelos defensores da teoria do objetivo de encarreiramento. Essas evidências indicam que a teoria do caminho de metas não capta a imensa complexidade da liderança e da motivação, mas, como já frisamos, provavelmente *nenhuma* teoria jamais o fará.

Não obstante, a teoria do objetivo de encarreiramento fez várias contribuições notáveis à compreensão da liderança. A mais significativa provém do seu estudo das ligações entre o comportamento do líder e a motivação dos empregados. Ao construir uma ponte conceitual entre esses importantes conceitos (e, explicativamente, os dois tipos de literatura relacionados), a teoria do objetivo de encarreiramento começa a dirigir questões de interesse premente aos administradores no exercício da profissão. Provê orientação ao determinar como os empregados reagirão a certas situações e oferece sugestões correspondentes de como os líderes deveriam comportar-se. Isso indica que os líderes têm mais responsabilidade em relação aos seguidores do que muitas teorias anteriores indicavam. Ao afirmarem que os líderes podem e devem alterar seu estilos para adequá-los à situação de trabalho, os teóricos do objetivo de encarreiramento estão na verdade exigindo que os administradores diagnostiquem as situações e mudem seus próprios comportamentos de maneira correspondente. Essa concepção já resultou em muitas sugestões valiosas, não menos importante a de que existem algumas situações nas quais os líderes são aconselhados a "evitar a liderança". Kerr e Jermier (1978) observaram que essa é uma resposta razoável e apropriada a situações caracterizadas por trabalho intrinsecamente satisfatório, tarefas claramente definidas, trabalhadores experientes e bem treinados e um sistema adequado de recompensas. Tanto a estrutura de tarefas como a de consideração pareceriam desnecessárias num ambiente de trabalho tão agradável.

Teoria Baseada nos Seguidores. A versão da teoria situacional de liderança mais popular entre consultores e treinadores de administração é a *teoria baseada nos seguidores* formulada por Hersey e Blanchard (1982). Essa teoria compartilha muitas semelhanças com a abordagem do objetivo de encarreiramento, inclusive a noção de que diferentes estilos de liderança são necessários sob diferentes circunstâncias e que os líderes podem e devem alterar seu comportamento para adequá-lo a situações em mudança. Mas enquanto a teoria do objetivo de encarreiramento enfatiza o grau de ambigüidade na situação de trabalho, Hersey e Blanchard acreditam que a *maturidade* para a tarefa seja a variável situacional mais importante. Eles definem esse conceito como "a capacidade e disposição das pessoas de assumir responsabilidade para dirigir seu próprio comportamento" (Hersey e Blanchard, 1982: 151). A maturidade para a tarefa fundamenta-se em considerações como experiência anterior no trabalho, conhecimento pertinente, compreensão das exigências do trabalho, boa vontade geral para assumir responsabilidade, compromisso organizacional e motivação para a realização. Os trabalhadores com altos níveis desses atributos são considerados maduros e os que carecem de tais características são imaturos. Como a maturidade para a tarefa relaciona-se apenas ao trabalho que está sendo executado num dado momento, um trabalhador pode ter maturidade em relação a uma tarefa e ser imaturo em relação a outra (por exemplo, um experiente arquivista a quem se atribuiu uma nova e desconhecida responsabilidade).

A premissa subjacente ao modelo que se originou da teoria de Hersey e Blanchard é que os administradores devem alterar seu estilo de liderança de acordo com o nível de maturidade para a tarefa dos empregados que eles supervisionam num dado momento. Assim, um administrador poderia ter de demonstrar vários estilos de liderança num único grupo de trabalho e num só dia. Os estilos apropriados para os variáveis níveis de maturidade são denominados *informar, vender, participar* e *delegar* (ver Tabela 5-3). Com baixos níveis de maturidade dos seguidores, os administradores se engajariam num comportamento informativo: definir as atribuições dos subordinados, explicar como realizar tarefas e monitorar o desempenho. Isso é aproximadamente análogo à orientação para tarefas ou à preocupação com a produção. Na medida em que crescesse a maturidade dos seguidores, os líderes usariam menos comportamento orientado para tarefas e mais comportamento de relacionamento (consideração). Quando os subordinados estivessem no nível mais alto de maturidade, o estilo do líder deveria ser baixo no comportamento orientado para tarefas e para relacionamentos — o que nos lembra a afirmação de Kerr e Jermier (1978) de que as estruturas tanto inicial quanto de consideração são irrelevantes para trabalhadores que sejam ao mesmo tempo competentes e motivados internamente.

Como esses estilos de liderança são similares aos usados na Grade Gerencial®, Harsey e Blanchard fazem uso de um tipo de grade para ajudar administradores a compreender as implicações do estilo de liderança adaptativo para a maturidade dos seguidores (ver Figura 5-3). A mescla de características de estilo segue uma trajetória parabólica através da grade, apontando as adequadas combinações alternativas de comportamento orientado para a tarefa e para os relacionamentos, seguindo diferentes níveis de maturidade.

O principal atrativo do modelo de Hersey e Blanchard é seu uso da maturidade para a tarefa como virtual substituto de várias outras variáveis situacionais que não são tão facilmente observadas ou avaliadas. Em essência, Hersey e Blanchard supõem que fatores como ambigüidade de tarefas e relações líder-membro irão manifestar-se nas reações dos seguidores à situação de trabalho. Assim, os líderes precisam enfocar uma só variável ao escolher um estilo de liderança. Isso, obviamente, exige que eles: 1) sejam muito perceptivos em avaliar as características, atitudes e habilidades de seus subordinados e 2) estejam familiarizados com as atribuições de trabalho anteriores de seus subordinados, com seus talentos especiais e assim por diante. Essas poderiam ser consideradas exigências rígidas.

Contínuos desenvolvimentos na demografia dos locais de trabalho estão claramente complicando ainda mais as tarefas dos líderes. O famoso relatório *Workforce 2000*, do Hudson Institute, por exemplo, prevê uma força de trabalho tendo como principal característica a *diversidade.* As tendências ressaltadas incluem: 1) o número de trabalhadores jovens está declinando e a idade média, aumentando; 2) as mulheres estão se tornando uma influência predominante, representando quase 2/3 dos novos iniciantes no ano 2000; 3) negros e hispânicos abrangerão frações cada vez maiores da força de trabalho; e 4) os imigrantes representarão a parte maior do aumento na população e na força de trabalho desde a Primeira Guerra Mundial (1988: 17-19).

Os diversos antecedentes dessa nova força de trabalho também refletirão uma variação comparável em termos das expectativas culturais concernentes a trabalho, motivação e papel do indivíduo dentro de organizações complexas. Liderança não deve significar simplesmente resolver qual estilo é apropriado para um dado subordinado; pode muito bem significar aprender mais sobre seus padrões culturais e conseqüentes padrões de comportamento. Também exigirá indubitavelmente ajustes no local de trabalho, variando do grau de recursos para assistência à infância à alteração em grande escala dos pacotes de benefícios e dos sistemas de incentivos. Em resumo, a maré cheia da diversidade exigirá níveis de flexibilidade e sensibilidade provavelmente sem precedentes na história.

LIÇÕES DO JAPÃO: TEORIA Z E ADMINISTRAÇÃO COM QUALIDADE TOTAL

Em 1960 Douglas McGregor descreveu dois tipos diferentes de liderança gerencial baseados em visões contrastantes da natureza humana que chamou de "Teoria X" e "Teoria Y". A Teoria X supõe que a maior parte dos trabalhadores carece de ambição, tem pouca capacidade criativa, só é motivada por necessidades de nível mais baixo e tem uma aversão inerente ao trabalho. Assim, os líderes adeptos da Teoria X governam num estilo autocrático, enfatizando o controle e a coerção. A Teoria Y supõe que os trabalhadores sejam impulsionados de dentro

Tabela 5-3 Implicações para o Estilo de Liderança, com Base no Nível de Maturidade dos Liderados

Nível de Maturidade do Liderado	Descrição	Estilo de Liderança	Descrição
Baixo	Os trabalhadores são incapazes e *não estão dispostos* a executar; inseguros	Informar	O líder define atribuições, explica como executar tarefas, monitora rigorosamente a obediência e o desempenho
Baixo a moderado	Os trabalhadores são incapazes, mas estão dispostos e/ou confiantes	Vender	O líder combina comportamento diretivo e colaborativo para reforçar a boa vontade e o entusiasmo dos trabalhadores; engaja-se em comunicações mútuas e explicação de tarefas
Moderado a alto	Os trabalhadores são *aptos* a executar, mas carecem de boa vontade ou confiança	Participar	O líder é colaborativo, mas não diretivo; a tomada de decisões é compartilhada; a função principal é facilitar o processo do trabalho através do reforço e da comunicação
Alto	Os trabalhadores são *aptos* a executar e *desejosos* de fazê-lo; são confiantes e competentes	Delegar	O líder adota um perfil baixo; pode ainda identificar metas e problemas, mas deixa a execução de tarefas para os trabalhadores

Fonte: Adaptado de Paul Hersey e Kenneth Blanchard, *Management of Organizational Behavior*, 2a. ed. (Englewood Cliffs, N. J.: Prentice-Hall, 1982), 153-54.

Figura 5-3 Grade para o Estilo de Liderança Baseado no Nível de Maturidade dos Liderados

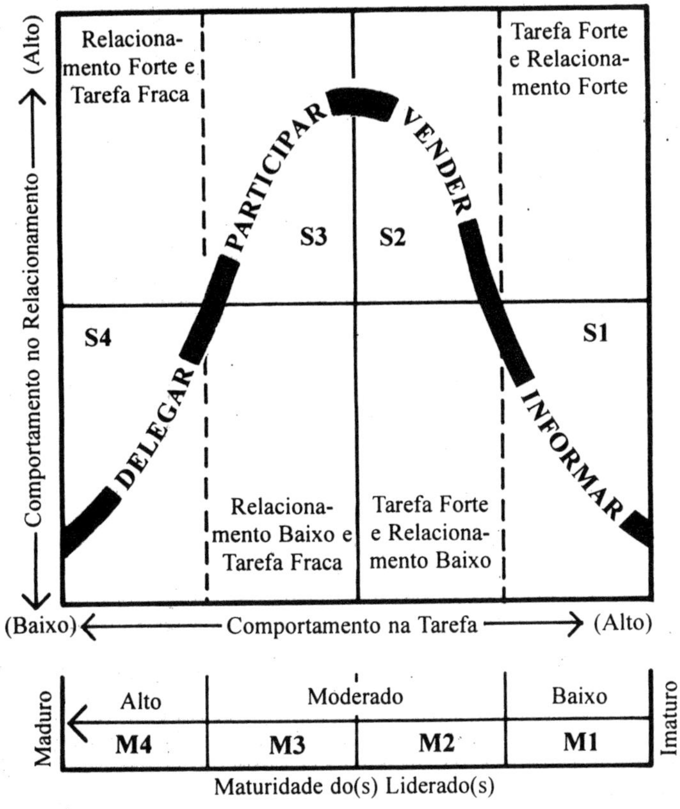

Fonte: Paul Hersey e Kenneth Blanchard, *Management of Organizational Behavior: Utilizing Human Resources*, 1982, p. 153, 154, 248. Reimpresso com permissão de Prentice-Hall, Englewood Cliffs, Nova Jersey.

para fora, desejem ser criativos e contribuir para suas organizações, sejam motivados por necessidades de ordem mais elevada e vejam o trabalho como atividade natural e potencialmente agradável. Assim, os líderes adeptos da Teoria Y enfatizam os comportamentos de colaboração e facilitação destinados a permitir aos funcionários um máximo de liberdade no trabalho (McGregor, 1960). "Teoria X" a "Teoria Y" logo se tornaram termos populares no campo da administração.

Posteriormente outra letra foi acrescentada ao alfabeto da administração. A "Teoria Z" foi obtida por William Ouchi (1981) a partir das práticas de administração comumente usadas no Japão e que presumivelmente contribuíram para as notáveis realizações industriais daquele país. A hipótese básica da Teoria Z é que os trabalhadores são a chave da alta produtividade. A função da administração é então estruturar a situação de trabalho de maneira tal que os empregados possam trabalhar juntos com mais eficiência. Para conseguir essa meta, Ouchi afirma que o clima de trabalho deve conter certos atributos que muitas vezes faltam nas organizações americanas. São eles os seguintes:

Emprego a longo prazo: Os empregados devem ter a expectativa de trabalhar numa só organização durante toda ou a maior parte da sua carreira e aceitar uma variedade de responsabilidades.

Confiança: Os empregados devem acreditar que as contribuições de toda uma vida serão finalmente recompensadas de maneira justa e eqüitativa.

Discernimento: Os empregados devem desenvolver normas de comportamento que enfatizem a utilidade de trabalharem juntos com outros para melhorar a produtividade.

Intimidade: Os empregados devem desenvolver relações pessoais estreitas que reflitam valores como cuidado, altruísmo e sacrifício pelos outros.

As estratégias específicas de administração para promover esses atributos incluem o contato pessoal estreito e freqüente entre supervisores e subordinados, estruturas organizacionais relativamente achatadas, consistindo em apenas uns poucos níveis hierárquicos, e envolvimento de grupos através de esquemas como "círculos de qualidade" (grupos de trabalho que tentam delinear em conjunto as maneiras mais produtivas e eficientes de executar suas tarefas) (Denhardt, Pyle e Bluedorn, 1987). Além disso, as firmas japonesas tendem a usar uma abordagem "familiar" da administração, a qual é um tanto paternalista na sua atitude para com os subordinados. Essa abordagem participativa tende a favorecer entre os trabalhadores a sensação de pertinência e o entusiasmo centrado no grupo, e eles por sua vez vêem a administração com um profundo sentimento de confiança. As práticas de liderança são complementadas com estratégias de seleção, treinamento, compensação, promoção e avaliação que servem para reforçar os valores comunais e familiares da organização (Bowman, 1984).

Alguns comentaristas têm indicado, que devido ao fato de a administração pela Teoria Z basear-se em valores e atitudes inerentes à sociedade japonesa, seria pouco razoável esperar que ela pudesse ser aplicada de forma generalizada nos Estados Unidos. A cultura americana pode constituir um meio inóspito para uma administração de tipo familiar, pois seu sistema de valores salienta o individualismo e favorece as tensões entre o trabalho e a administração. Não obstante, firmas japonesas operando nos Estados Unidos têm tido sucesso com a abordagem da Teoria Z. Ademais, muitas organizações americanas têm experimentado com sucesso os círculos de qualidade e outros métodos japoneses de administração (Denhardt, Pyle e Bluedorn, 1978).

Outro conceito de administração que alguns vêem como importado do Japão é a Administração com Qualidade Total (TQM) [de *Total Quality Management*].

De fato, essa popular estratégia deriva diretamente dos trabalhos de W. Edwards Deming, estatístico americano a quem muitos atribuem a maior responsabilidade pelo "milagre econômico" japonês no pós-guerra. A filosofia de administração de Deming baseia-se numa mistura interessante de liderança participativa, sistemas de controle estatístico e atenção permanente ao aprimoramento da qualidade (Deming, 1986).

Deming faz crítica severa às práticas de administração americanas e identifica falhas como "falta de constância de objetivos", ênfase em metas a curto prazo, avaliações anuais de desempenho, excessiva mobilidade da administração e exagerada confiança em sistemas quantitativos de controle de dados, no lugar de qualitativos. O remédio que propõe está intensamente imbuído de um enfoque de recursos humanos. Estão incluídas as seguintes medidas dentro do seu programa de 14 pontos para o aprimoramento da qualidade:

1. Criar constância de objetivos para o aprimoramento dos produtos e serviços (em outras palavras, fazer da qualidade e da produtividade as metas principais);
2. instituir treinamento para os trabalhadores no sistema de administração e ensiná-los a identificar e corrigir falhas no sistema;
3. eliminar o medo do local de trabalho (nada de buscar culpados);
4. derrubar barreiras entre especialistas e pessoal de linha e o staff;
5. remover barreiras ao orgulho da profissão;
6. encorajar a instrução e o auto-aprimoramento; e
7. pôr fim à prática de premiar a empresa apenas com a etiqueta de preço.

Depois de ele pregar mais ou menos no deserto durante 50 anos, a mensagem de Deming começou a se tornar popular no final da década de 1980 (Ebel, 1991; Dobyns e Crawford-Mason, 1991). Na sua forma atual, a TQM é vista como um processo às avessas, no qual a consciência da qualidade se torna preocupação pessoal de todos os empregados. Para conseguir essa meta, vários autores prescrevem iniciativas como o estabelecimento de conselhos e equipes de qualidade (Juran, 1988), a criação de canais sistemáticos de comunicação focalizando o aumento da produtividade (Crosby, 1986) e vários meios de reconhecer e recompensar a realização de grupos (*não* de indivíduos). Assim, a TQM inclui muitas das mais progressivas facetas do pensamento contemporâneo de administração e as consolida numa nova e longamente esperada ênfase em fazê-lo corretamente pela *primeira* vez. Como tal, a TQM pode muito bem ter vida mais longa do que as estratégias de administração precedentes.

CONCLUSÃO

Há poucas conclusões que podem, com cautela, ser legitimamente inferidas a partir da pesquisa sobre liderança apresentada até aqui. A primeira conclusão é a mais óbvia e, ainda assim, talvez a mais importante: não há soluções fáceis. Tem havido muitos caprichos no campo da administração, mas não truques duradouros. Tudo que se precisa fazer para desenvolver um saudável senso de ceticismo é reler os primeiros relatórios aclamando inovações como a Administração Científica, a Administração por Objetivos e o Treinamento de Grupos T. Talvez a TQM seja uma exceção, mas é muito cedo para dizer isso.

Isso não significa que não tenha havido progresso na nossa compreensão das ligações entre liderança e motivação. Uma das contribuições mais valiosas veio da teoria da contingência. Além de estabelecer definitivamente que há uma ligação entre liderança e motivação, a teoria da contingência deu-nos vários marcos indicadores ao longo da estrada que leva à liderança eficiente. Estes consistem em vários elementos de trabalho que precisam ser considerados ao se delinear o comportamento de liderança apropriado. A natureza da estrutura de tarefas, o nível de poder e autoridade do líder, a qualidade das relações líder-seguidor e a boa disposição e capacidade do subordinado para executar o trabalho são considerações significativas que comprovadamente exercem um efeito direto na eficiência dos líderes. Essas conclusões, juntamente com as descobertas sobre a estrutura organizacional examinadas no Capítulo 3 (relacionando a estrutura organizacional a variáveis como a complexidade do ambiente, a complexidade das tarefas, as limitações de tempo e o tamanho), permitem um grau de precisão descritiva e explicativa substancialmente maior do que era possível há apenas alguns anos. Além disso, ao identificar e descrever os principais estilos de liderança, ofereceu-se a necessária matéria-prima com a qual qualquer líder pode iniciar o processo interativo de adaptar seus próprios estilos e talentos à situação de trabalho. Embora não estejamos no ponto em que se possa oferecer quaisquer absolutos, identificou-se um número suficiente de relações para nos dar uma vantagem material sobre nossos predecessores.

REFERÊNCIAS

Alderfer, Clayton P. 1972. *Existence, Relatedness, and Growth*. Nova York: Free Press.

Aldis, Owen. 1961. "Of Pigeons and Men." *Harvard Business Review* 39 (julho/agosto): 59-63.

American Society for Public Administration. 1984. *Code of Ethics of the American Society for Public Administration*. Washington, D.C.: American Society for Public Administration.

Arvey, Richard. 1972. "Task Performance As a Function of Perceived Effort: Performance and Performance-Based Contingencies." *Organizational Behavior and Human Performance* 8 (dezembro): 423-33.

Bachman, Jerald, David Bowers, e Phillip Marcus. 1968. "Bases of Supervisory Power: A Comparative Study in Five Organization Settings." In *Control in Organizations*, org. por Arnold Tannenbaum, 229-38. Nova York: McGraw-Hill.

Ban, Carolyn, e Harry C. Redd. 1990. "The Status of the Merit System: Perceptions of Abuse in the Federal Civil Service." *Review of Public Personnel Administration* 10 (verão): 55-72.

Barnard, Chester. 1938. *The Functions of the Executive*. Cambridge, Mass.: Harvard University Press.

______. 1952. "A Definiton of Authority." In *Reader in Bureaucracy*, org. por Robert K. Merton, Ailsa P. Gray, Barbara Hockey, e Hanan C. Selvin, 180-185. Nova York: Free Press.

Bateman, Thomas, e Dennis Organ. 1983. "Job Satisfaction and the Good Soldier: The Relationship between Affect and Employee 'Citizenship.'" *Academy of Management Journal* 26 (dezembro): 587-95.

Bierstedt, Robert. 1950. "An Analysis of Social Power." *American Sociological Review* 15 (dezembro): 730-6.

Blackburn, J. Walter, e William M. Bruce. 1989. "Rethinking Concepts of Job Satisfaction." *Review of Public Personnel Administration* 10 (outono): 11-28.

Blake, Robert, e Jane Srygley Mouton. 1964. *The Managerial Grid*. Houston: Gulf.

Blanchard, Kenneth, e Spencer Johnson. 1982. *The One Minute Manager*. Nova York: Morrow.

Bockman, Valerie. 1971. "The Herzberg Controversy." *Personnel Psychology* 24 (verão): 155-89.

Bowman, James. 1984. "Japanese Management: Personnel Policies in the Public Service." *Public Personnel Management Journal* 13 (outono): 197-219.

Brayfield, Arthur, e Walter Crockett. 1955. "Employee Attitudes and Employee Performance." *Psychology Bulletin* 52 (novembro): 396-424.

Chemers, Martin, e Robert Rice. 1974. "A Theoretical and Empirical Examination of Fiedle'rs Contingency Model of Leadership Effectiveness." In *Contingency Approaches to Leadership*, org. por J.G. Hun e L. Larson, 91-123. Carbondale: Southern Illinois University Press.

Cleveland, Harlan. 1985. *The Knowledge Executive: Leadership in an Information Society*. Nova York: E.P. Dutton.

Crosby, Philip B. 1986. *Running Things: The Art of Making Things Happen*. Nova York: McGraw-Hill.

Csoka, Lewis, e Paul Bons. 1978. "Manipulating the Situation to Fit the Leader's Style. Two Validation Studies of LEADER MATCH." *Journal of Applied Psychology* 63 (junho): 295-300.

Dahl, Robert. 1957. "The Concept of Power." *Behavioral Science* 2 (abril): 201-15.

Daley, Dennis. 1986. "Humanistic Management and Organizational Success: The Effect of Job and Work Environment Characteristics on Organizational Effectiveness. Responsiveness, and Job Satisfaction." *Public Personnel Management* 15 (verão): 131-42.

Deming, W. Edwards. 1986. *Out of the Crisis*. Cambridge, Mass.: MIT Press.

Denhardt, Robert, James Pyle, e Allen Bluedorn. 1987. "Implementing Quality Circles in State Government." *Public Administration Review* 47 (julho/agosto): 304-309.

Dobyns, Lloyd, e Clare Crawford-Mason. 1991. *Quality or Else: The Revolution in World Business*. Boston: Houghton Mifflin.

Ebel, Kenneth. 1991. *Achieving Excellence in Business: A Pratical Guide to the Total Quality Transformation Process*. Nova York: Dekker.

Elazar, Daniel. 1972. *American Federalism: A View from the States*. Nova York: Crowell.

Etzioni, Amitai. 1964. *Modern Organizations*. Englewood Cliffs, N.J.: Prentice-Hall.

Farquhar, Katherine. 1991. "Leadership in Limbo: Organization Dynamics During Interim Administrations." *Public Administration Review* 51 (maio/junho): 202-10.

Fiedler, Fred. 1967. *A Theory of Leader Effectiveness*. Nova York: McGraw-Hill.

Fiedler, Fred, Martin Chemers, e Linda Mahar. 1976. *Improving Leadership Effectiveness*. Nova York: Wiley.

Fiedler Fred, e Linda Mahar. 1979. "The Effectiveness of Contingency Model Training: A Review of the Validation of Leader Match." *Personnel Psychology* 32 (primavera): 45-62.

Filley, Allan, e Robert House. 1969. *Managerial Process and Organizational Behavior Glenview*, Ill.: Scott, Foresman.

Filley, Allan, Robert House, e Steven Kerr. 1976. *Managerial Process and Organizational Behavior*. Glenview, Ill.: Scott, Foresman.

Fleishman, Edwin, e Edwin Harris. 1962. "Patterns of Leadership Behavior Related to Employee Grievances and Turnover." *Personnel Psychology* 15 (primavera): 43-56.

French, John, e Bertram Raven. 1977. "The Bases of Social Power." In *Organizational Behavior and Management*, org. por Henry Tosi e W.C. Hammer, 442-456. Chicago: St. Clair. (First Printed in *Studies in Social Power*, org. por D. Cartwright, 1959.)

Gortner, Harold, e Jeremy F. Plant. 1990. "Ethics and Public Personnel Administration." In *Public Personnel Administration: Problems and Prospects*, org. por Steven W. Hays e Richard C. Kearney, 243-60. Englewood Cliffs, N.J.: Prentice-Hall.

Gouldner, Alvin. 1954. "The Problems of Sucession in Bureaucracy." In *Reader in Bureaucracy*, org. por Robert K. Merton, Ailsa P. Gray, Barbara Hockey e Hanan Selvin, 339-351. Nova York: Free Press.

Guzzo, R.A. e J.S. Bondy. 1983. *A Guide to Worker Productivity Experiments in the United States, 1976-1981*. Nova York: Pergamon.

Hall, Douglas, e Khalil Nougaim. 1968. "An Examination of Maslow's Need Hierarchy in an Organizational Setting." *Organizational Behavior and Human Performance* 3 (fevereiro): 12-35.

Hambleton, R., e R. Gumpert. 1982. "The Validity of Hersey and Blanchard's Theory of Leader Effectiveness." *Group and Organizational Studies* (junho): 225-42.

Hays, Steven W., e T. Zane Reeves. 1984. *Personnel Management in the Public Sector*. Boston: Allyn and Bacon.

Hersey, Paul, e Kenneth Blanchard. 1982. *Management of Organizational Behavior*. 2ª ed. Englewood Cliffs, N.J.: Prentice-Hall.

Herzberg, Frederick. 1968. "One More Time: How Do You Motivate Employees?" *Harvard Business Review* 46 (janeiro/fevereiro): 53-62.

______, Bernard Maysner, e Barbara Synderman. 1959. *The Motivation to Work*. New York: Wiley.

Hirschman, Albert. 1970. *Exit, Voice, and Loyalty*. Cambridge, Mass.: Harvard University Press.

House, Robert. 1971. "A Path-Goal Theory of Leader Effectiveness." *Administrative Science Quarterly* 16 (setembro): 321-38.

House, Robert, Allan Filley, e Steven Kerr. 1971. "Relation of Leader Consideration and Initiating Structure to R and D Subordinates' Satisfaction." *Administrative Science Quarterly* 16 (março): 19-30.

House, Robert, e Terrence Mitchell. 1974. "Path-Goal Theory of Leadership." *Journal of Contemporary Business* 3 (outono): 81-97.

Hudson Institute. 1988. *Civil Service 2000*. Washington, D.C.: U.S. Office of Personnel Management.

Hunt, Sonja. 1984. "The Role of Leadership in the Construction of Reality." In *Leadership: Multidisciplinary Perspectives*, org. por Barbara Kellerman, 157-78. Englewood Cliffs, N.J.: Prentice-Hall.

Ingraham, Patricia W., e Charles Barrilleaux. 1983. "Motivating Government Managers for Retrenchment: Some Possible Lessons from the SES." *Public Administration Review* 43 (setembro/outubro): 393-402.

Jamieson, David, e Kenneth Thomas. 1974. "Power and Conflict in the Student-Teacher Relationship." *Journal of Applied Behavioral Science* 10 (setembro): 321-36.

Juran, J.M. 1988. *Juran on Planning for Quality*. Nova York: Free Press.

Kahn, Robert L. 1956. "The Prediction of Productivity." *Journal of Social Issues* 12 (dezembro): 41-9.

Katz, Daniel, Nathan Maccoby e Nancy Morse. 1950. *Productivity, Supervision, and Morale in an Office Situation*. Ann Arbor: Institute for Social Research, University of Michigan.

Katzell, Raymond, e Donna Thompson. 1990. "Work Motivation: Theory and Practice." *American Psychologist* 45 (fevereiro): 144-53.

Kerr, Steven, e John Jermier. 1978. "Substitutes for Leadership: Their Meaning and Measurement." *Organizational Behavior and Human Performance* 22 (dezembro): 375-403.

Kipnis, David, Stuart Schmidt e Ian Wilkinson. 1980. "Intraorganizational Influence Tactics: Explorations in Getting One's Way." *Journal of Applied Psychology* 65 (agosto): 440-52.

Kolarska, L., e H. Aldrich. 1980. "Exit, Voice, and Silence: Consumers' and Managers' Responses to Organizational Decline." *Organizational Studies* (março): 41-58.

Korman, Abraham. 1977. *Organizational Behavior*. Englewood Cliffs, N.J.: Prentice-Hall.

Lawler, Edward. 1968. "Equity Theory as a Predictor of Productivity and Work Quality." *Psychological Bulletin* 70 (dezembro): 596-610.

______, e Lloyd J. Suttle. 1972. "A Causal Correlation Test of the Needs-Hierarchy Concept." *Organizational Behavior and Human Performance* 7 (abril): 265-87.

Lewin, Kurt. 1948. *Resolving Social Conflict*. Nova York: Harper and Row.

______, Ronald Lippitt, e Ralph White. 1939. "Patterns of Aggressive Behavior in Experimentally Created Social Climates." *Journal of Social Psychology* 10 (maio): 271-301.

Lewis, Gregory B. 1991. "Pay and Job Satisfaction in the Federal Civil Service." *Review of Public Personnel Administration* 11 (verão): 17-31.

Likert, Rensis. 1961. *New Patterns of Management*. Nova York: McGraw-Hill.

Litwin, George, e Robert Stringer. 1968. *Motivation and Organizational Climate*. Cambridge, Mass.: Harvard Business School.

Luthans, Fred. 1977. *Organizational Behavior*. Nova York. McGraw-Hill.

______, e Robert Kreitner. 1975. "The Management of Behavioral Contingencies." *Personnel* 51 (julho/agosto): 7-16.

McClelland, David. 1953. *The Achievement Motive*. Nova York: Appleton-Century-Crofts.

______. 1961. *The Achieving Society*. Princeton, N.J.: Van Nostrand.

______. 1962. "Business Drive and National Achievement." *Harvard Business Review* 40 (março/abril): 99-112.

______. 1965. "Achievement Motive Can Be Developed." *Harvard Business Review* 43 (Janeiro/fevereiro): 6-24.

______. 1975. *Power: The Inner Experience*. Nova York: Irvington.

McClelland, David, e D.H. Burnham. 1976. "Power Is the Great Motivator." *Harvard Business Review* 54 (março/abril): 110.

McClelland, David, e David Winter. 1969. *Motivating Economic Achievement*. Nova York: Free Press.

McGregor, Douglas. 1960. *The Human Side of Enterprise*. Nova York: McGraw-Hill.

Maslow, Abraham. 1954. *Motivation and Personality*. Nova York: Harper and Row.

______. 1962. *Toward a Psychology of Being*. Nova York: Van Nostrand.

______. 1965. *Eupsychian Management: A Journal*. Homewood, Ill.: Irwin.

Mintzberg, Henry. 1983. *Power in and around Organizations*. Englewood Cliffs, N.J.: Prentice-Hall.

Morse, Nancy, e E. Reimer. 1956. "Experimental Change for Major Organization Variables." *Jounal of Abnormal Social Psychology* 52 (janeiro): 120-9.

Murray, Henry. 1938. *Explorations in Personality*. Nova York: Oxford University Press.
National Commission on Productivity and the Quality of Working Life. 1975. *Employee Incentives to Improve State and Local Government Productivity*. Washington. D.C.: Government Printing Office.
Nigro, Lloyd. 1982. "CSRA Performance Appraisals and Merit Pay: Growing Uncertainty in the Federal Work Force." *Public Administration Review* 42 (julho/agosto): 371-5.
Oaklander, Harold, e Edwin Fleishman. 1964. "Patterns of Leadership Related to Organizational Stress in Hospital Settings." *Administrative Science Quarterly* 8 (março): 520-32.
Ouchi, William. 1981. *Theory Z: How American Business Can Meet the Japanese Challenge*. Reading, Mass.: Addison-Wesley.
Park, Chunoh, Nicholas P. Lovrich e Dennis L. Soden. 1988. "Testing Herzberg's Motivation Theory in a Comparative Study of U.S. and Korean Public Employees." *Review of Public Personnel Administration* 8 (verão): 40-60.
Pinder, Craig. 1984. *Work Motivation*. Grenview, Ill.: Scott, Foresman.
Porter, Elsa. 1986. "Harlan Cleveland: The Knowledge Executive." *Public Administration Review* 46 (novembro/dezembro): 673-4.
Porter, Lyman, e Edward Lawler. 1968. *Managerial Attitudes and Performance*. Homewood, Ill.: Irwin.
Raven, Bertram, e William Kruglanski. 1975. "Conflict and Power." In *The Structure of Conflict*, org. por P.G. Swingle, 177-219. Nova York: Academic Press.
Rodgers, Robert, e John Hunter. 1992. "A Foundation of Good Management Practice in Government: MBO." *Public Administration Review* 52 (janeiro/fevereiro): 27-39.
Rohr, John. 1978. *Ethics for Bureaucrats: An Essay on Law and Values*. Nova York: Dekker.
______. 1980. "Ethics for the SES." *Administration and Society* 12 (agosto): 203-16.
Romzek, Barbara. 1985. "The Effects of Public Service Recognition, Job Security, and Staff Reductions on Organizational Involvement." *Public Administration Review* 45 (março/abril): 282-91.
______. 1990. "Employee Involvement and Commitment: The Ties that Bind." *Public Administration Review* 50 (maio/junho): 374-82.
Rosow, Jerome. 1976. "Public Sector Pay and Benefits." *Public Administration Review* 36 (setembro/outubro): 538-43.
Schriesheim, Janet, e Chester Schriesheim. 1980. "A Test of the Path-Goal Theory of Leadership in a Health-Care Facility." *Personnel Psychology* 33 (verão): 349-70.
Silverman, Buddy R. 1982. "The Merit Pay System: Prognosis." *Review of Public Personnel Administration* 2 (verão): 29-34.
Simmel, George. 1950. *The Sociology of George Simmel*, org. e trad. por Kurt Wolff. Glencoe, Ill.: Free Press.
Simon, Herbert A. 1947. *Administrative Behavior*. Nova York: Mcmillan.
Skinner, B.F. 1953. *Science and Human Behavior*. Nova York: Macmillan.
______. 1969. *Contingencies of Reinforcement: A Theoretical Analysis*. Nova York: Appleton-Century-Crofts.
______. 1971. *Beyond Freedom and Dignity*. Nova York: Knopf.
______. 1974. *About Behaviorism*. Nova York: Knopf.
Sobel, Robert. 1971. "Tests of Preperformance and Postperformance Models of Satisfaction with Outcomes." *Journal of Personality and Social Psychology* 19 (agosto): 213-21.
Soden, Dennis L. 1990. "Esprit de Corps amoung Army Corps of Engineers Executives." *Review of Public Personnel Administration* 10 (verão): 41-54.
Staw, B. M. 1986. "Organizational Psychology and the Pursuit of the Happy/Productive Worker." *California Management Review 28* (verão): 40-53.

Steel, Brent, e Rebecca L. Warner. 1990. "Job Satisfaction amoung Early Labor Force Participants. Unexpected Outcomes in Public and Private Sector Comparisons." *Review of Public Personnel Administration* 10 (verão): 4-22.

Steers, Richard. 1977a. *Organizational Effectiveness*. Santa Monica, Calif.: Goodyear.

______. 1977b. "Antecedents and Outcomes of Organizational Commitment." *Administrative Science Quarterly* 22 (março): 46-56.

Stogdill, Ralph. 1948. "Personal Factors Associated with Leadership: A Survey of the Literature." *Journal of Psychology* 25 (janeiro): 35-71.

______. 1965. *Managers, Employees, Organizations*. Columbus: Bureau of Business Research, Ohio State University.

Stogdill, Ralph, e Alvin Coons, org. 1957. *Leader Behavior: Its Descriptive Measurement*. Columbus: Bureau of Business Research, Ohio State University.

Student, Kurt. 1968. "Supervisory Influence and Work Group Performance." *Journal of Applied Psychology* 52 (junho): 188-94.

Turban, D.B. e A.P. Jones. 1988. "Superior-Subordinate Similarity: Types, Effects, and Mechanisms." *Journal of Applied Psychology* 73: 228-34.

U.S. Office of Personell Management. 1990. *Promoting Government Excellence*. Washington, D.C.: Office of Personnel Management.

Vroom, Victor 1964. *Work and Motivation*. Nova York: Wiley.

______, e Floyd Mann. 1960. "Leader Authoritarianism and Employee Attitudes." *Personnel Psychology* 13 (verão): 125-39.

Wanous, John. 1984. "A Causal-Correlational Analysis of the Job-Satisfaction and Performance Relationship." *Journal of Applied Psychology* 59 (abril): 139-44.

Weber, Max. 1947. *The Theory of Social and Economic Organization*. Glencoe, Ill.: Free Press.

Wexley, Kenneth, e Gary Yukl. 1977. *Organizational Behavior and Personnel Psychology*. Homewood, Ill.: Irwin.

6

Relatório e Orçamento

O elemento expositivo no POSDCORB refere-se à maneira como o administrador transmite informações, assim como à forma como ele mantém os "subordinados informados por meio de relatórios, pesquisa e inspeção" (Gulick e Urwick, 1937: 13). Como ressaltou Fayol (1937: 105), "o relatório de operações efetuadas é o complemento do plano de operações". O plano de operações é expresso por meio do orçamento; para o administrador, orçamento significa planejamento fiscal, prestação de contas do dinheiro gasto e monitorização dos custos para assegurar que ele seja gasto para as finalidades pretendidas pela legislatura ou pelo conselho. O relatório é o meio pelo qual os administradores aprendem sobre a implementação do plano de operações.

Relatório e orçamento são processos pelos quais os administradores exercem o controle sobre a organização e suas ações. Há mais de 50 anos Follet (1937: 161) observou que nas "indústrias mais bem administradas" o controle estava "significando mais e mais o controle dos fatos do que um controle de homens" e "a correlação de muitos controles em vez de um controle sobreposto." A efetividade dos controles organizacionais com base unicamente nos fatos em vez de em fatos e pessoas tem sido contestada pelo reconhecimento da importância do comportamento e das relações humanas nas organizações (ver Simon, 1947), mas Follet antecipou o impacto de muitos tipos de controles sobre o executivo centralizado.

O controle gerencial através de relatórios e orçamentos reflete o esforço contínuo para obter informações sobre o desempenho organizacional e para avaliá-lo. Esse esforço é particularmente importante nas organizações públicas, pois não há um sistema de preços para orientar os administradores e o meio político lhes envia muitos sinais freqüentemente contraditórios. No Capítulo 7, abordaremos o problema da avaliação. Neste, vamos concentrar-nos na função informativa do relatório e do orçamento.

O controle organizacional através de informações de relatórios e orçamentos disponíveis a estranhos é importante para uma sociedade democrática, pois é a maneira como as organizações públicas podem ser levadas a se mostrar mais responsáveis para com a legislatura, os executivos e o público em geral. Relatórios e orçamentos revelam o que está acontecendo nas grandes burocracias e ajudam a informar a população quanto a questões políticas e burocráticas. Assim, relatórios e orçamentos são instrumentos através dos quais os cidadãos e atores políticos obtêm as informações de que necessitam para exercer o controle sobre as organizações públicas.

O sucesso e a eficiência dos controles gerenciais dependem das informações com que trabalha o administrador. Falando de modo geral, há três tipos de relatórios que ligam as informações com as principais funções gerenciais. Há relatórios *de planejamento* que os administradores usam para prever futuros desenvolvimentos de programas e suas conseqüências para os serviços e orçamentos da agência; relatórios *informativos* que ajudam os administradores a analisar o impacto da atividade dos programas e avaliar sucesso e fracassos; e os relatórios *de orçamento*, que medem o desempenho fiscal e comparam os custos das operações com os rendimentos disponíveis. Para os administradores públicos, o controle através de relatórios e orçamentos ajuda a estabelecer credibilidade e o apoio para as operações e gastos da agência. O exercício da responsabilidade através de controles internos eficientes torna a ação burocrática coerente com os princípios da democracia.

O PROCESSO DE CONTROLE

No capítulo sobre planejamento, ressaltou-se que as organizações projetam metas como finalidades gerais para suas operações e que essas finalidades gerais são denominadas mais especificamente objetivos ou padrões em direção dos quais a organização se põe em movimento no curto prazo. Oficialmente, as metas das organizações públicas são estabelecidas por organismos públicos tais como as legislaturas. Entretanto as repartições e seus administradores desempenham papel importante e às vezes fundamental no que as legislaturas fazem. As agências do governo têm, tipicamente, vários especialistas no seu quadro de pessoal que se tornam muito versados ao enfrentar uma série de problemas durante um longo período de tempo. Por outro lado, os legisladores precisam enfrentar muitos problemas diferentes; ademais, a maior parte dos legisladores do governo ou membros dos conselhos municipais é de cidadãos privados que trabalham apenas em horário parcial. Geralmente não são tão bem informados sobre o trabalho da agência quanto os seus administradores. Em consequência desses fatores, os administradores muitas vezes têm maior influência no estabelecimento de metas.

Além das metas estratégicas, o processo de controle ocupa-se em avaliar a realização de objetivos. Enquanto as metas se relacionam com considerações externas ou políticas, o enfoque dos objetivos é basicamente interno, o exercício da discricionariedade gerencial em operações do governo — ou seja, a tomada de decisões sobre a "seleção, o projeto, a operação, o controle e a atualização" dos procedimentos de uma agência (Rosenthal, 1982: 16).

A finalidade geral do controle é, pois, avaliar e corrigir a operação da organização dentro de uma estrutura de padrões externos e internos. O controle bem-sucedido "elimina o caos e provê consistência a uma organização a fim de que as metas sejam atingidas" (Luthans, 1976: 143). Os controles podem ser diretos e indiretos. Os controles *diretos* referem-se à disciplina interna e às normas das ações destinadas a enfrentar ameaças externas. Os controles *indiretos* estão relacionados com o ambiente externo e com as reservas necessárias para lidar com o imprevisto (Katz e Kahn, 1978: 131). O controle também pode ser exercido através de abordagens *democráticas* (multicentradas, descentralizadas) ou *hierárquicas* (unificadas, centralizadas) (Katz e Kahn, 1978: 327-30). Quais delas são mais eficientes depende da situação: as evidências são de que nenhum tipo é uniformemente melhor do que outro (ver Selznick, 1984; Sherman, 1966).

Controles e Informações Internos

O processo de controle interno foi definido como "a mensuração e correção do desempenho a fim de garantir que os objetivos da empresa e os planos preparados para alcançá-los estão sendo realizados" (Koontz, O'Donnell e Weihrich, 1982: 463). Assim, as etapas do processo podem ser concebidas como: 1) desenvolver e determinar o padrão ou conjunto de padrões de desempenho coletivo ou individual; 2) medir o desempenho relativo ao padrão; e 3) tomar as providências para corrigir disparidades entre padrão e desempenho. A correção ocorre de uma ou duas maneiras básicas: através da modificação dos objetivos ou do planejamento (mudar o padrão) ou através de alteração da estrutura da organização ou da composição, capacidades ou atitudes do seu pessoal (mudar o desempenho) (Koontz, O'Donnell e Weihrich, 1982: 464-65).

A direção e a coordenação eficientes do trabalho de uma unidade exigem que o administrador obtenha informações contínuas sobre os resultados dos esforços da organização para alcançar seus objetivos. Essas informações são chamadas *feedback* e constituem a base de uma abordagem sistemática do controle (Reeser e Loper, 1978: 427-34). Vários esquemas de relatório e sistemas de orçamento são colocados em ação para gerar as informações necessárias. Esses esquemas variam de relatórios falados e escritos, inspeções visuais e de inventário, até a ampla monitorização das operações. Um sistema de *feedback* possibilita à organização um melhor planejamento e controle da quantidade e qualidade do trabalho e do uso de seus recursos — pessoal, dinheiro, materiais e equipamentos e tempo (Higgins, 1976: 17-54).

Tanto relatórios e orçamentos quanto as informações que eles contêm seguem normas gerais para seu uso. Em primeiro lugar, devem ser adequados ao trabalho realmente executado na organização. Muitas vezes os objetivos mudam e os relatórios e orçamentos têm de ser mudados para se manterem atualizados. Os controles devem permanecer flexíveis e ser esquematizados de modo a que se possa ajustá-los a mudanças nos planos. Em segundo lugar, os controles devem ser compreensíveis, isto é, precisam indicar as ações corretivas necessárias de modo tão específico quanto possível. Esse é o aspecto *feed-forward** dos controles. Os controles não devem só indicar que alguma coisa está errada (controles estáticos); devem também mostrar o que está errado (controles corretivos), para que o administrador possa compreender ou interpretar as informações que recebe. A interpretação de um controle também ajuda os empregados a saber o que esperar e o que relatar (Hodgetts, 1982: 166-67).

Em terceiro lugar, os controles devem fornecer informações precisas e adequadas sobre desvios dos objetivos. Muitas vezes é necessário fornecer as informações dentro das limitações do *tempo real*. Tempo real significa que as informações e a ação estão na mesma linha de tempo — os dados são processados quando recebidos e usados imediatamente (Krauss, 1970: 112-19). Os esquemas de processamentos em lote, ao contrário, acumulam dados e depois processam grande quantidade de uma só vez; isso pode ser aceitável (e econômico) se o uso das informações estiver previsto para depois da sua disponibilidade. O *timing* das informações para os controles deve ser revisto periodicamente para assegurar que as informações sejam relevantes, que os relatórios sejam usados e que os custos de obter e processar as informações não sejam demasiadamente altos em proporção ao trabalho que estiver sendo controlado.

A previsão permite maior flexibilidade na escolha de ações corretivas. Ação corretiva exige que as pessoas da organização e seu administrador aprendam o que está acontecendo ao seu redor. O *feedback* facilita a aprendizagem pela análise repetida de uma situação (Wiener, 1954: 60, 83-85, 156-58). *Análise seqüencial* é a avaliação estatística de uma operação num "processo contínuo que acompanha a produção" (Wiener, 1954: 158). Embora, como se observou anteriormente (ver Capítulo 2), a análise de regressão possa ser enganosa como ferramenta conjectural, a análise contínua torna possível o aprimoramento constante das ações corretivas e, portanto, o melhor controle por parte dos administradores que são bons discípulos.

Medição do Desempenho

Os administradores públicos implementam os programas públicos de ação através de decisões compatíveis com as metas gerais de suas políticas. Elas monitoram a implementação de programas através de uma variedade de técnicas que lhes possibilitam ter pelo menos algum controle sobre os resultados. "Os custos crescentes, a insatisfação do público e os esforços de implementação malsucedi-

* O contrário de *feedback*: realinhamento. (N.T.).

dos" apontam todos para a necessidade de um melhor controle por parte dos administradores públicos (Altman, 1979: 31). Altman chama a contínua interação entre informação e ação da administração de sistema de *monitoração* do desempenho (1979: 32). Elemento crítico dos sistemas de monitoração do desempenho é o desenvolvimento de medidas de desempenho. Encontrar fontes de dados e métodos adequados de mensurar o desempenho são problemas constantes. Uma forma de fazê-lo é através de conceitos contábeis e definições orçamentárias da atividade organizacional. O custo por ação e o número de ocorrências por programa, por exemplo, constituem medidas convenientes e precisas. Os registros de pessoal também são fontes de medição — por exemplo, taxas de rotatividade e ausências. A computação desses registros torna-os especialmente fáceis de serem usados para esses propósitos.

As medições de desempenho são freqüentemente muito úteis quando podem ser colocadas numa escala que indique suas magnitudes relativas. Uma escala pode ser ordinal ou de intervalo. Uma escala *ordinal* simplesmente classifica as observações como primeira, segunda, terceira e assim por diante, ou como alta, média, baixa. Uma escala de *intervalo* vai além disso e define a distância exata entre os pontos da escala (Klejnen, 1985).

Escalas rigorosas de intervalo raramente são possíveis na mensuração do comportamento humano. No entanto uma analogia com a temperatura pode ser útil ao administrador em exercício. Se o administrador mede o desempenho dos subordinados numa escala de sete pontos, por exemplo, variando de -3 a +3, com 0 no meio, então a região de 0 a +2 pode ser considerada uma zona de desempenho aceitável — uma espécie de "zona confortável". O desempenho medido abaixo de 0 pode constituir um sinal de que há necessidade de providências para "avivar as coisas", e as medidas acima de +2 podem necessitar também de atenção especial, pois esse nível pode ser alto demais para ser mantido e o administrador talvez tenha que "esfriar as coisas" na organização a fim de conseguir um desempenho contínuo e estável.

As medições de desempenho, sejam quais forem as maneiras de usá-las, não podem ser melhores que as informações nas quais se baseiam. É para as técnicas e problemas de coletar informações confiáveis que nos voltamos a seguir.

SISTEMAS DE INFORMAÇÃO NA ADMINISTRAÇÃO PÚBLICA

Hoje em dia o administrador do setor público que começa num novo cargo vai encontrar geralmente no local um sistema computadorizado de informações gerenciais. O uso de computadores de todos os tipos e tamanhos tem se expandido continuamente desde os anos 50 (Kramer e King, 1986). Somente as menores operações ou as jurisdições mais remotas usam a tradicional abordagem de lápis e papel. As compensações esperadas da computadorização, incluindo maior poder para os especialistas técnicos e maior eficiência e disponibilidade de informações, têm sido lentas, se é que existem (Northrop et al, 1990). Por essa razão, avaliar, reprojetar e manter o sistema de informações gerenciais (MIS) [de *Management Information System*] existente constituem algumas das principais preocupações do administrador público de hoje.

Bozeman e Bretschneider (1986) fornecem uma estrutura teórica para conceitualizar um MIS numa organização pública. Um sistema de informações da administração pública (PMIS) [de *Public Management Information System*] deve reconhecer a importância do contexto organizacional tal como indicado por "tamanho, estrutura, período de tempo, recursos e maturidade organizacionais" (1986: 477-78). As características dos atores internos são também importantes para um PMIS. Essas características são indicadas pelo "estilo cognitivo, o nível de satisfação com o MIS e outros atributos pessoais e demográficos" (1986: 478). Mas o PMIS é mais inclusivo, pois relaciona as necessidades de informação com o ambiente externo.

Os ambientes externos são importantes para a organização pública, pois representam demandas de dados. O ambiente externo mais amplo enfatiza os interesses econômicos, tais como a eficiência e a distribuição de recursos, assim como os interesses políticos, tais como planos de ação abrangentes mas politicamente sensíveis (Bozeman e Bretschneider, 1986: 484-85). Significativamente, extensas pesquisas empíricas confirmam que um PMIS tem um ambiente mais interdependente e limitado do que um MIS do setor privado e que as práticas-padrão do MIS não são adotadas automaticamente, podendo ser mudadas na medida em que forem implementadas numa situação de PMIS (Bretschneider, 1990).

Colocando um PMIS em Ação

De maneira ideal, um PMIS é especificamente planejado para o fim exclusivo das necessidades de uma organização. O desenvolvimento do projeto começa tipicamente com uma análise profunda das operações da organização, bastante semelhante aos elementos do estabelecimento de objetivos do planejamento (ver Capítulo 2 e Rubin, 1986). A análise determina os limites (parâmetros) e a composição (estrutura) do PMIS e da organização (Ein-Dor e Seger, 1978: 23-42). Em seguida são avaliados os custos e benefícios do sistema proposto. Há às vezes uma tendência a planejar levando-se em conta uma capacidade de processamento de informações maior que a de que se precisa. É verdade que as exigências do processamento de informações podem expandir-se para esgotar o excesso de capacidade, mas é ineficiente empenhar-se em mecanismos de sistemas que ficarão ociosos. Por outro lado, é igualmente ineficiente instalar só o que é presentemente necessário e assim obrigar a organização a usar uma tecnologia mais antiga e muitas vezes mais vagarosa quando as necessidades aumentarem. As considerações de custo incluem aquisição e manutenção do mecanismo ou *hardware* do sistema, programadores de computador e outros funcionários e o *software* — manuais técnicos e programas pré-elaborados.

Se a análise em profundidade conduzir à decisão de ir adiante, faz-se um projeto preliminar para descrever o esqueleto do PMIS (McCosh, Rahman e Earl, 1981: 97-127). Uma das preocupações principais nesse momento é a padronização e o fluxo de informações. As unidades e operações da organização precisam de códigos de identificação padronizados. A classificação ordenada de insumos e produtos, bem como das informações necessárias sobre eles, é chamada de *taxonomia*. Muitos termos novos são gerados pelo esquema de classificação e incorporados ao dicionário ou *glossário* do PMIS. Mapas dos sistemas, esboços e *layouts* de campo, entradas e saídas, formatos de dados e várias fórmulas matemáticas também fazem parte do projeto preliminar. Coletivamente, essas ferramentas definem as operações que o PMIS vai cobrir e mostram como o sistema de informações vai trabalhar para os administradores.

Uma vez que o esqueleto esteja definido, ele ganha músculos, com a compra e instalação do computador, e cérebro, na medida em que os programas de computador são testados e corrigidos. Os dados que alimentam os programas geram relatórios para uso dos administradores nas suas tomadas de decisões. Os manuais de operações e procedimentos descrevem as técnicas e linguagens necessárias para operar o sistema, interpretar os resultados que este produz, corrigir erros e enfrentar emergências. A documentação dos programas de computador, os procedimentos e os equipamentos ajudam a assegurar que o sistema possa ser mantido funcionando mesmo depois de os empregados originais terem saído. Os manuais também são a base para programas de treinamento que introduzem novos empregados ao PMIS.

Depois de todos os programas e equipamentos terem sido testados e de se verificar que estão em conformidade com os padrões, o PMIS é posto em operação. Um sistema é tipicamente acelerado aos poucos, na medida em que o anterior vai sendo gradualmente desligado. Enfrentar falhas ocasionais do sistema, manter a flexibilidade e aumentar a eficácia através de um novo projeto ou de um novo *hardware* ou *software* são questões que continuarão a ocupar o tempo e o interesse do administrador.

Fazendo Funcionar um PMIS

Houve tempo em que os administradores tinham de ser "enciclopédicos". Colhiam as informações através da participação e observação diretas, armazenadas em suas cabeças, e as aplicavam aos problemas que encontravam. Muitas vezes trabalhavam por intuição e bom senso, combinando a experiência com alguma adivinhação. Suas técnicas não podiam ser passadas a outros, ou, quando podiam, tomavam a forma de contraditórios provérbios sobre administração (Simon, 1946).

Algumas organizações desenvolveram uma memória coletiva ou organizacional, produto e domínio conjunto de secretárias, escriturários, colegas, trabalhadores e clientes (Dery, 1981: 200-12). O agente de *evocação* apropriado ou o indivíduo que estivesse bem informado a respeito de um problema particular poderia ser encontrado pela leitura de registros ou relatórios ou simplesmente perguntando. Numa agência com muita mobilidade e alta taxa de mudança técnica, este poderia simplesmente ser a pessoa que lá estivesse há mais longo tempo. Mas as recordações eram freqüentemente parciais e distorcidas pela generalização exagerada ou pelas limitações da esfera de ação.

A mudança rápida, a gravidade das questões econômicas e políticas e toda a massa de informações forçaram as organizações a pararem de operar com essa memória coletiva e substituí-la por um banco de dados. O novo agente de evocação é um programador de computador — um membro de uma nova, respeitada e altamente remunerada profissão (Mosher, 1982: 110-42).

Os técnicos de computador e analistas de sistemas representam um novo nível importante na administração. Vêm com uma perspectiva de controle especializado que lhes permite dizer a um administrador de aptidão geral o que pode ou não pode ser feito. Na verdade, quem tem aptidão generalizada corre perigo de perder o controle para os programadores, que podem reter informações ou influenciar a disponibilidade destas com a declaração de que "não há como o computador fazer isso". A melhor proteção do administrador de aptidão geral contra essa ameaça é tornar-se alfabetizado em computação para que possa ser capaz de interagir inteligentemente com os programadores e vendedores de equipamentos, suprimentos e serviços de informática (Meindl, 1989).

A coordenação e o controle da atividade expositiva são funções tradicionais dos administradores de aptidão geral (Meltzger, 1981: 76-90). Isso não muda quando a atividade de relatar é informatizada. Selecionar e alocar o pessoal da programação, organizar a base do computador, planejar o desenvolvimento e operações, coordenar as descrições de cargos com as padronizações de desempenho e o *orçamento* de operações são problemas gerenciais importantes (Burch, Strater e Grudnitski, 1979: 40-61). Os administradores precisam também determinar prioridades para o uso do dispositivo de controle central dos computadores, assim como aplicações alternativas da capacidade de computação. Prioridades e aplicações são fundamentalmente importantes devido ao crescimento explosivo dos microcomputadores ou computadores pessoais (PCs) desde os anos 80. Os PCs difundiram a informática pela organização com impactos variados sobre a atividade de relator (Sacco e Ostrowski, 1991: 9-14).

Os sistemas computadorizados de informações podem armazenar e analisar grandes quantidades de dados com muito mais precisão e rapidez do que os sistemas manuais anteriores. Os resultados são relatórios oportunos e informativos que levam a decisões aprimoradas, controles mais sensíveis e análise mais produtiva, tanto nas organizações públicas como nas do setor privado.

Não obstante, "não há nada de mágico nos computadores que possa transformar a supervisão imprecisa no controle rigoroso" (Dery, 1981: 251). As questões centrais da função expositiva não mudaram. Qual é a finalidade do relatório? Quantos dados ele exigirá? Quando e como o relatório será produzido? Quem consegue as informações? Que se faz com as informações uma vez obtidas?

ORÇAMENTOS

Tal como relatórios, os orçamentos constituem importante ferramenta de controle organizacional para os administradores. Os orçamentos expressam os recursos organizacionais e os resultados esperados em termos de rendimentos e despesas especificados. Os orçamentos estabelecem relações entre decisões de planejamento, pessoas, organização e exposição com a autoridade exercida nos vários níveis da organização. Refletem a extensão da cadeia de comando e seus vínculos específicos. Em suma, os orçamentos são uma forma de correlacionar decisões de planejamento e operacionais com a autoridade específica delegada através da hierarquia (Koontz, O'Donnell e Weihrich, 1982: 484-86).

Nas organizações do setor privado, o preço de mercado fornece alguma orientação sobre se um serviço deve ou não ser feito. Os sistemas de estabelecimento de preços baseiam-se na lógica de que os custos de um produto são alocáveis (os consumidores dispõem-se a pagar por ele) e os benefícios são exauríveis (a pessoa que paga consome ou esgota os benefícios do produto). Entretanto os produtos e serviços do governo não são facilmente controlados por um sistema de preços de mercado. A maior parte dos rendimentos do governo tem a forma de impostos ou *pagamentos de taxas*, encargos arrecadados diretamente do beneficiário específico de um serviço do governo. As taxas podem ou não cobrir todos os custos; os governos *subsidiam* alguns serviços — isto é, cobram menos do que eles custam para serem oferecidos. Os governos estaduais e municipais têm um problema especial de *impedimento de tributação*: algumas das pessoas que usam seus serviços não vivem na sua jurisdição e, portanto, não pagam impostos lá (essas pessoas são muitas vezes chamadas de *free riders**). Os pagamentos dos usuários compensam de algum modo o problema dos *free riders*, mas, como as pessoas que vivem na jurisdição também têm de fazer os pagamentos, algumas vezes elas sentem que são obrigadas a arcar com mais do que uma parte justa dos custos. O governo nacional tem um problema semelhante na escolha entre impostos e pagamentos de usuários para serviços como assistência médica a veteranos e pobres e auxílios ao tráfego aéreo e marítimo, como controle de tráfego aéreo, serviço de meteorologia ou sistemas eletrônicos de navegação.

* Literalmente, "passageiros isentos". (N.T.)

Estabelecer um preço pelos serviços do governo também é difícil porque o uso por uma pessoa muitas vezes não impede o uso por outra — isto é, os benefícios são inexauríveis. Se o governo provê seguridade, água limpa e ruas seguras, todo mundo desfruta disso, independentemente de pagar ou não. Assim, o mercado não oferece nenhuma orientação. As decisões são, em última instância, políticas em vez de econômicas, e a elas se chega por meio de um processo constante de comparação do custo de um item do orçamento com as preferências e valores gerais de cidadãos e legisladores, na medida em que estes votam e proclamam suas opiniões em apoio ou contestação às decisões do governo.

Os orçamentos constituem bom exemplo do famoso resumo de Harold Lasswell (1958) das questões políticas essenciais: "Quem recebe o quê, quando, onde e como?" Sem muito exagero, pode-se dizer que o orçamento é a afirmação máxima de políticas públicas de um governo. Como disse Mikesell (1978: 513), o orçamento é em parte o controle dos gastos baseado num "processo de planejamento para selecionar as alocações de recursos públicos desejáveis" e em parte o controle da geração das receitas baseado num "processo de planejamento para escolher as alocações razoáveis do ônus total entre as unidades econômicas na sociedade". O processo orçamentário provê os mecanismos por meio dos quais os programas do governo são revistos, os custos dos programas são relacionados aos recursos financeiros e são feitas as escolhas entre programas e custos alternativos. O orçamento é o processo pelo qual se decide o futuro financeiro de um governo. Ele traduz a política e a administração num plano de trabalho de comum acordo e coloca os controles em funcionamento para implementá-lo.

O Ciclo Orçamentário

Há quatro fases ou estágios básicos no ciclo orçamentário: 1) *preparação*, incluindo planejamento e análise; 2) *adoção* ou formulação do plano de ação; 3) *execução* ou implementação do plano de ação; e 4) *auditoria* ou avaliação. Assim, existem sempre três orçamentos ao mesmo tempo, como mostra a Tabela 6-1. Esse entrecruzamento de orçamentos cria muitos problemas para o administrador. Quando as auditorias começam a revelar o que aconteceu ao orçamento do ano passado, há problemas atuais emergindo no orçamento deste ano e planejadores e legisladores estão fazendo perguntas sobre o orçamento do ano que vem.

A fase de implementação de um orçamento dura tipicamente um período de 12 meses, chamado de *ano fiscal*. Isso muitas vezes não coincide com o ano civil; em muitas jurisdições, o ano fiscal vai de 1º de julho a 30 de junho. Atualmente o ano fiscal do governo dos Estados Unidos vai de 1º de outubro a 30 de setembro. Em alguns lugares, os orçamentos são feitos para dois anos de uma vez. Um *programa* ou calendário orçamentário, estabelecido por lei (talvez complementado por diretivas da administração), dita as etapas para a preparação e adoção do orçamento e as associa a um prazo de conclusão, descrevendo a seqüência dos eventos necessários para a adoção legal do orçamento antes do início do ano fiscal. Um hipotético calendário orçamentário para uma pequena unidade de governo é apresentado na Tabela 6-2. O tempo indicado de seis meses mostrado na tabela é típico de pequenas unidades governamentais, mas nos níveis federais as estimativas de rendimentos e despesas são feitas com vários anos de antecedência, e a fase de preparação começa aproximadamente 18 meses antes do início do ano fiscal (LeLoup, 1977: 96). Embora haja muito mais pormenores nas grandes jurisdições e os problemas sejam de âmbito mais amplo, as etapas básicas esboçadas na Tabela 6-2 são seguidas por todos os níveis de governo.

Tabela 6-1 Coincidências nos Ciclos de Orçamento

			Ano Fiscal 1	Ano Fiscal 2	Ano Fiscal 3	Ano Fiscal 4
Orçamento para o ano fiscal 1	Preparação	Adoção	Execução	Auditoria		
Orçamento para o ano fiscal 2		Preparação	Adoção	Execução	Auditoria	
Orçamento para o ano fiscal 3			Preparação	Adoção	Execução	Auditoria

Estágio 1: Preparação. As tarefas básicas da fase de preparação destinam-se a avaliar as despesas e programas do corrente ano e projetar o que será necessário no próximo ano fiscal. Em alguns casos, o conjunto de pessoas que governam toma as primeiras providências; estas são chamadas orçamentos *legislativos*. Se o prefeito, gerente ou administrador tomar a frente na preparação do orçamento, este será chamado orçamento *executivo*. Há aspectos fortes e fracos em cada abordagem. Alguns acham que os orçamentos legislativos são mais sensíveis às necessidades dos cidadãos, já que teoricamente os legisladores estão mais em contato com o público. Realisticamente, no entanto, os legisladores podem estar muito envolvidos com os interesses ou a área específicos que representam e não representar realmente um interesse mais amplo da comunidade, condição que pode levar à "assistência mútua" orçamentária, na qual os legisladores trocam o apoio aos propósitos de outros pelo apoio às suas próprias propostas. No processo, o interesse geral da comunidade como um todo pode ser negligenciado (McConnell, 1966: 166-95).

Tabela 6-2 Calendário Hipotético de Orçamento para um Ano Fiscal com Início em 1º de Janeiro

Data	Atividade
1º de julho	Instruções e formulários são enviados do escritório do administrador para os chefes de departamentos com vistas aos aprimoramentos primordiais propostos. Um plano global para todos os eventos que afetem os chefes de departamentos nas fases de preparação e aprovação também é providenciado.
31 de julho	Prazo para submissão dos aprimoramentos essenciais propostos pelos departamentos. Começa-se a preparação dos aprimoramentos essenciais propostos, por parte do departamento de planeja-mento ou de um consultor de planejamento, dentro do contexto do plano global de aprimoramento essencial.
7 de agosto	Formulários de solicitação de orçamento operacional e instruções são enviados pelo administrador para cada departamento com listagens detalhadas de salários do orçamento operacional corrente preenchidas. As instruções incluem também o percentual de aumento salarial proposto pelo administrador e uma descrição de quaisquer outros programas que possam afetar os orçamentos departamentais.
14 de agosto	O administrador ou a comissão de planejamento começa a estudar o programa de aprimoramentos essenciais.
10 de setembro	O administrador completa as estimativas preliminares da receita, baseadas na experiência de oito meses do corrente ano fiscal. Qualquer superávit do último ano fiscal é também considerado na estimativa.
10 de setembro	Prazo para remeter todas as solicitações de orçamentos departamentais ao administrador.
14 de setembro	Começam as conferências de orçamento com os chefes de departamentos.
21 de setembro	Terminam as conferências de orçamento entre o administrador e os chefes de departamentos.
10 de outubro	São feitas as estimativas finais da receita, baseadas na experiência de nove meses.
14 de outubro	Termina-se o orçamento operacional preliminar, com as recomendações do administrador; a datilografia e impressão finais são autorizadas.
7 de novembro	O orçamento é submetido ao conselho.
21 de novembro	Primeira leitura do regulamento e resolução do orçamento. O orçamento é colocado à disposição da imprensa e do público.

Data	Atividade
7 de dezembro	Audiência pública sobre o regulamento e a resolução do orçamento: início da preparação do orçamento final.
14 de dezembro	O conselho vota o regulamento e a resolução do orçamento.
21 de dezembro	O orçamento final é enviado aos departamentos.
1° de janeiro	Começa o ano fiscal.

Já se pensou que os orçamentos executivos fossem um recurso contra a "assistência mútua". A responsabilidade fiscal seria colocada nas mãos de um executivo competente e visível. Essa pessoa — um presidente, governador ou prefeito forte — seria um funcionário público eleito e, assim, responsável perante o eleitorado. Em cidades com atividades políticas organizadas e controladas, eleições majoritárias e não por divisão administrativa ajudariam a assegurar que o conselho representasse os interesses de toda a comunidade em lugar de interesses restritos. Os orçamentos seriam objeto de documentos públicos impressos, não o resultado de apertos de mão por trás de portas fechadas. De modo geral, a tendência aos orçamentos executivos tem sido identificada com o bom movimento do governo (Harrigan, 1989: 93-98). Começou nas cidades do Nordeste dos EUA e tem sido adotada por Estados e pelo governo federal. Em nível nacional, o relatório da Comissão Taft, em 1912, deu ímpeto a uma abordagem predominantemente executiva na elaboração de orçamentos.

Mas o orçamento executivo também tem seus problemas. Alguns dizem que ele tende a sobrelevar importantes interesses dos cidadãos, sendo é caracterizado por "processos demais e participação de menos." Outra crítica é que os executivos dependem demais dos pareceres de especialistas, o que resulta em separar a discussão orçamentária das considerações políticas e fragmentar o orçamento entre as necessidades concorrentes apresentadas pelos especialistas, além da perda do controle pelo executivo. Finalmente, em vez de se conseguir evitar a "assistência mútua", os membros do conselho ou legisladores podem simplesmente colocar seus projetos especiais à testa das propostas executivas.

Uma vez estabelecido o programa fiscal, começa a preparação do orçamento, com as instruções e formulários que chegam do administrador. Muitas vezes surge um problema logo no início: o orçamento do ano que vem pode ser um prisioneiro do orçamento deste ano. O calendário orçamentário torna difícil propor quaisquer ajustes para o próximo ano, a não ser ajustes menores. Isso é chamado orçamento *à margem*. Em outras palavras, a preparação do orçamento pode ter uma tendência conservadora, que desencoraja a inovação e suprime o financiamento de mudanças importantes. Sharkansky (1968) descobriu que os padrões de gasto dos Estados americanos mudaram muito pouco de 1900 até 1965. O outro lado dessa moeda é que o gasto governamental se torna mais prognosticável.

As projeções de despesas e receita constituem realmente elementos do planejamento e são tipicamente chamadas de previsões ou estimativas (ver Capítulo 2).

A previsão pode ser feita simplesmente tomando-se as despesas do último ano e aumentando-as por meio de algum fator de crescimento. Se a taxa da inflação é usada como fator de crescimento, a projeção realmente não precisa de nenhuma mudança no nível de serviços, uma vez que qualquer rendimento adicional seria absorvido pelos custos aumentados das operações.

As variáveis população, salários e serviços são influências importantes na receita municipal e nos níveis de despesas. As variáveis populacionais dizem respeito a mudanças no número ou na composição das pessoas que vivem numa jurisdição; a abertura ou fechamento de uma fábrica pode mudar bruscamente as arrecadações de impostos ou demandas de serviço através de seus efeitos sobre o emprego. As mudanças salariais refletem as oscilações no padrão de vida de um modo geral, bem como na relação entre os salários do setor público e do setor privado. A variável serviços refere-se às mudanças nos níveis e tipos de serviços fornecidos pela municipalidade (Scott, 1972: 4-5). As variações e mesmo as direções da mudança nessas variáveis podem ser amplamente diferentes. Se forem projetadas incorretamente, o ano fiscal pode terminar com um déficit operacional — isto é, com mais despesas do que rendimentos. Os déficits operacionais são geralmente ilegais nos governos estaduais e locais; assim, se for previsto algum, os administradores normalmente iniciarão um programa de cortes ou austeridade.

Ocasionalmente, ocorre uma mudança imprevista na receita de um governo local devido a mudanças de financiamento ou exigências de outros níveis do governo. Os Estados distribuem alguns de seus rendimentos a governos locais, mas num determinado ano um Estado pode deixar de efetuar o pagamento da sua parte. Assim, a receita do governo local pode ficar reduzida e seu orçamento correspondentemente desequilibrado. Igualmente, muitos Estados requerem ou exigem que as jurisdições locais façam certas despesas — por exemplo, o pagamento de uma percentagem específica de um programa estadual administrado localmente; iluminação de ruas, manutenção de estradas e serviços sociais são freqüentemente financiados dessa maneira. A legislatura estadual pode fazer mudanças em cima da hora que aumentem os gastos municipais. Pode haver exigências administrativas para programas federais de subvenção e concessão que afetem os padrões de despesa locais. A participação da receita federal é outra área para a qual os governos locais têm de fazer provisões. A partir de 1972 o governo federal fez concessões anuais de dinheiro a governos estaduais e locais para propósitos generalizados. Calculou-se uma importância específica para cada jurisdição por meio de uma fórmula. Em 1987, no entanto, a participação geral na receita federal foi suspensa pelo Congresso no que se refere aos Estados e aos governos locais.

Em suma, o orçamento de um administrador importa num conjunto de recomendações que a corporação legislativa levará em consideração quando o processo do orçamento passar para sua próxima fase.

Estágio 2: Adoção. Um administrador municipal apresenta o orçamento proposto juntamente com uma mensagem que examina as principais asserções e prevê as recomendações específicas. Nos níveis estaduais e federal, o governador ou presidente caracteristicamente aproveita a ocasião para se dirigir formalmente à legislatura.

O orçamento proposto é também acompanhado de muitas informações detalhadas. Com base nos formulários de solicitação enviados aos chefes de departamentos na fase da preparação, cada item ou programa tem uma descrição explicando as mudanças recomendadas. Comparam-se as despesas propostas com as despesas reais do ano anterior e se estimam as despesas para o ano corrente. As recomendações do administrador provêem uma estrutura para o debate legislativo. Como um orçamento equilibrado é usualmente exigência legal para governos locais e estaduais, o administrador geralmente recomenda um orçamento equilibrado. Se os legisladores desejam aumentar as despesas numa categoria, defrontam-se com o problema de reduzir gastos numa outra categoria ou de descobrir novos rendimentos para financiar todas elas. Ambas são decisões políticas potencialmente impopulares. Não é fácil reprojetar o pacote da receita durante uma fase de aprovação de aproximadamente seis semanas. Prevendo as demandas em relação à receita, o administrador pode recomendar um aumento de impostos e os usos que deverão ser dados a este.

O processo de adoção pode ser bastante demorado, em parte por ser tratado por várias comissões diferentes (Fenno, 1973). Isso é especialmente verdadeiro em relação ao orçamento federal, mas alguns Estados têm problemas semelhantes. Os legisladores tendem a favorecer uma função importante para as comissões porque isso lhes dá proeminência no processo de adoção e lhes permite focalizar itens específicos do orçamento. Na maioria dos governos municipais de médio porte, essa fragmentação por comissão não é uma característica básica (Lee e Johnson, 1983: 55-56). O orçamento é caracteristicamente revisado pelo corpo governante como um todo, exceto talvez no que concerne à revisão preliminar por uma comissão de finanças. Além disso, o corpo governante não vota o orçamento programa por programa, mas lida com o pacote de receita e despesas na sua totalidade.

O processo de adoção é a ocasião para um intercâmbio entre a divisão legislativa e a divisão executiva (Lee e Johnson, 1983: 198-219). Em nível nacional, delineou-se maior coordenação para a adoção de orçamentos do Congresso na Lei de Controle de Orçamentos e Dotações do Congresso de 1974. Essa lei fornece ao Congresso um cronograma razoavelmente rígido para aprovar autorizações e dotações. A *autorização*, normalmente aprovada antes de uma dotação, estabelece ou mantém a base jurídica para a operação de um programa ou dá permissão legal para encargos ou despesas de programas específicos. As autorizações podem ser indefinidas ou por períodos limitados. A dotação é o meio mais visível pelo qual o Congresso fornece às agências dinheiro que elas podem gastar ou empenhar. O empenho é uma transação, tal como uma encomenda, pela qual a agência promete fazer um futuro pagamento. As agências também podem fazer empenhos através de pedidos de empréstimos e da celebração de contratos de serviços.

Antes de sancionar quaisquer projetos de verbas, ambas as casas do Congresso são solicitadas a adotar uma resolução simultânea que estabeleça as importâncias previstas para autorizações orçamentárias ao lado dos gastos ou desembolsos líquidos a serem feitos durante o ano fiscal, o volume esperado de rendimentos federais e o tamanho da dívida federal. Essas previsões tornam-se padrões pelos quais o Congresso, nas suas considerações de adoção, avalia novas solicitações de verbas pelas agências e a receita necessária para financiá-las. A lei de 1974 também criou uma nova comissão de coordenação do orçamento na Câmara e no Senado para supervisionar as resoluções simultâneas e relatar como as previsões da autorização estão sendo cumpridas.

Ademais, a Lei de 1974 permite ao Congresso conduzir autorizações e concessões de verbas através de um processo de *reconciliação.* A reconciliação ocorre numa segunda resolução ou projeto de orçamento, em que as previsões de gastos, impostos e empréstimos se tornam obrigações. Leis, projetos de lei e resoluções podem ter que ser alterados para concordar com os totais para o orçamento estabelecidos dessa maneira. A reconciliação permite ao Congresso comparar suas decisões sobre impostos e gastos numa base anual. Um resultado da comparação é o cálculo do déficit federal anual esperado, em que o montante da receita federal esperada é subtraído dos níveis de gastos aprovados.

A capacidade do Congresso de influenciar o orçamento foi também favorecida pela lei de 1974 com a criação do Departamento de Orçamento do Congresso (CBO) [de *Congressional Budget Office*]. O CBO é o contrapeso legislativo do Departamento de Administração e Orçamento (OMB) [de *Office of Management and Budget*] no braço executivo. A função do CBO é obter vastas informações de agências do ramo executivo a fim de conduzir estudos de políticas públicas. O CBO também faz projeções qüinqüenais de orçamentos, com as quais o Congresso avalia os planos do presidente. O OMB ainda tira suas conclusões a respeito das propostas orçamentárias, mas o CBO apresenta a sua visão delas para dar ao Congresso uma perspectiva adicional. As propostas orçamentárias que vêm do braço excecutivo muitas vezes entram em conflito com os desejos de certos legisladores que tendem a expressar os valores de seus eleitores e podem defender despesas diferentes ou se opor a reduções propostas. Por exemplo, o OMB pode recomendar um corte nos recursos financeiros da Amtrak ou nos aumentos por custo de vida nos cheques da Seguridade Social; para um membro do Congresso oriundo de um estado ou jurisdição onde o serviço de trens de passageiros é importante, ou que tem grande número de pessoas mais idosas entre seus eleitores, essas recomendações podem ser inaceitáveis.

Seja nos governos nacional, estaduais ou locais, os debates sobre a política orçamentária e o processo de adoção como um todo podem ser caracterizados segundo as decisões tenham sido tomadas com base em critérios abrangentes ou marginais. Uma abordagem *abrangente* segue um modelo de planejamento idealizado, no qual as despesas são derivadas da avaliação racional das alternativas. Uma abordagem *marginal* começa com as despesas do ano corrente e faz ajustes de aumentos para o ano seguinte. O orçamento aumentado é uma forma de controlar o poder político, mas, paradoxalmente, pode também tornar-se um modo de aumentar a racionalidade da tomada de decisão orçamentária, elevando o nível e aprimorando os tipos de informações necessárias para se tomarem decisões politicamente aceitáveis. Lindblom (1959, 1979) chamou isso de "ciência de alcançar objetivos de qualquer jeito".

Estágio 3: Execução. Quando se completou a aprovação formal do orçamento, cada agência recebe seu orçamento operacional na forma de dotação. No caso de alterações pela legislatura, a agência tem de revisar seu orçamento original. Esse não é um problema comum em nível local, pois o orçamento é adotado *antes* do início do ano fiscal. Entretanto, antes da aprovação da Lei de Controle de Orçamentos e Dotações do Congresso de 1974, o Congresso tinha o hábito de aprovar as dotações aos poucos, depois do início do ano fiscal, e isso exigia um extenso ajuste por parte das agências federais. A lei de 1974 lidava também com dois outros problemas de execução orçamentária no governo federal: rescisão e suspensão ou apreensão. A autoridade de uma agência para incorrer em obrigações pode acumular-se se ela não for totalmente usada num ano fiscal específico, e assim a lei permitiu ao presidente propor uma legislação *rescisória* que cancelaria as autorizações de orçamentos não-necessários. Se o Congresso não aprova as rescisões propostas dentro de 45 dias, a autorização de orçamento tem de ser novamente tornada disponível pelo presidente para empenho. *Apreensão* refere-se à ação de um funcionário autorizado que impede a realização de um empenho ou o gasto de dinheiro destinado pelo Congresso. A lei exige que o presidente informe ao Congresso sobre uma apreensão pretendida, e este pode então votar para anular a decisão. Se o Congresso não agir antes do fim do ano fiscal, a apreensão tem de ser retirada e o presidente é obrigado a fazer um novo relatório de apreensões no ano fiscal seguinte. (Para uma exposição mais detalhada sobre apreensão e termos correlatos que descrevem o processo de elaboração orçamentária no plano federal, ver General Accounting Office, 1981: 31-83.)

Alguns observadores têm afirmado que o verdadeiro problema do orçamento federal é como controlar os gastos. Tanto o Congresso quanto o braço executivo têm papéis importantes nos resultados dos orçamentos. O Congresso muitas vezes aprova uma legislação de concessão de direitos, que exige pagamento a pessoas qualificadas ou a governos estaduais e locais, e os recebedores em questão têm então base legal para forçar o pagamento se este não for feito. Os benefícios da Seguridade Social são um exemplo de concessão de direito. Mas é o braço executivo que determina permissões para despesas não previstas ou contingências referentes a concessões de direitos, e que supervisiona as agências que exercem poder de contrato. Não se exigem dotações correntes para muitas dessas decisões; os gastos são baseados em verbas permanentes ou outros compromissos que o Congresso tem de honrar. Essas condições evitam as revisões anuais pelas comissões de dotação e são chamadas gastos não-controláveis ou "por trás da porta". De acordo com uma estimativa, as despesas não-controláveis chegam a 75% do orçamento federal total (Shuman, 1984: 44-45).

Esses problemas de controle e implementação não são encontrados comumente nos níveis estaduais e locais. Muitos Estados têm como exigência constitucional um orçamento equilibrado. Alguns estados mantêm fundos de reserva para o caso de seus gastos excederem inesperadamente a receita. O financiamento de déficit — o uso de dinheiro emprestado — é permitido apenas para importantes projetos de desenvolvimento. Naturalmente, os governos estaduais e locais ocasionalmente atravessam um déficit operacional; se o fundo de reserva não for adequado, os serviços serão reduzidos ou a receita aumentada.

Solicita-se também, usualmente, aos governos municipais que equilibrem seus orçamentos de acordo com as leis do estado onde estão estabelecidos ou incorporados. As autorizações e dotações são geralmente aprovadas simultaneamente como parte da lei orçamentária da jurisdição. O imposto de propriedade é tratado tipicamente pelo município ou condado como um imposto equilibrador: o valor é estabelecido durante a fase de aprovação para fechar qualquer lacuna entre as despesas e o nível projetado de todos os outros rendimentos locais. Os governos locais dependem seriamente do imposto de propriedade (territorial-predial), enquanto os impostos sobre vendas são uma fonte importante de receita para os Estados; o governo federal domina a fonte do imposto de renda pessoal e sobre corporações (embora os estados também façam uso do imposto de renda). Esse esquema é conhecido como *especialização de impostos* (Mikesell, 1982: 149-51).

Após a aprovação do projeto orçamentário, o administrador delineia um programa de distribuição para cada departamento. No governo federal, há uma medida imediata de dotação, a qual limita o total dos empenhos que podem ser assumidos por uma agência ou programa. Ambas têm o efeito de controlar gastos e evitar excessos. As distribuições dividem os gastos segundo uma taxa planejada em base mensal ou trimestral. Um resultado disso é permitir a melhor administração do dinheiro disponível pela jurisdição; o dinheiro parado, que não será usado imediatamente, pode ser aplicado para render juros. Ao regular o fluxo do dinheiro, o rendimento dos juros pode ser aumentado investindo-se importâncias maiores por períodos mais longos.

Durante a fase de execução, a administração financeira é revisada através de um sistema de relatórios de orçamento baseados em informações contábeis. Nesses relatórios, cada departamento está relacionado num plano de contas que inclui balancete e contas de operações para cada fundo do governo local, utilizando uma classificação padronizada.

Governos municipais também usam um sistema de *contabilidade de fundos*. Um fundo é uma soma de dinheiro colocada de lado para a realização de um conjunto específico de atividades. As municipalidades têm um fundo geral que supre as operações administrativas do governo. Podem também ter um *fundo de empresa*, pelo qual fornecem serviços a usuários em troca de encargos. As divisões dos governos locais muitas vezes operam monopólios legais para fornecer água, esgotos ou energia elétrica. Também se estabelecem fundos para outras necessidades, como capital de trabalho (o trabalho que um departamento tal como uma garagem central realiza para outros departamentos), serviço de pagamento de dívidas ou projetos fundamentais.

Cada fundo tem um plano de contas próprio. As despesas podem ser registradas quando realmente ocorrem ou quando são assumidas por empenhos ou *incorridas*. Os rendimentos podem ser tratados de maneira similar — registrados quando cobrados ou quando faturados ou vencidos. Quando as contas mostram despesas e arrecadações atuais, diz-se que o fundo tem base — caixa; se os registros são feitos quando a despesa ou receita é usada num empenho, diz-se que o fundo tem base de provisão. O sistema com base na provisão é o mais comum por duas razões. Em primeiro lugar, se as despesas são lançadas na ocasião em que as utilizam num empenho, evitam-se transferências de dinheiro entre anos fiscais. Se um grande empenho fosse feito, digamos, no ano fiscal de 1991, mas não comunicado antes do ano fiscal de 1992, ele romperia o orçamento de 1992. Todos os ônus de um dado ano precisam ser cobertos com verbas daquele ano, mesmo que não forem realmente pagos antes do próximo. Quando todos os empenhos de um ano fiscal tiverem sido pagos, não serão permitidas outras transações no orçamento daquele ano, e os livros serão fechados na preparação para a auditoria final. Em segundo lugar, registrar os impostos quando estes são faturados ou cobráveis estabelece a base de rendimentos para um ano fiscal específico.

Embora seja o corpo legislativo que detém o poder das finanças, há suficiente flexibilidade na implementação orçamentária para apoiar a asserção de que, na verdade, é o executivo que tem poder real para decidir como os fundos de dotações serão gastos e para que finalidades. Esse poder é capaz até mesmo de resultar na alteração da intenção legislativa para programas específicos e na nova disposição das prioridades estabelecidas pelo corpo legislativo. O controle da implementação orçamentária pelos administradores é chamado de *centralização* ou *central de liberação*. Às vezes as legislaturas se voltam contra o braço executivo na tentativa de exercer maior influência e controle sobre os orçamentos, mas isso é difícil de conseguir porque os administradores estão intimamente envolvidos em todas as fases do ciclo orçamentário. As lutas muitas vezes se repetem na fase de auditoria.

Estágio 4: Auditoria. Entre os muitos tipos de auditoria, existem as auditorias fiscais, operacionais, de programa, de desempenho e de administração (Mikesell, 1982: 34-36). A auditoria fiscal ou financeira é um exame dos registros contábeis feito durante a execução orçamentária. Essa auditoria verifica se as transações financeiras durante o ano fiscal foram realizadas de conformidade com a lei e se os registros e relatórios financeiros feitos a partir delas estão corretos (Municipal Finance Officers Association, 1968: 127-47). Os auditores podem ser contratados pelo Estado e enviados aos governos municipais, ou a lei estadual pode exigir da jurisdição local que firme um contrato com uma firma particular de auditoria externa. Uma auditoria não examina necessariamente todas as transações; uma amostra estatística pode ser usada para examinar uma categoria de transações, tal como o pagamento de impostos prediais.

As auditorias operacionais, de desempenho e de administração são estreitamente relacionadas, mas têm aplicações diferentes. Uma auditoria de *desempenho* pode ser incluída mais apropriadamente entre os instrumentos de avaliação de programas, mas os auditores estão também interessados nas medidas de desempenho. As auditorias *operacionais* e de *administração* referem-se às revisões das políticas gerenciais de ação e à administração da jurisdição. Uma auditoria de administração avalia a atividade e o desempenho dos administradores; uma auditoria operacional focaliza tarefas ou programas específicos e a maneira como são executados ou conduzidos. Assim, embora os interesses sejam similares, os objetivos diferem (Enke, 1975: 297-98).

As auditorias de administração podem conter recomendações para mudanças nas políticas globais, usualmente transmitidas na forma de uma *carta comentário*. O administrador e o conselho muitas vezes discutem as recomendações e elaboram um plano de ação antes que a carta administrativa seja tornada pública, a fim de repelir os ataques críticos. O momento de revelação da carta administrativa pode constituir um problema ético, pois a proteção da credibilidade do governo compete com o direito do público de tomar conhecimento. Os administradores podem também alegar confidencialidade para mascarar a relutância em fazer as mudanças necessárias.

Em 1921 o Congresso criou o Escritório Geral de Contabilidade (GAO [de *General Accounting Office*] como o seu braço em matéria de auditoria. As funções do GAO têm se expandido através dos anos e incluem estudos de eficiência, assim como de desempenho de programas. Esses estudos ajudam o Congresso a supervisionar as agências executivas e administrativas, embora o desempenho do Congresso em si nessa função "não tenha sido nem sistemático, nem abrangente" (Ippolito, 1978: 132; ver, para uma discussão geral sobre desempenho do Congresso, 1978: 120-34). Vários Estados têm estabelecido conselhos legislativos de auditoria, ou algo equivalente, num trabalho paralelo ao do GAO.

As auditorias não apenas asseguram que os fundos sejam gastos de modo legal, apropriado e efetivo, mas também podem incluir estudos de um programa específico e fazer recomendações que influenciem a preparação de novos orçamentos.

FORMAS DE ORÇAMENTOS

A qualidade das informações orçamentárias e a disponibilidade e uso destas em vários estágios de orçamento não são constantes. Os reformadores orçamentários têm defendido maneiras de tornar o processo de orçamento mais eficiente e desenvolvido várias formas de orçamentos destinadas a aprimorar as tomadas de decisões orçamentárias e intensificar o controle gerencial. Os formatos mais gerais são os orçamentos de itens por linha e os de programa. Os orçamentos de desempenho são uma adaptação dos orçamentos de programa. Requintes como o Sistema de Planejamento-Programação-Orçamento e o Orçamento de Base Zero tentaram recombinar elementos dos formatos gerais em novos pacotes. Uma visão global dos formatos de orçamentos é apresentada na Tabela 6-3, e os formatos são descritos de modo mais completo na exposição que se segue. (Para uma consideração histórica das técnicas de orçamento, ver Schick, 1966.)

Orçamentos de Itens por Linha. A análise racional para orçamentação no governo baseou-se inicialmente na necessidade de controlar despesas. Antes de projetar os processos orçamentários regulares, as agências simplesmente recorriam à legislatura sempre que precisavam de dinheiro. A legislatura concedia uma dotação ou buscava uma fonte de receita a fim de atender a solicitação da agência. Esse hábito levou a uma confusão de empenhos, lembrados ou esquecidos, assim como a acusações de influência de interesse especial, má administração, desperdício ou gastos excessivos. Para pôr ordem e controle nesse processo, foram instituídos sistemas de pessoal e métodos uniformes de contabilidade e auditoria, juntamente com organismos de orçamento centralizados usando orçamentos de itens por linha. O orçamento de itens por linha recebeu esse nome pelo fato de expressar cada tipo e quantidade de despesa e receita como um item único numa linha do orçamento. Essa ênfase nos objetos específicos da despesa e nas dotações que as acompanham pretende facilitar o controle sobre as transações (Bubunakis, 1976: Swann, 1983). Uma ilustração de parte de um orçamento de itens por linha é dada na Tabela 6-4.

O orçamento de itens por linha especifica exatamente cada despesa por departamento, por objeto e pela importância em dólares. Se o item por linha mostra 19 mil dólares para o supervisor de uma turma de trabalhadores em manutenção de ruas, nada além dessa importância pode ser gasto, e só se pode gastar para pagar o salário desse tipo de empregado desse departamento. Esse formato tem sido criticado por ser demasiado rígido e mecânico; ele coloca dificuldades à adaptação a novas condições que possam surgir durante o ano fiscal. Pode contribuir para o aumento de despesas globais, pois cada unidade solicita fundos individualmente. As solicitações orçamentárias podem ser "esticadas" ao se pedir a duplicação de itens, de modo que, se a legislatura reduzir a solicitação de uma agência, ainda haverá dinheiro suficiente para lhe permitir agir como queria. As questões de maior alcance não são levantadas, nem tampouco as questões ligadas à utilização de recursos. Esse tipo de orçamento presta-se à orçamentação à margem, fazendo-se apenas pequenos aumentos em cada item de um ano para outro.

Orçamentos de Programa e Desempenho. Depois de os orçamentos de itens por linha estarem em uso por algum tempo, a necessidade de uma administração mais flexível dos gastos públicos veio a ser reconhecida. Acontecimentos imprevistos, como um desastre natural ou o fechamento de uma fábrica, afetariam tanto as receitas quanto as despesas, e seria impossível esperar pelo orçamento do ano seguinte para enfrentar os problemas resultantes. Era necessário dar aos administradores maior flexibilidade e novos critérios. A dependência crescente em relação à tomada de decisões pelos gerentes tornou-se uma tendência importante nas operações do governo, bem como nas das empresas (Burnham, 1941).

Os administradores poderiam obter a necessária flexibilidade se os itens por linha fossem reunidos em atividades ou programas. Além disso, a consecução dos objetivos dos programas, que vem a ser o desempenho do administrador, poderia ser medida e avaliada mais facilmente nesse formato. Conseqüentemente, surgiu o orçamento de programa ou de desempenho (Burkhead, 1956: 139; Koontz, O'Donnell e Weihrich, 1982: 72-73). Esse tipo de orçamento ganhou um ímpeto particular com a recomendação da Comissão Hoover de 1949 de que o governo federal o usasse exclusivamente (Nigro e Nigro, 1977: 383).

Tabela 6-3 Sumário das Características dos Principais Formatos de Orçamentos

Formato	Objetivo Principal	Atores Proeminentes	Medidas de Controle	Complexidade
Orçamento de itens por linha	Controle fiscal Identificação de responsabilidade administrativa Enfoque em recursos operacionais	Funcionários fiscais Funcionários do Orçamento Contadores	Objetos de despesas Detalhes	Bastante simples; relação detalhada de itens de despesa
Orçamentos de programa e desempenho	Melhores conjuntos de análise Promoção de eficiência no desempenho	Administradores Analistas de Eficiência	Dados sobre volume de trabalho	Mais complicado que o de itens por linha; uso de métodos quantitativos, baseados em medições ou observações diretas
Sistema de planejamento-programação orçamento	Mais planejamento Enfoque em produtos de ação governamental	Planejadores Economistas Analistas de sistemas	Custo de alternativas Análise de custos-benefícios Análise de sistemas	Altamente inter-relacionado e complexo; questões a longo e a curto prazo
Orçamento por objetivos	Esclarecer objetivos Novo papel para administradores Melhor análise do desempenho ou responsabilidade	Administradores com experiência comercial Analistas especializados Executivo central forte	Análise de impacto Medidas de resultados Feedback	Assuntos de complexidade e longo prazo estreitados a áreas especializadas; trabalho escrito em geral reduzido
Orçamento de base zero	Conter ou reduzir o tamanho do governo	Pessoas com aptidões gerais Diretores de agência Líderes políticos	Custos de eficiência ou unidade Pacotes de decisões graduadas Estratégias de redução	Um tanto complexo; toma muito tempo e resulta em muito trabalho escrito

Tabela 6-4 Exemplos de Orçamentos por Item, Linha e por Desempenho

(a) Orçamento de Itens por Linha, 1992 e 1993

Conta Número	Item	1992	1993
	Código da Conta do Departamento: Manutenção de Ruas-5000 Serviços de Pessoal-200		
5202	Salário, diretor	US$24.000	US$25.000
5203	Salário, escriturário	15.000	16.000
5204	Salário, supervisor de uma turma de trabalhadores	18.000	19.000
5205	Salário, supervisor de uma turma de trabalhadores	18.000	19.000
5206	Salário, trabalhador	12.000	12.500
5207	Salário, trabalhador	12.000	12.500
5230	Horas extras	1.000	1.000
5250	Seguridade Social (FICA)	9.500	10.500
5260	Seguro-Saúde	6.000	6.500
	Série de Material-300		
5302	Material de escritório disponível	500	575
5303	Ferramentas de mão	300	350
	Total	US$116.300	US$122.925

(b) Orçamento de Desempenho, 1993

Código de Programa:	Manutenção de Ruas		
Função:	01	Reparos de Superfície	
Desempenho:	011	Nova Pavimentação	*y* metros cúbicos
	012	Repintura de superfície	*y* metros lineares
Função	02	Limpeza de superfície	
	021	Varredura	*y* quilômetros
	022	Despesas de limpeza	*y* número
Objetos de Despesa:	2001	Pessoal	US$100.000
	3001	Material	10.000
	4001	Despesas de Operação	12.925
		Empenho total	US$122.925

Os orçamentos de desempenho começam com descrições financeiras dos programas importantes e depois associam essas descrições a exigências de volumes de trabalho (ver o exemplo na Tabela 6-4). Em vez de especificar as despesas com muitos detalhes, atribui-se a um programa uma certa importância em dinheiro e o administrador tem livre arbítrio para determinar como esse dinheiro será gasto (embora alguns limites possam ser impostos, como a quantidade total de pessoal ou os valores máximos dos salários). Assim, pode-se calcular a eficiência com que os recursos organizacionais estão sendo convertidos em produção e o resultado é uma medida do desempenho organizacional, poderosa ferramenta para o controle gerencial. As medidas do desempenho organizacional permitem comparações tanto entre agência como entre as atividades de uma única agência. O custo unitário — o custo de uma só operação em termos da unidade de desempenho especificada no orçamento, como caixa ou metro cúbico — pode ser a orientação para o comportamento do administrador. Esse enfoque no custo unitário em lugar do custo total pode encorajar a exploração de economias de escala. Assim, os administradores são encorajados a serem criativos, além de científicos.

Os legisladores criticam os orçamentos de desempenho porque eles conferem demasiado poder aos administradores para tomarem decisões. Os orçamentos de desempenho às vezes podem falhar se não forem encontradas medidas de desempenho apropriadas. Por exemplo, o custo por metro cúbico pode ser um excesso de detalhe e não a melhor maneira de medir a eficiência no reparo de buracos de estrada. Além disso, as medidas presumem que a qualidade de uma atividade e o seu conteúdo sejam os mesmos a cada vez, característica que os economistas chamam de *homogeneidade do produto*. Essa pressuposição pode não ser válida; os buracos, por exemplo, variam de acordo com o tipo de leito da estrada. Alguns podem ser enchidos rapidamente com material de conserto do asfalto, enquanto outros exigem escavação e têm de ser enchidos com concreto. Turmas do mesmo departamento podem então manifestar medidas de desempenho bastante diferentes, dependendo do lugar para onde foram designadas.

A análise de desempenho não indica os custos relativos das atividades governamentais e pode ajudar administradores e legisladores a decidir como pretendem dar seguimento à tarefa de governar. Pode-se até dizer que a análise de desempenho torna o governo mais parecido com uma empresa. Mas alguns críticos argumentam que o orçamento deveria ter um impacto para além do desempenho específico do departamento, ou para além do ano fiscal. Outros têm tentado controlar os custos crescentes do governo insistindo em que os programas já em uso deveriam justificar-se continuamente. Outros formatos de orçamentos foram delineados para alcançar essas finalidades.

O Sistema de Planejamento-Programação-Orçamento. No sistema de planejamento-programação-orçamento (PPBS) [de *Planning-programming-budgeting system*], a ênfase está na sistematização do processo de elaboração do orçamento. De acordo com Smithies (tal como cit. in Marvin e Rouse, 1969: 802), o PPBS passa pela seguinte série de etapas:

1. Avaliações e comparações das várias atividades do governo em termos da sua contribuição para os objetivos
2. Determinação de como certos objetivos podem ser conseguidos com o mínimo de gasto de recursos
3. Projeção das atividades do governo para um horizonte de tempo adequado
4. Comparação da contribuição relativa das atividades privadas e públicas para os objetivos nacionais
5. Revisão de objetivos, programas e orçamentos à luz da experiência e da mudança de circunstâncias

Esperava-se que o PPBS liberasse os administradores das rotinas de orçamentos dos anos fiscais e lhes permitisse levantar questões sobre o futuro, assim como sobre os custos e benefícios imediatos dos cursos alternativos de ação. Em muitos casos, ele acarretou a primeira declaração de objetivos da agência.

A abordagem teve um sucesso notável na avaliação de alternativas para a compra de *hardware* militar no Departamento de Defesa (Grafton e Permaloff, 1983: 100) e, em agosto de 1965, o presidente Lyndon Johnson emitiu um memorando pondo o PPBS em prática em todas as agências federais. Houve pouco acompanhamento pelo presidente, mas as agências se sentiram na obrigação de responder assim mesmo. Elas mantiveram sua abordagem tradicional do orçamento e pintaram em cima uma camada de PPBS. As práticas variavam amplamente entre as agências. O treinamento de analistas de sistemas mostrou ser difícil e o recrutamento e seleção de pessoal era problema dos mais sérios. Além disso, a relutância burocrática em mudar era complementada pela indiferença do Congresso para com o novo formato de orçamento.

O PPBS mostrou ser caro e consumir muito tempo. Toda a análise, mesmo quando feita com entusiasmo, parecia ter pouco efeito sobre a redução das incertezas envolvidas na tomada de decisões. Muitos administradores têm opiniões negativas a respeito do PPBS em razão da sua complexidade e da possibilidade de proporcionar o controle a um novo tipo de executivo governamental, mais interessado em planejar para agradar a administração do momento do que em fazer funcionar uma agência de maneira regular e confiável. Os administradores também temiam a ameaça de uma tendência centralizadora com maior poder para os executivos políticos externos ao quadro de funcionários que circundavam o presidente. Eles não conseguiam ver a necessidade de abandonar as técnicas experimentadas e seguras de orçamento de programa e desempenho em favor da nova abordagem (Schick, 1973). O PPBS também não teve sorte nos Estados e nas divisões do governo locais (Mosher, 1969; Mushkin, 1969).

Um dos primeiros críticos do PPBS, Aaron Wildavsky (1969), questionou a pertinência e sensatez de basear uma política pública mais nos números do que no discernimento político e gerencial, e propôs que a análise de políticas fosse "salva" do sistema. Segundo o ponto de vista de Wildavsky, o PPBS não estava funcionando bem e assim as escolhas das políticas que deveriam ser estudadas através dele não estavam acontecendo.

O PPBS foi eliminado como formato oficial de orçamento federal pela administração Nixon. As maciças somas de ajuda federal nos programas da Grande Sociedade influenciaram governos estaduais e locais a seguir as abordagens orçamentárias usadas pelo governo federal, e assim a eliminação do PPBS em nível nacional acelerou seu declínio nos níveis mais baixos.

Orçamentação por Objetivos. A mudança de nome do Escritório do Orçamento para Escritório de Administração e Orçamento (OMB) [de *Office of Management and Budget*] em 1970, durante o primeiro governo do presidente Nixon, sinalizou uma mudança em direção a um maior controle do governo e de seus custos através do aprimoramento da administração. O OMB endossou uma nova abordagem orçamentária chamada "orçamento por objetivos", que está relacionada à APO (administração por objetivos) (ver Capítulo 2). Essencialmente, o orçamento por objetivos liga os objetivos esboçados no orçamento a um planejamento de APO. Para que o orçamento por objetivos funcione bem, as metas do sistema de orçamento e as do sistema de APO devem estar relacionadas ou ser enfocadas de forma similar. O processo depende mais de comunicações dentro da organização do que da imposição de metas de planejamento vindas de fora. Espera-se que os administradores coordenem os objetivos de suas agências com metas mais amplas em termos de políticas.

Quando a APO e o orçamento por objetivos foram testados no antigo Departamento de Saúde, Educação e Previdência Social (desde então dividido em Departamento de Saúde e Serviços Humanos e Departamento de Educação), surgiram vários problemas (Brady, 1982). Estes incluíam dificuldades em redigir definições claras dos objetivos do setor público, incertezas quanto ao papel do executivo chefe e a tendência de a comunicação e a coordenação degenerarem em política de pessoal. No entanto houve também benefícios: o esclarecimento dos objetivos da agência, a mensuração das realizações através de marcos definidos (objetivos expressos em termos de tempo) e economia de custos.

Ambos têm a preocupação de tornar os objetivos organizacionais tão explícitos quanto possível e de gerar e usar *feedback* corretivo para decisões futuras. A APO talvez seja menos embaraçosa, pois encoraja a participação dos administradores na tomada de decisões. Por outro lado, os pontos fracos da APO são a falta de precisão no que concerne ao planejamento e a tendência de os objetivos se tornarem tão talhados para as necessidades da agência que surjam problemas de coordenação e intercâmbio de informações entre agências (De Woolfson, 1975).

De qualquer maneira, a APO logo perdeu o interesse no orçamento por objetivos, em parte porque o desenvolvimento interno dos objetivos pelas agências deixou pouco a ser feito pela APO. Para conseguir de volta iniciativa política, a APO redescobriu as técnicas tradicionais de orçamento — programas, desempenho, indicadores, negociações entre executivo e legislatura — e fundiu com elas a APO (Rose, 1977). As atividades da APO são inevitáveis nas operações das agências, mas podem receber nomes diferentes de tempos em tempos a fim de que sua importância e seu uso sejam aceitáveis para administradores e executivos políticos.

Orçamentos de Base Zero. Como a APO, o orçamento de base zero (OBZ) começou como prática empresarial. Tinha sido aplicado amplamente na Texas Instruments e foi proposto para uso no governo (Pyhrr, 1977). Jimmy Carter tivera experiência com ele como governador da Geórgia e quando se tornou presidente, em 1977, deu instruções para que a APO adotasse o OBZ como a prática oficial de orçamentação do governo federal (Herbert, 1977; Carter, 1977).

O OBZ opera com a premissa de que os programas existentes, assim como as novas propostas orçamentárias devem competir por recursos a cada ano fiscal. Na prática anterior, os programas existentes eram muitas vezes transportados dos anos anteriores como uma base que não era examinada nem avaliada rigorosamente. O OBZ, ao contrário, encoraja a avaliação sistemática e abrangente de todos os programas e propostas de acordo com as prioridades da jurisdição. Os recursos podem então ser relocados se os programas existentes não estiverem contribuindo com eficácia.

A primeira etapa do OBZ consiste em os administradores fazerem seus *pacotes de decisões*: isso inclui os documentos que contêm "as informações necessárias para que os administradores emitam seus critérios sobre direção de programas e exigências de recursos" (Sarant, 1978: 66). Os pacotes de decisões são revisados e classificados pelos administradores que preparam e submetem o orçamento. Assim, a abordagem tendia a ser dominada pela administração. Também era atraente para os administradores porque não mudava a prática básica da preparação de orçamentos através de incrementos (Schick, 1978) e porque lhes dava uma chance de esclarecer internamente as operações da agência e examinar as conseqüências de um aumento ou redução da receita antes de fazer recomendações.

Pyhrr sustentou que o OBZ era uma abordagem prática, flexível, realmente baseada na avaliação (1977: 7). Os administradores não precisavam voltar a um nível zero de empenhos e reconstruir um orçamento inteiro a cada ano. Um programa só era descartado quando seu desempenho deficiente ou alternativas atraentes exigiam uma reformulação. E esta podia acontecer passo a passo, na medida em que os componentes dos programas eram identificados, classificados e avaliados.

Entretanto os críticos diziam que as atividades do OBZ simplesmente recriavam o trabalho de escrita do PPBS. Com efeito, se cada elemento de um programa existente ou novo tivesse de ser classificado, o trabalho seria enorme. A abordagem tinha também uma perspectiva limitada; muitas influências externas a uma organização alteram o *ranking* interno de prioridades (Mikesell, 1982: 91). A administração Reagan suspendeu o OBZ como política oficial em 1981.

Alguns governos locais também aplicaram o OBZ (McCaffery, 1981). Nesses casos, o processo foi muitas vezes simplificado preparando-se pacotes de decisões que reduziriam as operações apenas por algum decréscimo. Igualmente, se apenas parte de um programa estivesse envolvida, o *ranking* não precisaria ser feito (Wholey, 1978). Embora o OBZ possa ter aprimorado a confecção de orçamentos em governos locais, a mudança das prioridades sociais ou as alterações em políticas executivas ou legislativas podem frustrar as tentativas dos administradores de revisar e avaliar os pacotes de decisões de maneira consistente.

Acontecimentos Recentes. Allen Schick é responsável por dois livros que constituem marcos sobre orçamento do Congresso. O primeiro, *Congress and Money: Budgeting, Spending, and Taxing* [Congresso e Dinheiro: Orçamentação, Gastos e Impostos] (1980) foi escrito em conseqüência da Lei de Controle de Orçamentos e Empenhos do Congresso de 1974. O livro sustentava a esperança de que as mudanças da lei no processo de orçamento produziriam orçamentos melhores. O livro mais novo de Schick, *The Capacity to Budget* [(A Capacidade de Orçamentar] (1990), é mais pessimista. As decisões sobre o orçamento nacional são agora mais incertas, confusas, limitadas e fracas. Por exemplo, a Lei de Orçamento Equilibrado e Controle do Déficit de Emergência de 1985 (conhecida geralmente como a Lei de Gramm-Rudman-Hollings, ou G-R-H) não funcionou. A G-R-H estabelecia progressivamente tetos mais baixos em novos déficits federais com o objetivo de reduzir para zero em 1991 quaisquer adições ao déficit existente. A G-R-H não deu certo devido à paralisação política geral quando ela chegou a fazer cortes e porque parte de seu mecanismo para estimar as metas de redução foi invalidada pela Suprema Corte dos Estados Unidos (*Bowsher v. Synar*, 478 U.S., 714, 1986).

De acordo com Schick, hoje em dia o orçamento federal é um composto de políticas e processo orçamentários. Não há necessidade de um especialista para reconhecer que o orçamento federal está em crise. Os métodos de orçamento estabelecidos desmoronaram e o presidente e o congresso estão em desacordo. As atuações esperadas dos principais participantes legislativos e executivos nas decisões orçamentárias são instáveis, e o orçamento é criado, em grande parte, por métodos engendrados para se adaptar à situação. O processo pareceu naufragar totalmente em 1990, mas foi solucionado por uma decisão orçamentária "de cúpula", na qual a administração Bush e os líderes do Congresso concordaram com normas básicas de tributação e gastos para prevenir déficits adicionais. Agora há supervisão nos gastos discricionários ou empenhados. Se o Congresso excede certos limites aos gastos de defesa, domésticos e internacionais, deve haver um corte automático dos gastos nessa categoria. Não pode haver transferência de fundos entre categorias. Há também *restrições do tipo paga quando se leva* nos gastos obrigatórios com programas reivindicatórios, assim como em muitos programas de serviço social, e nos impostos. "Paga quando se leva" significa que, se alguns benefícios são criados, devem-se se criar também impostos, ou então os gastos com outros benefícios devem ser cortados. Alguns gastos reivindicatórios estão isentos, como por exemplo os pagamentos a pessoas recentemente desempregadas. Entretanto as restrições de gastos e as do tipo "paga quando se leva" não se aplicam aos problemas fiscais que o Congresso não cause diretamente. Contrariamente à opinião popular, o déficit federal atual continua subindo em função da Guerra do Golfo de 1991 e de exigências emergenciais do sistema bancário (Hager, 1991).

Na primavera de 1992 a pressão do público levou alguns membros do Congresso a reviver propostas de uma emenda à Constituição dos Estados Unidos para exigir um orçamento federal anual equilibrado. Sua resolução deixou de ser aprovada por nove votos na Câmara dos Deputados e não foi votada no Senado.

Orçamentos de Ativo Fixo — de Patrimônio

A exposição precedente enfatizou os orçamentos operacionais, ou as despesas anuais recorrentes do governo. Mas os governos também gastam dinheiro de tempos em tempos com importantes ativos dos quais se espera que forneçam benefícios por vários anos no futuro. Esses gastos são chamados de gastos com capital. Tais decisões referentes a gastos refletem-se em *orçamentos de ativo fixos* distintos, os quais usam os mesmos formatos dos orçamentos operacionais e levantam problemas igualmente relevantes. (O governo federal não tem orçamentos operacionais e de ativo fixo separados.)

Os orçamento de ativos são extensos e os projetos, tão dispendiosos que não podem ser pagos quando desenvolvidos. Ativos primordiais menores, como carros de patrulha ou computadores pessoais, são geralmente incluídos no orçamento operacional. Podem ser mais dispendiosos que outros itens no orçamento operacional, mas é provável que sejam recorrentes porque se desgastam com o uso ou são substituídos por modelos tecnologicamente superiores. Os gastos de capital-ativo fixo são utilizados em instalações amplas e duradouras, como um sistema de fornecimento de água ou uma garagem de estacionamento. O dinheiro para isso é tomado de empréstimo e a instalação então é paga (o empréstimo é pago de volta) enquanto é usada. Levantar dinheiro dessa maneira chama-se *financiar a dívida.* Enquanto pedir dinheiro emprestado para despesas operacionais nos níveis estaduais e locais é quase sempre proibido, é a regra para projetos primordiais.

O dinheiro para projetos primordiais é geralmente levantado vendendo-se títulos. Esses títulos são de dois tipos principais: obrigações gerais e obrigações do tesouro. Os *títulos de obrigação geral* caucionam a plena confiança e crédito da jurisdição como garantia. Isso significa que se pode arrecadar um imposto geral para pagá-los. A importância total dos títulos de obrigação geral que um governo pode ter pendente num dado momento é muitas vezes limitada a uma percentagem do valor total estimado das propriedades do governo local, ou o total dos juros que podem ser pagos sobre títulos em qualquer ano pode ser limitado a uma percentagem da receita estadual. Mesmo abaixo desses limites, a emissão de títulos de obrigação geral pode requerer aprovação por plebiscito.

Os *títulos do tesouro* geralmente são emitidos com a autorização do corpo governante para se construir uma instalação na qual se recolhem retribuições dos usuários. Exemplo comum é uma garagem de estacionamento urbano, onde se cobram encargos de estacionamento. Talvez o município tenha que construí-la, pois a taxa de retorno do investimento ou a importância do capital necessário para a construção pode desencorajar investidores privados. Os títulos do tesouro de uma jurisdição recebem uma classificação de crédito por parte dos serviços privados; isso ajuda a informar potenciais compradores sobre a confiabilidade dos títulos e influencia seus preços e a taxa de juros. Os compradores de títulos são tipicamente grandes casas de investimento, que revendem seus títulos a indivíduos ou instituições. Tanto os títulos de obrigação geral quanto os do tesouro foram tornados atraentes pela isenção do pagamento de juros não só dos impostos de renda estaduais, mas também do federal.

Um tipo especial de título do tesouro é o *título de desenvolvimento industrial*, usado por governos estaduais e locais para construir instalações que serão usadas pela indústria ou pelo comércio — por exemplo, um parque industrial. A renda é obtida pelo arrendamento ou aluguel do local. O amplo uso de títulos de desenvolvimento industrial levou à crítica de que eles significam subsídios a empresas privadas e o Congresso limitou o montante que os governos estaduais e locais podem emitir com isenção de impostos.

Os orçamentos de ativo fixo são formulados no contexto de um *plano-mestre*, que estima as necessidades dos projetos primordiais com dez ou mesmo 20 anos de antecedência, e de um plano de *capital-ativo fixo*, que cobre os cinco anos seguintes. Sempre que se faz o orçamento primordial, o plano primordial é refeito para mantê-lo em dia quanto à implementação, e aproximadamente uma vez por década se reelabora o plano superior. Projetos primordiais não-incluídos nesses planejamentos são ocasionalmente desenvolvidos, mas só depois de serem investigados e discutidos com muito cuidado.

Depois da construção de uma instalação, a jurisdição precisa adicionar os custos para operá-la ao seu orçamento anual. Esses novos custos podem ser cobertos por encargo aos usuários, mas no caso de instalações como escolas ou prisões, os custos operacionais devem ser pagos com rendimentos gerais de impostos. Essa é uma das razões por que a emissão de títulos de obrigação geral precisa ser aprovada por plebiscito.

Um projeto primordial é considerado justificado economicamente se o valor atual de seus futuros benefícios for igual ou maior que os custos. Os benefícios assumem a forma do fluxo de renda esperado a cada ano da vida definida da instalação, mas o retorno de cada ano tem de ser descontado para se obter seu valor atual, uma vez que o dinheiro futuro vale menos que o atual (a diferença sendo indicada pela taxa de juros). Os métodos para calcular o valor atual variam nos detalhes (Aronson e Schwartz, 1975: 303-10), mas o critério de que ele deve ser igual ou maior do que os custos é válido para todos.

A pesquisa sobre as implicações normativas de orçamento primordial não é ampla (White, 1978), mas é contínua (Pagano e Moore, 1985). Um problema particular é o desenvolvimento de instalações como as de tratamento de água, exigidas pela legislação federal; as jurisdições locais estão muitas vezes despreparadas para esses projetos e são obrigadas a tomar decisões apressadas sobre empréstimos e gastos de grandes somas de dinheiro. Outro problema é a necessidade de reformar a infra-estrutura do país — suas estradas, pontes e outras instalações públicas fixas. Muitas dessas facilidades foram financiadas com emissões de títulos que ainda não foram pagos. Alguns Estados e municípios excederam sua capacidade fiscal de emitir títulos.

CONCLUSÃO

A confecção de relatórios e orçamentos é um processo pelo qual os administradores do setor público se reportam àqueles que ditam as regras em termos de planejamento, organização, direção dos recursos, programas e atividades do governo. Esses processos, juntamente com os complementares destinados a compilar informações e analisar a viabilidade de decisões alternativas em matéria de tributação e gastos, têm se tornado cada vez mais importantes na medida em que legisladores e eleitores levantam objeções às cargas tributárias, que consideram pesadas demais, e a reduções nas atividades do governo.

REFERÊNCIAS

Altman, Stan. 1979. "Performance Monitoring Systems for Public Managers." *Public Administration Review 39* (janeiro/fevereiro): 31-5.

Aronson, J. Michael, e Eli Schwartz. 1975. "Capital Budgeting." In *Management Policies in Local Government Finance*, org. por J. Michael Aronson e Eli Schwartz, 303-327. Washington, D.C.: International City Management Association.

Bozeman, Barry, e Stuart Bretschneider. 1986. "Public Management Information Systems: Theory and Prescription." *Public Administration Review* 46, Número Especial (novembro): 475-87.

Brady, R.H. 1982. "MBO Goes to Work in the Public Sector" In *Public Budgeting: Program Planning and Implementation.* 4ª ed., org. por F.J. Lyden e E.C. Miller, 169-83. Englewood Cliffs, N.J.: Prentice-Hall.

Bretschneider, Stuart. 1990. "Management Information Systems in Public and Private Organizations: An Empirical Test." *Public Administration Review* 50 (setembro/outubro): 536-45.

Bubunakis, Michel. 1976. *Budgets: An Analytical and Procedural Handbook for Government and Non-Profit Organizations*. Westport, Conn.: Greenwood.

Burch, J.G., Jr., F.R. Strater e G. Grudnitski. 1979. *Information Systems: Theory and Practice*. 2ª ed. Nova York: Wiley.

Burkhead, Jesse. 1956. *Government Budgeting*. Nova York: Wiley.

Burnham, James. 1941. *The Managerial Revolution*. Nova York: Day.

Carter, Jimmy. 1977. "Planning a Budget from Zero." In *Federal Reorganization: The Executive Branch*, org. por t.G. Fain, 398-404. Nova York: Bowker.

Dery, David. 1981. *Computers in Welfare: The Mis-Match*. Beverly Hills, Calif.: Sage.

De Woolfson, B.H., Jr. 1975. "Public Sector MBO and PPB: Cross Fertilization in Management Systems." *Public Administration Review* 35 (junho/agosto): 387-95.

Ein-Dor, Phillip, e Eli Seger. 1978. *Managing Management Information Systems*. Lexington, Mass.: Heath.

Enke, Ernest. 1975. "Municipal Accounting." In *Management Policies in Local Government Finance*, org. por J. Michael Aronson e Eli Schwartz, 283-302. Washington, D.C.: International City Management Association.

Fayol, Henri. 1937. "The Administrative Theory in the State." In *Papers on the Science of Administration*, org. por Luther Gulick e L. Urwick, 99-114. Nova York: Institute of Public Administration.

Fenno, Richard F., Jr. 1973. *Congressmen in Committees*. Boston: Little, Brown.
Follett, Mary P. 1937. "The Process of Control." *Papers on the Science of Administration*, org. por Luther H. Gulick e Lyndal Urwick, 159-169. Nova York: Institute of Public Administration.
General Accounting Office. 1981. *A Glossary of Terms Used in the Federal Budget Process*, 3ª ed. Washington. D.C.: GAO.
Grafton, Carl, e Ann Permaloff. 1983. "Budgeting Reforms in Perspective." In *Handbook on Public Budgeting and Financial Management*, org. por Jack Rabin e T.D. Lynch, 89-124. Nova York: Dekker.
Gulick, Luther H., e Lyndall Urwick, orgs. 1937. *Papers on the Science of Administration*. Nova York: Institute of Public Administration.
Hager, George. 1991. "New Rules on Taxes, Spending May Mean Budget Standoff." *Congressional Quarterly Weekly Report* 49 (26 de janeiro): 232-7.
Harrigan, John J. 1989. *Political Change in the Metropolis*. 4ª ed. Boston: Little, Brown.
Herbert, F. Ted. 1977. "Zero-Base Budgeting in Historical and Political Context: Institutionalizing an Old Proposal." *Midwest Review of Public Administration* 11 (setembro): 163-81.
Higgins, J.C. 1976. *Information Systems for Planning and Control*. Londres: Arnold.
Hodgetts, R.M. 1982. *Management: Theory, Process, and Practice*. Chicago: Dryden.
Ippolito, D.S. 1978. *The Budget and National Politics*. São Francisco: Freeman.
Katz, Daniel, e Robert L. Kahn. 1978. *The Social Psychology of Organizations*. 2ª ed. Nova York: Wiley.
Kleijnen, Jack P.C. 1985. "On the Interpretation of Variables." *Simulation* 44 (maio): 237-41.
Koontz, Harold, Cyril O'Donnel e Heinz Weihrich. 1982. *Essentials of Management* 3ª ed. Nova York: McGraw-Hill.
Kraemer, K.L., e J.L. King. 1986 "Computing and Public Organizations." *Public Administration Review* 46. Número Especial (novembro): 488-96.
Krauss, L.I. 1970. *Computer-Based Management Information Systems*. Nova York: American Management Association.
Lasswell, H.D. 1958. *Politics: Who Gets What, When, Where, How*? Cleveland: World.
Lee, R.D., Jr., e R. W. Johnson. 1983. *Public Budgeting Systems*. 3ª ed. Baltimore: University Park.
LeLoup, Lance T. 1977. *Budgeting Politics: Dollars, Deficits, Decisions*. Brunswick, Ohio: King's Court.
Lindblom, Charles E. 1959. "The Science of 'Muddling Through.'" *Public Administration Review* 19 (primavera): 79-88.
______. 1979. "Still Muddling, Not Yet Through." *Public Admnistration Review* 39 (novembro/dezembro): 517-26.
Luthans, Fred. 1976. *Introduction to Management: A Contemporary Approach*. Nova York: McGraw-Hill.
McCaffery, Jerry. 1981. "Revenue Budgeting: Dade County Tries a Decremental Approach." *Public Administration Review* 41 (janeiro/fevereiro): 179-89.
McConnell, Grant. 1966. *Private Power and Public Democracy*. Nova York: Knopf.
McCosh, Andrew W., Mawdudur Rahman e M.J. Earl. 1981. *Developing Managerial Information Systems*. Londres: Macmillan.
Marvin, K.E., e A.M. Rouse. 1969. "The Status of PPB in Federal Agencies: A Comparative Perspective." In U.S. Congress, Joint Economic Committee, *TheAnalysis and Evaluation of Public Expenditures: The PPB System*, 801-14. 91º Cong., 1ª sess., vol. 3.

Meindl, J.D., org. 1989. *Brief Lessons in High Technology*. Stanford, Calif.: Stanford Alumni Association.

Meltzger, Morton F. 1981. *Information: The Ultimate Management Resource*. Nova York: American Management Association.

Mikesell, John L. 1978. "Government Decisions in Budgeting and Taxing; The Economic Logic." *Public Administration Review* 38 (novembro/dezembro): 511-3.

_____. 1982. *Fiscal Administration: Analysis and Applications for the Public Sector*. Homewood, Ill.: Dorsey.

Mosher, F.C. 1969. "Limitations and Problems of PPBS in States." *Public Administration Review* 29 (março/abril): 160-7.

_____. 1982. *Democracy and the Public Service*. 2ª ed. Nova York:; Oxford University Press.

Municipal Finance Officers Association. 1968. *Governmental Accounting, Auditing, and Financial Reporting*. Chicago: MFOA.

Mushkin, S.J. 1969. "PPB in Cities." *Public Administration Review* 29 (março/abril): 167-78.

Nigro, F.A., e L.G. Nigro. 1977. *Modern Public Administration*. 4ª ed. Nova York: Harper and Row.

Northrop, Alana, K.L. Kraemer, Debora Dunkle, e J.L. King. 1990. "Payoffs from Computerization: Lessons over Time." *Public Administration Review* 50 (setembro/outubro): 505-14.

Pagano, Michael A., e Richard J.T. Moore. 1985. *Cities and Fiscal Choice: A New Model of Urban Public Investment*. Durham, N.C.: Duke University Press.

Pfiffner, John, e Frank Sherwood 1960. *Administrative Organization*. Englewood Cliffs, N.J.: Prentice-Hall.

Pyhrr, P.A. 1977. "The Zero-Base Approach to Government Budgeting." *Public Administration Review* 37 (janeiro/fevereiro): 1-8.

Reeser, Clayton, e Marvin Loper. 1978. *Management: The Key to Organizational Effectiveness*. Glenview, Ill.: Scott, Foresman.

Rose, Richard. 1977. "Implementation and Evaporation:The Record of MBO." *Public Administration Review* 37 (janeiro/fevereiro): 64-71.

Rosenthal, S.R. 1982. *Managing Government Operations*. Glenview, Ill.: Scott, Foresman.

Rubin, B.M. 1986. "Information Systems for Public Management: Design and Implementation." *Public Administration Review* 46. Número Especial (novembro): 540-52.

Sacco, J.F., e J.W. Ostrowski. 1991. *Microcomputers and Government Management*. Pacific Grove, Calif.: Brooks/Cole.

Sarant, P.C. 1978. *Zero-Base Budgeting in the Public Sector*. Reading, Mass.: Addison-Wesley.

Schick, Allen. 1966. "The Road to PPB: The Stages of Budget Reform." *Public Administration Review* 26 (dezembro): 243-58.

_____. 1973. "A Death in the Bureaucracy: The Demise of Federal PPB." *Public Administration Review* 33 (março/abril): 146-50.

_____. 1978. "The Road from ZBB." *Public Administration Review* 38 (março/abril): 177-9.

_____. 1980. *Congress and Money: Budgeting, Spending, and Taxing*. Washington, D.C.: Urban Institute.

_____. 1990. *The Capacity to Budget*. Washington, D.C.: Urban Institute Scott, Claudia Devita. 1972. *Forecasting Local Government Spending*. Washington, D.C.: Urban Institute.

Selznick, Philip. 1984. *Leadership in Administration: A Sociological Interpretation*. Berkeley: University of California Press.

Sharkansky, Ira. 1968. *Spending in the American States*. Chicago: Rand-McNally.
Sherman, Harvey. 1966. *It All Spends: A Pragmatic Approach to Organization*. University: University of Alabama Press.
Shuman, Howard E. 1984. *Politics and the Budget*. Englewood Cliffs, N.J.: Prentice-Hall.
Simon, Herbert A. 1946. "The Proverbs of Administration." *Public Administration Review* 6 (inverno): 53-67.
______. 1947. *Administrative Behavior*. Nova York: Macmillan.
Swann, W.K. 1983. "Theoretical Debates Applicable to Budgeting." In *Handbook on Public Budgeting and Financial Management*, org. por Jack Rabin e T.D. Lynch, 3-59. Nova York: Dekker.
Wanat, John. 1978. *Introduction to Budgeting*. North Scituate, Mass.: Duxbury.
Welch, Susan, e J.I. Comer. 1983. *Quantitative Methods for Public Administration*. Homewood, Ill.: Dorsey.
White, Michael J. 1978. "Capital Budgeting." In *Essays in Public Finance and Financial Management*, org. por J.E. Petersen e C.L. Spain, 42-52. Chatham, N.J.: Chatham House.
Wholey, Joseph S. 1978. *Zero-Base Budgeting and Program Evaluation*. Lexington, Mass.: Heath.
Wiener, Norbert. 1954. *The Human Use of Human Beings*. 2ª ed. Nova York. Doubleday.
Wildavsky, Aaron. 1969. "Rescuing Policy Analysis from PPBS." *Public Administration Review* 29 (março/abril): 189-202.

7

Avaliação

Não há provavelmente ninguém que não tenha perguntado, do assento de trás de um carro: "Quanto falta para chegarmos?" Os americanos, talvez mais do que outros povos, têm uma intensa necessidade de *saber*. Mensalmente verificamos nosso poder de compra, nosso custo de vida e nosso crescimento econômico. Alguns cálculos fazemos diariamente, a cada hora, ou até a cada minuto, como é o caso de ações ou preços de *commodities*. Produzimos relatórios trimestrais e avaliações anuais, que completamos com gráficos em colunas ou diagramas coloridos para comparar ontem com hoje. Os estudantes preocupam-se com o curso, suas notas intermediárias e semestrais e acompanham com ansiedade a determinação das suas médias. Essas medidas, índices, relatórios e comparações são todos formas de avaliação.

Os administradores também necessitam de avaliação a fim de descobrir onde estavam e para onde estão indo. Avaliação está integralmente relacionada com planejamento; cada um é uma técnica pela qual as organizações definem seu significado e sua finalidade. É através de conceitos e práticas de planejamento que a avaliação está ligada ao POSDCORB. A avaliação é uma fonte importante de informações para planejamento e constitui assim uma atividade essencial, que termina uma rodada de decisões ("como o fizemos?") e se torna o começo de outra rodada ("que faremos de modo diferente da próxima vez?"). A avaliação transforma os elementos do POSDCORB de um processo estático em dinâmico.

O que isso indica é que o POSDCORB pode ser redistribuído na forma de um ciclo de orientação (ver Figura 7-1). Os procedimentos de avaliação geram as informações necessárias para tomar decisões em fases sucessivas e repetidas (algumas vezes chamadas "iterações"), na medida em que os programas são implementados. Com base nas descobertas da avaliação de um ciclo, um novo conjunto de decisões programáticas é estabelecido e o ciclo seguinte começa — a não ser que a avaliação tenha levado à decisão de interromper o programa. A variação de decisões nesses ciclos também indica que as funções da administração são ajustadas em constantes mudanças.

Figura 7-1 O Processo Gerencial

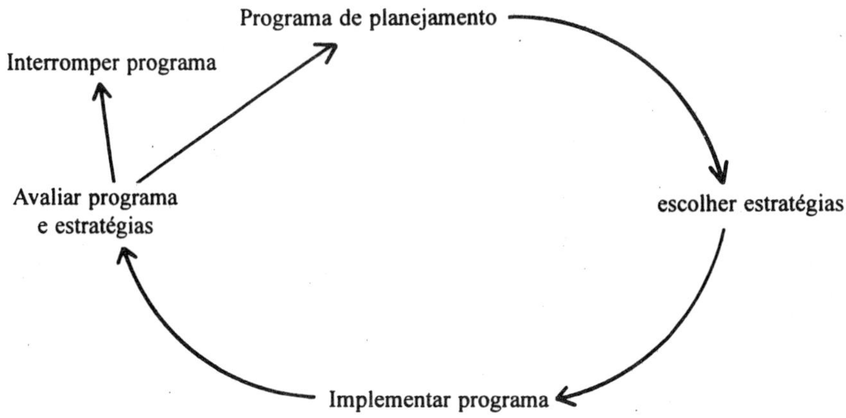

Os administradores públicos são, em última análise, atores políticos cujas escolhas são avaliadas a partir de muitas perspectivas. Administradores bem-sucedidos não ficam aflitos por se exporem à avaliação. Tentam adaptar-se a mudanças externas ou políticas em lugar de lutar contra elas desnecessariamente. Ao mesmo tempo, mudanças sociais e técnicas também ocorrem dentro da organização, e as técnicas de avaliação devem ser igualmente aplicadas a elas. Os mesmos tipos de técnicas de avaliação podem ser usados para ambos os tipos de problemas.

PROPÓSITOS E CONCEITOS

As questões de avaliação estão ligadas à política pelo menos de três maneiras: 1) Os programas a serem avaliados são "instrumentos de decisão política" e portanto representam os interesses de seus patrocinadores políticos. 2) Os relatórios de avaliação competem com outras formas de informação pela atenção dos líderes políticos. 3) Os estudos de avaliação fazem "declarações políticas implícitas" (Weiss, 1973: 37). As decisões de implementação raramente se baseiam somente em considerações técnicas e internas ou em eventos sobre os quais o administrador tem controle completo, e os critérios gerais de efetividade ou eficiência nem sempre desempenham um papel decisivo, mesmo porque são muitas vezes difíceis de definir de maneira adequada.

Os administradores compartilham as responsabilidades de avaliação com atores externos como funcionários públicos eleitos e beneficiários de programas ou clientes que têm interesse nos resultados destes. Essas avaliações políticas podem provocar um aumento de responsabilidade para a administração pública, embora se afirme às vezes que elas favorecem os interesses relativamente estreitos do avaliador particular e não os do público em geral.

A avaliação tem também dimensões internas. As avaliações de programas técnicos conduzidas pela organização documentam realizações, assim como levam a recomendações sobre o aprimoramento de programas. Esses estudos podem também ser usados para construir uma base organizacional da qual se possa lançar uma campanha com vistas ao apoio político para novos programas. Nesse enfoque, a avaliação pode ser vista como um instrumento de planejamento gerencial a curto prazo.

Tanto a responsabilidade política quanto a flexibilidade interna enfatizam a importância da avaliação de programas. São as seguintes as perguntas básicas de avaliação para ambas as finalidades (adaptadas de Bernstein e O'Hara, 1979: 434-41).

1. Como está sendo administrado o programa?
2. O programa está fazendo o que pretende fazer?
3. Como o programa está realizando seus objetivos?
4. Como foi ele capaz de executar tudo que pretendia, ou por que os objetivos planejados não foram alcançados?
5. Que diferença fez o programa ou quais foram seus efeitos?

Implícita em todas essas perguntas está a suposição de que o administrador é tanto: 1) um político que usa a arte da administração como negociador e advogado e 2) um técnico que emprega a ciência da administração a fim de realizar objetivos públicos.

As organizações empreendem atividades de avaliação a fim de que se possam tornar mais eficientes. Uma ação executiva é dita eficiente quando realiza um propósito ou objetivo específico ou quando dá direção e finalidade ao pessoal da organização (Barnard, 1938: 215-34; Stillman, 1984: 290-301). Da mesma forma, a eficiência de uma organização pode ser definida como o grau em que a atividade organizacional leva a objetivos específicos, mensuráveis, que estão entre as metas da organização. Naturalmente, as organizações podem ter metas de únicas a múltiplas, e uma meta única pode ser dividida em muitos objetivos.

Outra abordagem da eficiência organizacional é descrevê-la em termos de sistemas (Fesler, 1980: 30-34; Katz e Kahn, 1978: 18-34). A organização precisa realizar suas finalidades, mas não deve esgotar todos os seus recursos ou sobrecarregar seus principais elementos de programas para fazer isso. Um sistema é um meio de converter recursos organizacionais, como pessoas, equipamentos ou capacidades, em resultados necessários para a realização de metas. A conversão de recursos afeta o ambiente social, político e físico externo, e influencia a capacidade da organização para obter recursos futuros. O modelo de sistemas realça a importância da mudança nos ambientes da organização e das trocas alternativas na manutenção e no desenvolvimento organizacionais.

Em suma, a avaliação é a atividade da administração basicamente ligada à definição e determinação da eficiência. Os antecedentes do desenvolvimento da pesquisa de avaliação incluem muitos exemplos específicos de descobertas da pesquisa de programas (Caro, 1977: 30-38), pois as informações e opiniões sobre programas são elementos-chaves da avaliação. Os avaliadores geram as informações; os administradores usam-nas para obter opiniões sobre a organização e sua operação.

VARIAÇÕES NA ABORDAGEM

A avaliação é uma atividade complexa, envolvendo conceitos e métodos subjetivos e empíricos de análise. Inicialmente, os elementos subjetivos predominam, até que os elementos empíricos da avaliação estejam definidos. Elementos empíricos são o que o avaliador pode medir objetivamente, embora permaneça vital para o administrador ter em mente o contexto dentro do qual a avaliação é conduzida. Às vezes os administradores são capazes de sentir influências e interações que não podem ser descobertas em estudos de avaliação planejados e sistemáticos. Por outro lado, a avaliação intuitiva pode ser inconfiável e míope.

O trabalho de avaliação é feito através do estudo dos programas de uma organização, associando-se os resultados da atividade do programa com metas e objetivos que o programa devia realizar. Entretanto, como as características dos programas variam, é lógico que as abordagens de avaliação também têm de variar. Entre as características que contribuem para a distinção de um programa estão o âmbito, o tamanho, a duração, a clareza das metas, complexidade das operações e grau de inovação (Weiss, 1972: 5).

Âmbito, tamanho e duração podem ser medidos por extensão territorial, número de pessoas ou quantidade de tempo. O âmbito pode variar de um pequeno programa de um governo local a um programa de nível nacional conduzido pelo governo federal. Alguns programas são nacionais no âmbito, mas são cumpridos por governos estaduais ou locais. É provável que um programa nacional seja acompanhado por uma pesquisa de avaliação mais intensa. Recente política nacional tem encorajado programas de âmbito e administração estaduais e os Estados terão que aumentar correspondentemente sua capacidade de avaliação.

O tamanho de um programa tende a variar diretamente com seu âmbito: quanto maior o âmbito, maior o número de pessoas envolvidas. A duração de um programa é limitada ou contínua. Um programa contínuo não tem data final marcada; de fato, é possível que ele nunca acabe de todo. A importância da duração como um aspecto da avaliação de programas origina-se do "efeito de maturação" nas medidas de avaliação (Campbell e Stanley, 1963: 59-61), o que quer dizer que, quanto mais longo for o programa em termos de efeito, maior será a chance de que fatores estranhos, não-planejados, não-previstos e mesmo desconhecidos tenham influência nos seus resultados.

Clareza e complexidade são aspectos mais esquivos de um programa, e assim são mais difíceis de medir. Programas com metas confusas são mais difíceis tanto de implementar como de avaliar. Um efeito benéfico da avaliação planejada de um programa pode ser o esclarecimento de metas que ela incita. A complexidade de um programa refere-se ao número de suas metas e objetivos, ao seu grau de requinte e ao número de maneiras alternativas de realizá-los (incluindo-se as externas ao programa, assim como as internas). A complexidade pode estar relacionada à duração, pois a realização de metas mais complexas pode ser possível apenas com uma quantidade maior de tempo. Finalmente, quanto mais inovador for um programa, tanto menor será a certeza sobre o número e a natureza de seus resultados e, portanto, mais difícil avaliar.

Como suas características internas, os aspectos externos de um programa enquadram-se numa vasta variedade de categorias, dimensões e níveis, e as abordagens de avaliação variam correspondentemente. Uma forma de descrevê-las é em termos da maneira como o programa está relacionado aos indivíduos nas interações diárias (Lewis, 1981). Uma segunda forma é em termos da maneira como as organizações se adaptam a mudanças nas condições ao seu redor (Bennis, 1981). Outras abordagens incluem a relação do programa com esquemas maiores ou sistemas de programas e a receptividade da organização para com os comentários do público.

A avaliação de programas é muito difícil nos programas que pretendem produzir mudanças de comportamento em indivíduos, geralmente clientes da organização. É difícil associar as mudanças de comportamento em indivíduos com as atividades de um programa, como na educação ou nas atividades correcionais. Os avaliadores muitas vezes têm de confiar em julgamentos de especialistas sobre mudanças de comportamento, em vez de medir essas mudanças diretamente. Vários especialistas podem ser usados para corrigir os possíveis desvios. Testes, entrevistas e questionários também podem ser usados para medir mudanças em termos de atitudes, valores, conhecimento ou habilidades, mas não eliminam o problema de distinguir entre os resultados devidos a atividades e programas e os atribuíveis a circunstâncias externas. Por exemplo, um programa de treinamento pode ser julgado responsável por um aumento na satisfação no trabalho quando na realidade os empregados estão mais felizes em função de uma mudança nos horários de trabalho acontecida na mesma época (talvez relacionada à implementação do programa). Outra fonte de controvérsia é o uso de um padrão de avaliação diferente — muitas vezes devido a razões políticas — daquele usado pelos administradores de programas. Programas que são objeto de vivo interesse do público podem sofrer estudos de avaliação concorrentes e muitas vezes a avaliação mais negativa vem de um grupo de fora da organização.

Para colocar a avaliação de programas isolados num contexto maior, os administradores às vezes são levados a avaliar a eficiência global da organização em si, especialmente sua capacidade de se adaptar a mudanças internas e externas. Variações no desempenho de empregados ou na parcela do orçamento destinada a certas funções constituem exemplos de dados de avaliação para medir e analisar a adaptabilidade organizacional. Se o desempenho declinar, o meio interno será indicado como alvo de estudos de avaliação mais focalizados; se os orçamentos estiverem encolhendo, irá discutir-se o sucesso na adaptação à mudança dos ventos políticos ou econômicos.

Programas que fazem parte de programas ou sistemas de programas maiores são geralmente estudados no contexto maior ou macro; exemplos são os programas destinados à reabilitação de moradias, à melhoria do trânsito e à prevenção do crime (Poister, McDavid e Hoagland, 1979). A finalidade da macroavaliação pode ser melhorar todo um sistema de prestação de serviços pondo em execução o aprimoramento da cooperação entre muitas unidades do governo. Os dados para a avaliação podem incluir levantamentos, orçamentos, entrevistas, estatísticas sobre a situação e as ações de clientes e documentos de programas. Programas de grande escala podem tomar providências no sentido de aumentar a consistência dos estudos dos programas componentes para que os dados possam ser agregados.

Uma variedade de opções na tomada de decisões pode emergir da análise dos dados de avaliação. Dentre eles estão as escolhas para continuar ou suspender um programa, para iniciar ou abandonar estratégias ou técnicas particulares e adicionar, estender ou cancelar elementos de programas (Starling, 1986: 392; Van Maanen, 1973: 1-6). Além disso, estudos de avaliação provêem provas para suporte político ou crítica de programas existentes e novos. Os estudos de avaliação podem também contribuir para decisões sobre novos programas antes de serem lançados, ao fornecerem dados sobre as conseqüências de programas similares ou correlatos no passado. A mobilização e análise de dados de avaliação para essas finalidades são conhecidas como as *ciências da política.*

ETAPAS NA AVALIAÇÃO SISTEMÁTICA

A primeira etapa na avaliação sistemática para fins de administração é especificar as condições que necessitam de investigação ou as decisões que precisam ser tomadas. O administrador geralmente recomenda ao corpo responsável pela formulação de políticas (legislatura ou conselho) uma estrutura de análise explícita, de modo que os supervisores políticos possam desempenhar um papel geral e orientador no esforço de avaliação. A avaliação é mais que uma investigação particular; é um processo público que coloca uma carga pesada sobre a sensibilidade do administrador. Durante a avaliação, o administrador tem que ser um mediador politicamente neutro, mas tecnicamente competente, entre os muitos interesses afetados pelo estudo de um programa.

A segunda etapa na avaliação sistemática é elaborar as perguntas a serem respondidas. O administrador tem de ser capaz de dar ao avaliador uma idéia clara das informações necessárias.

Uma terceira etapa é a seleção do avaliador. Pode-se lançar mão de pessoal da casa; pode-se chamar um consultor particular externo; ou o administrador pode voltar-se para um dos grupos de assistência técnica que alguns Estados e agências federais mantêm no seu quadro de pessoal. Esses grupos trazem a objetividade de alguém de fora, usualmente a custo mais baixo do que um consultor particular. As avaliações conduzidas por pessoas de dentro da organização consomem grandes quantidades de capacidade e tempo de seu pessoal, e algumas vezes acarretam o desvio de uma missão organizacional. O pessoal de dentro tem a vantagem de começar tendo alguma familiaridade com o programa, mas pode achar difícil ser objetivo em relação a um programa em que está envolvido. Os de fora estão tipicamente na posição contrária — embora sua objetividade também possa estar comprometida pelo esforço no sentido de refletir os pontos de vista de funcionários estaduais ou federais mais graduados que estejam querendo ver determinado programa ter sucesso ou fracassar, ou pela perspectiva de obter novos contratos.

Avaliação eficiente é a que responde às perguntas que lhe foram feitas, baseada em dados sólidos e abrangentes e desenvolvida com a confiança e o apoio de superiores e empregados. Acima de tudo, os administradores devem prevenir-se contra a produção de avaliações interessantes mas inúteis e contra exceder os recursos que a agência destinou à avaliação (Havens, 1981).

USOS DA AVALIAÇÃO

Os usos mais gerais da avaliação estão em decidir se um programa continua ou termina e como um programa deve ser aprimorado. A avaliação conduzida para a primeira dessas finalidades é chamada de *avaliação sucinta* ou monitorização de programas; a conduzida para a última finalidade é a *avaliação formativa* ou desenvolvimento de programas.

Um aspecto da avaliação sucinta é a *análise de impacto*, que compara os efeitos globais de um serviço ou programa "com o que teria acontecido se o programa não tivesse sido implementado" (Mohr, 1988: 2-3) — em outras palavras, com o que estava previsto para acontecer em função do presente programa. A questão básica é se os indivíduos estão em melhor situação por causa da atividade governamental, mas a análise de impacto lida também com a questão das conseqüências não-premeditadas. Por exemplo, o aumento da patrulha policial resultou em superlotar a prisão local? A análise de impacto pode levar à redução ou interrupção de determinados serviços, com a devida consideração para com os transtornos que podem resultar caso os serviços sejam alterados. além disso, a avaliação sucinta está ligada à *produtividade* ou *avaliação de desempenho* — isto é, com que qualidade um serviço está sendo executado e com que eficiência estão sendo usados os recursos de uma organização. A avaliação sucinta é conduzida com base num modelo derivado de projeto de pesquisa (Fitz-Gibbon e Morris, 1978: 9-14). Mensurações de desempenho são inseridas no programa no estágio de planejamento, através de dispositivos como padrões objetivos de desempenho, ou no estágio de implementação, por meio de controles orçamentários e contábeis.

O uso da avaliação sucinta de curto prazo para cancelar um programa está sendo questionado cada vez com maior freqüência (Palumbo e Nachmias, 1984). A decisão de interromper está muitas vezes baseada em modelos quantitativos, usando a pesquisa de meta dirigida. Entretanto estudos de casos qualitativos de programas individuais podem ser úteis da mesma forma na avaliação sucinta. Prazo mais longo, ajustes incrementais e modificações de programas terão mais probabilidade de êxito caso possam produzir estudos de casos confiáveis. Os *estudos de casos* lidam com um conjunto específico de circunstâncias e não procuram desenvolver uma generalização estatística.

Interromper um programa talvez seja mais difícil do que ajustá-lo ou reprojetá-lo. É provável que haja resistência de vários grupos. Clientela, funcionários, legisladores e outros podem cerrar fileira em torno de um programa em funcionamento. Interromper gradualmente, estreitando os limites do programa ou extinguindo aos poucos seus serviços em vez de suprimi-los abruptamente, pode ser um procedimento preferível. Os programas também podem ser interrompidos depois de serem substituídos por outros.

A necessidade de modificação de programas pode originar-se de procedimentos ou práticas inadequados ou do desejo de reconsiderar padrões de serviços ou produtividade. Podem surgir novas circunstâncias que não eram previstas quando o programa foi projetado, o que torna suas prioridades inadequadas, ultrapassadas ou inatingíveis. Em outras situações, a simples pressão do tempo pode ser suficiente para impedir a obtenção de um objetivo. Essas são as condições que ocasionam a necessidade de avaliação formativa.

Um problema da avaliação formativa é que ela é muitas vezes conduzida sem indicadores claros (Fitz-Gibbon e Morris, 1978: 14). Entretanto isso também pode ser uma vantagem, pois permite uma variedade de projetos de pesquisa, inclusive a avaliação de alternativas e programas-pilotos, e permite que se descubra o imprevisto. O que é necessário simultaneamente com a avaliação formativa é que o programa seja flexível, para que possa ser modificado em resposta às descobertas.

CONDUZINDO UMA AVALIAÇÃO

Struening e Guttentag (1975, 1: 3) dividiram a condução de uma avaliação nas seguintes etapas: "1) conceptualizar o problema; 2) rever a literatura pertinente; 3) desenvolver uma estratégia de pesquisa; 4) determinar um projeto de pesquisa; 5) selecionar e manter uma amostra; 6) escolher medidas e avaliar suas (...) propriedades; 7) selecionar pessoal apropriado para conduzir o estudo; e 8) comunicar os resultados" (ver também Starling, 1986: 264-71). Cada uma dessas etapas envolve vários problemas técnicos (Sylvia, Meier e Gunn, 1985). Há uma extensa literatura sobre a variedade de abordagens dos estudos de avaliação e suas descobertas (ver, por exemplo, Glass, 1976; Wholey, Abramson e Bellavita, 1986). O que é importante é que a avaliação transmita *credibilidade*, o que significa refletir suficientes considerações políticas para ser pertinente e útil, mas também mostrar bastante rigor científico nos seus métodos para ser vista como independente de influências políticas específicas (Stufflebean e Webster, 1981).

AVALIAÇÃO DA AVALIABILIDADE

Mesmo antes que uma avaliação comece, muitas vezes é proveitoso empreender uma avaliação da *avaliabilidade*, na qual o programa é examinado minuciosamente para se assegurar que é importante o bastante para justificar a avaliação, e que os padrões de qualidade da avaliação podem ser satisfeitos — ou seja, que os objetivos do programa estão bem definidos, que suas atividades estão plausivelmente ligadas à realização dos objetivos e que as perguntas que a avaliação vai responder são claramente formuladas (Wholey, 1979: 17).

As etapas numa avaliação da avaliabilidade são as seguintes (adaptadas de Rutman, 1980: 89-161):

1. Preparar um "modelo de documentos do programa", que mostra o que são os componentes e as metas do programa e como estão interligados.
2. Entrevistar o pessoal do programa para verificar seu modelo de documentos, explicar o processo de avaliação da avaliabilidade e esclarecer os usos pretendidos da avaliação proposta.
3. Desenvolver um "modelo de programa avaliável", que mostra o que será realmente considerado na avaliação.
4. Analisar a viabilidade de atingir os propósitos da avaliação identificando as chances de implementação, os usuários potenciais e as exigências metodológicas e de informação, criticar o projeto de pesquisa e avaliar potenciais dificuldades na coleta e análise dos dados.

Embora o propósito original de conduzir uma avaliação da avaliabilidade fosse aumentar a probabilidade de os resultados serem realmente usados, o processo evoluiu para uma ferramenta administrativa distinta. Algumas vezes se desenvolvem informações suficientes nesse estágio precoce para permitir aos administradores tomar as providências apropriadas sem entrar num estudo exaustivo.

FIDEDIGNIDADE E VALIDADE

Para que os dados de uma avaliação satisfaçam os critérios do rigor científico, devem mostrar que são *fidedignos* e *válidos*. A fidedignidade refere-se à consistência dos dados — isto é, se uma medida gera os mesmos resultados quando usada repetidamente da mesma forma na mesma situação. Numa palavra, fidedignidade significa *reprodutibilidade*. Uma medida altamente específica tem mais probabilidade de ser fidedigna.

Dados válidos resultam quando as medidas escolhidas realmente descrevem o que se pretendia que descrevessem. Os dados podem ser reproduzíveis sem serem válidos se, por exemplo, a medida produzir resultados que sejam consistentes mas irrelevantes à questão de avaliação com que esteja lidando. Quando um estudo de avaliação é conduzido por conceitos de difícil compreensão, como a qualidade do programa, pode-se reforçar a validade com o uso de indicadores múltiplos.

Fez-se uma distinção entre validade interna e externa. A *validade interna* lida com esta questão: "Os procedimentos experimentais de fato fizeram alguma diferença neste caso específico?" A *validade externa* trata da possibilidade de generalizar para outros cenários as relações entre as medidas (Campbell e Stanley, 1963: 5). Entre as ameaças à validade interna estão o impacto de fatos ocorridos no intervalo entre observações, mudanças internas ou morte dos respondentes, desvios de seleção ou erros provocados pelos resultados das medidas ou graduação incorreta destas. As ameaças à validade externa incluem os efeitos reativos, como respostas diferentes a um pré e a um pós-teste, e a interferência de outras influências ou tratamentos (Campbell e Stanley, 1963: 5-6).

No modelo proposto por McGrath e Brinberg (1984), a validade interna origina-se da correspondência de modelos e métodos no estudo. A validade externa é a confirmação das descobertas pela sua redescoberta em estudos subseqüentes.

Na prática, a fidedignidade e a validade estão sempre limitadas pelos custos da pesquisa. Algumas vezes a própria coleta de dados pode interferir na operação do programa e mesmo criar-lhe efeitos negativos. Os clientes do programa ou o pessoal da agência podem ser capazes de elaborar dados favoráveis às suas perspectivas particulares.

Uma forma de evitar alguns obstáculos à validade é o uso de *medidas* inconspícuas, que são o produto de atividades rotineiras e não de esforços de pesquisa especialmente elaborados (Webb et al., 1965). Um exemplo de medida inconspícua é o uso dos caminhos empregados por estudantes ao determinar onde localizar calçadas pavimentadas num campus universitário. É possível, no entanto, que os estudantes possam ter aversão a caminhos pavimentados e sempre criem trilhas, independentemente de onde se construírem calçadas. Assim, a escolha de medidas inconspícuas demanda criatividade e imaginação.

Projeto de Estudos de Avaliação

As abordagens de pesquisa estão sendo constantemente aprimoradas para produzir resultados de avaliação com as características mais satisfatórias (Conner et al., 1984: 417-546). Agora está disponível uma ampla variedade de projetos de avaliação. A seleção de um projeto de pesquisa específico para avaliação depende de quando esta deve ser conduzida, do dinheiro disponível e do grau de precisão desejado (Hatry, Winnie e Fisk, 1981: 53). As características de quatro abordagens são mostradas na Tabela 7-1. As abordagens *sem projeto* e o *relatório hipotético* são tipos extremos. Sem um projeto planejado, muitas das finalidades da avaliação não serão alcançadas. Provavelmente os administradores recorrem à abordagem sem projeto somente quando não têm melhores alternativas e têm de fazer a avaliação. A abordagem de relatório hipotético, por outro lado, pode mostrar não ser útil e também carecer de fidedignidade e validade. Assim, para finalidades práticas, as abordagens de *questionário* e *teste de hipótese* são os dois métodos mais atraentes.

Na abordagem de questionário, o sucesso ou fracasso depende do projeto e emprego do instrumento de levantamento. A pesquisa de levantamento também deve enfrentar sérias questões de fidedignidade. Se os cidadãos são indagados sobre a adequação de um serviço, os que não o conhecem ou não se importam com ele podem sobrecarregar as respostas com dados aleatórios (isto é, não-fidedignos); um cidadão pode responder sim hoje e não amanhã à mesma pergunta de levantamento. Esse problema pode ser reduzido de alguma forma ao se permitir uma resposta do tipo "não sei". De qualquer maneira, os levantamentos com cidadãos são apenas uma fonte de informações dos programas gerenciais. O administrador deve utilizar uma perspectiva crítica na interpretação e uso das descobertas dos levantamentos (Stipak, 1980: 521-25).

Tabela 7-1 Características de Quatro Abordagens para Avaliação

Abordagem	**Características**
Sem projeto	Depende basicamente de entrevistas do pessoal da agência por avaliadores. Há pouco planejamento ou consulta com a administração. O estudo pode ser empreendido rapidamente, mas há uma perda conseqüente na eficiência da coleta de dados. Visitas de campo para acompanhamento podem tornar-se necessárias, e se gasta muito tempo para peneirar os dados.
Questionário	O tempo para iniciar é relativamente curto e os dados são coletados num formato rotineiro, que pode facilitar a análise. A fidedignidade e a validade dos dados podem ser questionadas caso não se assegure que os respondentes sejam escolhidos aleatoriamente.
Teste de Hipótese	Exige planejamento cuidadoso. A restritividade da análise estatística, especialmente no uso da hipótese nula, pode afetar o âmbito, a aplicabilidade e a utilidade das descobertas da avaliação.
Relatório hipotético	O avaliador "pré-rascunha" o relatório até o ponto de necessitar somente de dados específicos para validar ou rejeitar uma conclusão experimental. Esse grau de preparação beira a tendenciosidade e pode suscitar questões sobre a base científica do relatório.

Fonte: Adaptado de U.S. Department of Housing and Urban Development, *A Guide for Local Evaluation* (Washington, D.C.: HUD, 1976), Leitura 6, "Report Design", 2-5.

A abordagem de teste de hipótese é provavelmente a técnica preferida, pois especifica os dados a serem coletados com relação às proposições da avaliação. Entre as várias maneiras de testar hipóteses, o *projeto experimental controlado* é a preferida (Hatry, Winnie e Fisk, 1981: 40-46; Fitz-Gibbon e Morris, 1978: 61-92). Nesse projeto, o grupo experimental recebe o serviço do programa e o grupo de controle não, mas sob outros aspectos é tratado de maneira exatamente igual. Os efeitos do programa são testados comparando-se os resultados do grupo experimental com os do grupo de controle.

Embora o projeto experimental controlado provavelmente seja conclusivo, é muito difícil de implementar. Em primeiro lugar, há restrições éticas, pois reter os benefícios do programa pode ser prejudicial para alguns indivíduos. Além disso, pode não ser viável criar as condições experimentais, e os benefícios de um bem coletivo, como um projeto de administração de água, não são fáceis de medir (Burke e Heaney, 1975: 59-91). Não obstante, as diferenças entre os custos e benefícios da assistência institucional e comunitária a doentes mentais têm sido demonstradas persuasivamente através de um projeto experimental (Weisbrod, 1981).

Se condições experimentais rigorosamente controladas não forem possíveis, outros métodos podem proporcionar aproximações mais ou menos concisas. Esses outros métodos são geralmente referidos como projetos quase experimentais (Campbell e Stanley, 1963: 34-64). Não são tão rigorosos como a experimentação controlada, de vez que fazem uso de grupos semelhantes, que muitas vezes existem naturalmente, no lugar de grupos formados por seleção aleatória dentre um conjunto de indivíduos.

Se de todo não for possível encontrar grupos para comparação, há vários métodos de teste de hipótese à disposição (Hatry, Winnie e Fisk, 1981: 25-55). Um deles é estudar o mesmo grupo antes e depois de receber o serviço do programa. Outro é comparar o desempenho esperado com o desempenho real observado. A análise de séries temporais é uma terceira maneira; nessa técnica, o ponto de partida de um grupo serve como definição do nível inicial de desempenho e as observações posteriores são medidas em relação a essa base e correlacionadas com as experiências do grupo (Fitz-Gibbon e Morris, 1978: 93-112).

Seja o que for que o projeto esteja testando, uma hipótese pode ser enunciada de uma ou duas maneiras gerais: como hipótese nula ou como hipótese assertiva. A *hipótese nula* postula que quaisquer padrões encontrados na pesquisa se devem ao acaso; se as diferenças entre os grupos forem grandes demais para serem atribuídas ao acaso, a hipótese nula será rejeitada. O teste da hipótese nula está sujeito a dois tipos opostos de erro: a rejeição da hipótese quando ela é verdadeira (isto é, as diferenças se devem ao acaso), denominada erro do Tipo I, e a aceitação da hipótese quando é realmente falsa, chamada de erro do Tipo II. Critérios estatísticos para a probabilidade de diferenças provocadas pelo acaso ajudam a evitar ambos os tipos de erros (Welch e Comer, 1983: 166-78).

A questão crucial é que tamanho deve ter a diferença para a hipótese nula ser rejeitada. Um teste estatístico do nível de significância pode ser aplicado para responder essa questão. Um nível de significância de 0,01 significa que há apenas uma chance em 100 de que uma diferença de um dado tamanho pudesse ocorrer por acaso; um nível de significância de 0,05 quer dizer que essa diferença poderia ocorrer por acaso cinco vezes em 100. Quanto maior for a tolerância a diferenças provocadas pelo acaso, tanto maior será o nível de significância aceitável. Um administrador de programa pode querer um teste de significância menos severo para ajudar a desenvolver o suporte do programa. A aplicação da análise estatística à avaliação de programas pode ser muito flexível.

Uma *hipótese assertiva* enuncia uma conclusão experimental que o avaliador corrobora ou refuta com outras suposições e sem uso de hipótese nula. A abordagem assertiva oferece um tipo de caminho mais curto quando é difícil obter os dados ou quando o rigor estatístico pode não ser indicado. Ela ajuda a chegar a conclusões utilizáveis quando o rigor estatístico não é preocupação importante.

A escolha de um projeto de pesquisa é basicamente responsabilidade do avaliador, que deve, no entanto, lembrar-se de que as descobertas devem poder ser usadas pelo administrador para quem a avaliação está sendo feita. Uma avaliação produtiva é a que está sendo realizada com consulta rigorosa entre avaliador e administrador, e com respeito mútuo pela divisão do trabalho; o avaliador tem suficiente flexibilidade para conduzir a avaliação sem interferência gerencial; ele tem suficiente confiança para permitir ao administrador o pleno uso das descobertas (Weiss e Bucuvalas, 1977). Tal avaliação chama-se *focalizada na utilização* (Patton, 1978: 284-89).

A FUNÇÃO DA AVALIAÇÃO

"A avaliação de programas de ação entrou numa segunda geração e começou a tomar novas direções" (Busson e Coulter, 1983: 271). O Escritório de Contabilidade Geral dos Estados Unidos (1987) relata que, durante a década de 1980, a avaliação de programas federais usou cada vez menos estudos em grande escala e com muitos anos de duração. Em vez disso, mais comumente se usam estudos em pequena escala e de rápida execução. Esses estudos "rápidos" muitas vezes são feitos por pessoal interno em vez de pessoal externo especializado. Focalizam a implementação e os problemas da administração de programas e tipicamente não avaliam o impacto do programa.

Em parte, essas novas direções se originaram de demandas a agências governamentais no sentido do aprimoramento do desempenho e, em parte, da crescente tensão fiscal e dos problemas gerenciais do dia-a-dia que parecem puxar de lado a avaliação de programas (Daily, 1983). O pessoal dos governos locais às vezes ainda resiste aos esforços de avaliação e os administradores desses governos enfrentam problemas de incentivos e recursos inadequados para avaliação. Subjacente a tudo isso está a falta de confiança por parte dos funcionários públicos locais. O administrador público contemporâneo tem de reconhecer a necessidade da avaliação de programas.

As mensurações técnicas não. são por si só suficientes, pois tendem a deixar de fora importantes ingredientes sociais. Podem gerar informações gerenciais úteis, mas falham em prover informações proveitosas para o estabelecimento de planos de ação (Gardner e Florestano, 1983: 315). Wholey, Newcomer e associados (1989) tornaram a enfatizar a importância do estudo de caso. No lugar da confiança exclusiva nos aspectos técnicos da avaliação, eles sublinham a necessidade de ajudar os administradores de programas a compreender a importância da avaliação, do desenvolvimento de uma estratégia para usar seus resultados e do acompanhamento das mudanças recomendadas. Falando de modo realista, provavelmente deveria haver um equilíbrio entre a abordagem rápida, barata, controlada pelo administrador da avaliação, e o estudo mais rigoroso, em grande escala, controlado de fora. No entanto o estudo de avaliação organizado, global, ainda contribui significativamente, em especial na avaliação de questões importantes de política nacional (Nathan, 1988).

As questões de avaliação são mais do que questões técnicas sobre um programa; a avaliação também suscita questões sobre uma vasta gama de problemas sociais e indaga quanto à utilidade dos planos de ação e das soluções existentes. Muitas profissões e especialidades têm se engajado nesse estudo mais amplo da sociedade (Lindblom e Cohen, 1979). A solução de problemas sociais invoca a imagem de uma "sociedade que experimenta", que vai além das exigências técnicas do sucesso num programa particular e explora soluções para problemas sociais de grande escala, mesmo correndo o risco de fracassar num esforço específico (Campbell, 1969).

O fornecimento de serviços governamentais oferece uma composição ideal para avaliar o impacto da burocracia na sociedade. Foram empreendidas avaliações de serviços governamentais como treinamento para o trabalho, compensação do trabalhador e do desemprego, serviços de previdência social, programas hospitalares e médicos e sistemas de aposentadoria.

Tabela 7-2 Crenças e Realidades nos Programas de Avaliação

Crença	**Realidade**
O projeto experimental tem precedência sobre projetos quase experimentais e não experimentais	As descobertas utilizáveis provêm de uma variedade de fontes
Os estudos de avaliação têm resultados melhores quando os administradores se envolvem em todos os estágios	Os administradores podem adiar os estudos ou alterar sua qualidade e conteúdo
A avaliação deveria produzir decisões de programas específicas e distintas	A avaliação pode influenciar decisões, mesmo quando não é possível registrar nenhuma ligação direta ou explícita

Fonte: Adaptado de R.F. Clark, "The Proverbs of Evaluation: Perspectives from CSA's Experience", *Public Administration Review* 39 (novembro/dezembro 1979): 562-26.

Esses estudos têm suscitado perguntas sobre o modo como vários grupos da população utilizam os serviços do governo, como consideram os serviços que recebem e como seus encontros com a burocracia afetam suas atitudes em relação ao governo (Katz et al., 1975).

A condução da avaliação de programas pode ainda ser dominada pelas crenças obsoletas e limitadas que Simon (1946) chamou de "provérbios". Algumas crenças sobre avaliação e as realidades correspondentes estão na Tabela 7-2.

A resistência burocrática à avaliação emerge às vezes quando o administrador teme que "o pão e a manteiga corram perigo ao entrar em cena o avaliador do programa" (Greer e Greer, 1982). Outro problema potencial é a fragmentação organizacional, que, segundo se descobriu, foi um impedimento ao desenvolvimento de um plano de avaliação no Departamento do Trabalho (Hargrove, 1980). As principais unidades do departamento foram simplesmente incapazes de chegar a um acordo sobre o que estudar. Quando os administradores são inflexíveis, não-cooperativos ou suspeitos, a qualidade da avaliação corre risco de ser prejudicada. Se os dados sobre serviços e informações fiscais forem incompletos ou pobres, um estudo de avaliação utilizável pode ser impossível. A utilização das descobertas da avaliação é concebida de forma demasiadamente limitada quando são usadas apenas como um martelo (Weiss, 1982: 130).

A avaliação é uma ferramenta do *kit* do administrador público. Diferentemente do administrador empresarial, o administrador público não tem um mercado que forneça avaliações organizacionais de modo mais ou menos automático. Em vez disso, o administrador público precisa instituir deliberadamente uma avaliação para conseguir indicações em que possa basear ações futuras. A avaliação é o correspondente, para o administrador público, do balancete do administrador do setor privado num mundo competitivo de necessidades e serviços.

REFERÊNCIAS

Barnard, Chester. 1938. *The Functions of the Executive.* Cambridge, Mass.: Harvard University Press.

Bennis, Warren. 1981. "Organizational Developments and the Fate of Bureaucracy." In *Perspectives on Public Bureaucracy.* 3ª ed., org. por F.A. Kramer, 5-25.
Cambridge, Mass.: Winthrop.

Bernstein, S.J., e Patrick O'Hara. 1979. *Public Administration: Organizations, People, and Public Policy.* Nova York: Harper and Row.

Burke, Roy, III, e J.P. Heaney. 1975. *Collective Decision Making in Water Resource Planning.* Lexington, Mass.: Lexington Books.

Busson, Terry, e P.B. Coulter, orgs. 1983. "Policy Evaluation for Local Government: A Symposium." *Policy Studies Journal* 12 (dezembro): 271-388.

Campbell, D.T. 1969. "Reforms As Experiments." *American Psychologist* 24 (abril): 409-29.

_____, e J.C. Stanley. 1963. *Experimental and Quasi-Experimental Designs for Research.* Boston: Houghton Mifflin.

Caro, F.G., org. 1977. *Readings in Evaluation Research*. 2ª ed. Nova York: Russell Sage.

Clark, R.F. 1979. "The Proverbs of Evaluation: Perspectives from CSA's Experience." *Public Administration Review* 39 (novembro/dezembro): 562-66.

Conner, R.F., et al, orgs. 1984. *Evaluation Studies Review Annual*, vol. 9. Beverly Hills, Calif.: Sage.

Daily, J.H. 1983. "Overcoming Obstacles to Program Evaluation in Local Government." *Policy Studies Journal* 12 (dezembro): 287-94.

Fesler, J.W. 1980. *Public Administration: Theory and Practice*. Englewood Cliffs, N.J.: Prentice-Hall.

Fitz-Gibbon, C.T., e L.L. Morris. 1978. *How to Design a Program Evaluation*. Beverly Hills, Calif.: Sage.

Gardner, Bill, e P.S. Florestano. 1983. "The Necessity of Utilizing Social Management Techniques in Program Evaluation." *Policy Studies Journal* 12 (dezembro): 315-25.

Gibson, F.K., e J.E. Prather. 1984. *Management of Program Evaluation*. Athens, Ga.: Carl Vinson Institute of Government, University of Georgia.

Glass, G.V., org. 1976. *Evaluation Estudies Review Annual*, vol. 1. Beverly Hills, Calif.: Sage.

Greer, T.V., e J.G. Greer. 1982. "Problems in Evaluating Costs and Benefits of Social Programs." *Public Administration Review* 42 (março/abril): 151-6.

Hargrove, Erwin C. 1980. "The Bureaucratic Politics of Evaluation: A Case Study of the Department of Labor." *Public Administration Review* 40 (março/abril): 150-9.

Hatry, H.P., R.E. Winnie, e D.M. Fisk. 1981. *Practical Program Evaluation for State and Local Government Officials*. 2ª ed. Washington, D.C.: Urban Institute.

Havens, H.S. 1981. "Program Evaluation and Program Management." *Public Administration Review* 41 (julho/agosto): 480-5.

Katz, Daniel, B.A. Gatek, Robert L. Kahn, e Eugenia Barton. 1975. *Bureaucratic Encounters: A Pilot Study in the Evaluation of Government Services*. Ann Arbor: Institute for Social Research, University of Michigan.

Katz, Daniel, e Robert L. Kahn. 1978. *The Social Psychology of Organizations*. Nova York: Wiley.

Lewis, Eugene. 1981. "Public Bureaucracy in Everyday Life." In *Perspectives on Public Bureaucracy*, 3ª ed., org. por F.A. Kramer. Cambridge, Mass.: Winthrop.

Lindblom, Charles E., e D.K. Cohen. 1979. *Usable Knowledge: Social Science and Social Problem Solving*. New Haven: Yale University Press.

McGrath, J.E., e David Brinberg. 1984. "Esternal Validity and the Research Process: A Comment on the Calder/Lynch Dialogue." In *Evaluation Studies Review Annual*, vol. 9, org. por R.F. Conner and associates, 438-47. Beverly Hills, Calif.: sage.

Mohr, L.B. 1988. *Impact Analysis for Program Evaluation*. Pacific Grove, Calif.: Brooks-Cole.

Nathan, Richard. 1988. *Social Science in Government: Uses and Misuses*. Nova York: Basic Books.

Palumbo, D.J., e David Nachmias. 1984. "The Preconditions for Successful Evaluation: Is There an Ideal Paradigm?" In *Evaluation Studies Review Annual*, vol. 9, org. por R.F. Conner and associates, 102-14. Beverly Hills, Calif.: Sage.

Patton, M.Q. 1978. *Utilization-Focused Evaluation*. Beverly Hills, Calif.: Sage.

Poister, T.H., J.C. McDavid e A.H. Hoagland. 1979. *Applied Program Evaluation in Local Government*. Lexington, Mass.: Lexington Books.

Rutman, Leonard. 1980. *Planning Useful Evaluations: Evaluability Assessment*. Beverly Hills, Calif.: Sage.

Simon, Herbert A. 1946. "The Proverbs of Administration." *Public Administration Review* 6 (inverno): 53-67.

Starling, Grover. 1986. *Managing the Public Sector.* 3ª ed. Homewood, Ill.: Dorsey.

Stillman, Richard J., II. 1984. *Public Administration: Cases and Concepts.* Boston: Houghton Mifflin.

Stipak, Brian. 1980. "Local Governments' Use of Citizen Surveys." *Public Administration Review* 40 (setembro/outubro): 521-5.

Struening, E.L., e Marcia Guttentag, orgs. 1975. *Handbook of Research Evaluation*, vols. 1 e 2. Beverly Hills, Calif.: Sage.

Stufflebeam, D.L., e W.J. Webster. 1981. "An Analysis of Alternative Approaches to Evaluation." In *Evaluation Studies Review Annual*, vol. 6. org. por H.E. Freeman e M.A. Solomon, 70-85. Beverly Hills, Calif.: Sage.

Sylvia, Ronald D., K.J. Meier e E.M. Gunn. 1985. *Program Planning and Evaluation for the Public Manager.* Monterey, Calif.: Brooks-Cole.

U.S. Department of Housing and Urban Development. 1976. *A Guide for Local Evaluation.* Reading 6, "Report Design". Washington, D.C.: HUD.

U.S. General Accounting Office. 1987. *Federal Evaluation: Fewer Units, Reduced Resources, Different Studies from* 1980. PEMD-87-9 (janeiro). Washington, D.C.: Government Printing Office.

Van Maanen, John. 1973. *The Progress of Program Evaluation.* Washington, D.C.: National Training and Development Service Press.

Webb, Eugene, D.T. Campbell, R.D. Schwartz e Lee Sechrest. 1965. *Unobtrusive Measures: Nonreactive Research in the Social Sciences.* Chicago: Rand McNally.

Weisbrod, B.A. 1981. "Benefit-Cost Analysis of a Controlled Experiment: Treating the Mentally Ill." *Journal of Human Resouces 16* (outono): 523-48.

Weiss, Carol H. 1972. *Evaluation Research: Methods of Assessing Program Effectiveness.* Englewood Cliffs, N.J.: Prentice-Hall.

______. 1973. "Where Politics and Evaluation Meet." *Evaluation* 1: 37-45.

______. 1982. "Measuring the Use of Evaluation." In *Evaluation Studies Review Annual*, vol. 7, org. por E.R. House et al., 129-45. Beverly Hills, Calif.: Sage.

Weiss, Carol H., e M.J. Bucuvalas. 1977. "The Challenge of Social Research to Decision Making." In *Using Social Research in Public Policy Making*, org. por Carol H. Weiss, 213-233. Lexington, Mass.: Lexington Books.

Welch, Susan, e J.C. Comer. 1983. *Quantitative Methods for Public Administration.* Homewood, Ill.: Dorsey.

White, M.J., Michael Radnor e D.A. Tansik, orgs. 1975. *Management and Policy Science in American Government.* Lexington, Mass.: Lexington Books.

Wholey, Joseph S. 1979. *Evaluation: Promise and Performance.* Washington, D.C.: Urban Institute.

______. 1983. *Evaluation and Effective Public Management.* Boston: Little, Brow.

Wholey, Joseph S., Mark A. Abramson e C. Bellavita. 1986. *Performance and Credibility: Developing Excellence in Public and Nonprofit Organizations.* Lexington, Mass.: Lexington Books.

Wholey, Joseph S., K.E. Newcomer et al. 1989. *Improving Government Performance: Evaluation Strategies for Strengthening Public Agencies and Programs.* São Francisco, Calif.: Jossey-Bass.

8

De Volta ao POSDCORB: Que Aprendemos?

Os processos pelos quais as organizações públicas são hoje em dia administradas estão constantemente evoluindo. Os elementos do POSDCORB de Gulick evoluem junto. O POSDCORB identifica problemas administrativos intemporais, mas reconhece que as operações organizacionais não podem ser as mesmas de um momento para outro, de uma situação para outra (Gulick, 1984).

Em vez disso, Gulick acredita que o POSDCORB deve ser reinterpretado e que os elementos essenciais da administração pública têm de ser tornados relevantes aos novos problemas públicos por cada nova geração de administradores públicos. A discussão conclusiva deste livro baseia-se em revisões dos componentes do POSDCORB que já foram examinados (ver Capítulo 1) e na recente afirmação de Gulick sobre as tarefas da administração pública.

Na edição do 50° Aniversário da *Public Administration Review*, Luther Gulick, então com 98 anos (1990), ligou os desafios da administração contemporânea à história e ao futuro da administração pública americana. Embora as atividades administrativas do governo americano sejam tão antigas quanto a história do país, Gulick observa que a administração pública não apareceu como um campo distinto na América até o início da década de 1900, quando a administração pública emergiu "como uma reação às pilhagens e à corrupção dos governos municipais e de condado dos Estados Unidos" (1990: 600).

Apesar do início relativamente recente, a administração pública americana não brotou de um vácuo. Os fundamentos do governo americano tinham sido desenvolvidos mais de um século antes da reação às pilhagens das grandes cidades e às máquinas políticas. Os criadores do novo governo dos Estados Unidos haviam rejeitado o elitismo hereditário e louvado a democracia; reduziram muitas das barreiras à liberdade (restrições do comércio, tributação não-representativa, limitações à atividade pessoal) e colocaram um peso tremendo sobre uma constituição escrita, flexível e de âmbito nacional.

Ciclos políticos e desenvolvimentos administrativos subseqüentes têm interagido dentro da estrutura geral da democracia, da liberdade e do empreendimento (Gulick, 1990: 599-600). Cada nova onda de ação política e burocrática encorajou uma "nova" administração pública a fim de ressaltar os interesses imediatos e importantes do período.

Com ênfase variável mas consistente por todo o século XX, a administração pública tem refletido dois valores essenciais. O primeiro é sustentar que a especialização é uma forma de desenvolver trabalhadores competentes. O segundo é a crença em que a transformação da administração em profissão constitui um modo de prover uma liderança adequada. Esses valores subjacentes são expressos no POSDCORB da década de 1930 e numa reinterpretação deste para a década de 1990.

Gulick afirmou recentemente que "o campo da administração pública é estabelecido pelo ambiente, não pela lógica; se o governo o faz, é 'administração pública'" (1990: 602). Além disso, a administração pública é "uma coleção de tecnologias destinadas a superar ineficiências, reduzir corrupção e ajudar a espécie humana no seu caminho de sobrevivência e avanço num mundo competitivo e em mudança" (1990: 601). Como campo de estudo e saber, a administração pública se materializou através da pesquisa científica, assim como de estudos de casos.

Entretanto há uma tensão entre o estudo científico rigoroso e a abordagem de casos menos estruturada. As características operacionais ou de gerenciamento da administração pública são muitas vezes excluídas da pesquisa pelos cientistas. Essa exclusão é necessária para reduzir o âmbito dos assuntos públicos a proporções administráveis pela lógica e pelas normas da ciência. Muitos cientistas políticos e analistas de políticas públicas têm enfatizado os limites do estudo da administração pública. Eles enfatizam mais os problemas conceptuais recorrentes, como os mecanismos de alocação de recursos ou a eqüidade. O estudo de caso defende a idéia de que grande parte da administração pública pode perder-se por não investigar as operações gerenciais. Mas, se os estudos aplicados são a única abordagem, o campo irá ressentir-se dos lampejos científicos da indagação lógica.

Bailey sustenta que um liame entre o método científico e a abordagem da administração pública por estudos de casos reflete melhor a pesquisa "orientada para a prática" (1992: 47). Inevitavelmente, a administração pública liga ofício e ciência, política e administração, o cientista de pesquisa e o profissional. Cidadãos, funcionários públicos eleitos, executivos políticos e servidores civis têm mútuo interesse nas generalizações científicas, assim como na integridade das decisões gerenciais específicas. A pesquisa de estudos de casos reflete um interesse em resolver problemas humanos e sociais através de um nível de rigor científico apropriado ao problema.

As tarefas centrais da administração pública no século XXI refletirão as condições em mudança nos Estados Unidos e no mundo. Gulick não rejeita o POSDCORB, mas viveu o bastante para perceber a necessidade de reafirmar as exigências e tarefas originais para se administrar a organização pública. Sua reafirmação (1990: 603) incorpora os princípios tradicionais de administração do

POSDCORB e os correlaciona com condições e tarefas contemporâneas nos Estados Unidos e no mundo da seguinte maneira:

1. *Planejamento*: "Planejar mais e melhor em todos os níveis de decisão, fazendo pleno uso das novas memória, computação e ferramentas de comunicação";
2. *Alocação*: "Contribuir para aprimorar a alocação de recursos entre os setores público e privados entre demandas concorrentes de serviços públicos e entre presente e futuro";
3. *Mercado*: "Fornecer a estrutura para a abertura e liberdade de todo mercado — comercial e intelectual — tocado por centros privados e públicos de poder";
4. *Produtividade*: "Facilitar a escolha entre técnicas de produção e organizações alternativas a fim de produzir e prestar serviços públicos e assegurar meios de promover o bem-estar geral através dessas técnicas";
5. *Entusiasmo*: "Desenvolver políticas de pessoal que conquistem a criatividade e o entusiasmo tanto dos funcionários quanto dos clientes a fim de prover a base para o crescimento em termos de humanidade e produtividade";
6. *Coordenação*: "Fortalecer o processo de autocoordenação, juntamente com a supervisão e a avaliação".

PLANEJAR

Embora as informações de planejamento sejam imperfeitas, planejar é uma atividade gerencial muito importante.

Um grande interesse dos administradores é definir, prever e controlar desenvolvimentos futuros ou pelo menos colocá-los dentro de áreas demarcadas. Mas não há simplesmente uma forma de fugir ao fato de que as previsões são incertas, os estudos de planejamento tornam-se rapidamente defasados e os controles estendidos para o futuro podem provar não serem realísticos. O planejamento será sempre baseado em informações imperfeitas e incompletas.

Dentre as condições que justificam a atenção constante estão as mudanças nos fatores econômicos (como índices de inflação e de juros), as mudanças demográficas (como a migração), as mudanças na tecnologia e as mudanças nas relações políticas. A sociedade de informações de hoje é resultado das mudanças tecnológicas e das adaptações econômicas a estas, mas como é que os planejadores podiam na década de 1960 — há apenas pouco mais de 30 anos — prever as circunstâncias da década de 1990? No entanto a impossibilidade de fazer projeções completamente precisas não leva à rejeição do planejamento. O planejamento dita as bases para a acomodação a mudanças, e sem essas bases as mudanças teriam um impacto ainda mais drástico.

A eficácia do planejamento é limitada pelas restrições inerentes ao saber humano (Simon, 1976; March e Simon, 1958: 137-71), pelos problemas de linguagem (a palavra "necessidades", por exemplo, significa coisas diferentes para diferentes atores políticos) e pelo crescimento explosivo do conhecimento (Ostrom, 1973). As decisões gerenciais estão sempre sujeitas a erro, pois ninguém pode saber todas as conseqüências de decisões e ações. A eficiência do planejamento é também limitada pela resistência à mudança inerente a rotinas, programas e sistemas estabelecidos numa organização. As técnicas de planejamento estratégico confrontam essas limitações usando atores-chaves num processo que identifica as prioridades verdadeiramente importantes que exigem ação. Muitas vezes, porém, mesmo amplas atividades de planejamento estratégico não mudam fundamentalmente as operações existentes (Bryson e Roering, 1988).

Mas o planejamento é ainda indispensável, pois permite aos administradores tomar decisões baseadas no melhor conhecimento disponível. Parte desse conhecimento vem da maior apreciação do ambiente externo da organização, descoberto durante o processo de planejamento. Outros conhecimentos criam maior interação entre os administradores e as "tarefas comuns de controle de receita, orçamento e despesas" (Sacco e Ostrowski, 1991: 173).

ALOCAR

Os administradores públicos precisam receber recursos adequadamente alocados, mas controlados, para os setores de pessoal e orçamento.

Hoje em dia a maior parte das pessoas concorda em que a administração pública é uma parte do processo político mais amplo. Alocar refere-se ao modo como as pessoas com influência no processo político obtêm benefícios políticos ou econômicos, bem como a quando e como os recebem (Lasswell, 1936). O sistema político e administrativo é um conduto para a "alocação autorizada de valores", ou, em outras palavras, tributação, aplicação de recursos e orgãos regulatórios, interagindo através do processo das decisões políticas e dos resultados desses planos de ação (Easton, 1965: 50; Almond e Powell, 1966).

A alocação de recursos entre governo, empresas e organizações de cidadãos precisa ser orientada no sentido de garantir bem comum a cada parte envolvida (Waldo, 1948: 65-88). Parte do espírito de reforma subjacente à origem da administração pública como campo de estudos foi dirigida contra a má distribuição dos recursos públicos em função de interesses políticos estreitos e egoístas. Exemplo específico é o fenômeno das dotações orçamentárias para agradar eleitores em que o governo decide ignorar o interesse público e distribuir benefícios a um grupo de eleitores influentes e em dificuldades financeiras a fim de conseguir apoio político imediato.

Hoje em dia as questões de alocação refletem o debate sobre o papel adequado do governo no mercado e também no controle da corrupção. Os governos distribuem recursos quando os empresários privados do mercado não são capazes de fazê-lo. Um exemplo é fornecer um bem público. Um bem público não é divisível em parcelas para consumidores individuais, nem é um bem que uma pessoa possa gastar (Olson, 1965). A defesa nacional na forma da Força Aérea ou o controle de enchentes na forma de um dique são exemplos disso.

As alocações para o futuro têm de pesar os interesses políticos correntes em relação às necessidades futuras. Na raiz desse problema está o "orçamento para o crescimento" ou como controlar o aumento constante, quase automático, dos gastos federais (Schick, 1990: 15). As alocações através do atual processo de orçamento se tornaram liberadas da economia e de importantes problemas de orçamento. Como o sistema político americano é baseado em estruturas e comportamentos de poder político fragmentados (Long, 1962), talvez esse problema seja inevitável. O atual processo de orçamento foi planejado para controlar a administração das operações de uma agência, mas a maior parte dos gastos federais é com pagamentos de transferência a beneficiários externos ao governo — a Seguridade Social, por exemplo. Allen Schick sustenta que "muito mais pode ser economizado por uma simples decisão COLA [*Cost of Living Adjustment* — Custo do Ajuste de Vida] do que por milhares de itens de linha nos orçamentos das agências" (1990: 106). A futura saúde dos orçamentos de todos os níveis do governo depende do resultado dessas decisões de crescimento.

Os desafios aos administradores públicos estão em todos os níveis do governo — nacional, estadual e local — e incluem questões como financiamento de assistência médica, educação e prisões (Gosling, 1992: 184-203). Governos estaduais e locais têm sido duramente atingidos por transições econômicas, financeiras e políticas desde o final da década de 1970. A ajuda federal aos Estados parou de crescer em meados dos anos 70 e as despesas totais dos Estados, municípios e condados começaram a declinar numa base *per capita* depois de 1978 (Advisory Commission on Intergovernment Relations, 1985: 193-95).

Os contínuos cortes nos gastos federais com governos estaduais e locais, de aproximadamente 1/3 durante a década de 1980, reverteram significativamente o padrão nacional de apoio iniciado durante os programas da Grande Sociedade, na década de 1960. Junto com a recessão econômica geral do começo dos anos 90, os governos estaduais e locais têm experimentado pressões orçamentárias substanciais. Essas condições pioraram em função da oposição geral dos contribuintes a novos impostos ou ao aumento do custo dos serviços.

Talvez a maior dificuldade que os governos estaduais e locais enfrentam seja a falta de controle sobre as condições do país no seu todo. Municípios e Estados estão à mercê de taxas de juros flutuantes e de decisões federais sobre fundos. Encontram-se drenados em termos de capacidades e valores econômicos na medida em que os cidadãos se mudam para outros lugares. A base econômica para financiar serviços estaduais e locais muda rapidamente, assim como a demanda por serviços. Uma reação comum é aumentar impostos, o que normalmente só faz as coisas piorarem. Mas os administradores públicos devem continuar adaptando-se; não podem simplesmente interromper um sistema de águas ou esgotos ou mandar a polícia para casa. Outra reação poderia ser colocar maior ênfase nos métodos informais, de baixo capital, não-profissionais, incluindo até o uso de voluntários informados, como assistentes sociais ou bombeiros, em operações escolhidas de pequena escala. Reprojetar um serviço é outra opção — por exemplo, fazer os cidadãos ensacarem o lixo ou removê-lo para a beira da estrada a fim de reduzir o custo do recolhimento de lixo pelo município. As substituição de impostos por pagamentos de usuários pode ajudar a redistribuir cargas de serviço de maneira politicamente aceitável. Ainda outra possibilidade é estabelecer contratos com firmas particulares para a prestação de alguns serviços públicos (Morgan, 1984: 180-84; ver também Levine, 1979). Uma questão que continua pendente é se as mudanças da responsabilidade por serviço de governos locais para estaduais acarretarão um sistema mais eficiente (Stanfield, 1991).

MERCADO

> Os regulamentos do governo, especialmente as intervenções do mercado, exigirão justificações políticas constantes para ações administrativas aceitáveis.

O mercado é tradicionalmente livre e privado. Existe mercado livre quando a demanda e a oferta determinam o preço de um produto. A demanda do consumidor é um sinal para um produtor fazer voluntariamente uma oferta a um preço que satisfaça o consumidor e proporcione lucro ao produtor. O preço aloca recursos ao estimular ou reduzir a produção. Os produtores respondem à mudança nas demandas dos consumidores afastando a produção de decisões não-lucrativas. Sob o modelo do mercado, a alocação ocorre sem necessidade de intervenção ou controle governamentais.

Mas às vezes o governo tem de "tocar o mercado" por meio de intervenção. Como no caso de bens públicos — por exemplo, proteção policial —, os mercados podem não ser o melhor alocador, já que não se pode estabelecer um preço. Os governos intervêm por outras razões, incluindo: 1) redistribuir a renda quando as alocações do mercado criam uma iniqüidade demasiadamente grande entre os "que têm" e os "que não têm" 2) estabilizar a economia, por exemplo, para reduzir os efeitos da inflação após grandes gastos do governo numa guerra ou para reestimular a economia depois de um período de estagnação econômica; e 3) satisfazer os eleitores se estes desejam uma política nacional industrial ou política comercial, ou ainda mudanças no sistema bancário (Markovich e Pynn, 1988: 47-50).

Kenneth J. Meier organizou as várias intervenções governamentais nos mercados como uma série de subsistemas (1985: 9-36). Meier acredita que administradores públicos tenham grande influência em alguns subsistemas e que possam ser capazes de arbitrar com sucesso o fluxo entre o público e os interesses privados. Em outras situações, no entanto, os administradores devem negociar com interesses especializados a fim de chegar a decisões.

À parte o papel do administrador público, a chave para a ênfase de Gulick nos mercados é abertura para promover uma ação responsável. As reuniões abertas e o livre fluxo de informações são componentes críticos do papel do administrador público nos mercados. Isso não significa que a intervenção governamental nos mercados seja indesejável, mas que os administradores públicos estão constantemente vulneráveis a suspeitas de "falha governamental" na alocação de recursos. A informação adequada é tranqüilizadora para um público questionador.

PRODUTIVIDADE

> Os administradores estão constantemente delineando novas medidas de desempenho e avaliação para manter a organização concentrada em suas missões.

Os administradores do setor público lutam constantemente com a falta de uma linha de base clara que lhes informe sobre a qualidade do trabalho de sua organização. É difícil para eles até mesmo definir que desempenho medir. A alocação de pessoal e os fundos públicos são os recursos básicos do administrador. Embora o administrador possa medir esses insumos objetivamente através dos registros da agência, não é fácil dizer como o público avalia os resultados. Por exemplo, qual é a relação de medidas objetivas, como o número de policiais por 10 mil residentes ou as despesas *per capita* com a polícia, com os sentimentos dos residentes em relação à segurança pública? Um estudo relacionou indicadores objetivos de respostas da polícia com as percepções dos residentes referentes à velocidade com que ela atendia a chamadas no seu bairro. O estudo descobriu que os residentes que chamaram a polícia tendiam a ter percepções mais positivas em termos de resposta rápida do que os que não tinham necessidade de chamá-la. Mesmo quando essa resposta era atrasada, a satisfação dos residentes não diminuía enquanto as ações subseqüentes da polícia fossem percebidas como satisfatórias. A experiência insatisfatória com a polícia depois de sua chegada é que era associada com a percepção de resposta vagarosa (Parks, 1984). A crítica do público indica muitas vezes que várias pessoas realmente não têm idéia dos tipos e níveis de serviços de que precisam ou que recebem. Mas mesmo quando as medidas objetivas não têm relação com as percepções do público, são importantes registros de desempenho para o administrador. Ademais, os administradores podem ajustar o uso de seus recursos para aumentar as atividades que as pessoas, de fato, observam, com um conseqüente efeito favorável sobre a opinião pública. Mudar o horário das rondas policiais, por exemplo, pode não alterar o custo do serviços, mas é possível que os moradores do bairro fiquem mais satisfeitos quando vêem os policiais com maior freqüência.

No entanto os administradores precisam lembrar-se de que as percepções de um pequeno número de cidadãos podem não refletir o desempenho no âmbito de uma jurisdição. É imperativo para os administradores públicos ter um ponto de vista abrangente sobre a prestação de serviços, mesmo que haja insatisfação num bairro específico ou num grupo particular de cidadãos (Fitzgerald e Durant, 1980).

Não há um caminho melhor para organizar a produtividade. Vimos a defesa de um modelo que colocava unidades dispersas sob um executivo centralizado com uma cadeia unificada de comando, mas também vimos as críticas de que é inflexível e burocrático demais. As questões identificadas por Gulick há mais de 50 anos ainda estão conosco. Como será dividido o trabalho da organização entre posições, grupos, departamentos e divisões? Como serão então coordenadas essas múltiplas atividades? Que procedimentos internos de controle, sistemas de informações, sistemas de avaliação e recompensas e distinções de status são necessários?

A administração pública é um campo que muda com mais rapidez do que os estereótipos da burocracia possam levar-nos a acreditar. Cumpre notar que as forças da mudança vêm de fora da organização: reduções nos gastos federais, maior atividade no papel dos governos estaduais em termos de políticas públicas, maiores demandas por serviços e aumento do interesse do público na produtividade das políticas de gastos. Como resultado, as hierarquias existentes são questionadas e novas hierarquias não se desenvolvem tão rapidamente. As hierarquias causam estabilidade, mas são caras. Os administradores tornam-se responsáveis por resolver mais problemas, muitas vezes sem aumento de recursos. Os administradores delegam sucessivamente maior responsabilidade temporária aos supervisores para que estes providenciem tudo. O resultado são muitas vezes procedimentos menos formais, mais comunicações interpessoais e mais administração participativa. Essa orientação pode obscurecer a confiança nas normas formais e estreitar a abrangência da discricionariedade dos supervisores, assim como a predominância dos interesses técnicos que caracterizam as organizações mais estáveis.

Avaliação é a coleta regular de dados referentes a eficiência, efetividade e economia das operações do governo, levando ao aprimoramento da implementação de políticas e da administração de programas. Eficiência é o resultado mensurável de serviços relacionados ao custo dos recursos despendidos; efetividade é a qualidade percebida do serviço (Hatry, 1978: 28). Mas as medidas de eficiência podem criar um falso sentido de economia e deixar de refletir toda a amplitude das considerações de avaliação (Meier, 1979: 120).

A avaliação de programas é, em última análise, uma atividade política. As demandas do meio político podem — e alguns diriam adequadamente — atropelar as preocupações da pesquisa técnica. Ao determinar as perguntas a serem feitas e os métodos de coleta de dados, o avaliador é empurrado e puxado em direções difíceis por interesses políticos conflitantes.

Uma vez que o administrador tenha em mãos as descobertas da avaliação, os resultados ainda podem ser alterados por considerações burocráticas, lutas pelo poder ou outras complicações políticas do local de trabalho. Os administradores de programas podem defendê-los vigorosamente em face de descobertas adversas. A política da implementação e avaliação de normas muitas vezes obscurece os aspectos técnicos. Os princípios básicos a serem seguidos pelos administradores públicos são a clareza do enfoque da avaliação e do projeto de pesquisa, e comunicações respeitosas e confiantes entre administradores e avaliadores.

ENTUSIASMO

A capacidade do administrador público de motivar empregados está sujeita a muitas limitações.

Os regulamentos do serviço civil são muitas vezes apontados como importante barreira ao sucesso da direção gerencial de uma organização governamental. Já em 1948 o movimento de reforma do serviço civil foi caracterizado como um "triunfo das técnicas sobre o propósito" (Sayre, 1979). A demanda de procedimentos e exigências padronizados não deixou espaço para a discricionariedade gerencial. A reforma certamente teve alguns resultados desejáveis ao reforçar a segurança no trabalho, mas o outro lado da moeda é que tornou difícil para os administradores recompensar o bom desempenho e impor disciplina aos que necessitem dela (Foster, 1979).

As barreiras de hoje estão principalmente na rápida taxa de mudança e na necessidade de adaptar a organização a esta. Uma abordagem ou conjunto de abordagens para lidar com essas barreiras é chamada desenvolvimento organizacional (Bennis, 1969). O administrador público contemporâneo precisa lidar com empregados cujas necessidades são diferentes das dos empregados públicos de gerações anteriores e que podem mais facilmente mudar para um emprego no setor privado. Essa nova mobilidade dos funcionários públicos deveria ser um estímulo à direção gerencial mais efetiva.

Direção gerencial efetiva é "um processo para motivar e inspirar pessoas, especialmente administradores subalternos" (Thompson, 1991: 57). Empregados entusiasmados podem ter mais boa vontade para implementar as normas e finalidades estabelecidas de uma organização. Se os membros do quadro de pessoal reconhecem que a organização é flexível e aberta, podem estar dispostos a participar criativamente na renovação e redefinição das abordagens da organização para realizar suas missões legalmente definidas.

O futuro administrador público efetivo enfrenta uma difícil sucessão de desafios. Obviamente, as condições de trabalho não serão suaves e estáveis. O administrador enfrentará a mudança e a incerteza. A educação autodirecionada é um componente-chave da renovação, do entusiasmo e da criatividade gerencial. As políticas de pessoal — a função de "recrutamento e seleção" — terá que desenvolver empregados públicos que:

1. "possam enfrentar a mudança, a incerteza, a turbulência, a ambigüidade";
2. "sejam sensíveis e capazes de trabalhar com valores diversos";
3. "queiram continuar aprendendo e se desenvolvendo profissional e intelectualmente através de suas carreiras";

4. "não sejam passivamente obedientes, mas se envolvam com valores apropriados de maneiras que tornariam impossível um 'Watergate' ou 'Irã-Contras' na área da administração pública";
5. "que possam trabalhar com colegas, superiores, clientes e eleitores de maneira construtiva e aberta, ao mesmo tempo mantendo um forte sentido de caráter, ética e compromisso cívico e profissional";
6. "sejam flexíveis, de mente aberta e capazes de encontrar informações próprias, absorvendo novas informações e *insights* e corrigindo seus caminhos quando o que aprendem indica a necessidade de correção"; e
7. "sejam amplamente autodirecionados, criativos e tenham um sentido apropriado de autonomia, assim como de responsabilidade" (Balfour e Marini, 1991: 483).

O administrador público que mantiver essas qualidades desenvolverá, sem dúvida, a criatividade e a automotivação necessárias ao desempenho pessoal efetivo e à liderança organizacional.

COORDENAÇÃO

Coordenação e exposição demandam maior ênfase nas comunicações.

Antes de uma organização ser capaz de funcionar, as pessoas que nela trabalham precisam saber o que irão fazer. A imprecisão das normas de procedimento é um dos muitos obstáculos à operação efetiva das organizações públicas. Pode advir de leis que têm metas ou objetivos confusos, de decisões judiciais ambíguas ou de acontecimentos inprevistos que não tenham sido levados em conta quando se estabeleceram as normas procedimentais. As complexidades envolvidas em preparar planos de ação, a competição entre metas e abordagens, a necessidade de consenso e os rumos muitas vezes imprevistos assumidos pelos atores políticos contribuem para o caos nas comunicações (Edwards, 1980: 17-51).

Custa caro produzir comunicações. Mensagens formais e informais precisam ser compostas, transmitidas, armazenadas, recuperadas e utilizadas. Mas, como as comunicações constituem o ponto central de uma organização (Katz e Kahn, 1978: 428), a base essencial de sua ação unificada, as falhas em comunicações são ainda mais caras. Palavrório e papelada são termos que designam falhas na comunicação (Starling, 1986: 252-56, 258).

Algumas vezes uma falha de comunicação pode ser consciente ou inconscientemente desejada por pessoas da organização. Se os superiores não souberem o que está acontecendo nos níveis mais baixos, não precisarão agir; pode ser mais fácil ignorar o comportamento em um nível mais baixo do que corrigi-lo. Além disso, se houver comunicação demais, os superiores poderão ser incapazes de atendê-la como um todo. Deve-se filtrá-la em algum ponto do caminho, e esses filtros podem dar um quadro distorcido da situação (Kaufman, 1973: 49-67).

CONCLUSÃO

Hoje em dia o governo parece esmagar, invadir, desumanizar. Os cidadãos questionam o tamanho do governo, sua adequação, seu valor. Muitos sentem que as normas públicas e as ações dos funcionários graduados não estão nos seus melhores interesses, individual ou coletivamente. As circunstâncias demandam reconhecimento do aspecto político da administração pública.

Foi tema importante deste livro o fato de as decisões burocráticas terem origens e conseqüências políticas, e de a administração não poder ser separada de política. Tanto a política externa como a interna afetam as ações práticas que um administrador público pode empreender ao responder à mudança de condições organizacionais e sociais.

O POSDCORB de Gulick tem sido usado como dispositivo conveniente para descrever o que fazem os administradores. Tentamos impregná-lo com uma rica variedade de conteúdo apropriado, e o alteramos onde necessário. Mas os interesses e problemas do POSDCORB são tão pertinentes hoje como sempre foram. O que mudou foi a maneira como ele é interpretado e utilizado na administração pública.

Bons administradores recriarão um sentido de confiança entre governo e governados. Os administradores públicos que perdem o contato com as pessoas tornam-se corruptos ou politicamente falidos. Ao manter o contato, os administradores ajudam o governo a atender às necessidades e desejos dos cidadãos e, assim, a manter sua legitimidade.

É importante também lembrar que o governo não trabalha com uma máquina, que os administradores são mais do que dentes das engrenagens do governo e que os funcionários públicos não descarregam baterias. No seu último trabalho publicado, Luther Gulick apresenta mais uma vez a perspectiva que desenvolveu já em 1915, quando ajudou a minutar documentos para a Assembléia Constituinte do Estado de Nova York:

> A metáfora da máquina coloca-nos nos trilhos errados. O governo é feito de seres humanos, opera através de seres humanos e serve e regula seres humanos. (Gulick, 1984; 381)

Na atividade humana, não há fórmulas abrangentes nem um caminho para alcançar a perfeição. Os administradores necessitam de flexibilidade para abordar questões organizacionais, para aprender, para assimilar, para agir em busca dos valores da comunidade. Os administradores representam pessoas congregadas para a ação. É tarefa do administrador agir decisivamente enquanto permanece em harmonia com os ideais da ordem social.

REFERÊNCIAS

Advisory Commission on Intergovernmental Relations. 1985. *The Question of State Government Capability*. Report A-98. Washington, D.C.: ACIR.

Almond, Gabriel, e G. B. Powell. 1966. *Comparative Politics: A Developmental Approach*. Boston: Little, Brown.

Bailey, M.T. 1992. "Do Physicists Use Case Studies? Thoughts on Public Administration Research." *Public Administration Review* 52 (janeiro/fevereiro): 47-54.

Balfour, D.L., e Frank Marini. 1991. "Child and Adult, X and Y: Reflections on the Process of Public Administration Education." *Public Administration Review* 51 (novembro/dezembro): 478-85.

Bennis, Warren. 1969. *Organizational Development: Its Nature, Origins, and Prospects*. Reading, Mass.: Addison-Wesley.

Bryson, J.M., e W.D. Roering. 1988. "Initiation of Strategic Planning By Governments." *Public Administration Review* 48 (novembro/dezembro): 995-1004.

Easton, David. 1965. *A Framework for Political Analysis*. Englewood Cliffs, N.J.: Prentice-Hall.

Edwards, George C., III. 1980. *Implementing Public Policy*. Washington, D.C.: CQ Press.

Fitzgerald, M.R., e R.F. Durant. 1980. "Citizen Evaluations and Urban Management: Service Delivery in an Era of Protest." *Public Administration Review* 40 (novembro/dezembro): 585-94.

Foster, G.D. 1979. "The 1978 Civil Service Reform Act: Post-Mortem or Rebirth?" *Public Administration Review* 39 (janeiro/fevereiro):

Gosling, J.J. 1992. *Budgetary Politics in American Government*. Nova York: Longman. Gulick, Luther H. 1984. "The Metaphors of Public Administration." *Public Administration Quarterly* 8 (outono): 369-81.

______. 1990. "Reflections on Public Administration, Past and Future." *Public Administration Review* 50 (novembro/dezembro): 599-603.

Hatry, H.P. 1978. "The Status of Productivity Measurement in the Public Sector." *Public Administration Review 38* (janeiro/fevereiro): 28-33.

Katz, Daniel, e Robert L. Kahn. 1978. *The Social Psychology of Organizations*. Nova York: Wiley.

Kaufman, Herbert. 1973. *Administrative Feedback: Monitoring Subordinates' Behavior*. Washington, D.C.: Brookings Institution.

Lasswell, Harold. 1936. *Who Gets What, When, How*. Nova York: McGraw-Hill.

Levine, Charles H. 1979. "More on Cutback Management: Hard Questions for Hard Times." *Public Administration Review* 39 (março/abril): 179-93.

Long, Norton. 1962. *The Polity*. Chicago: Rand McNally.

March, James G., e Herbert A. Simon. 1958. *Organizations*. Nova York: Wiley.

Markovich, D.E., e R.E. Pynn. 1988. *American Political Economy: Using Economics with Politics*. Pacific Grove, California: Brooks-Cole.

Meier, Kenneth J. 1979. *Politics and the Bureaucracy: Policymaking in the Fourth Branch of Government*. North Scituate, Mass.: Duxbury.

______. 1985. *Regulation: Politics, Bureaucracy, and Economics*. Nova York: St. Martin's.

Morgan, David R. 1984. *Managing Urban America*. 2ª ed. Monterey, Calif.: Brooks-Cole.

Olson, Mancur. 1965. *The Logic of Collective Action*. Cambridge, Mass.: Harvard University.

Ostrom, Vincent. 1973. "Some Paradoxes for Planners: Human Knowledge and Its Limitations." In *The Politics of Planning*, org. por A. Lawrence Chickering, 243-54. São Francisco: Institute for Contemporary Studies.

Parks, Rober B. 1984. "Linking Objective and Subjective Measures of Performance." *Public Administration Review* 44 (março/abril): 118-27.

Saco, J.F., e J.W. Ostrowsk. 1991. *Microcomputers and Government Management*. Pacific Grove, Calif.: Brooks-Cole.

Sayre, Wallace S. 1979. "The Triumph of Techniques over Purpose." In *Classics of Public Personnel Policy*, org. por F.J. Thompson, 30-35. Oak Park, Ill.: Moore.

Schick, Allen. 1990. *The Capacity to Budget*. Washington, D.C.: Urban Institute.

Simon, Herbert A. 1976. *Administrative Behavior*. 3° ed. Nova York: Macmillan.

Stanfield, R.L. 1991. "Forced Federalism." *National Journal* 23 (14 de dezembro): 3020-3.

Starling, Grover. 1986. *Managing the Public Sector*. 3ª ed. Homewood, Ill.: Dorsey.

Thompson, Fred. 1991. "Management Control and the Pentagon: The Organizational Strategy-Structure Mismatch." *Public Administration Review* 51 (janeiro/fevereiro).

Waldo, Dwight. 1948. *The Administrative State*. Nova York: Ronald Press.

Índice Remissivo